낚시 첫걸음 6

바다낚시 첫걸음

上

예조원 편집부

예조원

알바트로스 VIP PRO [ALBATROSS VIP PRO]

ALBATROSS VIP PRO

잡는 순간 프로의 잠재력을 깨운다!!

규 격	전 장(m)	절 수(本)	접은길이(cm)	무 게(g)	선 경(mm)	원 경(mm)	추부하(호)	적합목줄(호)	Guide (ea)	GRIP (mm)	판 매 가 (원/₩)
1-530	5.3	5	116	204	0.7	25.0	1~3	1.5~3	13	305	860,000
1.5-530	5.3	5	116	215	0.7	25.0	1.5~4	1.5~4	13	310	870,000
1.75-530	5.3	5	116	226	0.8	25.0	2~5	2~5	13	315	880,000
1.5-500	5.0	5	110	202	0.7	25.0	1.5~5	2~5	13	300	860,000
1.2-500	5.0	5	110	194	0.7	25.0	1~4	1.5~3.5	13	295	850,000

※구매일로부터 1년 이내 1회 무상 A/S / ※ 제품 규격 및 디자인과 판매가는 품질향상 등의 이유로 사전 예고 없이 변경될 수 있습니다. CARBON 99%

대한민국 대표 낚시브랜드 Black Hole

VIRPRO
FUJI 초경량 C-IMSG + TC-IMSG 가이드 적용
N · S 자체제작 CARBON + RUBBER 일체형 스크류시트 적용으로 파지감 및 조작성 향상 (1호, 1.5호 : ø17.0 / 1.75호 : ø19.0 적용)
#2~#4절번 줄붙음 방지 특수 무늬 인쇄, 각 절번 가이드라인 적용 / GUIDE STOPER 공법 적용 /
기본 6g 바트캡 및 20g Weight Balance 바트캡 포함 / 특수 머신컷 Pipe Grip 및 Rubber 페인트 적용으로 파지감 향상 /
필드에서 더욱 멋스러운 Pearl Black 외관 적용
High Modulus Carbon + Carbon Scrim 및 초 저 R.C 적용으로 경량화 및 강도 보강

스파르타 BR [SPARTA BR]
SPARTA BR
THE LONG CASTING SPEAR BREAM
차원을 넘는 한국형 실조 원투대!
Black Hole
대한민국 대표 낚시브랜드 Black Hole

SPARTA BR

THE LONG CASTING SPEAR BREAM

스파르타 BR(Bream)

규 격	전 장 (m)	절 수 (本)	접은길이 (cm)	무 게 (g)	선 경 (mm)	원 경 (mm)	추부하 (호)	Guide (ea)	GRIP (mm)	판 매 가 (원/₩)
20-510	5.1	5	116	439	1.95	28.2	15~25	4	715	240,000
25-540	5.4	5	122	504	1.95	28.4	20~30	4	715	245,000

※구매일로부터 1년 이내 1회 무상 A/S

※ 제품의 개선을 위하여 디자인 및 사양은 사전 예고 없이 변경될 수 있습니다.

CARBON 98%

1. FUJI "K-GUIDE" CONCEPT (KWM + KW)
2. DPS TYPE + SEMI LONG NUT
3. Free Guide 회전방지 Holder 시스템 적용 / Starting Guide #30파이 대구경 사권가이드 적용 / 카멜레온 페인트 적용으로 미려한 외관 연출 / 그립은 수축튜브 적용으로 캐스팅시 미끄러짐 방지 / 이동시 수납이 용이하도록 고탄력 스타킹 커버 적용.
4. 메인 30톤 + 35톤 중탄성, 고탄성 카본 사용으로 동해안의 거친 파도를 넘길 수 있는 강한 허릿심 구현 및 네임부 WXW원단 적용 / #1절번은 감성돔 특유의 입질을 간파하기 용이하도록 저탄성 카본 적용으로 부드러운 톱 액션 구현.

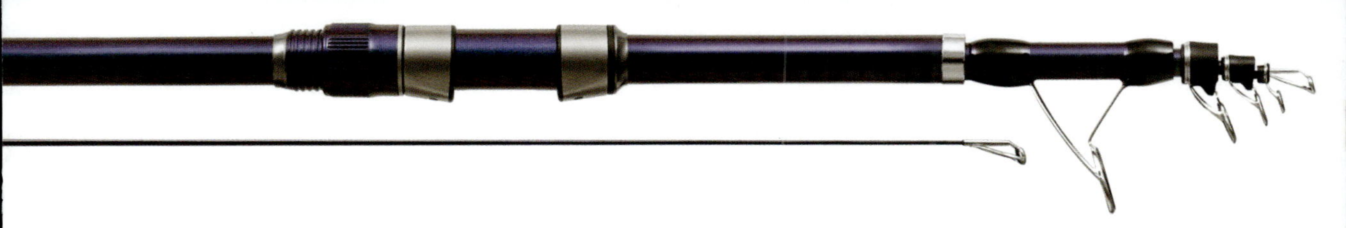

N·S 주)엔에스 인천광역시 남동구 염전로411번길 38 Web: http://www.nsrod.co.kr
TEL 032)868-5427 A/S 문의처 032)868-1004 FAX : 032)868-5423

허리케인-X 옥토퍼스 TT [HURRICANE-X OCTOPUS TT]

HURRICANE-X Octopus

티탄 톱 채용 문어 로드의 실속형 모델!
상급 로드를 위협하는 성능!

GUIDE SYSTEM	FUJI "K" GUIDE, ALCONITE 적용
REEL SEAT DESIGN	N · S-01C / 02S REEL SEAT 적용
SPECIAL TECHNOLOGY	TITANIUM SOLID 적용
BLANK TECHNOLOGY	CTX 적용으로 초고강도와 최고 감도를 동시에 실현

HURRICANE-X Octopus

허리케인-X 옥토퍼스 TT
[HURRICANE-X OCTOPUS TT]

규 격	전장 (m)	절수 (本)	접은길이 (cm)	무게 (g)	선경 (mm)	원경 (mm)	추부하(MAX) (호/g)	P.E LINE (호)	Guide (ea)	Grip (mm)	판 매 가 (원/₩)
B-5112M-TT(7:3)	1.81	2	94	125	1.2	12.7	10~60(260)	1~3	11	430	170,000
B-622MH-TT(8:2)	1.88	2	98	130	1.3	12.8	20~80(330)	1.5~4	11	430	180,000
B-652H-TT(9:1)	1.96	2	101.5	141	1.5	14.3	20~100(400)	2~4	11	430	190,000
S-8112MH-TT(7:3)	2.72	2	140	160	1.3	13.9	10~45(60)	1.5~3	10	430	199,000

※구매일로부터 1년 이내 1회 무상 A/S
※제품 규격 및 디자인과 판매가는 품질향상 등의 이유로 사전 예고 없이 변경될 수 있습니다.

CARBON 99%

대한민국 대표 낚시브랜드 Black Hole

베이 사이드-S [BAY SIDE-S]

BAY SIDE-S

휴대가 간편한 텔레스코픽 인터라인으로 남해안 소형 어종 외줄낚시를 주도한다!

GUIDE SYSTEM	1.BUTT GUIDE : NSSG "SIC" + IHST "SIC" TOP GUIDE
REEL SEAT DESIGN	2.LONG NUT / FUJI DPSC PIPE REEL SEAT
SPECIAL TECHNOLOGY	3.휴대 시 낚싯줄이 꺾이지 않도록 내부 유격 설계
BLANK TECHNOLOGY	4.5:5 액션 설계

BAY SIDE-S

베이 사이드-S

규 격	전 장 (m)	절 수 (本)	접은길이 (cm)	무 게 (g)	선 경 (mm)	원 경 (mm)	추부하 (호)	P.E LINE (MAX/호)	Guide (ea)	Grip (mm)	판 매 가 (원/₩)
40-270 INNER	2.7	3	98	208	2.5	20.5	20~60	3	4(내부:2)	315	135,000
50-300 INNER	3.0	3	108	227	2.6	20.7	30~80	4	4(내부:2)	315	145,000
60-330 INNER	3.3	3	118	270	2.7	21.1	40~100	5	4(내부:2)	315	155,000

※구매일로부터 1년 이내 1회 무상 A/S

CARBON 95% / GLASS 5%

※제품 규격 및 디자인과 판매가는 품질향상 등의 이유로 사전 예고 없이 변경될 수 있습니다.

베이 사이드-SS [BAY SIDE-SS]

BAY SIDE-SS

대상어가 무궁무진한 선상 외줄낚시를 더 스마트하게 즐긴다!

GUIDE SYSTEM	NSSG"SIC" + IHST "SIC" TOP GUIDE
REEL SEAT DESIGN	FUJI DNPS + SEMI LONGNUT
SPECIAL TECHNOLOGY	휴대시 낚싯줄이 꺽이지 않도록 내부 유격 설계
BLANK TECHNOLOGY	BLANK 細身(세신) 설계

BAY SIDE-SS

베이 사이드-SS

규격	전장 (m)	절수 (本)	접은길이 (cm)	무게 (g)	선경 (mm)	원경 (mm)	추부하 (호/Max)	MAX P.E LINE (호)	Guide (ea)	Grip (mm)	판매가 (원/₩)
20-330	3.3	3	118	196	2.6	21.8	10~30(40)	2	4(내부2)	295	150,000
30-360	3.6	4	99	214	2.9	21.9	20~40(50)	3	5(내부3)	295	160,000
30-390	3.9	4	107	240	2.9	22.1	20~40(50)	3	5(내부3)	295	170,000

※구매일로부터 1년 이내 1회 무상 A/S

※제품 규격 및 디자인과 판매가는 품질향상 등의 이유로 사전 예고 없이 변경될 수 있습니다.

CARBON 90%

N·S HIGH QUALITY MADE IN CHINA DESIGNED AND ENGINEERED SALT WATER

N·S 주)엔에스 인천광역시 남동구 염전로411번길 38 Web: http://www.nsrod.co.kr
TEL 032)868-5427 A/S 문의처 032)868-1004 FAX : 032)868-5423

바다낚시 4장 四場

우리나라 바다낚시는 장소도 다양하고 재미도 다양하다. 연안 방파제나 백사장은 언제든 부담 없이 찾아 누구나 손쉽게 즐길 수 있는 '생활낚시' 공간이다. 훌훌 일상을 떠나 한바다로 나아가 즐기는 갯바위낚시와 선상낚시는 연안에서 보고 느끼지 못한 호연지기를 체험할 수 있다.

갯바위 바다낚시의 진수는 단연 갯바위낚시다. 역동적인 갯바위에 올라 온갖 기와 예를 발휘해야 하는 만큼, 결정적 순간의 쾌감이 더욱 짜릿하기 때문일 것이다. 그 갯바위낚시의 대표 어종은 역시 감성돔이다.

방파제 방파제는 찾기가 쉽다. 위험 부담도 적어 초보자에게도 좋고, 가족 동반 나들이 낚시에도 좋다. 계절 따라 새로운 먹거리를 챙길 수 있어 가장 실속있다. 학공치가 수면을 가득 채운 가을 방파제는 축제의 장이다.

백사장 시야가 탁 트인 드넓은 백사장에서 혼신의 힘으로 캐스팅하는 백사장 원투낚시는 낚싯대를 휘두르는 것만으로도 쾌감의 극치다.

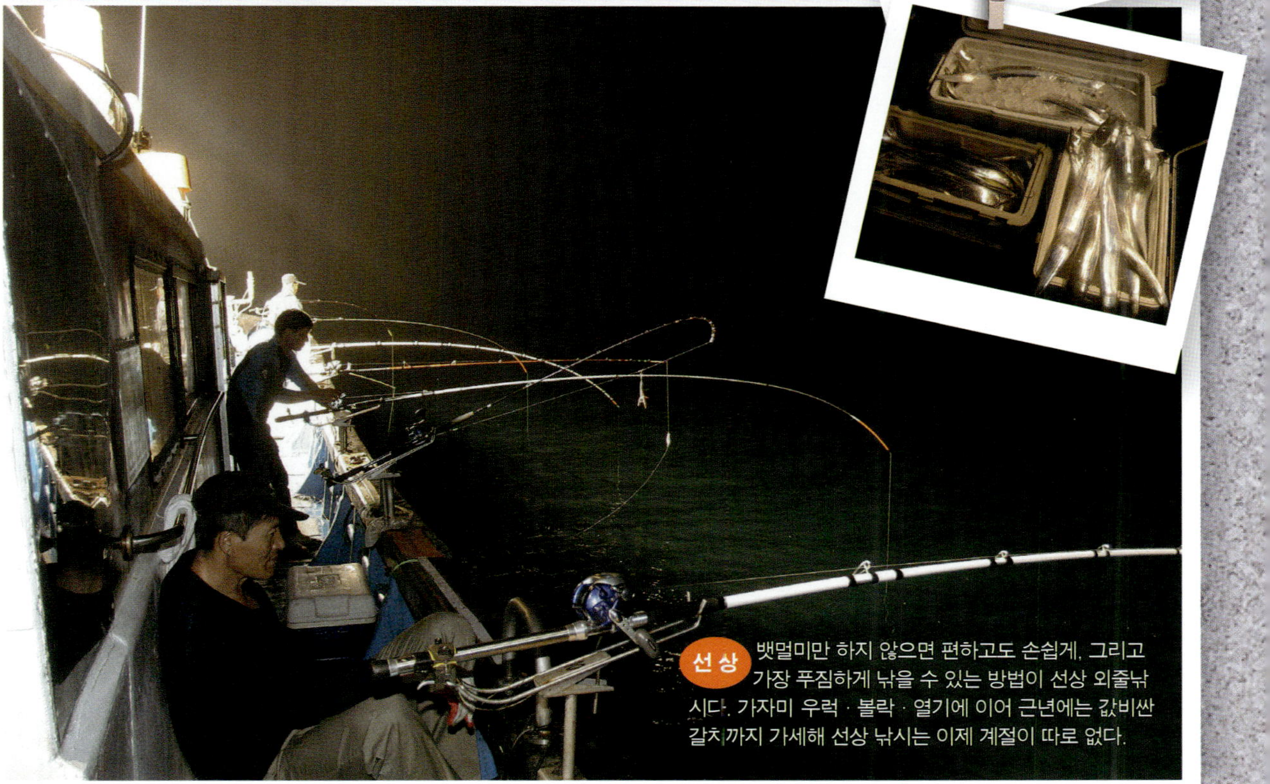

선상 뱃멀미만 하지 않으면 편하고도 손쉽게, 그리고 가장 푸짐하게 낚을 수 있는 방법이 선상 외줄낚시다. 가자미 우럭 · 볼락 · 열기에 이어 근년에는 값비싼 갈치까지 가세해 선상 낚시는 이제 계절이 따로 없다.

우리나라에 지깅 바람을 불러일으킨 대구. 동해엔 미터 급이 넘는 씨알도 낚인다.

대물&명소
야화
夜話

이왕이면 다홍치마. 마릿수 재미를 누리는 낚시도 있지만 '오로지 한방'에 승부를 거는 대물 사냥도 있다. 낚시터 또한 마찬가지다. 그 중에서 대물 산지로 꼽히는 3해(海) 각지의 명소와 명당에는 대물꾼들의 야망과 도전, 희열과 좌절이 얼룩져 온갖 야화를 피워낸다.

국토 최서남단에 위치한 가거도는 추자·거문도와 함께 원도 갯바위 트리오로 꼽힌다. 사진은 개린여 북쪽 포인트에서 참돔과의 한판 승부!

서해 외연열도 해상에서 떠오른 80cm짜리 광어.

온갖 붙박이 어종과 회유성 어종이 설치는 추자군도는 갯바위 꾼들의 성지다. 사진은 사자섬이 마주보이는 푸렝이 동쪽 홈통에서의 한판 승부!

줄무늬가 거의 퇴화한 노령의 수컷 돌돔.

제주 소관탈도 뜽여 전경. 조류가 세찬 곳으로 여름철이면 돌돔 · 참돔 · 벤자리가 각축전을 벌인다.

부시리 북상! 해수온의 상승으로 제주도와 남해는 물론 서해와 동해까지로 북상한 지도 오래다.

더 좋은 바다낚시를 위해

우리나라는 3면이 바다로 둘러싸인 지리적 특성과 함께, 3면의 바다가 또 각기 다른 특성을 지녀 바다낚시의 다양성을 극대화한다. 세계적으로 간만의 차가 큰 서해, 한류와 난류가 만나는 동해, 복잡한 리아스식 해안선을 이루는 남해는 서로 다른 모습을 가지고 독특한 생태계를 형성한다. 그리하여 해류와 조류, 지형 조건이 서로 다른 동서남해 바다에는 붙박이 어종뿐만 아니라 철 따라 다가오는 회유성 어종도 다를 수밖에 없다. 이렇듯 우리 바다의 어종이 다양한 만큼 낚시의 묘미 또한 다양할 수밖에 없는 것이다.

드넓은 바다를 배경으로 보다 역동적으로 펼쳐지는 바다낚시는 많은 이들의 동경의 대상이 되기도 하지만, 비용이 많이 든다는 선입견으로 입문을 주저하는 경우도 없지 않다. 그러나 실상을 조금만 알고 나면 비싼 비용을 지불하지 않고도 간편하게 즐길 수 있는 분야가 많다는 것을 알게 된다. 고등어 · 전갱이 · 학공치 · 볼락 · 우럭 · 가자미 등은 입문 즉시 누구나 쉽게 낚을 수 있는 대상어일 뿐만 아니라, 가까운 거리의 방파제나 방조제에서 간편하게 낚을 수 있는 어종이다. 여기에 오징어 · 꼴뚜기 · 주꾸미 등의 두족류까지 합치면 입문자들의 구미에 맞는 분야는 더욱 늘어난다. 따라서 이 책은 가볍게 찾아 부담 없이 즐기고 맛있게 먹고 돌아오는 '생활낚시' 및 '패밀리 피싱'의 길잡이가 되고자 했다.

바다낚시 인구는 갈수록 증대할 것이다. 기후 변화로 자원이 줄어드는 어종이 있는가 하면, 상대적으로 자원이 늘어나는 어종도 있고, 전혀 새로운 어종이 추가되어 색다른 묘미를 안겨주기 때문이다. 또한 바다 어종은 크든 작든 모두가 구미를 돋운다는 점에서 인기몰이를 더하는 추세다. 감성돔 · 참돔 · 벵에돔 · 돌돔과 같은 고급 어종들은 물론 대구 · 민어 · 보리멸 · 열기 · 부시리 · 학공치 · 무늬오징어 등등 여느 도시민들이 맛보기 어렵거나 어시장에 나가도 구입하기 어려운 생선을 바다 낚시인들은 어렵잖게, 그리고 가장 싱싱하게 먹을 수 있기 때문이다. 파격적인 손맛과 그에 못지않은 식도락이야말로 바다낚시의 매력인 것이다. 따라서 이 책은 낚시 방법 소개 못지않게 맛있게 먹는 방법에 대해서도 많은 지면을 할애하였다.

한 종류의 물고기라도 낚는 방법이 여러 갈래로 나뉘고 그 방법에 따라 낚시의 묘미도 달라지게 마련이다. 갯바위 · 방파제 · 백사장 · 선상 등 각기 다른 장소도 마찬가지다. 이 책에 소개한 실전 사례별 낚시 어종은 36개 묶음이지만 유사어종과 두족류까지를 모두 합치면 총 50여 종에 달한다. 우리나라 바다낚시 대상어를 거의 수록한 셈이다. 이를 바탕으로 이 책이 우리나라 바다낚시의 백과사전이 되고자 전통적인 낚시 방법은 물론 최신 트렌드를 총망라하는 한편, 미래지향적인 낚시 방법도 제안하였다. 또한 본문에서 미처 다 소개하지 못한 여러 갈래의 토막 상식과 전문 지식(Tip & Info)을 따로 추가하였다.

이러다 보니 이 책의 분량이 무려 800여 쪽으로 늘어나 부득이 상 · 하 두 권으로 나눠 펴내게 되었다. 두 권의 책에 수록된 자료 사진과 그림 해설 또한 무려 1,000여 컷. 낚시 출판 최대의 작업으로 큰 자부심을 가지면서도 자료가 워낙 방대했던 만큼 어느 한 쪽 소홀한 측면도 발견될 것으로 생각한다. 독자 여러분의 격려와 조언에 힘 입어 완성도를 더욱 높여 나갈 수 있기를 기대한다.

이 책이 마무리되기까지 1년여 기간 동안 동분서주한 조홍식 박사, 전문 분야의 기사를 제공해준 월간 낚시춘추 허만갑 부장과 이영규 차장, 특히 작품성 높은 사진을 많이 제공해 준 이기선 부장에게 감사드린다. 아울러 오랜 세월 바다낚시 현장을 뛰며 특정 분야의 집필을 담당해 준 강민구, 김용화 님께도 사의를 표한다.

2011년 11월 11일

예조원 편집부

CONTENTS _ 바다낚시 첫걸음(上)

Section 1 기초튼튼 A

Section 2 어종별 실전편 A

CONTENTS _ 바다낚시 첫걸음(上)

바다낚시 첫걸음(下) – 목차 미리보기

Section 1

기초튼튼 A

Basic **1** 바다낚시의 종류

Basic **2** 기본 장비 및 소품

Basic **3** 바다낚시용 루어를 이해하자

Basic **4** 채비에 대한 이해

Basic **5** 포인트에 관한 이해

Basic **6** 캐스팅에서 랜딩까지

1 바다낚시의 종류

우리나라는 3면이 바다로 둘러싸인 반도(半島) 국가로 바다의 혜택이 매우 큰 나라이다. 더욱이 서해 · 남해 · 동해가 각각 서로 다른 특성을 지니고 있어서 다양한 해양 생태계가 존재한다.

바닷물고기의 환경은 해안의 얕은 수역에서부터 한바다의 대륙붕까지 변화가 풍부하다. 낚시도 이런 환경에 알맞은 형태로 존재하고 변화무쌍한 장르로 구분되어 각각의 특성을 보여준다. 그냥 한마디로 바다낚시라고 부르지만, 여기에는 낚시를 하는 장소나 낚시 방법에 따라 그 묘미가 달라지는가 하면, 구비해야 할 도구도 달라지는 다양함이 함축되어 있다.

이 같은 바다낚시는 다양한 형태로 존재한다. 낚시터 환경에 따라 달라지기도 기법에 따라 구분되기도 한다. 나아가 낚고자 하는 어종별로 하나하나 세분할 수도 있다. 이와 같이 바다낚시는 분류 기준에 따라 복잡하게 전개

된다. 그리고 각각의 낚시는 나름대로의 즐거움이 존재하기 때문에 골라서 즐기는 재미가 있다.

■ 낚시를 하는 장소에 따른 분류

▶갯바위낚시 – 이름 그대로 해안가에 형성된 갯바위를 무대로 즐기는 낚시 형태이다. 갯바위 주변은 비교적 물가로부터 급하게 깊어지는 부분이 많고 조류의 영향을 강하게 받아 많은 물고기가 모이는 장소이다. 초보자의 경우 외딴섬 갯바위는 다소 위험할 수도 있으므로 단독 출조를 피하고 경험자와 동행하는 것이 좋다.

감성돔 · 벵에돔 · 참돔 등 바다낚시의 특급 대상어가 모두 낚이는 장소이자 돌돔 · 부시리 등 대물 어종들을 겨냥하는 전문가의 영역이기도 하다.

▶방파제낚시 – 항구 주변, 파도를 막아주는 방파제를 무대로 이루어지는 낚시이다. 발판이 비교적 안전하한 것이 장점이다. 개체 크기가 작은 전갱이 · 볼락으로부터 본격 바다낚시 대상어인 감성돔 · 벵에돔 등 온갖 어종이 모이는 수족관과 같은 낚시터이다. 특히 조류 소통이 좋은 외해에 접하는 방파제라면 더욱 그렇다. 내해 쪽은 외해성 회유어보다는 모래사장이나 하구에 서식하는 어종이 많이 낚인다. 휴일을 맞아 가족과 즐기는 패밀리 피싱은 물론 바다낚시 전문가들도 즐겨 찾는 장소이다.

▶백사장낚시 – 해저가 모래로 되어 있는 장소에서 시도하는 낚시를 말하는데 주로 해안의 해수욕장과 같은 모래사장에서 접근하는 낚시이다. 수심은 1m 이상이 되는 장소가 좋은 낚시터가 된다. 서프 캐스팅(surf casting)이라고 부르는 채비를 수평선으로 날려 보내는 호쾌함이 이 낚시의 멋과 재미를 더하는 중요한 요소이다. 외국의 경우는 동호인이 무척 많아 조과 이외에도 원투 거리를 겨루는 경기도 치러진다. 남해안과 제주도라면 보리멸, 동해안이라면 가자미 · 황어가 주대상어가 된다.

▶배낚시 – 낚싯배(유어선)를 이용해 한바다 위로 나아가 배 위에서 즐기는 낚시이다. 항구 인근의 내해 포인트로부터 멀리 공해상의 포인트까지, 오가는 낚싯배 위에서 숙박을 하는 원정낚시도 가능하다.

대상어는 각 해당 수역에 서식하는 어종 전반에 걸치는데, 지역과 시즌에 따라 또는 승선하는 낚싯배에 따라 노리는 어종이 달라진다. 우럭 · 대구 ·

볼락 · 열기 · 가자미 · 보리멸 · 갈치 · 부시리 등 온갖 고급 어종을 풍성하게 낚을 수 있고, 어종에 따라선 초보자도 쉽게 즐길 수 있다는 점이 배낚시의 장점이다.

■ 낚시하는 방법(기법)에 따른 분류

▶**찌낚시** – 어신(魚信) 즉, 물고기의 입질을 간파하게 해 주는 찌를 사용하는 낚시 형태이다. 갯바위, 방파제에서 흔히 구사하는 만능 조법이며, 일부 어종을 겨냥해 낚싯배 위에서 시도되기도 한다. 사용되는 찌는 막대 모양의 찌와 둥그런 형태의 구멍찌가 있는데, 근년에는 구멍찌가 대세를 이룬다.

감성돔 · 벵에돔 · 참돔 등 주요 돔낚시에 채용되는 것은 물론, 학공치나 망상어 등 간편하게 즐기는 경우에도 역시 찌낚시이다.

▶**맥낚시** – 마치 팔목을 짚어 맥박을 간파해 내듯, 어신 감지를 찌에 의존하지 않고 직접 손으로 확인하는 낚시를 말한다. 물고기가 낚싯바늘의 미끼를 물게 되면 일단 낚싯줄에 그 진동이 전달되고, 그 진동은 또한 낚싯줄과 연결된 낚싯대로 전달되면서 곧장 우리의 손에까지 와 닿아 전율을 느끼게 되는 것이다. 따라서 민낚싯대로 근거리 포인트를 노려 속전속결로 대상어를 낚아내는 데는 맥낚시가 가장 효과적인 방법일 수도 있다.

찌낚시의 유행으로 점차 맥낚시 인구가 줄어들고 있지만 마니아들에게는 뿌리가 깊은 인기를 누리고 있다. 감성돔 · 망상어 · 볼락 · 돌돔 등 갯바위와 방파제의 대부분 어종이 맥낚시 대상어이다. 따지고 보면 선상 외줄낚시도 맥낚시 범주에 속하며, 특히 낚싯대를 사용하지 않는 재래식 얼레낚시의 경우는 가장 대표적인 맥낚시 형태이기도 하다.

▶**던질낚시, 처넣기낚시** – 채비에 무거운 봉돌을 부착하고 릴낚싯대를 이용해 채비를 팽팽하게 던져 바닥에 가라앉히는 형태의 낚시다. 거리가 가깝거나 먼 포인트 등 넓은 범위를 탐색할 수 있는 것이 장점으로 갯바위 · 방파제 등 연안에서는 물론 낚싯배 위에서도 시도되는 낚시 방법이다. 저층이나 바닥층에 서식하는 어종이 주요 대상어이다. 보리멸 · 가자미 · 노래미 · 붕장어와 같은 소형 어종에서부터 돌돔 · 다금바리 등 초대물 낚시에도 통용된다.

▶**선상 외줄낚시** – 채비의 맨 아래에 무거운 봉돌을 달고 원줄을 길게 늘어

▲ 갯바위낚시는 과거 릴 던질낚시(처넣기)의 단조로움에서 탈피해 다양한 기법을 구사할 수 있는 찌낚시로 전환되면서 거의 모든 어종에 구멍찌낚시가 통용되는 추세다.

뜨리되, 봉돌과 원줄 사이에 대부분 여러 개의 바늘을 단 가짓줄을 부착하는 낚시 방법이다. 깊은 수심으로 이 채비를 내리고 해저에서 고패질을 해 어신을 기다린다. 얕은 연안은 물론 심해에 이르기까지 다양한 수심의 포인트에서 행한다. 연안 포인트에서는 볼락 · 열기 · 가자미 등을, 심해 포인트에서는 우럭 · 대구 · 넙치 등을 낚는다.

▶**루어낚시** – 작은 물고기나 갑각류 모양을 흉내 내어 금속이나 합성수지로 만든 가짜미끼인 루어(lure)를 이용하는 낚시 방법이다. 기본적으로 낚싯대와 릴, 낚싯줄과 루어만 준비하면 낚시가 가능하다는 것이 특징이다. 채비가 간단하고 생미끼를 사용하지 않는 깔끔함도 장점. 대상어는 주로 다른 물고기를 잡아먹는 육식성 어류로 우럭 · 볼락 등의 붙박이성은 물론 농어 · 부시리 · 가다랑어 같은 회유어가 모두 해당되며, 문어 · 오징어 · 주꾸미 · 꼴뚜기 등의 연체동물도 빼놓을 수 없는 대상어이다.

담수어와는 달리 해수어는 거의가 포식성(捕食性) 어류로 대부분이 루어낚시 대상어가 될 수 있는데, 어류의 습성을 감안한 루어 제작의 발달로 참돔과 감성돔까지 루어 대상어가 되고 있다.

2 기본 장비 및 소품

바다낚시에 필요한 도구는 무엇이 있는가? 어디에서 얼마만큼 마련하면 될까? 이제 막 바다낚시에 입문하려는 초보자에게 있어서 그 선택은 의외로 까다로운 문제가 될 수도 있다.

대상어종에 따라 세세한 부분이 조금씩 다른 다양한 종류가 있지만 기본적인 장비는 공통적이다. 바다낚시에 필요한 기본 장비의 구성을 제대로 알고 각각의 특성을 잘 이해하는 것이 올바른 장비를 갖추는 지름길이며, 올바른 장비를 갖추는 것은 바다낚시를 보다 편하고 쉽게 만드는 첫걸음이다. 첫 단추를 잘 꿰어야 하는 것이다.

낚싯대(Rod) ‖ 가장 복잡다양한 기초 장비

예부터 어부들의 '얼레를 사용한 외줄낚시' 경우처럼 낚싯대를 사용하지 않는 바다낚시도 있다. 하지만 오늘날 취미의 낚시에 있어서는 낚싯대를 사용하는 경우가 대부분이다. 낚싯대를 사용함으로써 즉시적소의 장소와 여건에 대응할 수 있고, 깊은 수심에 머물고 있는 물고기를 보다 쉽게 낚아낼 수 있는 것이다. 또한 재미가 배가되어 어업이 아닌 취미에도 어울린다.

바다낚시용 낚싯대는 낚시 장르의 발전에 따라 계속 새로운 형태로 개발되고 있다. 그러나 기본적인 분류는 민낚싯대와 릴낚싯대 두 가지 형태로 구분되며, 낚시 장소 및 방법 그리고 대상어종에 따라 더욱 세분화된다.

■ 민낚싯대(바다장대) – 크게 3가지 종류

여분의 낚싯줄을 감아둘 수 있는 별도의 장치가 마련돼 있지 않은 '민짜' 형태의 낚싯대를 말한다. 즉, 릴(reel) 부착 시트가 없고 가이드도 부착돼 있지 않은 낚싯대로, 흔히 '장대'로 불린다. 일자로 된 대나무 낚싯대가 그 원조인데, 오늘날에는 안테나 식으로 뽑아내거나 여러 토막을 꽂는 식으로 되어 있다. 결국 릴낚싯대를 포함한 모든 낚싯대는 뽑기식과 꽂기식으로 나뉘는데, 바다용 민낚싯대는 뽑기식이 주류를 이룬다.

갯바위나 방파제에서 볼락 · 망상어 · 감성돔 등을 근거리에서 속전속결로 낚아내기 위해 사용되며, 휨새와 강도에 따라 몇 가지 용도로 나뉜다.

▶볼락 · 망상어낚시용 – 마치 민물에서 사용되는 붕어 낚싯대를 연상시키는 것이다. 초리는 붕어 낚싯대처럼 유연하지만 허리힘이 강하고 전체적으로 빳빳한 특성을 가지고 있다. 바다낚시용에서는 가장 경량급 민낚싯대로서 방파제나 갯바위에서 볼락 · 망상어 · 학공치와 같은 소형급 어종을 낚는 데 사용한다. 길이는 보통 5~8m로 일본 제품은 볼락낚시 전용도 있다.

▶감성돔낚시용 – 일반적으로 '바다장대'로 불리는 민낚싯대로 토막이 긴 장절 구조에 바닷물고기의 강한 저항에도 견딜 수 있도록 강한 허리힘이

갖추어져 있다. 길이가 4.5m에서 10m에 이르기까지 다양하게 나뉘어 있고, 주로 감성돔낚시에 있어서 낚시터의 환경과 상황에 따라 사용되도록 설계되어 있다. 속전속결, 또한 스릴 넘치는 손맛을 원하는 낚시인들이 찾는 경향이 높다.

▶**돌돔낚시용** – 바다장대 중에서 가장 강한 힘을 가지고 있는 중량급 낚싯대로, 여름철 절벽 포인트에서 돌돔을 낚기 위해 사용한다. 우리나라에서만 사용되는 독특한 낚싯대로, 고가의 돌돔 전용 릴과 돌돔 전용 릴낚싯대를 갖추지 않고도 돌돔을 낚는다는 점에서 묘미와 경제성이 가장 큰 장점이다. 초리부터 허리까지 빳빳한 특징이 있다. 길이는 9~12m까지 있지만 주로 10~11m를 사용한다.

■ 릴낚싯대 – 용도와 기능 다종다양

릴을 부착해 사용할 수 있는 낚싯대를 통틀어 릴낚싯대라고 부르며 그 용도와 기능이 매우 다종다양한 편이다. 따라서 릴낚싯대는 낚시를 하는 장소와 구사하는 기법에 따라 다양한 종류로 세분화된다. 그러나 공통적인 것은 손잡이 부분에 릴을 부착하기 위한 부품(릴 시트)이 만들어져 있고, 릴에 감긴 낚싯줄이 들락날락 통과하는 링(가이드)이 낚싯대 몸통에 줄지어 부착되어 있다는 점이다. 민낚싯대와는 달리 먼 거리 포인트와 깊은 수심을 두루 겨냥할 수 있다는 점이 특징이다.

▶**다용도 릴낚싯대** – 어디에서건 다목적으로 간편하게 사용할 수 있는 릴대를 말한다. 방파제나 선상 던질낚시용으로 두루 사용되는 릴낚싯대로, 용도가 딱히 규정돼 있다기보다는 그냥 간편하게 다용도로 사용한다는 점에서 편의상 부르는 이름이다. 굳이 표현하자면 중거리용 던질 낚싯대라고 분류할 수 있다. 뽑기식으로 2.1~3.6m의 길이가 주종이며, 용도가 분명한 다른 종류의 릴대에 비해 가격도 저렴한 편이다.

▶**외줄 낚싯대** – 난바다 또는 연근해 배낚시에 사용하는 낚싯대이다. 대상어가 우럭이나 볼락 · 열기와 같이 채비를 멀리 던지지 않고 수직으로 풀어 내리는 형식의 외줄낚시에 사용한다 하여 외줄 낚싯대라고 부른다. 대상어의 크기와 수심에 따라 그에 대응하는 강도를 추부하량으로 나타낸다. 심해 침선 낚시에서는 추부하량이 80~150호로 강한 것을 사용하고, 열기낚

시에는 30호 정도를 사용한다. 길이는 주로 2.1~2.7m가 많다. 열기낚시와 같이 가지바늘 채비가 긴 경우에는 보다 긴 대를 사용하는 편이 편리하다. 우럭낚시용과 열기 · 볼락낚시용으로 구분되지만 우럭과 열기 · 볼락을 겸하는 콤비 제품도 있다. 꽂기식으로 된 두 토막 가운데 끝대를 두 가지로 만들어 용도에 맞게 교체 사용할 수 있도록 만든 제품이다.

▶갯바위 낚싯대 – 일반적으로 '갯바위 찌낚시 릴대'로 불리는 제품들이다. 찌흘림낚시로 감성돔 · 벵에돔 · 참돔과 같은 돔 종류와 농어 · 부시리를 노리는 등 용도별 제품들이 다양하다. 낚싯대의 강도를 호수를 매겨 구분하는데, 감성돔은 0~1호 정도의 가장 섬세한 낚싯대를 주로 사용하고 벵에돔은 조금 강한 1~2.5호를 사용한다. 3~5호는 부시리와 같은 대형급 용도인데 찌낚시뿐만 아니라 던질(처넣기)낚시에도 사용한다. 길이는 4.5~6.3m로 몇 단계로 나뉜다.

▶돌돔 낚싯대 – 강력한 돌돔의 입질과 끌힘에 견디도록 만들어진 전용 릴낚싯대이다. 갯바위 낚싯대 중에서 가장 강한 5호와 비슷하지만, 릴 시트의 위치가 뒤쪽으로 많이 치우쳐 있는 것으로 구분할 수 있다. 이는 돌돔 전용 양축 릴의 사용을 전제로 만들어지고 있기 때문이다. 뽑기식도 있지만 본격 돌돔 전용 제품은 꽂기식으로 된 경우가 많다.

■ 찌낚시용 갯바위 릴대의 호수별 대상어 비교

구분 (호수)	추부하량 (호)	초릿대 굵기 (mm)	적정 사용 목줄(호)	대상어종
0호	0.5~2	0.7~0.75	0.6~1.5	감성돔, 망상어, 볼락, 학공치, 기타 소형어
0.4호	0.5~2	0.7~0.8	0.6~1.5	
0.6호	0.5~2	0.7~0.8	0.6~2	
0.8호	1~2	0.7~0.8	0.8~2.5	대형 감성돔, 벵에돔
1호	1~3	0.7~0.8	1~3	
1.2호	1~4	0.7~0.8	1.2~3	
1.5호	1~5	0.7~0.9	1.5~4	대형 벵에돔, 긴꼬리벵에돔
1.7호	1.5~5	0.75~0.9	1.7~4	
2호	1.5~8	0.85~1.2	2~5	대형 긴꼬리벵에돔, 참돔, 중소형 부시리
2.5호	2~8	0.85~1.2	2.5~6	
3호	5~15	1.3~1.9	3~7	
4호	10~15	1.6~2.3	3~10	부시리, 기타 원투낚시
5호	12~20	1.7~2.7	4~12	

※추부하량과 초릿대의 굵기, 그리고 적정 목줄은 동일한 메이커의 같은 호수 제품일지라도 낚싯대 소재의 탄성과 휨새에 따라 모델별로 차이가 있음.

▶**백사장 원투 낚싯대** - 더 멀리 저 수평선까지, 채비를 보다 멀리 던질 수 있도록 만들어진 낚싯대이다. 서프 캐스팅 낚싯대라고도 부른다. 주로 백사장에서 사용하는데, 주요 대상어종은 보리멸이다. 우리나라에서는 보리멸 낚시가 폭넓게 성행하지 않아 사용하는 경우가 많지 않지만, 이웃 일본에서는 인기가 매우 높은 낚시 장르이다. 낚시 용도뿐만 아니라 원투 비거리 경기용으로 사용되는 제품도 있을 정도이다. 토막 수가 적고 가이드 개수도 적으며, 릴 시트의 위치도 원투하기에 좋은 위치에 부착되어 있다.

▶**루어 낚싯대** - 루어낚시가 바다로 확장되면서 바다 전용 루어 낚싯대가 등장하였다. 연안의 우럭 · 쥐노래미와 같은 소형 어종을 겨냥하는 제품에서부터 농어용, 갯바위 캐스팅용, 지깅용, 오징어낚시(에깅)용, 볼락용 등 다양한 형태로 개발되고 있다. 대상어종에 따라, 구사하는 기법에 따라 길이와 구조, 성능이 아주 다양하게 채용된다.

■ 낚싯대의 휨새와 강도

낚싯대의 휨새란 낚싯대가 휘어지는 모양새 즉, 낚싯대에 부하가 걸렸을 때 구부러지는 기점의 위치를 나타내는 것이다. 이에 비해 낚싯대의 강도

〈릴낚싯대의 부분 명칭〉

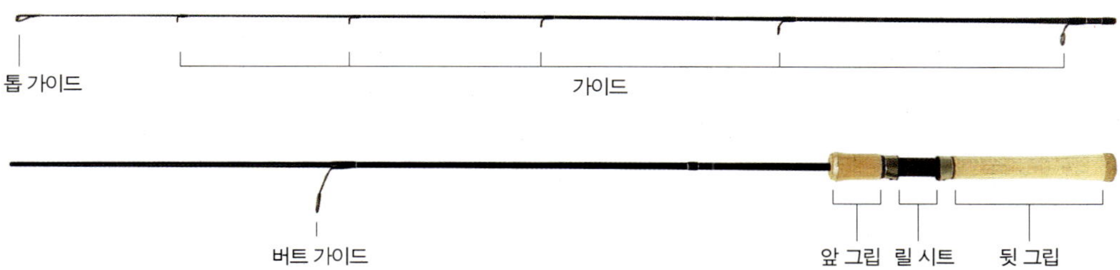

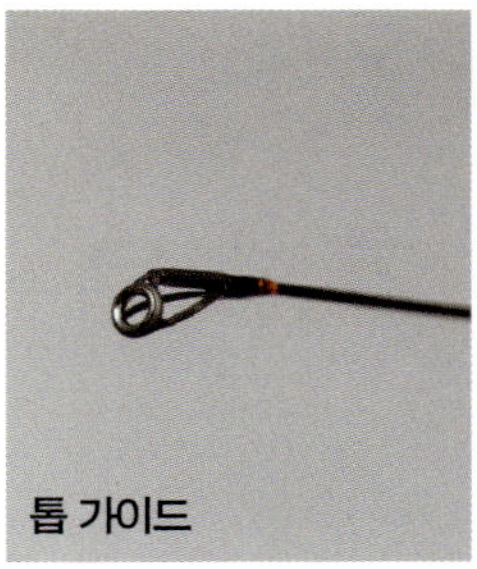
톱 가이드

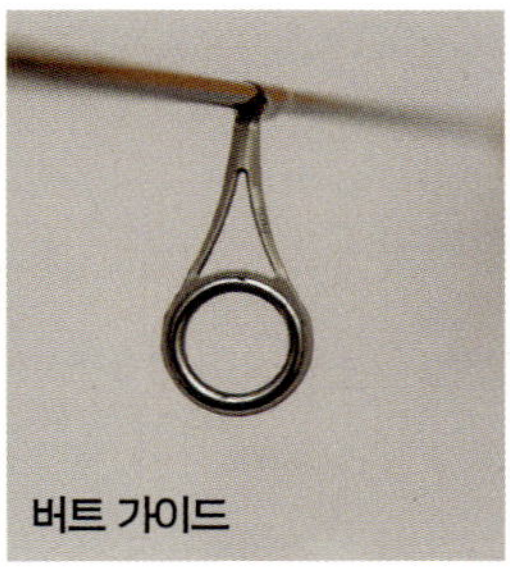
버트 가이드

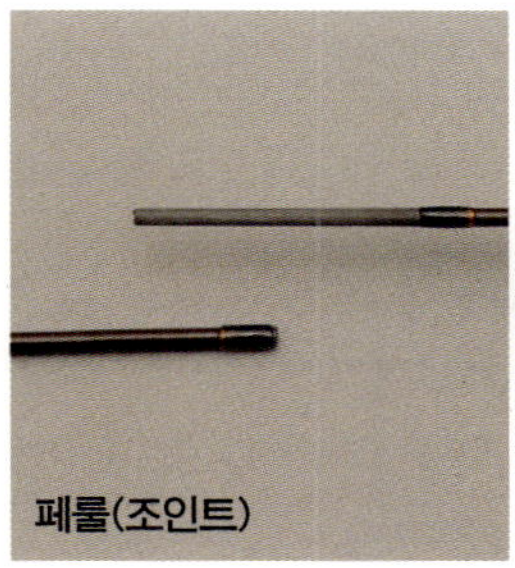
페룰(조인트)

릴 시트

Tip 인터라인 낚싯대

릴낚싯대에 줄지어 달려 있는 가이드(guide)는 이름 그대로 낚싯줄을 안내하는 역할을 한다. 릴낚싯대에 있어서 가이드는 필수적인 요소이다. 그런데 이 가이드에 종종 낚싯줄이 걸리는 폐단이 생긴다. 낚시 도중 늘어진 낚싯줄이 바람의 영향을 받거나 돌발적으로 가이드의 프레임에 감기는 현상이 발생하는 것이다. 이를 근본적으로 없애고자 나타난 낚싯대가 바로 인터라인(inter-line) 낚싯대이다.

낚싯줄이 낚싯대의 몸통으로 들어가 초리 끝으로 빠져나오는 구조를 하고 있다. 낚싯대가 지닌 성능(힘)이 손실 없이 다 실린다는 장점도 있다. 그러나 원투하기가 힘들고 낚싯대 내부의 청소도 힘이 드는 등 단점도 있다. 가이드가 달린 낚싯대가 좋으냐, 인터라인 낚싯대가 좋으냐는 서로 일장일단이 있어서 우열을 가늠할 수 없다. 갯바위낚시용, 외줄낚시용 등에 인터라인 낚싯대가 등장해 있다.

(强度)란 낚싯대에 매달 수 있는 부하량(負荷量)이나 물고기를 끌어올리는 힘을 나타내는 말이다. 이와 같이 엄밀히 구분하면 서로 다른 의미이지만 편의상 같은 개념으로 혼용하는 경향도 있다. 우리나라의 경우 서구식 표현법과 일본식 표현법이 혼합되고 있기 때문이다. 표기 방법의 차이뿐만이 아니라 민낚싯대와 릴낚싯대의 경우도 그 기준이 다른 데다가 메이커마다 차이를 보인다.

그래서 낚시에 경험이 많은 사람은 직접 낚싯대를 흔들어보거나 휘어보고는 '단단한 정도'를 감으로 느끼는 경우도 많다. 그러나 빳빳한 낚싯대가 꼭 강한 낚싯대인 것만은 아니다. 유연하지만 무거운 봉돌을 달 수 있는 낚싯대가 있는가 하면, 빳빳해도 무거운 봉돌을 달면 견디지 못하고 부러져버리는 낚싯대도 있다.

▶휨새의 표기 방법 - 낚싯대 전체 길이를 십등분한 후, 휘어보았을 때 휘어짐의 기점이 어디쯤에 있는가를 보고 '휨새'를 명명한다. 표기 사례는 〈표〉와 같은데, 민낚싯대나 갯바위 낚싯대는 일본식의 표현 방식도 사용된다. 루어 낚싯대의 경우는 F(fast), S(slow) 등과 같은 테이퍼나 액션이라는 표현을 사용하기도 하는데, 휨새는 엄격하게 정해진 기준이 없으므로 경계가 모호한 것이 사실이다. 게다가 기본적 휨새 구분과는 별도로 브랜드별로 독특한 표현을 덧붙여 더욱 세분화하기도 한다.

▶강도의 표기 방법 - 낚싯대의 강도(强度)는 얼핏 얼마나 커다란 물고기를 낚아 올릴 수 있는가에 대한 표현이라 생각할 수도 있다. 그러나 연약한

Info

꽂기식과 뽑기식

전체 길이가 긴 낚싯대는 여러 토막으로 이뤄져 있고, 이를 잇는 방식은 두 가지 형태로 나뉜다. 안테나를 뽑아내고 집어넣는 형식으로 된 제품을 '뽑기식(안테나식, telescopic)'이라 하고, 서로 분리된 토막을 꽂아 끼우는 방식을 '꽂기식'이라 부른다. 이 두 가지 방식은 각각 낚싯대의 휨새와 강도는 물론 무게에 영향을 크게 미친다. 낚시 방법과 목적에 따라 적합한 형태가 채용되는데, 만능 릴낚싯대와 갯바위 낚싯대는 주로 뽑기식, 돌돔 낚싯대와 외줄 낚싯대, 루어 낚싯대 등은 주로 꽂기식으로 만들어지고 있다.

■ **낚싯대 휨새의 표기 사례**

<table>
<tr><th>휨새 기준</th><th>우리말 표현</th><th>일본식</th><th colspan="2">구미식</th></tr>
<tr><td>9 : 1</td><td rowspan="2">초리휨새</td><td rowspan="3">先調子</td><td rowspan="3">F(fast) taper</td><td rowspan="3">tip action</td></tr>
<tr><td>8 : 2</td></tr>
<tr><td>7 : 3</td><td>앞휨새</td></tr>
<tr><td>6 : 4</td><td>중간휨새</td><td>本調子</td><td>R(regular) taper</td><td>moderate</td></tr>
<tr><td>5 : 5</td><td>몸통휨새</td><td>胴調子</td><td>S(slow) taper</td><td>parabolic</td></tr>
</table>

〈낚싯대의 휨새〉

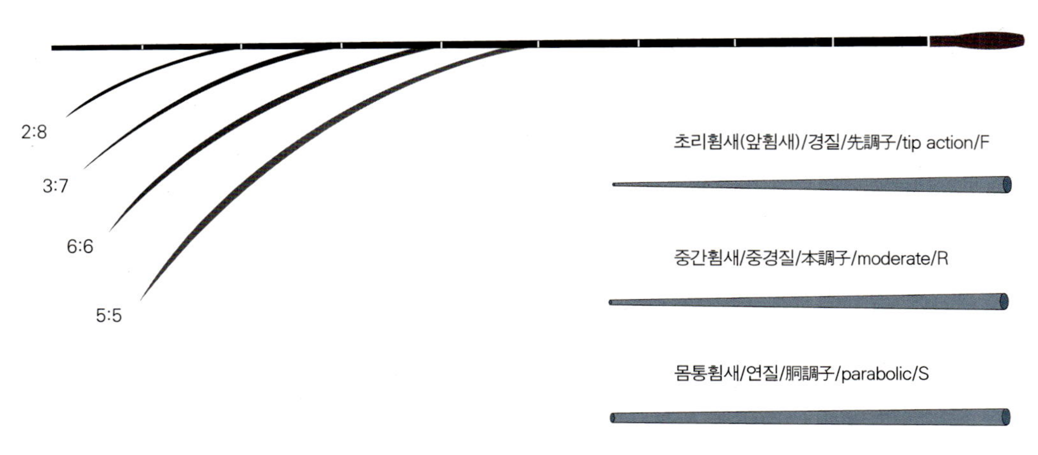

낚싯대로도 얼마든지 대어를 낚을 수 있으므로 올바른 표현은 아니다. 결국 낚싯대의 강도란 그 낚싯대의 탄성 범위 내에서 얼마나 무거운 무게(負荷量)를 매달 수 있는가가 정확한 표현이다.

일반적으로 낚싯대의 강한 정도는 빳빳한 정도와 얼마간 비례하므로 이를 기준으로 연질(軟質), 경질(硬質) 등으로 표시하기도 한다. 〈표〉에 나타낸 바와 같이 낚싯대의 강도 표시 또한 서구식 표현과 일본식 표현이 뒤섞여 사용되고 있다. 또한 갯바위 낚싯대의 경우는 1호, 2호 등으로 구분해 사용 가능한 목줄의 호수 표시를 하고, 외줄 낚싯대의 경우는 50호, 100호 등과 같이 매달 수 있는 봉돌의 무게를 호수로 표시한다. 그리고 루어 낚싯대

■ 낚싯대 강도의 표기 사례

<table>
<tr><th rowspan="2">구분</th><th colspan="12">강도 표기</th></tr>
<tr><th colspan="4">연질</th><th colspan="4">중경질</th><th colspan="3">경질</th><th colspan="1">초경질</th></tr>
<tr><td>민낚싯대</td><td colspan="4">연조(軟調)</td><td colspan="3">중경조(中硬調)</td><td colspan="2">경중경조(硬中硬調)</td><td>경조(硬調)</td><td>경경조(硬硬調)</td><td>초경조(超硬調)</td></tr>
<tr><td>갯바위 낚싯대</td><td>0호</td><td>0.6호</td><td>0.8호</td><td>1호</td><td>1.2호</td><td>1.5호</td><td>1.7호</td><td>2호</td><td>2.5호</td><td>3호</td><td>4호</td><td>5호</td></tr>
<tr><td>백사장 원투 낚싯대</td><td colspan="2">15호</td><td colspan="2">20호</td><td colspan="3">25호</td><td colspan="2">30호</td><td colspan="2">35호</td><td>40호</td></tr>
<tr><td>외줄 낚싯대</td><td colspan="4">10호~40호</td><td colspan="3">30호~80호</td><td colspan="2">60호~150호</td><td>80~250호</td><td>150~300호</td><td>200~500호</td></tr>
<tr><td>루어 낚싯대</td><td colspan="2">Ultra Light</td><td colspan="2">Light</td><td colspan="2">Medium Light</td><td colspan="2">Medium</td><td colspan="3">Medium Heavy</td><td>Heavy</td></tr>
</table>

는 UL, MH와 같은 표기법을 사용하거나 또는 사용할 수 있는 루어의 중량이나 부착한 릴의 드랙 수치를 통해 낚싯대가 견딜 수 있는 중량을 표기하기도 한다.

Tip 스피닝 로드와 캐스팅 로드

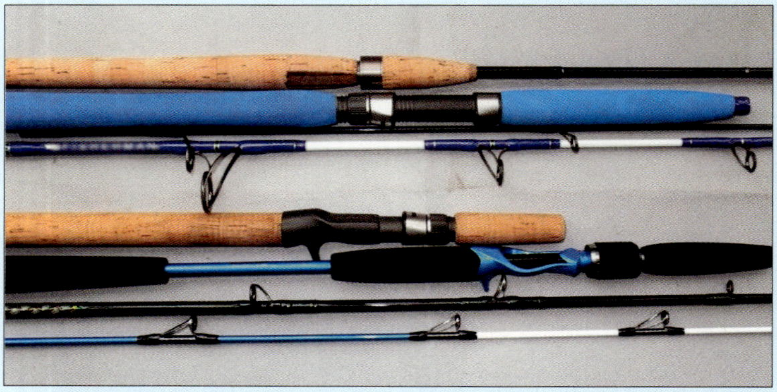

바다낚시용 릴낚싯대를 크게 나누면 두 가지 형태로 요약된다. 스피닝 로드와 캐스팅 로드이다. 간단히 말하면 스피닝 로드는 스피닝 릴을 부착하게끔 되어 있는 낚싯대이고, 캐스팅 로드는 양축 릴을 부착하게끔 되어 있는 낚싯대이다.

스피닝 릴은 낚싯대의 아래쪽에 부착하고 양축 릴은 낚싯대의 위쪽에 부착하게 되어 있는 구조상, 낚싯대의 외형이 달라진다. 릴 시트의 모양이 다르고 낚싯줄이 통과하여 지나가는 가이드의 배치, 크기, 개수가 다르다. 같은 용도의 낚싯대라고 하더라도 스피닝 로드의 가이드는 크기가 크고 개수가 적으며, 캐스팅 로드의 가이드는 크기가 작고 촘촘히 부착되어 있다.

외형상의 차이뿐만 아니라 낚싯대 제조 시부터 스피닝 로드와 캐스팅 로드는 설계가 다르다. 그렇기 때문에 스피닝 로드에 양축 릴을 달아 쓰거나 캐스팅 로드에 스피닝 릴을 부착할 경우, 사용이 불편한 것은 물론이고, 낚싯대가 충분한 성능을 발휘하지 못한다.

릴(Reel) ‖ 모양과 기능에 따라 크게 두 종류

멀리 떨어져 있는 물고기를 낚기 위해 고안된 도구이다. 낚싯대의 길이만으로는 닿지 않은 지점까지 미끼를 보내기 위해 낚싯줄을 감아두었다가 풀거나, 다시 회수해 감아둘 수 있도록 만들어진 기계이다. 어부들이 사용하는 얼레와 같이 낚싯줄을 감아두기만 하는 단순한 기능을 갖는 것에서부터 대형 물고기를 쉽게 낚아 올리기 위해 첨단 기능이 내장된 것, 전기 동력을 사용하는 것까지 실로 다양한 형태지만 기본적으로는 두 가지로 구분된다.

■ 스피닝 릴(spinning reel) - 스풀이 고정된 형태

바다낚시 전반에 걸쳐 사용하는 대표적인 릴로서, 주로 채비를 멀리 던진다는 목적에 적합하도록 만들어진 것이다. 용도에 따라 몇 가지로 구분하지만 기본 구조는 동일하다. 핸들의 회전에 따라 스풀이 직접 돌면서 낚싯줄이 감기는 양축 릴과는 달리, 스피닝 릴은 로터(rotor)가 돌면서 고정된 스풀에 낚싯줄이 감기는 구조이다. 오른손잡이와 왼손잡이 모두가 편리하게 사용할 수 있도록 핸들을 좌우로 바꿔 부착시킬 수 있다. 낚싯대의 아래쪽에 장치한다.

〈스피닝 릴의 부위별 명칭〉

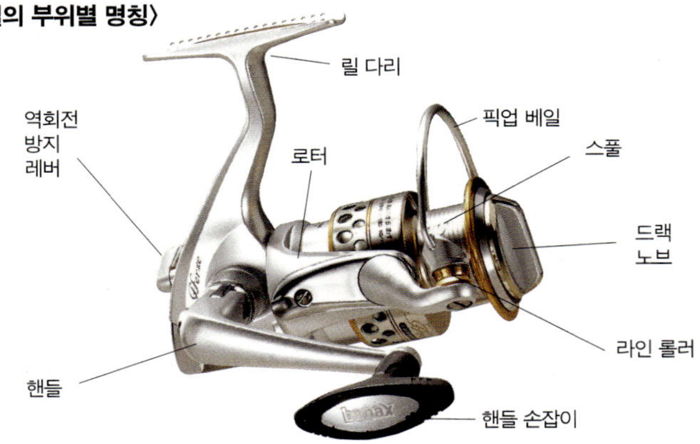

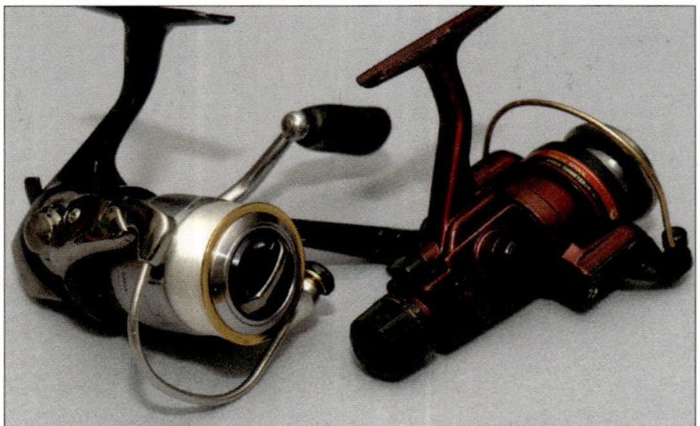

〈프론트 드랙 스피닝 릴(좌)과 리어 드랙 스피닝 릴(우)〉

▶일반 스피닝 릴 - 흔히 볼 수 있는 기본적인 형태의 스피닝 릴이다. 채비를 던지거나 풀어 내리는 낚시라면 언제든지 사용할 수 있으므로 대상어종을 가리지 않는다. 크기도 200g의 소형에서부터 900g이 넘는 대형까지 다양하여 낚시 형태에 맞춰 선택하면 된다. 드랙의 위치에 따라 두 종류로 구분되는데, 드랙이 릴 몸체 앞쪽에 위치한 것을 프론트 드랙(front drag) 릴이라 부르고 릴 몸체 뒤쪽에 위치한 것을 리어 드랙(rear drag) 릴이라 부른다. 프론트 드랙 릴이 대세이다.

▶레버 브레이크(LB) 릴 - 갯바위 찌낚시에 많이 사용되는 릴이다. 일반 스피닝 릴과 외관상으로 매우 비슷하지만 릴 몸체와 다리 사이로 비죽이 튀어나온 레버가 하나 달려있는 것이 다른 점이다. 일반 스피닝 릴에 붙어 있는 드랙 장치 대신에 레버가 붙어 있는 것으로, 이 레버로 로터의 회전에 마찰을 주어 제동을 거는 구조이다. 레버 브레이크(lever brake)를 줄여 LB 릴이라고 부르기도 한다. 갯바위나 방파제에서 주로 벵에돔 · 감성돔 등의 릴 찌낚시에 사용한다.

〈일반 드랙 릴과 LB 릴〉

레버 브레이크 방식의 LB 릴

일반적인 드랙 릴

〈스풀이 긴 백사장 원투낚시용 스피닝 릴〉

▶**원투(경기)용** – 일반 대형 스피닝 릴과 유사하지만 몸통에 비해 스풀이 커다란 특징이 있다. 백사장에서 채비를 보다 멀리 던지기 위해 만들어진 것으로, 캐스팅 시에 낚싯줄이 거침없이 잘 풀려나갈 수 있도록 스풀의 지름이 점차 축소되는 특이한 구조를 띤다. 드랙 기능이 최소화 되거나 아예 없는 것도 있는 등, 일본에서는 낚시 목적 이외에 백사장 원투 경기용으로 제작되기도 한다. 주요 대상어는 보리멸 · 가자미 · 황어 등으로 백사장 원투 대와 세트로 사용하는 것이 올바른 사용 방법이다.

■ 양축(兩軸) 릴 – 장구통 모양의 스풀이 회전하는 형태

생김새 때문에 장구통 릴 또는 드럼 릴 등으로도 불리는 둥근 모양의 릴이다. 용도에 따라 몇 가지로 구분하지만 낚싯줄이 저장되는 스풀 자체가 회전하면서 낚싯줄이 풀리거나 감기도록 된 구조는 다 똑같다. 채비를 수직으로 풀어 내리는 외줄낚시에 주로 사용되지만 갯바위 돌돔낚시처럼 채비를 멀리 던질 수 있는 용도로 제작된 종류도 있다. 스피닝 릴이 낚싯대 아래쪽에 부착되는 것과는 달리 양축 릴은 낚싯대의 위쪽에 부착하게 된다. 대

〈양축 릴의 부위별 명칭〉

부분 핸들이 오른쪽에 달려 있어서 낚시를 할 때 왼손으로는 낚싯대를 쥐고 오른손으로 이 핸들을 잡아 돌리도록 되어 있다.

스피닝 릴과는 달리 핸들을 돌리면 곧장 스풀이 회전하면서 낚싯줄이 감기게 되므로 무거운 채비나 중량급 어종을 상대하기에 유리한 기능이 양축 릴의 특징이다.

▶베이트캐스팅 릴과 서프캐스팅 릴 - 두 가지 다 채비를 수직으로 풀어 내리는 용도 외에도 멀리 던질 수 있도록 만들어진 양축 릴이다. 이 가운데 베이트캐스팅 릴(bait casting reel)은 소형으로 민물 배스낚시에 주로 사용되는데, 바닷가 연안에서 우럭이나 넙치를 루어로 낚는 록피시(rock fish) 낚시에 사용한다. 이와는 달리 서프캐스팅 릴(surf casting reel)은 돌돔낚시나 대물 갯바위낚시에서 사용하는 대형 양축 릴을 이르는 말이다. 두 가지 모두 캐스팅 시에 스풀의 회전 관성을 제어하는 브레이크 장치(원심 브레이크, 마그네틱 브레이크 등)가 필수적으로 부착되어 있다.

▶외줄낚시용 릴 - 양축 릴의 기본형. 채비를 멀리 던지지 않고 그냥 슬쩍 던져 수직으로 풀어 내리는 선상 외줄낚시에 사용되는 릴이다. 연근해 볼락 · 열기 외줄낚시의 경우는 스피닝 릴이 오히려 편리할 때도 있으나, 아주 무거운 봉돌을 사용하거나 수심이 매우 깊은 심해에서도 성행되는 우럭낚시의 경우는 아무래도 양축 릴이 우선시된다.

외줄낚시 전용 양축 릴을 서구에서는 컨벤셔널 릴(conventional reel)이라고 부른다. 구조가 간단하고 감아 들이는 힘도 강하게 만들어져 있다. 과거에는 외줄낚시용 릴을 이르는 일본말 그대로 도즈키(胴突) 릴이라고 부

〈베이트캐스팅 릴(좌)과 서프캐스팅 릴(우)〉

르기도 했다.

▶**지깅 릴** - 내구성을 우선한 것으로 강력한 힘을 자랑하는 릴이다. 외형과 기능은 일반 외줄낚시용 릴과 별반 다를 바 없지만, 루어낚시의 일종인 지깅(jigging)에 적합하도록 개발된 릴이다. 외줄낚시용 릴보다 기어비(比)가 높아 신속하게 감아 들일 수 있고, 대상어인 부시리 등의 끌힘을 상대하는 만큼 드랙도 보다 강력한 힘을 지니는 것이 큰 차이점이다. 낚시 장비를 혹사하는 지깅에 적합하도록 내부 기어는 물론 몸체와 핸들이 매우 견고하게 만들어져 있다.

▶**전동(電動) 릴** - 깊은 수심의 심해 외줄낚시에서 채비를 감아올릴 때 편리하고, 또한 깊은 수심에서 걸려든 물고기를 감아올리는 수고를 덜어주도록 전기모터에 의한 자동 감김 장치가 부착되어 있는 릴이다. 우럭낚시나 대구낚시에는 필수품이 되어 일반적인 외줄낚시용 릴은 찾는 사람이 없어졌을 정도이다. 전원(電源)이 없을 경우에는 일반적인 외줄낚시용과 똑같다. 전원은 휴대용 배터리 또는 선박에 준비되어 있는 배터리에 전선으로 연결해 사용한다. 릴에 직접 부착하는 소형 배터리도 있다.

▶**기타 양축 릴** - 트롤링낚시에 사용하는 트롤링 릴, 일본식 감성돔 떨굼낚시용 릴 등이 있다.

〈용도에 따른 양축 릴 종류〉

■ 릴 크기와 모델 번호 – 무게와 권사량 기준

어느 정도 크기의 릴을 사용할 것인가? 이때 고려해야 할 요소는 대상어의 크기, 낚시하는 수심, 캐스팅 거리 등이 해당된다. 릴을 대개 소형 · 중형 · 대형 3가지 크기로 적당히 나누긴 하지만, 릴의 실제 크기는 메이커마다 다르고 한 메이커에서도 다양한 크기의 릴이 7~8단계로 선보인다. 그 기준은 릴의 무게나 감기는 낚싯줄의 양에 좌우되는데 모델 번호가 이를 대신하는 경우가 더 많다. 크기를 나타내는 모델 번호는 〈표〉에 나타낸 것처럼 전 세계의 릴 시장을 거의 양분하다시피 하는 두 대기업이 서로 조금 다른데, 이 두 가지를 기억해 두면 도움이 될 것이다.

■ 고급 릴과 중저가 릴 – 어떤 제품을 구입할 것인가?

시중에 판매되는 릴은 유명 메이커 제품도 있고 전혀 알려지지 않은 메이커 제품도 있다. 쉽게 구분하자면 가격이 비싼 릴과 저렴한 제품으로 나눌 수 있다. 일반적으로 유명 메이커 또는 특정 메이커의 플래그십(flagship) 모델이 고가이자 고급품에 해당된다. 그렇다면 처음 릴을 구입할 때 어떤 기준으로 골라야 할까? 처음부터 고급 제품을 선택할 것인가, 아니면 저렴한 제품을 구입한 후 차차 업그레이드 해나갈 것인가를 고민해 봐야 한다.

고가의 릴과 중저가의 릴을 비교해 보면 구조는 동일한 것을 알 수 있다. 차이점은 몸체의 소재, 내부 기어의 소재, 볼베어링 사용 개수, 정밀도, 드랙 기능 등에 있다. 이는 릴의 내구성, 즉 튼튼함을 유지하면서 얼마나 오래 사용할 수 있는가에 관계가 있다. 이것이 처음 릴을 구입하는 데 참고해야 할 요소이다. 실제로 릴의 선택은 대상어의 종류, 낚시 기법 등에 좌우 된다.

■ 스피닝 릴의 크기와 모델 번호

구분	릴 크기의 기준						
	소형		중소형	중형	중대형	대형	
D사	1000	2000	2500	3000, 3500	4000, 4500	5000	6000, 6500
S사	1000	2000	3000	4000, 5000	8000	10000, 12000	18000, 20000
무게(g)	160~200	180~230	200~250	300~400	570~600	600~630	820~850
권사량(호/m)	1/90	2/150	2/200	2/150, 3/200	3/300, 4/300	5/300	6/350

* 권사량(捲絲量) – 릴에 감기는 낚싯줄의 양. 즉 '1/90'은 1호 줄이 90m 가량 감긴다는 뜻임.

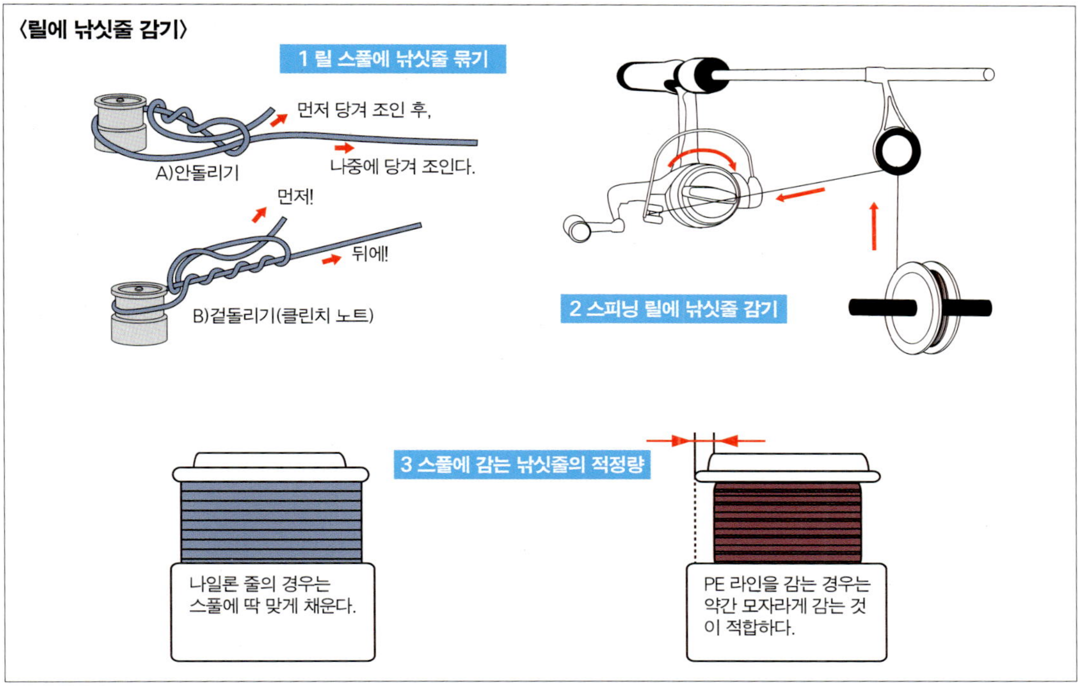

예를 들자면 연안에서 한나절 가자미를 낚는다면 저렴한 릴을 사용해도 큰 문제가 없을 것이다. 그러나 지깅으로 부시리를 노린다면 강력한 파워와 정밀한 드랙이 장치된 내구성이 좋은 고급 릴이 필수적이다.

■ 릴에 낚싯줄 감기 – 많아도 탈, 너무 적어도 탈!

먼저 낚싯줄을 낚싯대의 가이드에 통과시킨 후 스풀에 묶는다. 낚싯줄에 적당한 장력을 유지하면서 릴의 핸들을 돌려 감는다. 혼자 하기는 어려우므로 다른 사람의 도움을 받도록 하자.

릴에 감는 낚싯줄의 양은 스풀에 넘쳐도 좋지 않고, 너무 모자라도 좋지 않으므로 스풀의 끝단에서 3~5mm 정도 모자라게 감는 것이 이상적이다. PE 낚싯줄의 경우는 감는 양에 더욱 주의해야 한다. 초보자는 조금 모자라게 스풀의 8부 정도 감는 것이 적당하다.

■ 릴과 낚싯대의 결합 및 올바른 파지법

릴은 낚싯대에 부착되어 있는 릴 시트를 이용해 결합시킨다. 스피닝 릴은 낚싯대의 아래에, 양축 릴은 낚싯대의 위쪽에 오도록 결합시킨다. 낚싯대에 장치된 릴 시트는 크게 두 가지 형식이다. 하나는 나사를 돌리듯 조여 고정시키는 스크루 시트 방식으로 외줄 낚싯대, 던질 낚싯대, 루어 낚싯대 등에 널리 사용되고 있다. 또 하나는 플레이트 릴 시트로서 갯바위 낚싯대에 주로 부착되어 있는 방식이다.

▶스피닝 도구의 올바른 파지법 - 기본적으로 오른손잡이라면 오른손으로 낚싯대를 쥐고 왼손으로 릴을 돌린다. 캐스팅을 준비하는 경우에는 오른손으로 릴 시트 부위를 쥐되 릴의 다리가 중지와 약지 사이로 들어가게 하고, 엄지는 낚싯대 위쪽 정중선 위를 지그시 누른다. 왼손은 낚싯대의 맨 아랫부분을 지그시 움켜쥔다. 왼손잡이라면 반대다.

▶양축 릴 도구의 올바른 파지법 - 스피닝 도구와 반대이다. 오른손잡이라면 왼손으로 낚싯대와 릴의 아랫부분을 쥐고 오른손으로 릴을 돌린다. 소형 베이트캐스팅 릴로 캐스팅을 하는 경우는 오른손으로 낚싯대 그립을 쥔 후 릴이 옆을 향하도록 손목을 90도 비틀고 엄지로 릴의 클러치 레버를 누른다. 왼손은 낚싯대의 맨 아랫부분을 지그시 움켜쥔다. 왼손잡이라면 반대다.

서프캐스팅 릴을 사용하는 돌돔낚시의 캐스팅 준비 자세는 또 다른 형태를 취해야 하는데, 〈돌돔낚시〉 어종별 실전편을 참고 바란다.

〈스피닝 도구의 올바른 그립〉

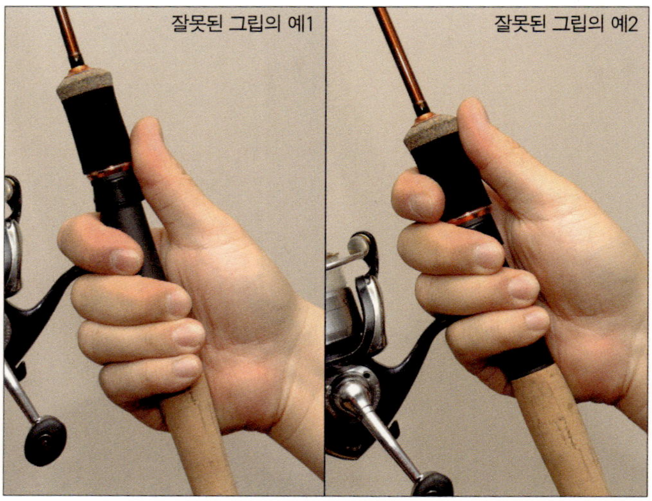
잘못된 그립의 예1 / 잘못된 그립의 예2

■ 릴의 기능별 분류 A - 스피닝 릴

구분	용도별	스풀 형태	드랙 형태	비고
스피닝 릴	일반 스피닝 릴	인 스풀	프론트 드랙	80년대 이후 거의 사용되지 않음
		아웃 스풀	프론트 드랙	대중적인 형태
			리어 드랙	80년대에 반짝 수요가 있었으나 현재는 야엥(오징어낚시 기법)낚시용으로만 사용 중
			레버 브레이크(LB)	벵에돔, 감성돔 갯바위 찌낚시에 주로 사용
	특수 스피닝 릴	-	퀵 드랙	백사장 원투 경기용
			논 드랙	

■ 릴의 기능별 분류 B - 양축 릴

구분	용도별	기능 및 용도별 구분		비고
양축 릴	베이트캐스팅 릴 / 서프캐스팅 릴	관성 제어	원심 브레이크	스풀의 회전관성을 제어하는 구조의 차이
			마그네틱 브레이크	
		드랙 형태	스타 드랙	드랙을 풀고 조이는 구조의 차이
			레버 드랙	
			다이렉트	
		레벨와인더	유(有)	돌돔용 릴과 같은 대형 서프캐스팅 릴에는 레벨와인더가 없음 드랙을 풀고 조이는 구조의 차이
			무(無)	
	외줄낚시용 릴 (컨벤셔널 릴)	드랙 형태	스타 드랙	드랙을 풀고 조이는 구조의 차이
			레버 드랙	
			다이렉트	
		전동 릴		전기를 동력으로 사용하는 심해 낚시용
		지깅 릴		견고한 몸체 구조와 기어비가 높은 지깅 전용
	특수 양축 릴	트롤링 릴		클래스별로 크기 구분 있음
		떨굼낚시용 릴		일본식 감성돔 떨굼낚시 전용

〈양축 릴 도구의 올바른 그립〉

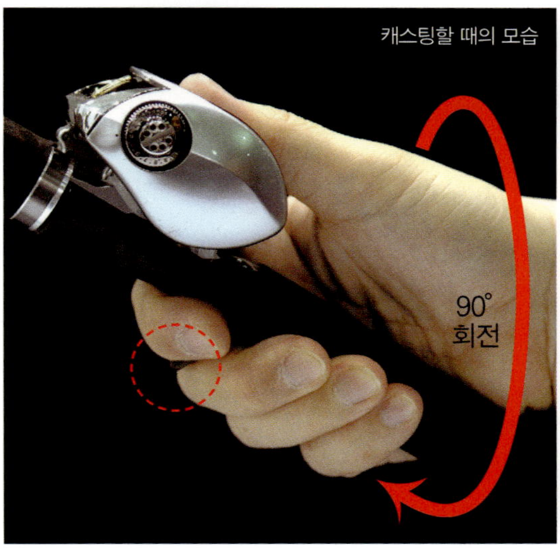

Tip 페더링(feathering)과 써밍(thumbing)

〈페더링과 써밍〉

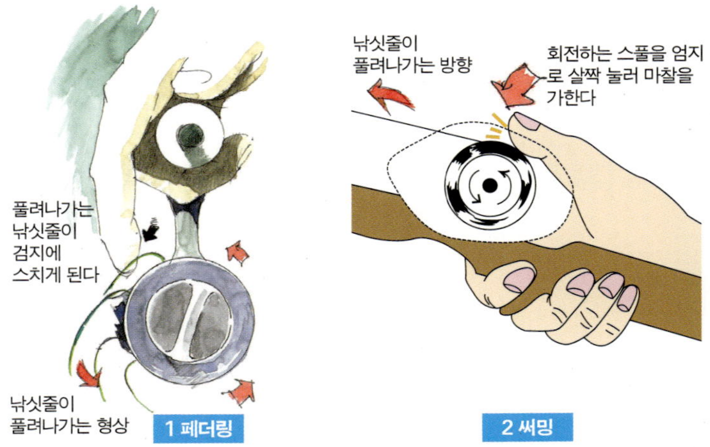

페더링(feathering)과 써밍은(thumbing)은 캐스팅할 때 릴에서 방출되어 나가는 낚싯줄의 양을 인위적으로 조절하거나, 과도하게 풀려 나가는 낚싯줄이 엉키는 현상을 방지하기 위한 기술이다.

페더링은 스피닝 릴을 사용할 때의 기술인데, 캐스팅을 한 후 루어를 따라 낚싯줄이 풀려져나가는 동안 검지를 펴 릴의 스풀 끝단에 살짝 대면서 풀려 나가는 낚싯줄에 저항을 주는 방법이다.

써밍은 베이트캐스팅 릴을 사용할 경우로, 캐스팅 이후 고속으로 회전하는 스풀을 엄지의 끝부분을 이용해 살짝살짝 마찰을 주어 회전에 제동을 거는 기술이다.

이들 기술의 첫 번째 목적은 풀려나가는 낚싯줄을 제어하여 루어가 수면에 떨어진 이후 낚싯줄이 과도하게 늘어지는 것을 방지(페더링)하거나, 관성으로 회전을 멈추지 않는 스풀을 멈추게 해(써밍) 낚싯줄이 엉키는 백래시를 방지하려는 것이다.
두 번째는 적극적으로 낚싯줄의 방출량을 억제해 비거리를 조절하여 캐스팅의 정확도를 높이려는 것이다.

낚싯줄(Line) ‖ 소재와 용도로 구분

물고기와 낚시인을 직접적으로 이어주는 것이 낚싯줄이다. 낚싯대나 릴이 없더라도 물고기를 낚을 수는 있지만 낚싯줄이 없다면 낚시가 성립되지 않는다. 가늘면서도 질긴 것이 좋은 낚싯줄의 조건으로, 화학섬유로 만들어진 낚싯줄의 등장으로 짧은 기간에 낚시는 비약적으로 발달했다. 통상적으로 낚싯줄은 크게 원줄과 목줄로 구분하여 사용한다. 원줄은 부드럽고 매끄러운 것이 유리하고 목줄은 마찰에 강하고 튼튼할 필요가 있다. 이와 같이 용도가 다양한 낚싯줄은 소재에 따라 종류가 구분된다.

■ 낚싯줄의 종류 - 크게 나일론과 카본, PE 소재

과거 화학섬유가 개발되기 이전에는 말총과 견사(絹絲) · 마사(麻絲) 등 천연섬유가 낚싯줄로 사용되었지만, 화학섬유의 등장으로 낚시의 판도가 바뀌기 시작했다. 특히 제2차 세계대전 시기에 등장한 나일론(폴리아미드)이 차츰 낚싯줄로 사용되기 시작하면서 비약적인 발전을 거듭했다고 해도 과언이 아니다. 현재 사용되고 있는 낚싯줄은 나일론 · 플로로카본 · PE(폴리에틸렌) 소재 3가지가 주류를 이루고 있다.

▶나일론 - 과거부터 사용돼 온 낚싯줄의 대명사로 가장 흔히 볼 수 있는 낚싯줄이다. 나일론(Nylon)이란 명칭은 1937년 폴리아미드(polyamid)를 처음으로 합성한 미국 듀퐁(Dupont)사의 상표명이 일상적으로 불리게 된 데에서 유래한다. 나일론은 발명되자마자 낚싯줄로 사용된 것은 아니지만, 낚싯줄의 소재로 채용되면서 이전까지 사용되던 다른 천연소재와 합성섬유 소재를 모두 밀어내고 낚싯줄의 주류가 되었다. 적당한 신축성과 강도를 갖고 있으며 염색도 자유롭고 가격도 저렴해 낚싯줄로서는 과거로부터 또 미래에도 최적의 소재라 할 수 있다.

Info

케블라 낚싯줄

석유화학공업으로부터 탄생한 나일론(폴리아미드)은 분자구조를 다양하게 만들 수 있으므로 약간씩 성격이 다른 낚싯줄 생산이 가능하다. 나일론 분자를 변형시켜 만든 아라미드(aramid) 섬유라는 것이 있는데, 그중에 케블라(Kevlar®)라는 상품명으로 알려진 것이 있다. 마찰강도와 인장강도가 뛰어나 주로 방탄조끼 제조 등에 사용되는 강력한 섬유이다. 이를 바탕으로 합사를 제조하여 돌돔낚시의 목줄, 지깅낚시용 어시스트 훅의 목줄에 사용하고 있다.

▶**플로로카본** - 나일론에 비해 강도와 비중이 높아 목줄용으로 많이 사용된다. 원래 명칭은 '플루어로카본(fluorocarbon)'이지만 보통 카본줄 또는 플로로카본이라고 불리는 낚싯줄이다. 그냥 카본줄이라고 부르기는 하지만 탄소(카본)와는 관계없이 불소수지로 만들어진다. 나일론에 비해 단단하고 비중이 높아 잘 가라앉으며, 약한 하중에서는 잘 늘어나지 않으므로 입질 파악에 좋은 예민한 특성이 있다. 나일론이 부드러운 특성으로 원줄에 많이 사용된다면 플로로카본은 단단하므로 목줄로 많이 사용한다. 단점이라면 나일론보다 가격이 비싸고 자연계에서 분해가 되지 않아 공해를 유발한다.

▶**PE** - 합성섬유인 폴리에틸렌(polyethylene)의 분자구조를 바꾼 신소재, '초고분자량 폴리에틸렌(UHMWPE)'으로 만든 낚싯줄로 그냥 PE 줄이라고 부른다. 1990년대 이후 낚싯줄로 사용되기 시작한 낚싯줄 소재 중에서는 최신 제품이다. 다른 낚싯줄에 비해 3~5배 이상의 인장강도를 가지고 있는 데다가 신축성이 거의 없어 심해 낚시, 지깅 등 새로운 낚시장르를 만드는 기폭제 역할을 했다. 가격이 비싸지만 오래 사용할 수 있는 장점이 있는 대신 열에 약하고 마찰에도 약한 것이 단점이다.

▶**기타 소재** - 섬유가 아닌 금속을 이용한 낚싯줄로 와이어(wire)가 있다. 스테인리스, 티타늄, 니켈 등의 합금을 주성분으로 한다. 한 가닥의 단사와

〈세 가지 소재의 낚싯줄 종류〉

◀모든 장비가 갈수록 경량화되면서 갯바위낚시에 사용되는 낚싯줄 또한 가늘어지고 있다. 조류의 저항을 최소화시키면서 대상어의 저항을 최대한 즐기려는 목적이다.

여러 가닥을 꼰 합사, 전깃줄처럼 피복을 입힌 제품 등이 있다. 주로 돌돔이나 돗돔과 같은 대물낚시, 트롤링 등 이빨이 강한 대상어종에 사용한다. 참고로 민물 은어낚시에도 극세사(極細絲)용으로 와이어가 사용되기도 한다.

■ 낚싯줄의 규격 - 동양에선 굵기, 서양에선 강도 표시

낚싯줄의 단위를 구분할 때는 굵기나 인장강도를 표시한다. 우리나라와 일본은 낚싯줄의 굵기를 기준으로 해서 호수(號)를 사용하고, 서양에서는 해당 낚싯줄이 얼마나 무거운 것을 매달 수 있는가를 기준으로 인장강도(引張强度), 즉 무게(파운드 혹은 킬로그램)를 사용해 표시한다. 〈표〉에 정리한 것처럼 낚싯줄의 규격은 세계 공통표준이 아니라서 제조 메이커마다 낚싯줄 소재에 따라서 약간씩 차이를 보인다.

Info

단사와 합사

낚싯줄의 단면을 보면 크게 두 가지가 있는데 한 가닥인 단사(單絲)와 여러 가닥을 합쳐 꼬아 만든 합사(合絲)가 그것이다. 단사는 모노필라멘트(mono filament)라고 부르는 한 가닥의 끊임없는 긴 낚싯줄로, 흔히 보는 일반 낚싯줄이다. 나일론이나 플로로카본 소재의 낚싯줄이 이에 해당한다.
합사는 아주 가느다란 줄을 여러 가닥 다발로 모아 꼬아 만든 줄을 말한다. PE 낚싯줄이 대표적이다. 돌돔낚시나 지깅용 목줄로 애용되는 케블라 줄도 합사이다.

■ 낚싯줄의 굵기(호)와 강도(파운드) 비교

구분		나일론(파운드)		PE(파운드)	
호수	직경(mm)	(A메이커)	(B메이커)	(C메이커)	(D메이커)
0.4	0.104	2	-	-	—
0.6	0.128	3	2	8	-
0.8	0.148	4	3	10	8
1	0.165	5	4	16	16
1.2	0.185	6	5	-	18
1.5	0.205	8	6	20	25
2	0.235	10	8	25	30
2.5	0.260	12	10	30	-
3	0.285	14	12	40	-
3.5	0.310	16	14	-	40
4	0.330	20	16	60	50
5	0.370	22	20	70	-
6	0.405	25	22	80	-
7	0.435	30	25	90	-
8	0.470	-	30	100	-
10	0.520	-	35	130	-
12	0.570	-	40	-	-
14	0.620	-	50	-	-
18	0.700	-	60	-	-
20	0.740	-	70	-	-
22	0.780	-	80	-	-
30	0.910	-	105	-	-
35	0.98/5	-	130	-	-
40	1.050	-	140	-	-
50	1.170	-	170	-	-
60	1.280	-	200	-	-
80	1.480	-	220	-	-
100	1.650	-	300	-	-

낚싯바늘(Hook) ‖ 대상 어종의 특성 고려해 제작

물고기의 입에 걸려 최종적으로 물고기를 낚게 해주는 역할을 하는 것이 낚싯바늘이다. 낚싯바늘은 물고기의 입에 잘 걸리도록 만들어져야 하는 것은 물론, 미끼가 잘 떨어지지 않아야 하며 튼튼하여 부러지거나 변형되지 말아야 한다. 이런 낚싯바늘은 종류가 무척이나 많은데, 낚고자 하는 대상 어종의 특성에 알맞도록 개발되다 보니 물고기 종류만큼 낚싯바늘의 종류가 있다고 해도 과언이 아니다.

■ 구조와 종류 – 대상 어종별로 명칭 부여

낚싯바늘의 구조 가운데 가장 중요한 요소는 바늘끝(point)과 미늘(barb) 그리고 귀(eye) 부분이다. 물고기를 단번에 잘 꿰기 위해서는 끝이 날카로워야 하며, 걸려든 물고기가 쉽게 빠져나가지 못하게 하기 위해서는 미늘이 있어야 하고, 바늘을 묶기 위해서는 귀 부분이 있어야 한다. 〈그림〉에서 보듯 턱과 허리 부위의 길이 및 구부러지는 각도 또한 낚싯바늘의 형태를 구성하는 중요한 요소인데, 이들 모두는 대상어종의 특성을 고려해 여

〈낚싯바늘의 구조와 명칭〉

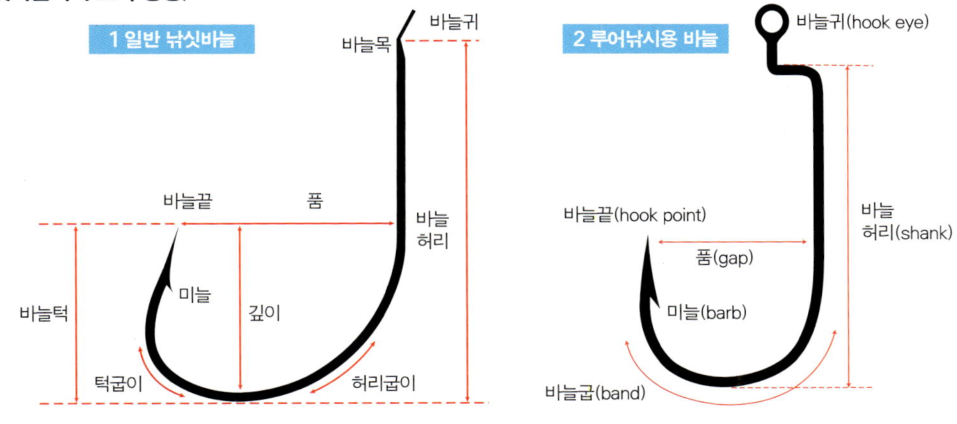

〈각종 바다낚시용 바늘〉

＊그림은 실물 크기임

감성돔바늘1 - 커트(cut)형

0.5 0.8 1 2 2.5 3 3.5 4 5 6 7 8

감성돔바늘2 - 크릴 미끼용

1 2 3 4 5 6 7

감성돔바늘**3** - 게 미끼 전용

1 2 3 4

감성돔바늘**4** - 조갯살 미끼용

3 4 5 6 7 8

벵에돔바늘1 - 커트(cut)형

3 4 5 6 7 8 9 10 11 12 13 14

벵에돔바늘2 - 이세아마

1 2 3 4 5 6 7 8 9 10 11 12 13

벵에돔바늘**3** - 긴꼬리벵에돔용

7 8 9 10 11 12 13

*그림은 실물 크기임

돌돔바늘1 - 일반형

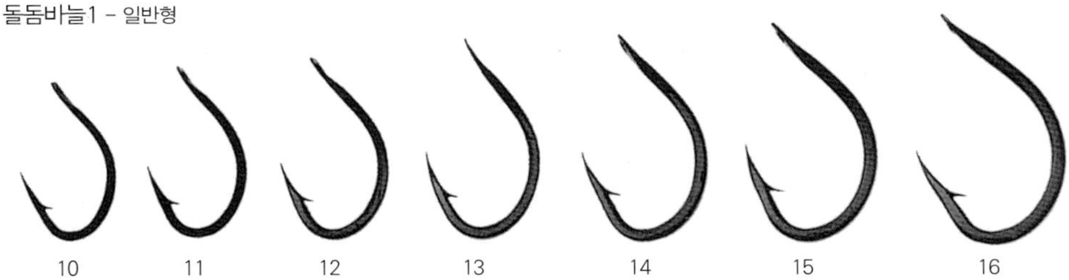

돌돔바늘2 - 커브 포인트

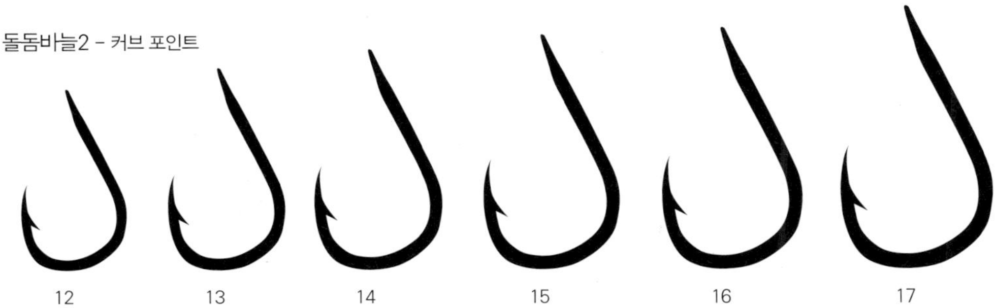

다금바리바늘

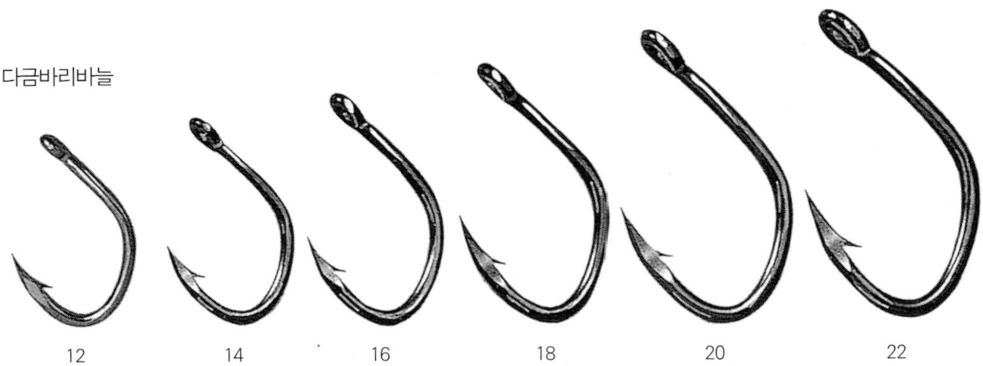

지깅 어시스트 바늘

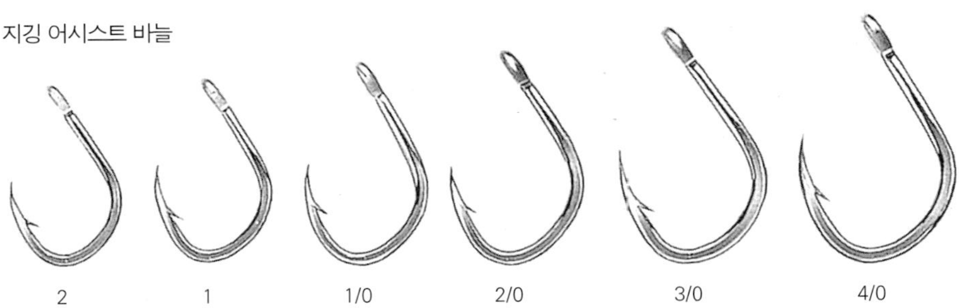

〈루어낚시용 바늘의 종류〉

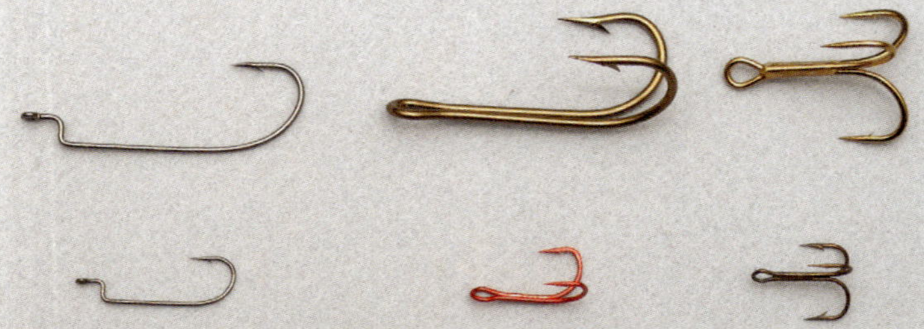

싱글 훅(오프세트 형) 더블 훅 트레블 훅

러 갈래로 만들어진다.

특히 바다낚시는 대상어종이 다양한 만큼 민물낚시에 비해 낚싯바늘의 종류도 매우 다양하다. 망상어와 같은 소형 어종을 낚는 작고 가벼운 것에서부터 다금바리를 낚는 크고 굵은 것까지, 낚싯바늘의 종류는 오늘도 새롭게 나타나고 있다. 그러나 바다낚시에 사용되는 낚싯바늘은 크게 일반 생미끼 낚시용과 가짜미끼를 사용하는 루어낚시용으로 구분할 수 있는데 명칭과 규격, 사용법 등이 판이하다.

▶**일반 미끼낚시용 바늘** - 다양한 종류의 낚싯바늘은 일본에서 만들어지고 이름 붙여진 것이 대부분으로, 각 대상어별로 형태와 기능이 세분되어 있다. 물고기의 입 구조와 사용하는 미끼의 종류를 참조하여 개발하는 등, 대상어에 최적인 전용 낚싯바늘이라고 할 수 있다. 감성돔바늘 · 농어바늘 · 망상어바늘 · 돌돔바늘 등등의 이름을 가지고 있으며 같은 감성돔바늘이라도 크릴용, 조갯살용, 방파제용 등 미끼 종류나 기법으로도 세분된다.

▶**루어낚시용 바늘** - 서양에서 시작된 루어낚시인 만큼 여기에 사용하는 낚싯바늘은 구조가 미끼낚시용과는 많이 다르다. 미끼를 부착시키기보다는 루어의 일부로서 장치되는 바늘로, 바늘귀 대신 고리(훅 아이)가 있다. 싱글 훅(single hook), 더블 훅(double hook), 트레블 훅(treble hook) 등 형태별로 나뉜다.

■ 낚싯바늘의 규격(크기) - 메이커별로 기준 차이

바늘의 크기는 호수로 나타낸다. 그러나 각 메이커마다 조금씩 다른 기준을 나타내고 있어서 통일된 기준이 없는 것이 현실이다. 서로 다른 메이커가 크기별로 비슷한 호수를 사용하는 경우도 있지만 같은 메이커 제품 중에는 낚싯바늘의 종류(형태)별로 완전히 다른 기호로써 크기를 나타내는 경우도 있다. 미끼낚시용 낚싯바늘은 호수가 커질수록 바늘 크기도 커지지만, 루어낚시용은 반대로 번호가 작아질수록 바늘 크기가 커진다. 또한 1호보다 큰 바늘이라면 1/0, 2/0…와 같은 표기를 하기도 한다.

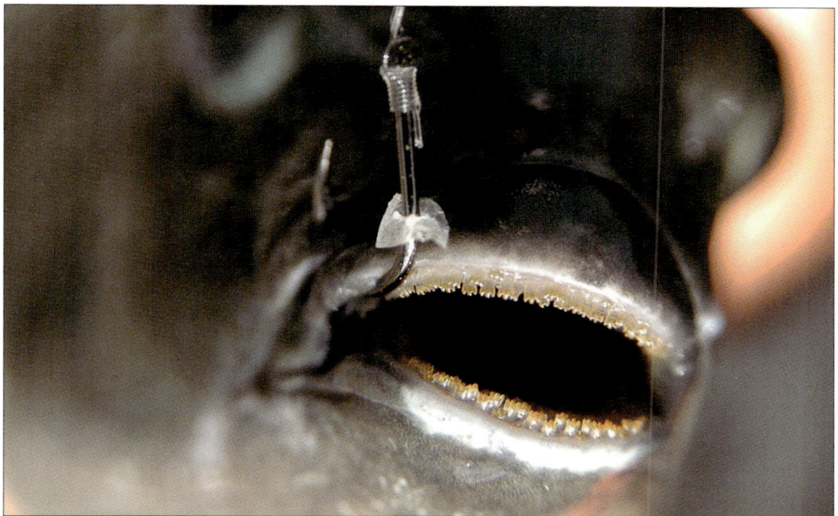

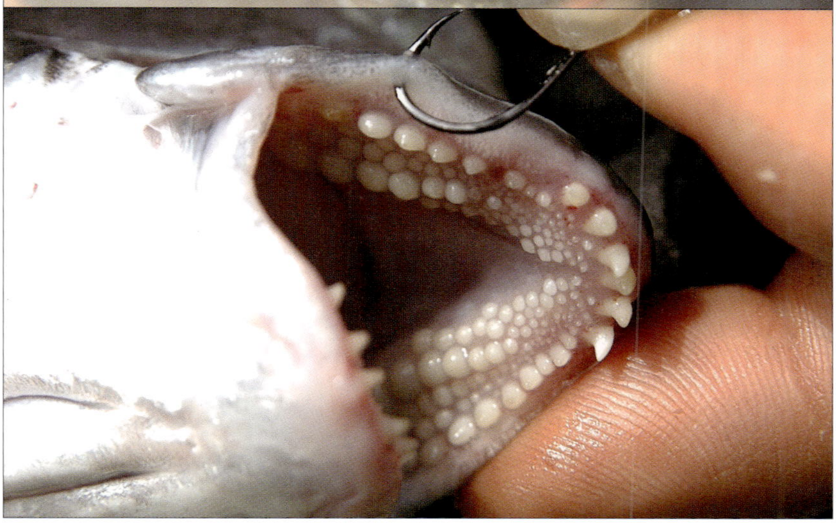

◀각종 낚싯바늘은 목적하는 대상어의 섭이(攝餌) 습성과 형태에 따라 그 각도와 폭, 굵기와 비틀림 등의 모양새가 결정된다. 사진은 벵에돔(위)과 감성돔이 각각 전용 바늘에 걸린 모습이다.

봉돌(Sinker) ‖ 채비를 보내고 고정시키는 기능

봉돌은 채비의 일부로 무거운 중량을 가지고 있으므로 채비를 원하는 장소나 수심으로 보내는 역할을 한다. 채비를 멀리 던질 수 있게 해주고 빨리 가라앉도록 하며, 미끼가 원하는 장소에서 움직이지 않도록 고정해 주는 역할도 한다. 봉돌은 부피에 비해 무게가 무거울수록 유리하므로 비중이 높은 납이 주재료가 되어 왔지만, 공해물질인 납을 대신할 새로운 소재로 점차 바뀌고 있다.

■ 봉돌의 소재와 종류

봉돌의 재료는 낚시 장르를 막론하고 납이 대부분을 차지한다. 비중이 크고 유연하여 가공하기 쉽고 값 또한 저렴하기 때문이다. 그러나 납은 인체에 치명적인 공해물질로 세계적으로 사용이 규제되고 있는 추세인 만큼 언젠가는 납으로 만든 봉돌은 퇴출되어야 할 대상이기도 하다. 납을 대신할

〈봉돌의 종류〉

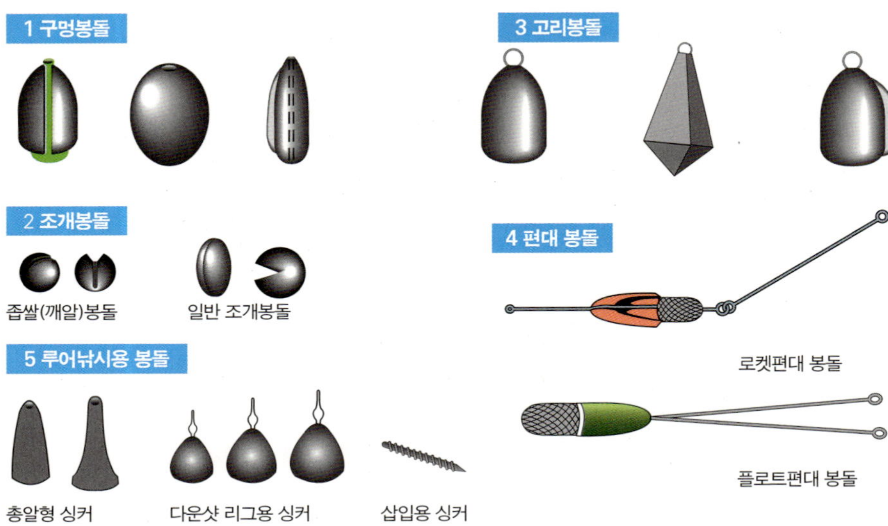

수 있는 소재로는 황동 · 철 · 텅스텐 합금 · 세라믹 등이 있는데, 외줄낚시에는 이미 철로 만든 봉돌이, 루어낚시의 경우에는 황동과 텅스텐 합금 제품 등이 사용되고 있을 정도다.

봉돌은 채비의 어떤 부위에 설치하느냐, 또는 낚싯줄에 어떻게 부착하느냐에 따라 종류가 나뉜다. 대표적으로는 가운데에 낚싯줄이 통과할 수 있도록 구멍이 뚫린 구멍봉돌, 철사가 결합된 편대 봉돌, 고리가 달린 고리봉돌, 도래와 봉돌이 결합된 도래봉돌이 있는가 하면, 낚싯줄에다 직접 고정시키는 조개봉돌, 좁쌀봉돌도 있다.

■ 봉돌의 규격은 호수 또는 무게로 표시

■ 갯바위 찌낚시용 좁쌀봉돌의 규격 용례

규격	평균 무게	분할 사용 예
6B	2.65g	= 5B+2B
5B	1.85g	= 3B×2
4B	1.20g	= 3B+G3
3B	0.95g	= B+G1
2B	0.75g	= B+G4
B	0.55g	= G2+G3
G1	0.40g	= G4×2
G2	0.31g	= G5×2
G3	0.25g	= G6×2
G4	0.20g	= G7×2
G5	0.16g	= G7+G8
G6	0.12g	= G8×2
G7	0.09g	
G8	0.07g	

봉돌은 호수나 기호를 사용해 무게를 표시한다. 구멍봉돌 · 고리봉돌 · 조개봉돌 등은 호수로 표시되며, 루어낚시에 사용되는 봉돌은 대부분 그램(g) 또는 온스(oz.) 단위의 무게로 표시된다. 특이한 것은 갯바위 찌낚시에 사용되는 좁쌀봉돌의 경우는 그 무게(비중)를 찌의 부력표시와 같은 기호(B, 2B 등)로 나타내기도 한다. 물론 부력이 아니라 그만한 부력에 맞서는 무게를 뜻하는 것인데, 참고로 B로 표기된 좁쌀봉돌 2개를 합치면 2B의 무게가 되느냐 하면 그렇지 않으므로 찌의 부력에 맞춰 사용할 때 상당히 주의해야 한다. 자세한 수치는 〈표〉를 참고하기 바란다.

찌(Float) ‖ 채비를 이끌고 어신을 전달하는 기능

찌는 어신을 알려주는 역할이 주된 기능이지만 경우에 따라서는 채비를 멀리 운반시키는 역할, 물속 채비의 상태를 알려주는 역할도 한다. 더욱이 종류에 따라서는 채비와 미끼가 원하는 수심에 머물도록 하는 기능, 복잡한 조류에 동조하도록 하는 기능을 갖는 것도 있다. 찌의 종류는 다양해서 대상어와 구사하는 기법에 따라 사용법 또한 달라진다.

■ 모양과 기능에 따라 종류 구분

찌는 형태, 기능, 용도에 따라 여러 가지로 구분할 수 있다. 대상어, 낚시 기법, 낚시터 환경에 따라 적합한 찌가 있다. 상황에 알맞은 찌를 선택하기 위해서는 각각의 특성을 이해하고 선택할 수 있는 능력을 길러야 한다.

▶**막대찌** - 긴 막대 모양을 한 찌이다. 다른 형태의 찌보다 감도가 좋고 눈에 잘 보이며 약한 입질도 파악하기 쉬운 장점이 있지만, 바람이 세거나 수면에 파도가 이는 경우에는 사용하기 어려운 것이 단점이다.

▶**구멍찌** - 낚싯줄이 찌 몸통을 통과하도록 구멍이 뚫려 있으며 대체로 둥근 형태이다. 주요 인기어종을 노리는 갯바위 찌낚시용의 대세를 이룬다. 바람 · 파도 · 조류 등 어떠한 상황에서도 사용하기 용이한 찌로 분류된다.

▶**고리찌** - 설치와 교환이 간편한 원터치 형태가 특징. 찌를 낚싯줄에 고정시키기 위한 고리가 부착되어 있는 것으로, 채비를 자르지 않고 탈착이 간편한 것이 장점이다. 고리는 단순한 금속고리인 경우도 있고 회전이 되는 도래 형식으로 된 것도 있다. 낚싯줄에는 고정용 부품을 사용하거나 스냅도래를 이용한다. 막대찌에 고리가 부착된 형태, 둥근 원추형 찌에 고리가 부착된 형태 등 다양하다.

▶**던질찌** - 포인트가 먼 거리에 위치해 채비를 원거리까지 투척하기 위해 사용하는 찌이다. 구멍찌나 고리찌 형태지만 크고 무겁다. 채비 원투가 주요 기능인 던질찌만으로는 입질을 파악하기 힘들므로 입질을 알 수 있는

〈바다낚시용 찌 종류〉

어신찌를 따로 앞쪽에 부착해 사용한다.

▶**어신찌** – 던질찌와 세트로 사용하여 별도로 입질 파악을 담당하는 기능을 지닌 소형 찌이다. 던질찌 앞쪽에 장치한다. 대부분 작은 구슬 형태 또는 원추 형태를 띤다.

▶**수중찌** – 비중이 높아 물속으로 가라앉는 찌로, 입질을 파악하기 위한 찌가 아니다. 봉돌처럼 채비가 가라앉도록 하는 역할을 한다. 물속에 드리워진 채비가 조류를 잘 타도록 해주며 미끼를 움직여 주는 역할도 하고, 수심을 일정하게 유지하며 속조류의 방향을 읽을 수 있도록 해주는 역할까지 하는 찌이다. 가벼운 채비를 원투하는 데도 도움을 준다.

▶**전지(電池)찌** – 야간에도 잘 보이도록 찌 내부에 발광장치(발광다이오드)가 설치된 찌이다. 건전지(리튬전지)를 넣어 사용한다. 형태는 막대찌, 구멍찌 등 여러 가지가 있다. 발광장치의 무게나 부

Info

자립(自立)찌란?

자립찌란 스스로 서 있다는 이름 그대로, 물에 띄웠을 때 혼자 바로 서서 떠 있는 찌를 말한다. 찌의 몸통 하단부에 추가 내장돼 있어 수면에서 스스로 똑바로 서있을 수 있는 것이다.
자립찌가 아닌 일반 찌는 부력에 상응한 봉돌을 따로 부착해 채비가 정렬되어야만 비로소 수면에서 바로 서게 된다.

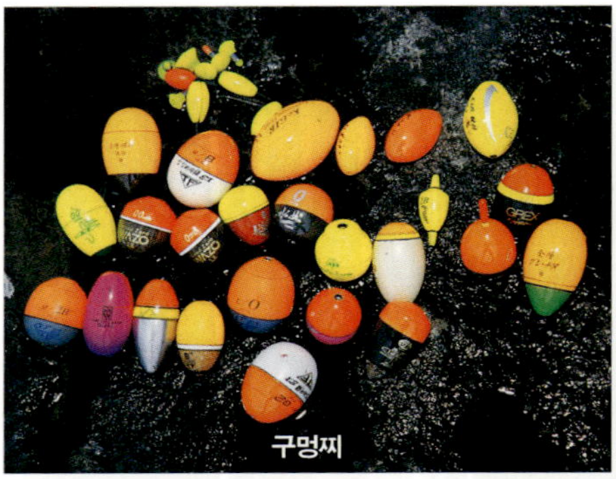
구멍찌

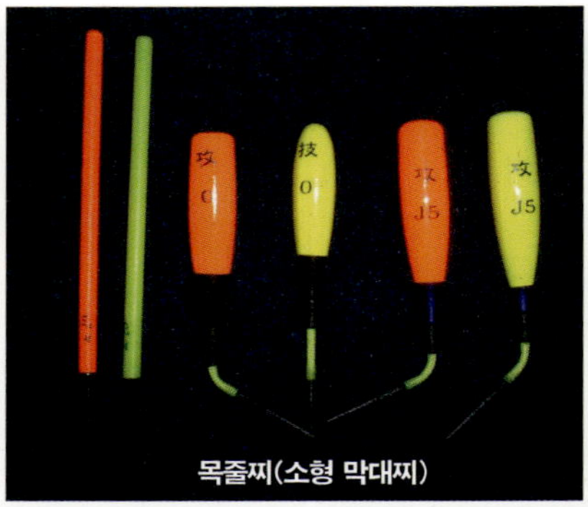
목줄찌(소형 막대찌)

막대찌

각종 찌를 담은 소품통

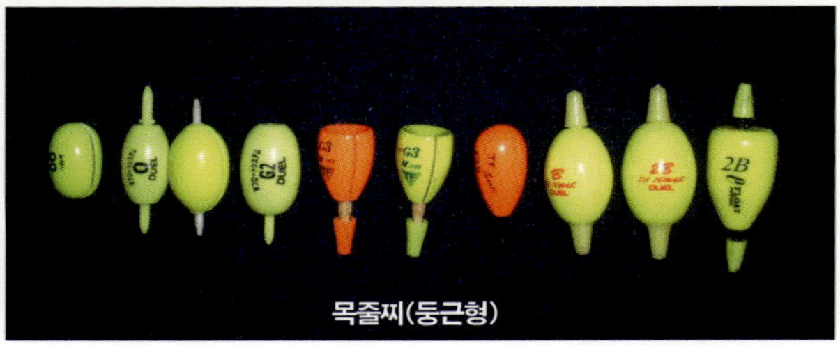
목줄찌(둥근형)

피로 인해 예민함이 일반 찌보다 떨어지고 가격도 비싼 단점이 있다. 이로 인해 근년 들어서는 일반 찌에 케미컬라이트나 삽입형 LED라이트를 꽂아 사용하는 경우가 늘어나면서 전지찌의 사용 빈도는 줄어들었다.

▶**염주찌** - 염주 형태의 둥근찌가 작은 크기부터 차례로 4~5개 연결되어 있는 찌이다. 입질이 오면 떠 있는 찌의 개수가 줄어들거나 늘어난다. 학공치낚시에 주로 사용되며 망상어낚시에도 활용된다.

■ 찌의 부력을 나타내는 기준은?

바다낚시용 찌는 부력을 기호로 표시한다. 기호의 의미는 해당하는 무게의 채비를 달고 떠 있을 수 있는 부력을 의미한다. 그런데 찌를 활용하는 낚시 기법이 갈수록 새롭게 등장함에 따라 찌 자체가 바닷물과 비중이 비슷하거나(제로찌), 서서히 가라앉는(잠수찌) 등 부력을 없앤 찌도 등장하였다. 이런 찌의 경우는 부력 표시의 기호가 0이거나 마이너스(-)로 표시된다.

■ 찌의 부력 표시

<table>
<tr><th>구분</th><th>1</th><th>0.5</th><th>3B</th><th>2B</th><th>B</th><th>G2</th><th>0</th><th>00</th><th>000</th><th>-G2</th><th>-B</th><th>-2B</th><th>-3B</th></tr>
<tr><td rowspan="2">비고</td><td colspan="6">고부력 ← → 저부력</td><td colspan="7">저비중 ← → 고비중</td></tr>
<tr><td colspan="6">-</td><td colspan="3">제로찌</td><td colspan="4">잠수찌, 수중찌</td></tr>
</table>

바다낚시에 필요한 기타 소품

바다낚시의 채비를 완성시키기 위해서는 눈에 크게 띄지는 않아도 필수적으로 사용해야 하는 소품들이 있다. 또한 물고기를 무사히 낚고 보관하는 데 필요한 도구도 있고, 낚시인의 안전을 위해 필요한 도구도 있다. 이들을 적절히 활용해야 조과도 풍성하고 불편함도 없는 성공적인 낚시가 완성된다.

▶도래와 스냅 - 낚싯줄끼리의 연결, 특히 원줄과 목줄을 연결할 때 꼬임 방지를 위해 사용하는 것이 도래이다. 상하 고리가 회전하여 꼬임을 방지한다. 스냅은 고리가 부착된 봉돌이나 루어, 찌 등을 채비에 연결하기 편리한 소품이다. 도래와 스냅은 용도에 따라 크기와 형태가 다양하다. 도래와 스냅이 합쳐진 스냅도래도 있다.

▶스플릿 링(split ring) - 주로 루어에 부착되는데, 루어와 바늘을 연결하거나 낚싯줄과 루어를 연결하는 부품으로 사용된다. 루어의 부속 중 하나로

〈바다낚시용 소품〉

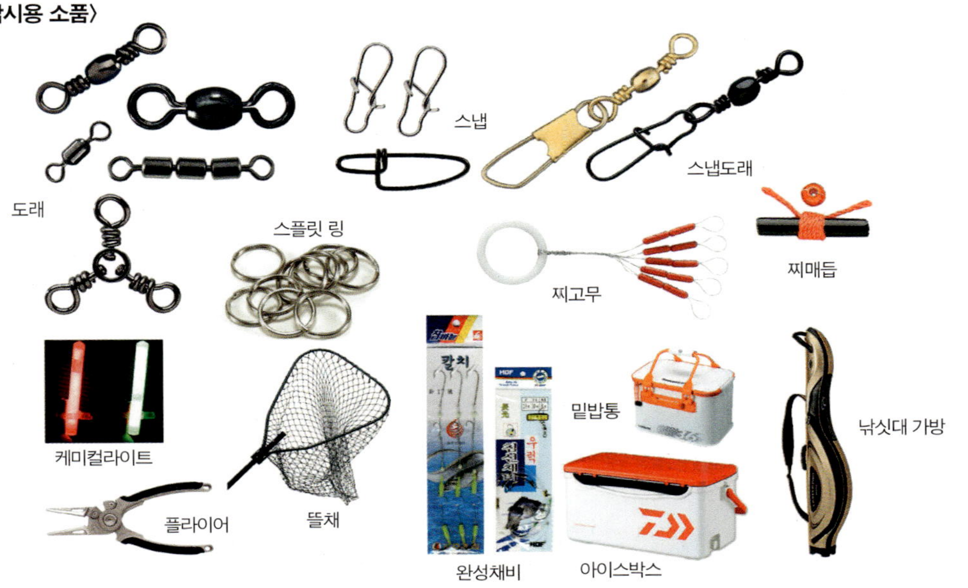

만 생각하고 대수롭지 않게 여기기도 하지만 파손되기 쉬우므로 낚시 도중에 자주 검사하여 변형이 발견되면 주저 없이 교환해야 한다.

▶**완충 고무, 구슬** - 구멍봉돌과 도래 또는 구멍찌와 도래 사이에 넣는 작은 보조 도구이다. 채비를 캐스팅 할 때 무거운 봉돌이나 찌가 움직여서 발생하는 충격을 흡수하여 낚싯줄의 매듭을 보호하는 기능을 한다.

▶**뜰채** - 끌어온 물고기를 안전하게 들어 올리는 그물망이 달린 도구이다. 대물이 낚였을 경우, 발판이 높은 장소, 가는 목줄을 사용하는 경우일수록 필수품이다. 배낚시의 경우는 선장이 준비해 둔 것을 사용해도 되지만, 갯바위낚시나 방파제낚시의 경우에는 개인적으로 준비돼 있어야 한다.

▶**밑밥 품질용 도구** - 갯바위나 방파제에서 밑밥을 사용하며 찌낚시를 할 때 필요한 도구이다. 밑밥통 · 미끼통 · 밑밥주걱 · 두레박 등이 필요하다.

▶**아이스박스** - 미끼나 낚은 물고기의 신선한 보관 등에 유용하다. 물고기의 크기, 낚시 일정을 고려하여 적당한 용량(크기)을 선택해야 한다. 낚시용 아이스박스는 물고기 투입구, 미끼 보관통, 물 배출구가 설치되어 있어 보다 편리하다. 밀폐된 아이스박스는 물에 뜨므로 비상시에 구명동의 대용으로도 사용할 수 있다.

▶**각종 가방 및 케이스** - 낚싯대와 뜰채가 수납되는 가방, 릴과 각종 도구를 수납할 수 있는 갯바위낚시용 백, 찌를 담을 수 있는 찌 케이스, 그밖에 바늘 · 조개봉돌 · 도래 등 각종 소품을 담을 수 있는 다양한 크기의 수납용기가 있다.

▶**플라이어** - 이빨이 날카로운 물고기의 입에서 바늘을 뺄 때, 굵은 낚싯줄을 절단할 때 등 다목적으로 사용할 수 있는 필수 도구이다.

▶**케미컬라이트, LED라이트** - 밤낚시 필요한 빛을 발하는 소품이다. 찌나 낚싯대 초리에 설치하여 입질의 파악이나 찌의 위치 확인 등에 사용한다. 굵기와 길이가 다양하여 용도에 맞도록 선택할 수 있다.

▶**시판용 완성채비** - 일일이 복잡하고 시간이 걸리는 채비를 직접 만들지 않고 미리 만들어져 있는 것을 구입해 사용할 수 있다. 열기낚시 채비, 고등어낚시 채비, 가자미낚시 채비, 우럭낚시 채비 등 주로 배낚시용에 많은데 전문 메이커 제품도 있고 현지의 낚시점에서 만들어 판매하는 것들도 있다.

바다낚시의 복장

낚시 준비는 낚싯대와 릴과 같은 도구만 챙겼다고 완료되는 것이 아니다. 날씨와 조류의 영향이 시시각각 변하는 바다낚시의 환경은 그야말로 변화무쌍하다. 실제로 간편하게 T셔츠에 운동화 차림으로 즐길 수 있는 낚시가 있는가 하면, 헬멧과 스파이크가 장착된 신발을 갖춰야 하는 낚시 분야도 있다. 상황에 알맞은 적절한 복장이 갖추어져야만 쾌적하고 안전한 낚시가 보장된다는 사실을 염두에 두어야 한다.

▶**방수 낚시복** - 바다라는 특수한 환경은 비는 물론 바람과 파도에 의한 물보라를 무릅쓰는 경우가 많다. 이때 방수성이 있는 복장은 필수 요건이다. 방수 낚시복은 단순한 우비일 수 있지만 비가 내리지 않을 때도 착용하는

〈바다낚시 복장〉

경우가 많다. 특히 갯바위낚시나 배낚시에서는 통상 착용하는 낚시 유니폼의 성격을 갖고 있다. 가격이 비싸지만 방수투습 소재로 만든 낚시복의 경우, 외부는 비바람이 몰아쳐도 옷 안은 쾌적하다.

▶**갯바위 신발** - 험하고 미끄러운 갯바위에서 낚시를 할 때, 미끄러지지 않도록 밑창이 특수한 신발이다. 대부분 밑창에 펠트(felt), 스파이크 등이 부착돼 있다. 파도에도 젖지 않도록 방수 기능을 갖춘 제품도 있고 목이 긴 장화와 같은 구조를 한 갯바위 신발도 있다.

▶**구명동의**(救命胴衣) - 보통 라이프재킷이나 구명조끼라 부른다. 안전사고 예방을 위해 배낚시에서는 착용이 의무화되어 있기도 하다. 물론 갯바위나 방파제에서도 착용을 잊지 말아야 할 필수품이다. 크게 고체식과 팽창식으로 구분된다. 고체식은 부력제가 내장돼 있고, 팽창식은 압축공기 봄베가 들어 있어 부풀어지는 것이다. 고체식은 대부분 베스트(조끼) 형태로 주머니가 많아 소품 휴대에 좋은 장점이 있다. 팽창식은 어깨걸이, 벨트, 파우치 형태 등이 있는데 가볍고 간편한 장점이 있다.

▶**편광 선글라스**(polarized sunglasse) - 바다에서는 도시보다 자외선(UV)량이 많다. 강한 자외선으로부터 눈을 보호하기 위해 선글라스의 착용은 이미 상식이다. 여기에 더하여 렌즈에 편광필터가 부착된 편광 선글라스는 수면에 반사되는 빛을 편광화하여 난반사를 없애기 때문에 눈이 부시지 않고 물속이 잘 보이는 이점이 있다.

▶**모자와 장갑** - 모자의 역할은 강한 자외선과 열기의 차단, 머리 보호, 겨울철 보온에 있다. 여름용이라면 챙이 넓고 통풍이 잘 되는 것, 겨울용이라면 따뜻하고 습기가 차지 않는 것을 고른다. 또한 손의 보호도 중요하다. 바다라는 거친 환경에서 안전을 도모하는 것은 물론 겨울철 보온을 위해서 장갑의 착용은 필수적이다. 잘 젖지 않고 젖어도 빨리 마르는 소재가 좋은데, 목면이나 천연가죽 제품보다는 인조세무와 같은 재질이 좋다. 낚시 전용 장갑이 여러 가지 형태로 제품화 되어있다. 겨울철에는 방수 및 보온 위주로 선택한다.

▶**기타 액세서리** - 없으면 아쉽고 있으면 편리한 소품이 있다. 울퉁불퉁한 바닥에 편하게 앉을 수 있는 히프커버, 야간에 필수인 헤드랜턴, 조난 시에 도움을 주는 호루라기, 지깅에 필요한 로드 벨트(하네스) 등이 그것이다.

Photo Fishing

물돌이 찬스!

사진 - 이기선

3 바다낚시용 루어를 이해하자

루어(lure)는 물고기를 꾀어 낚는 모조 미끼를 이르는 말로 어로작업이 아닌 여가생활(낚시)을 위한 도구로서 발달된 것을 말한다. 생미끼를 사용하지 않는 루어낚시는 그만큼 깔끔하고 간편하다. 주로 육식성 물고기를 대상어로 하기 때문에 다이내믹하다는 것이 또한 큰 장점이다. 이것이 루어낚시를 스포츠 피싱이라 부르는 이유이다.

바다낚시도 스포츠 피싱의 물결을 타고 루어낚시가 영역을 넓히고 있다. 민물 대상어보다 몇 곱절 강한 손맛을 안겨주는 바닷고기들 가운데 루어로 못 낚을 대상어는 거의 없다. 참돔도 감성돔도 루어로 낚는 시대이다. 생미끼보다 오히려 루어를 사용하면 더 잘 낚을 수 있는 어종도 많다. 이제는 루어로 낚고 싶지 않는 어종이 남아 있을 뿐이다.

바다낚시용 루어의 계통과 분류

민물낚시용 루어는 중세 유럽에서 취미생활용으로 개발되어 발전을 거듭해 왔다. 이에 비해 바다낚시용 루어는 생계수단인 어로도구 형태로 나타나 그 기원이 훨씬 앞설 수밖에 없다. 결국 현대의 바다낚시용 루어는 동서양의 전통 어로도구에서 파생된 것과 서양의 취미생활로 개발된 것이 서로 혼합되어 진화를 거듭해 온 것이다. 게다가 현대의 루어는 대상어의 생태적인 특성까지 고려해 만들므로 그 종류를 헤아리기 어려울 정도이다. 이들 루어를 구분하는 방법은 기준을 정하기에 따라 여러 갈래로 파생되지만, 바다에서 사용하는 루어는 크게 3~4가지로 분류할 수 있다. 플러그(plug)와 금속 루어, 소프트 베이트(soft bait), 기타 루어 종류가 그것이다. 물론 이외에도 각종 루어의 장점을 서로 결합시켜 만든 다종다양한 루어들이 출시됨으로써 분류의 한계를 초월하는 경우도 많다.

■ 바다 루어낚시의 변천과 묘미

전통적으로 삼치 조업이나 오징어 조업에 사용하는 가짜미끼가 있었지만 낚시가 아닌 어업이므로 이를 논외로 할 경우, 우리나라 바다 루어낚시의 효시는 1970~1980년대 갯바위 낚시인들로부터 유래한다. 추자도나 가거도에서 감성돔이나 돌돔낚시 도중 짬을 내어 농어를 낚아내던 것이 시작이다. 이후로 1980년대 초반 저립 트롤링, 1990년대의 라이트 트롤링 유행과 서해 농어 배낚시의 정착, 록피시 낚시 붐, 2000년대의 지깅 · 에깅 등의 새로운 바다 루어낚시가 속속 인기를 모으며 그 범위를 넓혔고, 이에 바다 루어낚시 인구 또한 지속적으로 증가하였다. 이런 인기의 원인은 바다 루어낚시가 민물 루어낚시에서는 느끼지 못하는 특별한 묘미가 있기 때문이다.

루어낚시는 물고기와의 한 판 승부라는 스포츠 측면과, 사람과 물고기가 서로 속고 속이는 게임 측면이 흥분을 자아내게 한다. 여기에 바닷물고기는 민물고기와는 비교할 수 없는 강렬한 손맛을 더해준다. 또한 수확물이 모두

〈플러그 계통의 루어 종류〉

〈금속 루어 종류〉

식탁을 풍요롭게 해주는 고급어종이라는 점도 바다 루어낚시의 묘미를 더욱 깊게 만드는 요소이다.

■ 바다낚시용 루어의 계통별 특성

복잡하게 분류되는 민물용 루어와 달리 바다용 루어는 얼핏 발달이 미비한 것으로 보인다. 실제, 대상어종이 더욱 다양함에도 불구하고 바다낚시용 루어는 민물낚시용에 비해 단조롭다고 해도 과언이 아니다. 멸치와 같은 소형 물고기나 지렁이 등 실제 먹이와 비슷한 외형의 루어가 대부분으로 이는 바다의 루어낚시 대상어가 대부분 시각을 이용해 먹이를 찾기 때문이다.

▶플러그(plug) - 플라스틱 수지나 목재를 이용해 물고기 형상을 흉내 내어 만든 루어의 통칭이다. 자체의 부력이나 서로 다른 구조에 의해 수면에 떠 있게 하거나 바닥까지 가라앉힐 수도 있다. 폽퍼(popper), 펜슬 베이트(pencil bait), 미노우(minnow), 바이브레이션(vibration) 등이 여기에 속하는 루어이다.

▶금속 루어 - 몸통이 철이나 납 등과 같은 금속으로 만들어진 단순한 형태의 루어이다. 비중(무게)이 크므로 잘 가라앉고 멀리 던져지는 특징이 있다. 스푼(spoon), 메탈 지그(metal jig) 등이 여기에 속한다.

▶소프트 베이트 - 흔히 '웜(worm)'이라 불리는 루어로, 연질의 수지 재질로 만든 루어를 말한다. 지렁이나 갑각류 모양을 취한 형태가 많다. 다른 루어와 달리 따로 낚싯바늘과 봉돌을 결합하여 사용해야 한다.

▶기타 특수 루어 - 바다 루어낚시의 범위가 확대되면서 애매한 형태의 루어가 많아지고 있다. 대표적인 것이 일본에서 유래한 무늬오징어낚시용 가짜미끼인 에기(餌木)와 참돔낚시에 사용하는 인치쿠 등이다.

〈각종 소프트 베이트와 특수 루어〉

Tip 물고기가 루어에 덤비는 이유

물고기가 루어를 먹이로 착각하고 덤빈다는 생각은 극히 상식적인 것이다. 그런데 루어는 실로 다양한 형태를 취하고 있다. 진짜라고 착각할 만큼 자연계의 생물을 재현해 놓은 것이 있는가 하면, 마치 외계에서 온 것과 같은 기상천외한 형태를 취한 것도 있다. 전자는 먹이로 보이게 하기 위한 방법이므로 당연하지만 후자의 경우는 의문을 가질 수도 있다.

이는 물고기가 오로지 식욕 때문에 루어를 공격하는 것은 아니라는 사실을 보여준다. 손이 없는 물고기는 배고픔 이외에도 호기심, 분노, 자기방어(알 또는 치어보호), 또는 포식자로서의 공격본능이 루어를 입으로 무는 이유로 나타난다. 루어는 결국 이러한 물고기의 여러 가지 본능을 유발하는 형태로 만들어지는 것이다.

바다낚시용 루어의 선택과 용법

루어는 가만 놔두면 한낱 무생물에 지나지 않으므로 사용하는 낚시인이 적극적으로 움직여 주어야 한다. 그래야 비로소 독특한 움직임(행동)을 보여 물고기를 자극하고 입질로 이어지게 만든다. 루어는 종류에 따라서 단순하게 릴링만 해도 충분한 효과를 발휘하는 종류가 있는가 하면, 특별한 기술을 동원하지 않고서는 물속을 지나가는 단순한 쇳덩이나 나무토막에 지나지 않는 종류도 있다.

■ 플러그(plug) 종류의 특성과 용법

▶플로팅 미노우(floating minnow) - 목제나 플라스틱 수지로 만든 작은 물고기의 모습을 취한 루어이다. 물에 뜨는 성질을 가지고 있다. 그러나 여러 가지 각도와 길이의 립(lip)이 부착되어 있어서 릴링을 하면 잠수를 하면서 살아있는 물고기처럼 움직인다.

적절한 크기를 사용하면 볼락 · 농어 · 넙치 · 고등어 · 부시리 등 모든 대

〈플로팅 미노우 사용법〉

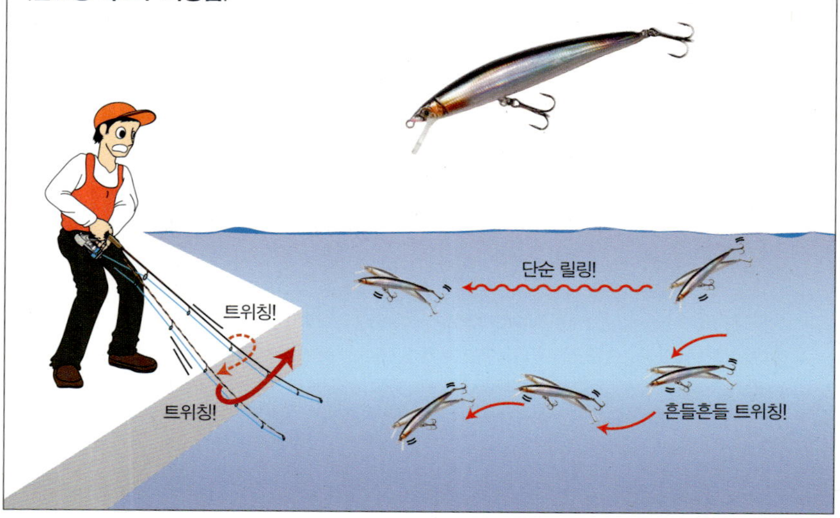

〈싱킹 미노우 사용법〉

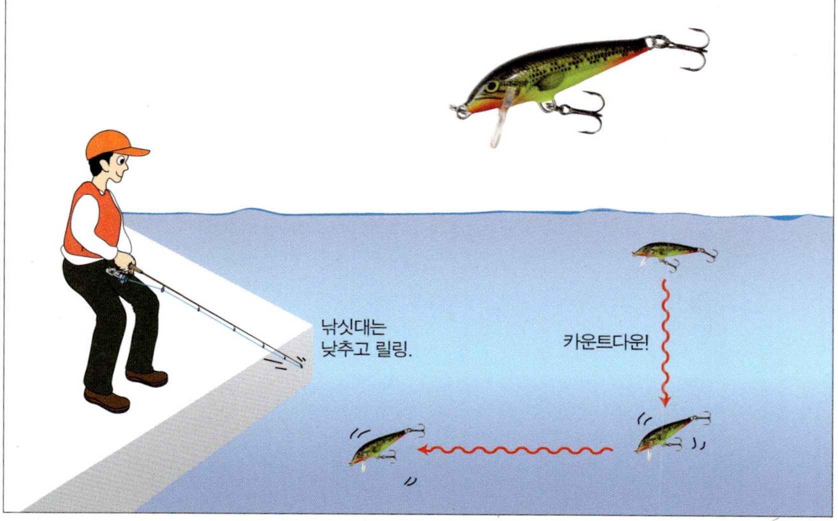

상어종에 만능으로 사용할 수 있다.

▶싱킹 미노우(sinking minnow) - 플로팅 미노우와 동일한 형태를 하고 있지만 물에 뜨지 않고 가라앉는다는 것이 차이점이다. 플로팅 미노우에 비해 무거워 더 멀리 던질 수 있고 보다 깊은 수심을 노릴 수 있다. 플로팅 미노우와 마찬가지로 모든 대상어종에 만능으로 사용할 수 있다.

▶폽퍼(popper) - 수면에서만 움직이는 톱워터(top water) 루어이다. 루어

〈폽퍼 사용법〉

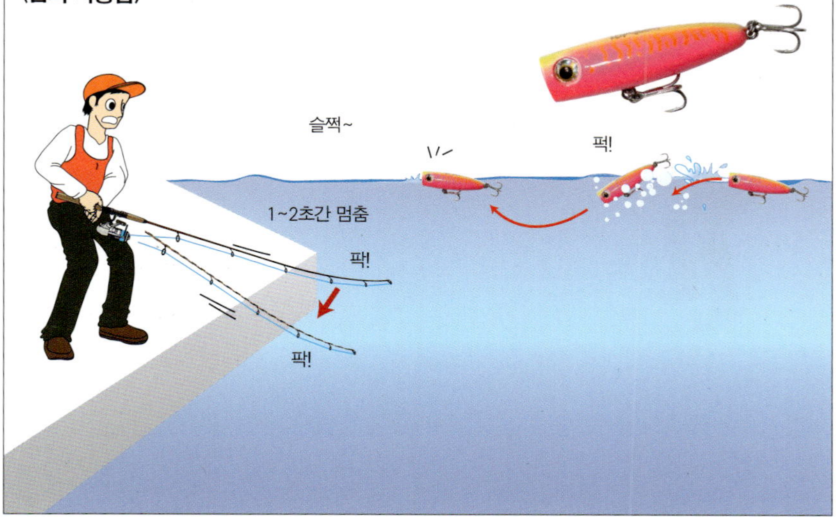

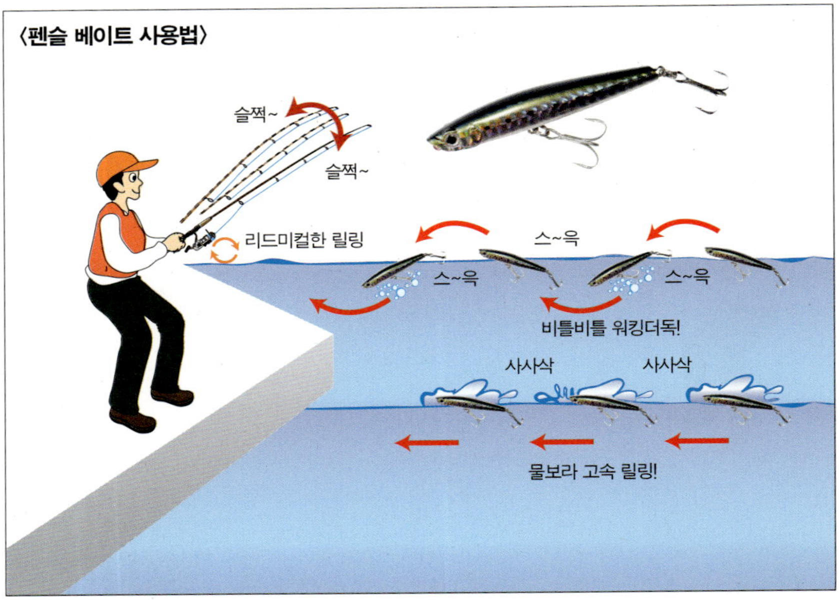

앞부분에 벌린 입 모양의 컵 구조가 장치돼 있다. 따라서 낚싯대로 잡아채듯 당기면 물의 저항을 받아 수면에서 강한 음파와 기포를 발생시킨다. 우리나라에서는 사용 빈도가 그리 높지 않은 루어이지만 수면에 떠 있는 먹이를 노리는 부시리나 가다랑어 등의 회유어에 효과적이다.

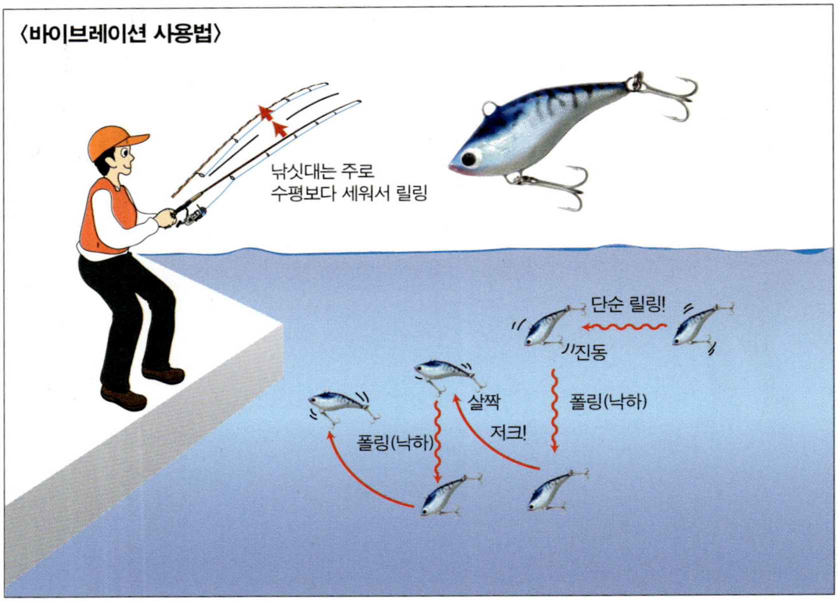

▶**펜슬 베이트(pencil bait)** - 폽퍼와 마찬가지로 수면에서만 움직이는 톱워터 루어이다. 형태는 단순한 막대기 모양으로 가만히 내버려 두면 머리를 내놓고 뜬다. 릴링을 하면서 낚싯대를 당기면 수면에서 작은 물고기가 버둥거리는 것처럼 보인다. 적절한 크기를 사용하면 부시리 · 방어 · 농어 · 가다랑어 등에 효과가 크다.

▶**바이브레이션(vibration)** - 모양과 구조가 간단하고 납작하게 생긴 루어이다. 멀리 던져지고 잘 가라앉으며 릴링을 하면 부르르 떨면서 끌려온다. 농어 · 넙치(광어) · 삼치 · 우럭 등에 효과적이다.

■ 금속 루어 종류의 특성과 용법

▶**스푼(spoon)** - 한 장의 금속판으로 만들어진 숟가락 형태의 루어이다. 형태가 다양하여 폭이 좁은 것, 폭이 넓은 것, 얇은 것, 굵은 것, 완곡도가 큰 것, 완곡도가 적은 것 등이 있다. 멀리 던져지고 사용이 간편한 장점이 있다. 적절한 크기와 무게에 따라 우럭 · 농어 · 볼락 · 갈치 등 연안낚시에서는 다목적으로 사용할 수 있다.

▶**메탈 지그(metal jig)** - 금속으로 만들어진 루어이다. 납이 주요 재료지만 철 · 텅스텐 · 주석 등 다른 재료로도 만들고 있다. 크기에 비해 가장 무

〈스푼 사용법〉

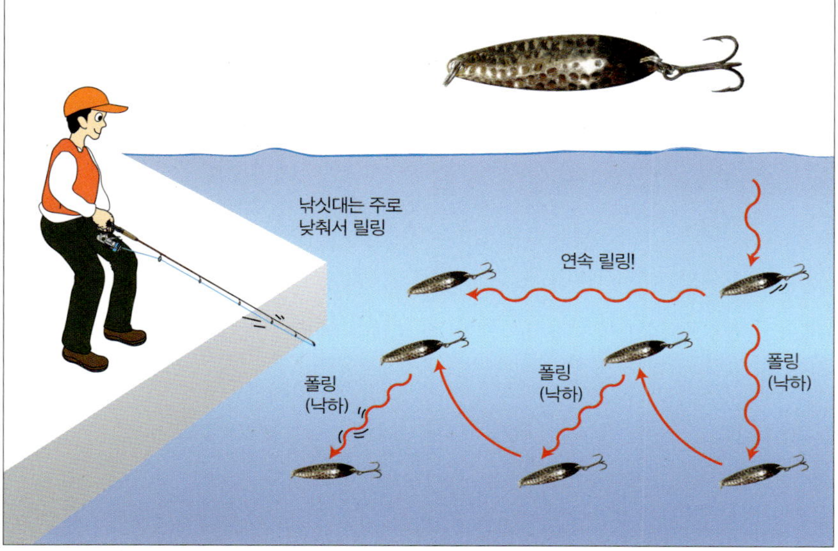

〈메탈 지그 사용법〉

거운 루어로 잘 가라앉고 멀리 던져진다. 낚싯대와 릴링으로 적극적으로 액션을 주지 않으면 움직이지 않는 수동적인 루어이기도 하다. 1g짜리 초소형부터 500g에 달하는 초대형까지 매우 다양한데, 적절한 크기를 선택하면 대구 · 부시리 · 방어 · 농어 · 볼락 · 우럭 · 전갱이 등 대부분의 대상어에 다 사용할 수 있다. 메탈 지그의 자세한 사용법은 〈부리시 · 방어낚시〉 어종별 실전편을 참고 바란다.

■ 소프트 베이트의 특성과 용법

▶**웜(worm)** - 지렁이나 유충, 작은 물고기를 모방하여 만든 연질 합성수지 루어로, 마치 생미끼와 흡사한 외형을 취하고 있다. 그럽(grub), 클로우(claw), 섀드(shad) 등으로 부른다. 지그헤드 바늘에 끼우면 지그헤드 리그, 그밖에 바늘과 봉돌을 세팅하는 방법에 따라 텍사스 리그, 다운샷 리그 등으로 나뉜다. 우럭 · 넙치 · 볼락 · 갈치 · 농어 등 소형~중형의 모든 대상어를 낚는 데 널리 사용할 수 있다.

〈지그헤드 리그 사용법〉

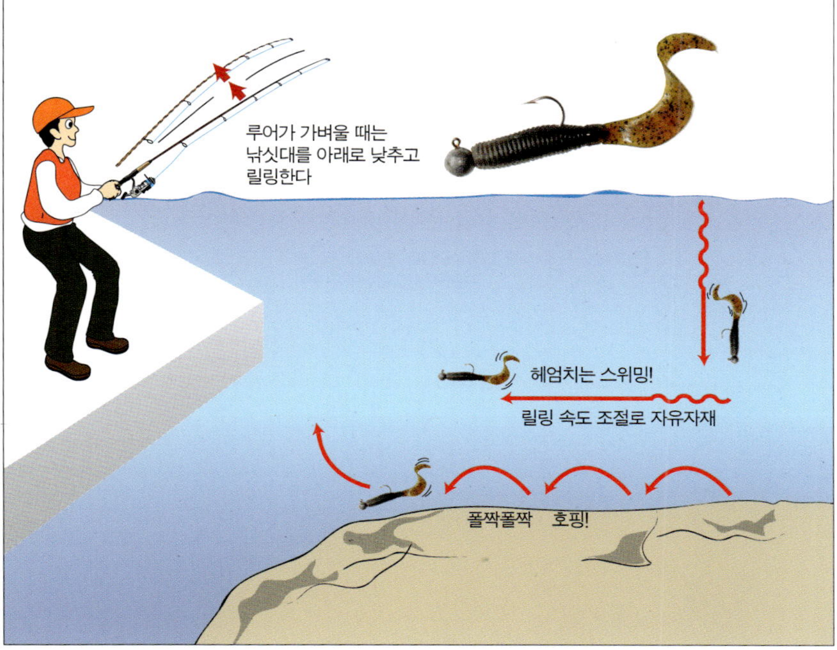

〈텍사스 리그 사용법〉

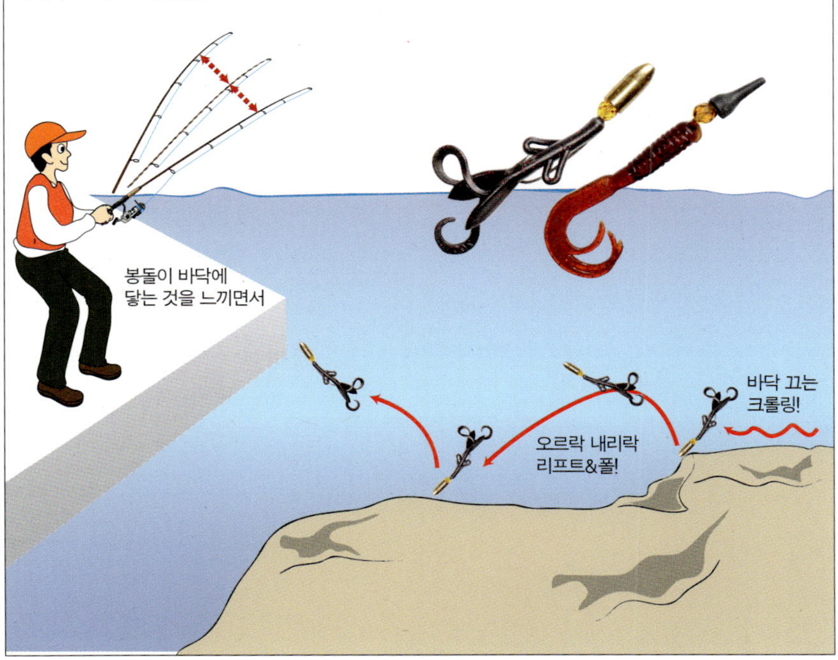

■ 기타 특수 루어의 용도와 용법

▼ 오래도록 던질낚시 및 찌낚시 대상어로 여겨 온 참돔이 루어낚시 대상어로 등장한 것은 '카부라' '인치쿠' 등의 참돔 전용 루어가 제품화되면서부터이다.

▶**에기(餌木 · egi)** - 일본에서 유래한 흰오징어(무늬오징어)용 오징어뿔이다. 새우나 물고기와 같은 형상을 취하고 있는데 뒷부분에는 갈고리바늘이 2중으로 부착되어 있다. 사용 방법은 〈무늬오징어낚시〉 및 〈갑오징어낚시〉 어종별 실전편 참조.

▶**참돔낚시용 지그** - 일본에서 유래한 참돔낚시용 카부라, 인치쿠가 현대 루어낚시에 맞도록 개량된 것이다. 사용 방법은 〈참돔낚시〉 어종별 실전편을 참고 바란다.

Tip 하이브리드 루어란?

1 스핀테일 지그

2 싱킹 팬슬

3 지그 미노우

바다낚시에 사용하는 루어들 중에는 두 가지 루어의 특성을 겸비하도록 합성된 종류가 있다. 이들은 몇 가지 루어의 특성을 다 가지고 있는 관계로 어느 쪽으로도 분류하기 어려운데, 대표적인 것은 스핀테일 지그, 싱킹 펜슬, 지그 미노우이다.

▶스핀테일 지그(spin-tail jig) - 외형은 바이브레이션 플러그와 거의 동일하지만 뒷바늘이 달릴 위치에 커다란 날개(블레이드)가 한 장 부착되어 있다는 것과, 몸통이 바이브레이션보다 더 무거운 소재로 만들어져 있는 것이 차이점이다. 플러그와 지그의 중간쯤으로 봐도 좋고, 지그에 블레이드가 붙어 있는 것이라 봐도 좋다.

▶싱킹 펜슬(sinking pencil) - 모양은 톱워터 루어인 보통 펜슬 베이트와 똑같지만 더 무겁고 부력이 없어 가라앉는 것이 다른 점이다. 펜슬 베이트와 미노우 플러그의 특성을 모두 가지고 있다. 미노우보다 더 멀리 던질 수 있고, 수면에 떠오르지 않고 수면 바로 아래를 통과시킬 수 있는 등 공략 수심을 임의로 조절할 수 있다.

▶지그 미노우(jig minnow) - 외형은 싱킹 펜슬이나 립이 제거된 미노우와 비슷한데 만들어진 재료가 지그처럼 금속이다. 메탈 지그와 싱킹 펜슬의 중간 형태로, 싱킹 펜슬보다 더 무겁고 더 빨리 가라앉는다는 지그의 특성이 강조되어 있다.

4 채비에 대한 이해

낚싯대와 릴 등 기본 장비를 제외한 대부분의 낚시채비는 낚싯줄과 찌(생략되기도 한다), 도래 및 봉돌 그리고 낚싯바늘 등 크게 4가지 요소로 구성된다. 이를 기본으로, 각자가 구사하는 낚시 기법에 따라 또는 낚시를 하는 장소에 따라 채비의 양상이 더 복잡하게 첨가되기도 하고 간편하게 생략되기도 한다.

낚시채비에는 동서고금의 지혜가 녹아들어 있다. 어부들의 오랜 경험이 반영돼 있기도 하고 전문 낚시인들의 독창성이 깃들어 있기도 하다. 그러나 어떤 채비라 하더라도 기본은 몇 가지로 압축된다. 채비 구성의 원리와 4~5가지 사례별 기본 채비만 이해하면 나름대로의 응용력을 터득하게 되는 것이다. 채비의 응용력이야말로 경험의 축적이다.

채비 구성과 묶음법

낚시에서 기본적으로 갖추어야 하는 것이 기본 도구 및 채비이다. 이들이 없다면 물고기를 잡았더라도 낚시가 성립되지 않는다. 그물로 물고기를 잡거나 맨손으로 물고기를 잡을 수는 있지만 이것은 진정한 낚시가 아니다. 낚시는 채비를 갖추었을 때 비로소 성립된다. 최소한의 채비라고 한다면 낚싯줄과 낚싯바늘이며, 이들을 서로 연결하는 묶음법이 존재한다. 묶음법은 채비에 따라 다양하고 효율적으로 진화하고 있으며 낚시인이 꼭 익혀야 할 하나의 기술이다. 낚시는 결과뿐만이 아니라 준비하는 과정에서부터 즐거움이 시작되고 성공을 향한 초석을 마련하는 일이기도 하다.

■ 채비의 정의와 4대 구성 요소

낚시에서 채비라 함은 낚시를 하기 위해 필요한 물건이나 자세를 미리 갖추는 행동이나 물건을 뜻한다. 그러므로 채비를 넓은 의미로 본다면 낚싯대나 릴을 비롯하여 낚시에 사용하는 도구와 소품, 또한 이들을 준비하는 행동 모두를 아우른다고 볼 수 있다. 그러나 낚시에서 흔히 말하는 채비의 의미는 낚싯대와 릴 같은 기본 장비를 생략한, 낚싯대 끝에서부터 바늘에 이르기까지의 차림새를 지칭하는 것이다. 따라서 채비는 낚고자 하는 대상 어종마다 독특한 형태를 취하게 되는데 여기에는 4가지 구성 요소가 있다.

▶낚싯줄(line) - 낚싯줄은 낚싯대와 낚싯바늘을 연결하며 바늘을 문 물고기와 낚시인과의 연결 통로이기도 하다. 물고기의 눈에 보이지 않고 물살도 잘 가르도록 가늘어야 하지만 큰 물고기를 걸었을 때 끊어지지 않아야 한다. 가늘지만 질기다는 모순된 조건을 만족하는 것이 좋은 낚싯줄인 셈이다.

낚싯줄은 크게 원줄과 목줄로 나눈다. 일반적으로 목줄은 원줄보다 가늘게 사용하지만 이빨이 날카로운 물고기나 덩치가 큰 물고기를 상대하는 낚시에서는 반대로 목줄을 더 굵게 사용하는 경우도 생긴다.

▶찌(float) - 물고기가 미끼를 무는 순간을 입질을 낚시인에게 알려주는

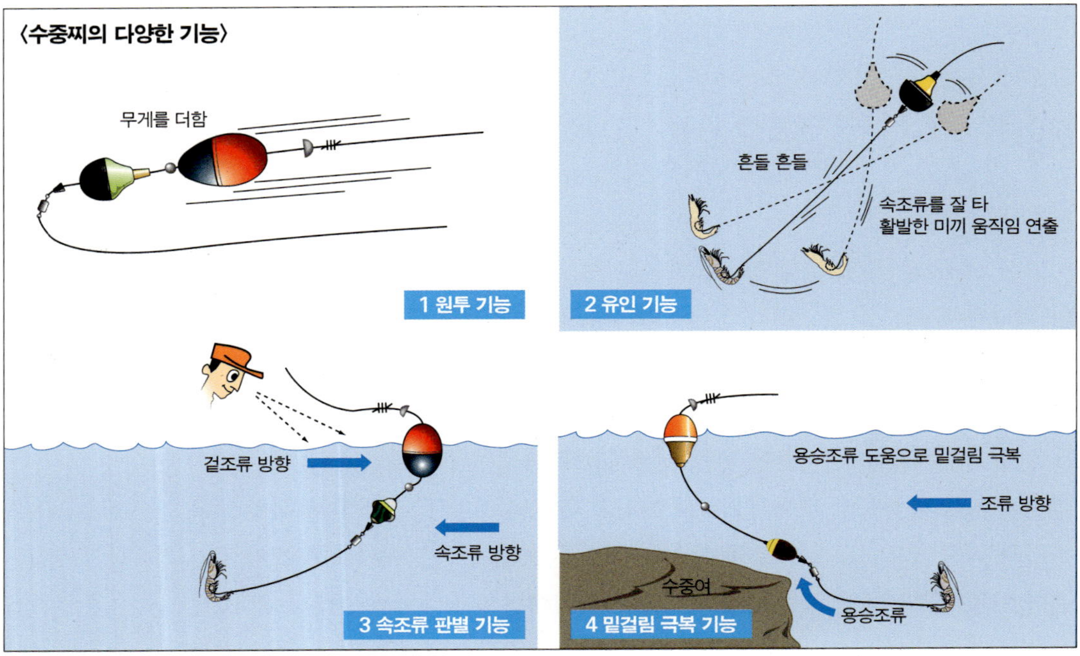

역할을 하는 것은 여러 가지 있으나 그중 대표적인 것이 찌이다. 찌는 그밖에도 채비를 멀리 운반시키는 역할, 채비의 상태를 알려주는 역할도 한다.

민낚싯대를 사용하는 낚시방법 중에서 찌를 사용하는 낚시방법을 찌낚시라 부르고 찌를 사용하지 않는 낚시방법을 맥낚시라고 부른다.

▶**봉돌**(sinker) - 봉돌의 가장 큰 역할은 채비를 수중에 가라앉도록 하는 것이다. 뿐만 아니라 채비를 멀리 던질 수 있게 해주고 미끼가 원하는 장소에서 움직이지 않도록 고정해 주는 역할도 한다. 크기에 비해 무거워야 하므로 비중이 높은 납이 가장 흔한 재료이다.

▶**낚싯바늘**(hook) - 물고기의 입에 걸리는 낚시채비의 가장 말단에 위치하는 궁극적인 부분이 바로 낚싯바늘이다.

미끼가 잘 붙어 있어서 물고기가 거리낌 없이 입질을 할 수 있어야 하며 큰 물고기의 단단한 입 주위에 잘 박히도록 날카로워야 함은 물론, 물고기의 강한 깨무는 힘과 물고기의 중량에도 부러지거나 변형되지 말아야 한다는 것이 낚싯바늘이 갖추어야 할 조건이다. 어종이 다양한 만큼 그 입의 구조도 제 각각이어서 낚싯바늘의 종류 역시 매우 다양하게 개발되어 있다.

Tip 기둥줄과 힘줄

보통 낚시채비에서 낚싯줄은 원줄과 목줄로 나뉜다. 그런데 복잡한 채비 중에는 기둥줄과 힘줄이라는 것도 있다. 기둥줄은 목줄의 일부로서 가지바늘 채비의 중심이 되는 줄이다. 기둥줄에서 가지를 치듯 목줄이 매달리게 되는 것이다.
힘줄은 백사장 던질낚시와 같이 채비를 멀리 던지기 위해 무거운 봉돌과 가는 원줄을 사용하는 낚시에 사용되는 줄이다. 용도는 낚싯대를 휘둘러 무거운 봉돌이 던져지는 과정에서 발생하는 충격으로 가는 원줄이 봉돌과의 매듭 부분에서 끊어져 버리는 단점을 해소하기 위함이다. 가는 원줄 끝에 충분히 굵은 낚싯줄을 10m쯤 잇는데 이를 힘줄이라 부른다.
백사장 던질낚시가 발달한 일본의 경우에는 2호 굵기로 시작해서 10호 정도로 점차 굵어지는 전용 제품도 있다.

Tip 쇼크리더(shock leader)

〈원줄과 쇼크리더의 연결〉

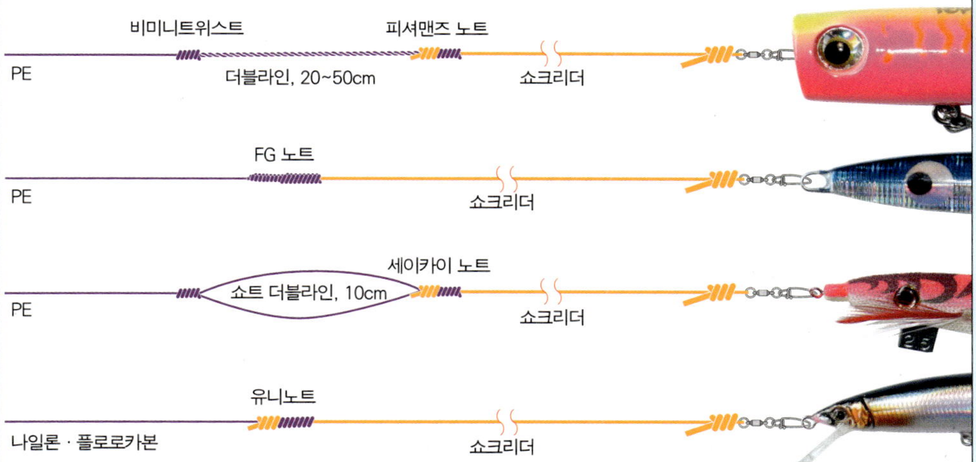

쇼크리더 역시 목줄에 해당되지만 일반적인 목줄과는 성격이 조금 다르다. 낚싯바늘을 매다는 줄이라는 점에선 목줄이 맞지만, 원줄보다 가늘게 사용하는 일반적인 목줄과는 달리 원줄보다 더 굵게 사용한다는 것이 다른 점이다. 무거운 채비를 힘껏 캐스팅할 때 생기는 충격으로부터 매듭 부위를 보호하고, 날카로운 이빨을 가진 대상어와의 싸움에서 목줄을 보호하기 위한 등등의 목적으로 굵은 목줄(쇼크리더)을 사용하게 되는데 주로 루어낚시에서 많이 채용된다.
원줄과 쇼크리더와의 접속은 도래를 사용하지 않고 보통 직결하는데, 굵기의 차이로 인한 매듭 강도의 저하를 막기 위해 독특한 매듭법이 활용된다. 더욱이 원줄로 PE 줄을 자주 사용하게 되면서 가늘고 미끄러운 PE 원줄과 쇼크리더의 연결 방법은 다양하게 개발되고 있다.

■ 필수 묶음법 & 연결법

민물낚시와 달리 바다낚시는 낚시인 스스로가 채비를 만들 수가 있어야 한다. 물론 시제품을 구입해 간단하게 사용할 수도 있지만 바다낚시는 각종 장애물을 피할 수 없고, 또 피해서도 안 되므로 자연스레 채비의 손실이 많이 따르기 마련이다. 그래서 낚싯바늘을 직접 묶는 일에서부터 가지바늘을 추가하는 등, 낚시인 스스로가 현장에서 해결할 일들이 많다. 복잡하고 전문적인 분야는 낚시의 경험을 통해 차츰 익혀도 되지만 여기에 소개하는 각종 묶음법과 연결법은 최소한 미리 익혀 두는 것이 좋다.

낚싯바늘 묶기 A) - 현장 바깥돌리기

1

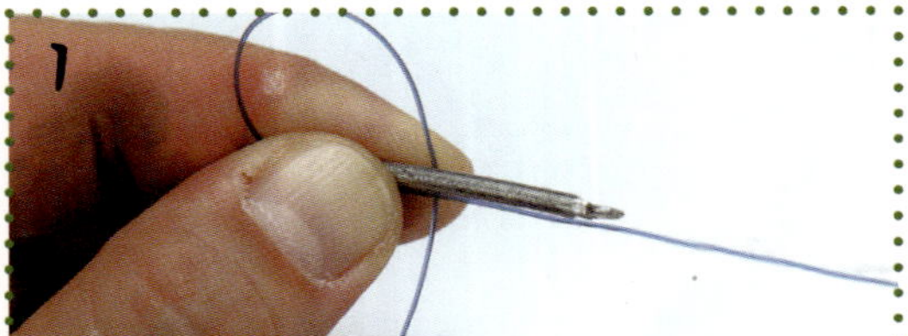

낚싯줄이 그림2와 같은 형태가 되도록 왼손에 바늘을 쥔다.

2

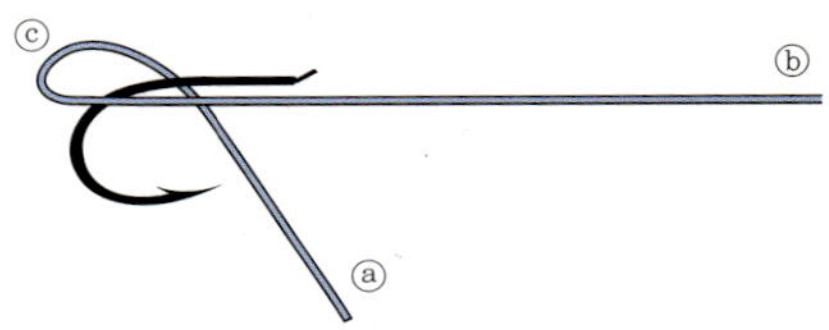

오른손으로 ⓐ를 ⓑ와 바늘 축 위로 5~6회 감아 돌린다.

3

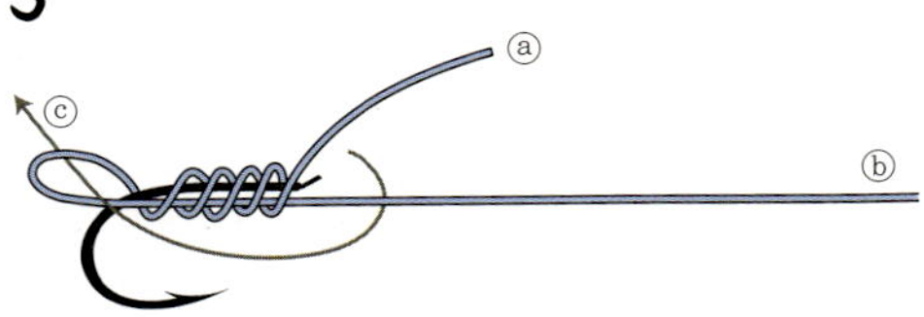

ⓐ를 ⓑ 뒤로 돌려 ⓒ고리 속으로 집어넣는다.

3-1

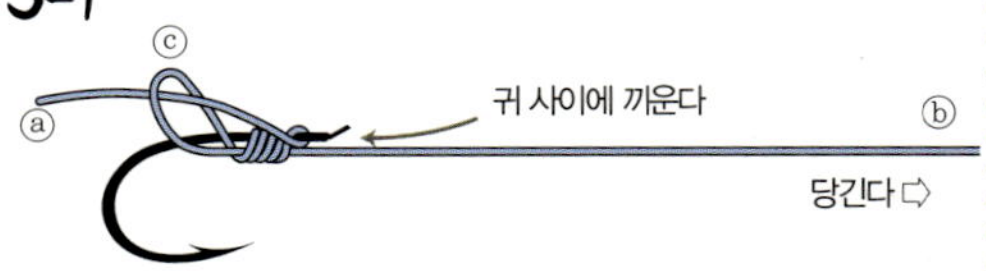

그림3과는 달리 ⓐ를 바늘귀와 ⓑ줄 사이에 끼워 ⓒ고리 속으로 넣어도 된다.

4

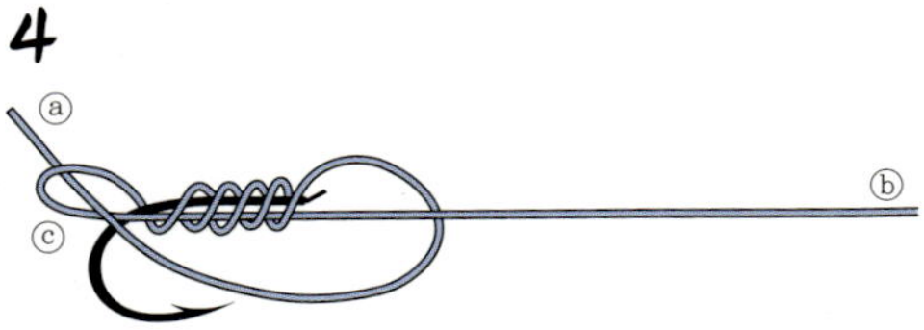

ⓑ를 먼저 당기고 ⓐ를 나중에 당긴다.

5

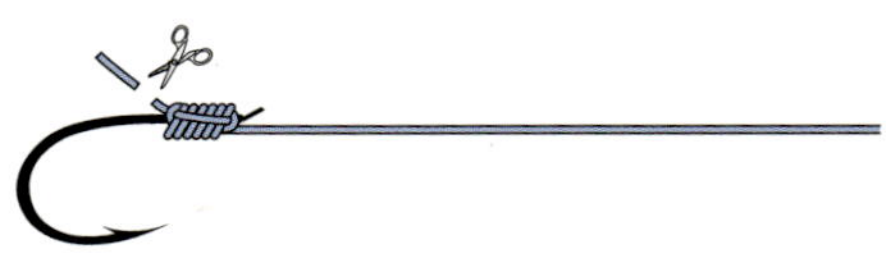

자투리를 잘라낸다. 바짝 잘라도 풀리지 않는다.

낚싯바늘 묶기 B) - 현장 안돌리기

1

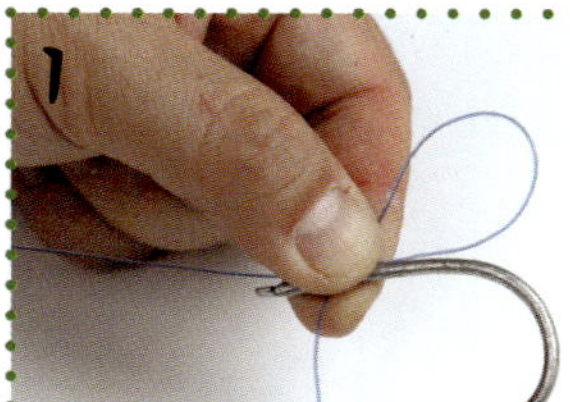

왼손 엄지와 검지로 그림2와 같은 형태가 되도록 바늘귀와 낚싯줄 교차 지점을 살짝 쥔다.

2

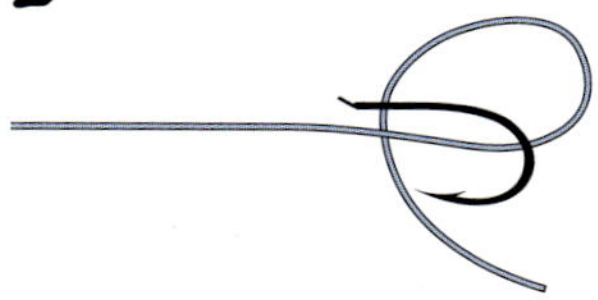

고리를 크게 만들어 주어야 작업하기가 쉽다.

3

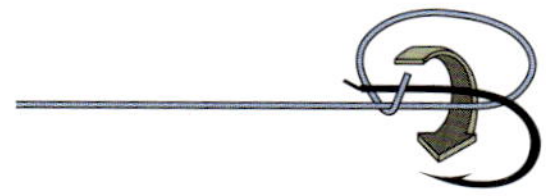

낚싯줄 끝단을 고리 속으로 집어넣고 돌려 빼내기를 5회 가량 반복한다.

4

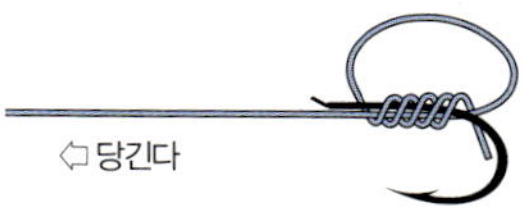

낚싯줄 끝이 바늘축 안쪽에 놓이게 한 후 반대쪽 긴 줄을 잡아당긴다.

5

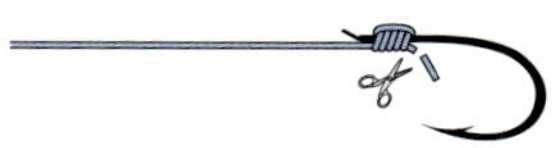

자투리 줄을 잘라낸다.

> **TiP** 낚시를 하는 도중 바늘이 떨어져 나갔을 때, 목줄을 새로 교체할 필요 없이 끄트머리에 바로 바늘을 묶을 수 있는 방법 중의 한 가지이다. 손 쉬운 바늘 교체 방법이긴 하지만 너무 작은 바늘의 경우에는 낚싯줄을 묶기가 불편한 것이 단점이다.

낚싯바늘 묶기 C) - 팔로마 노트(palomar knot)

1

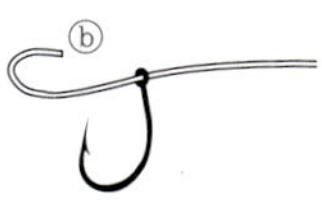

낚싯줄 한 쪽 끝을 바늘귀 구멍으로 통과시킨다.(처음부터 두 겹을 지어서 꿰어도 된다.)

2

다시 한 번 되돌려 꿰어 줄이 두 겹이 되게 한다.

3

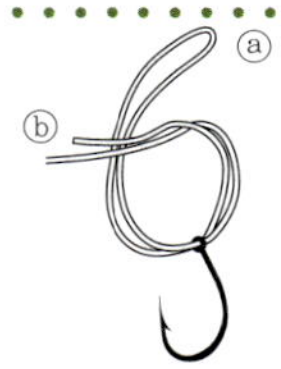

두 겹의 줄을 서로 위쪽으로 모아 원을 만든다.

4

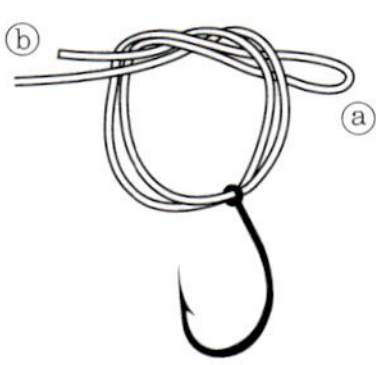

두 겹의 줄을 어긋지게 교차시킨 후, ⓐ부분을 아래로 끌어내린다.

5

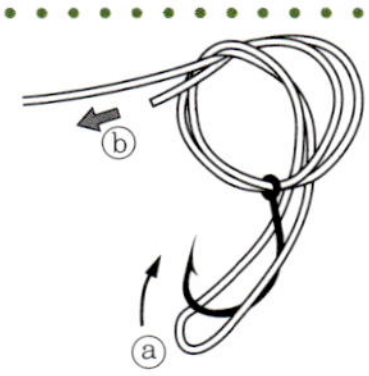

ⓐ부분의 고리 속으로 바늘을 통과시킨 후, ⓑ부분의 줄 두 겹을 함께 쥐고 끌어당긴다.

6

완성.

낚싯바늘 묶기 D) - 손가락돌리기

1

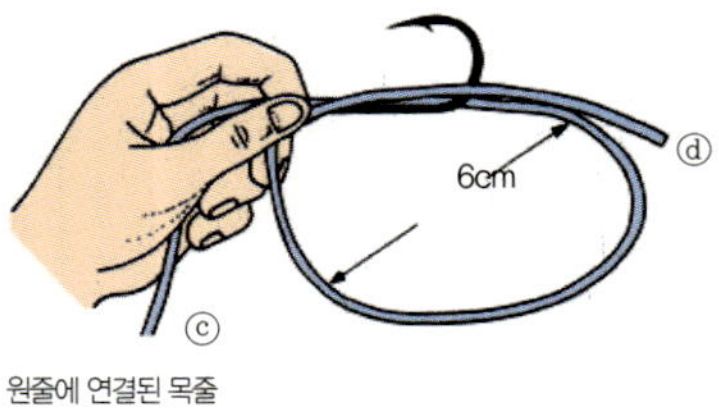

고리의 크기를 직경 6cm 정도 되게 넉넉하게 만들어 준다.

2

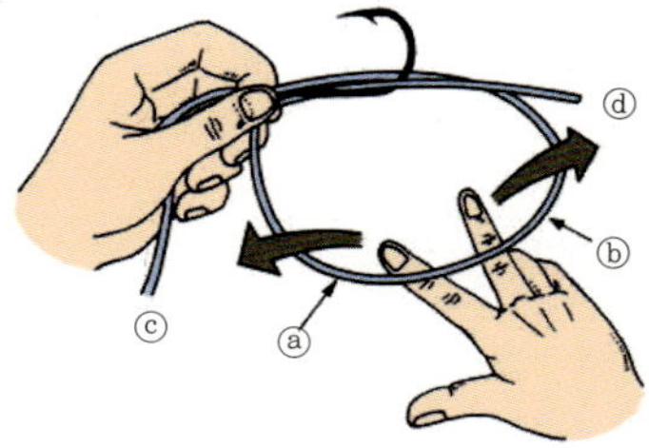

오른손 검지와 중지를 고리 속에 양쪽으로 벌린다.

3

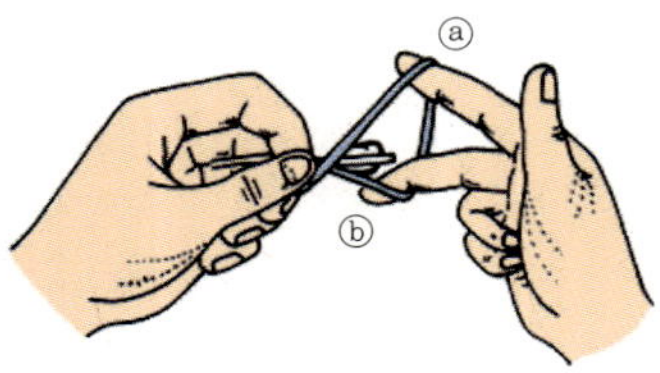

그림2에서 중지 끝을 ⓑ에 걸어 누르는 기분으로 시계 방향으로 돌리는 한편,

4

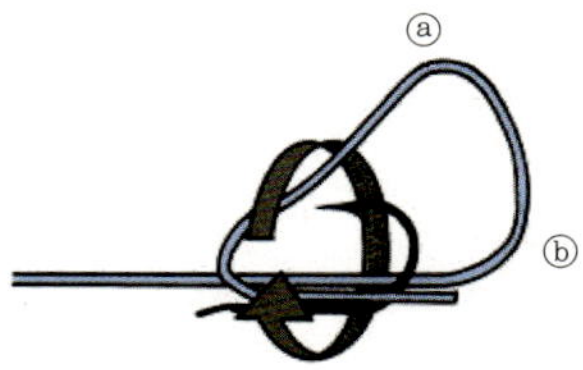

검지는 그냥 곧추 세워주는 것으로 ⓐ부분 줄이 손가락에서 이탈되지 않게 한다.

5

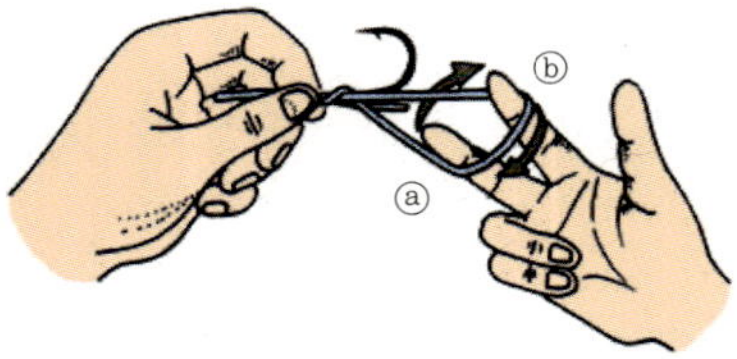

그림3에서 검지로 ⓐ부분을 바늘 너머로 한 바퀴 돌리는 동시에 두 손가락 방향을 뒤집는다.

6

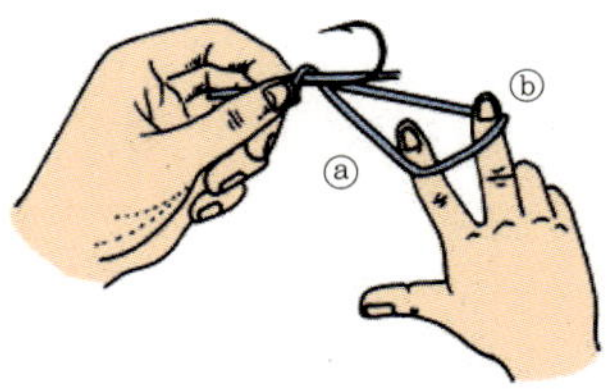

이제 검지와 중지를 반 바퀴 돌려 서로 위치를 바꾼 후, 4~6단계 동작을 4~5회 반복한다.

7

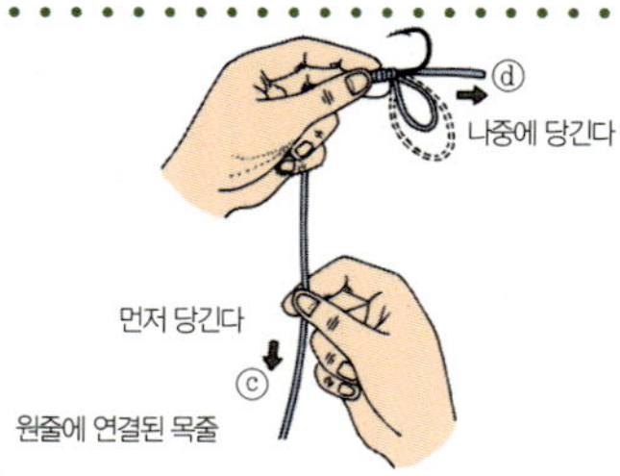

ⓒ를 먼저 당기고 ⓓ를 나중에 당긴다.

8

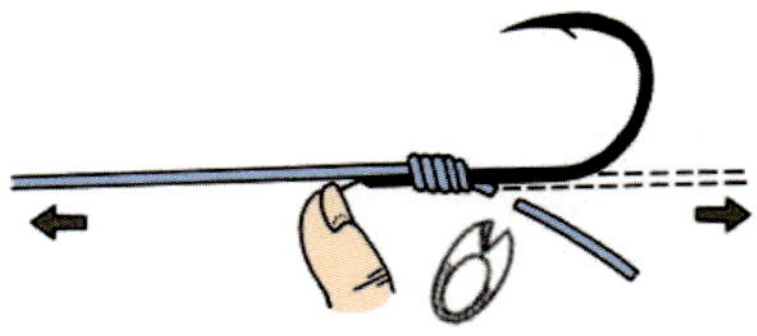

손톱으로 바늘귀를 매듭 부위까지 밀어내린 후 자투리를 잘라낸다.

릴 스풀에 원줄 묶기 A) - 안돌리기

1

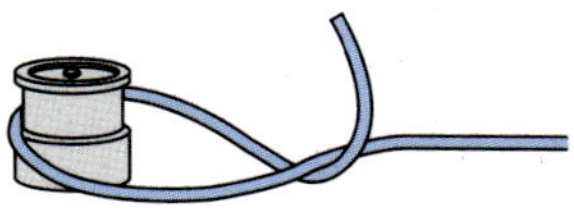

원줄 끝을 스풀에 1회 감는다.

2

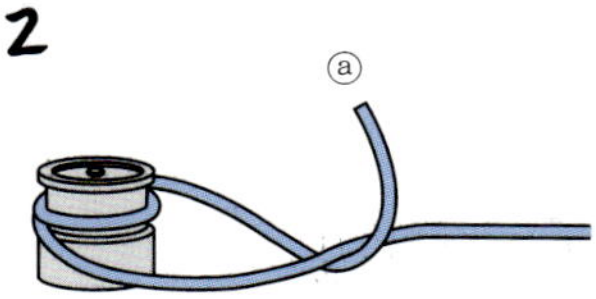

스풀에 한 번 감으면 나중에 매듭이 헛돌 수 있으므로 2회 감는 것이 안전하다.

3

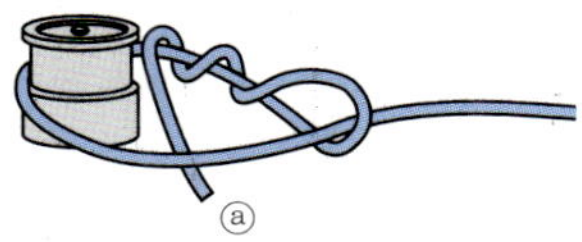

원줄 끝을 되집어 고리 줄을 축으로 3~4회 감아 돌린다.

4

본줄과 겹쳐져 생긴 고리 속으로 원줄 끝을 빼낸다. 이 상태에서 마무리를 해도 된다.

5

4단계에서 ⓐ부분을 당겨 바로 완성을 시켜도 되지만, 큰 고리 속으로 한 번 더 넣고 빼내면 더욱 단단히 조여진다.

6

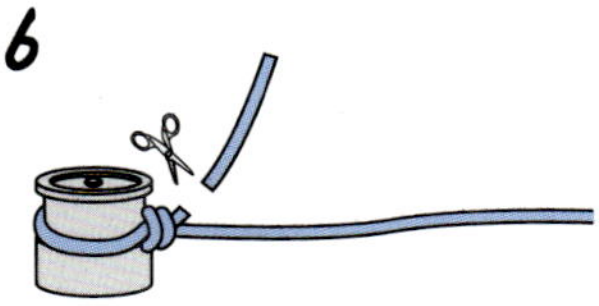

자투리 줄을 잘라주면 완성이 된다.

릴 스풀에 원줄 묶기 B) - 임푸루브드 클린치 노트(improved clinch knot)

1

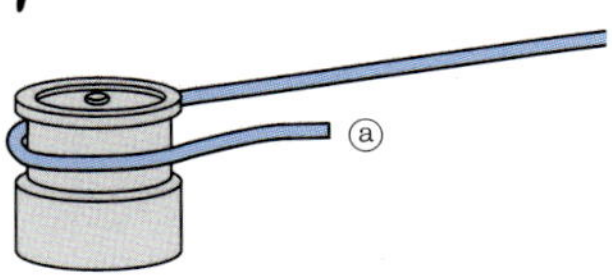

원줄 끝을 스풀에 한 번 감는다. 두 번 감으면 더욱 좋다.

2

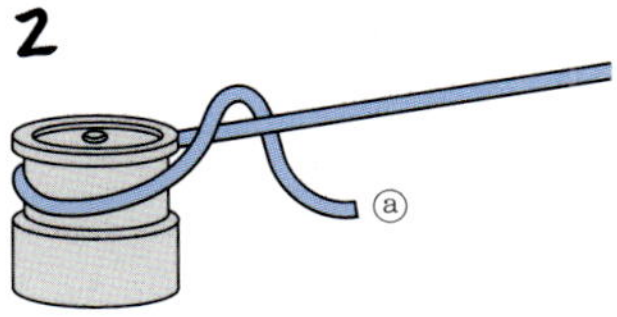

ⓐ를 원줄 위에 걸친다.

3

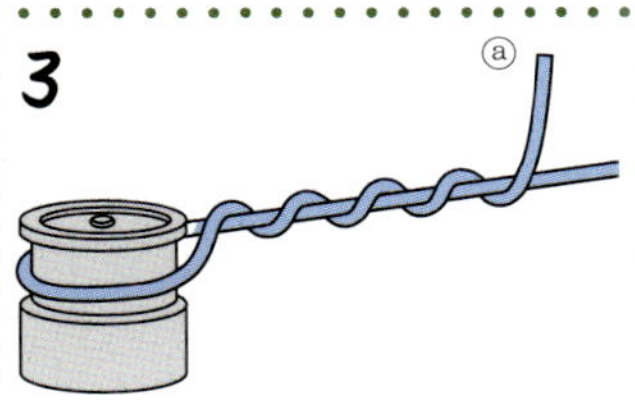

ⓐ를 원줄에 대고 4~5회 돌려 감는다.

4

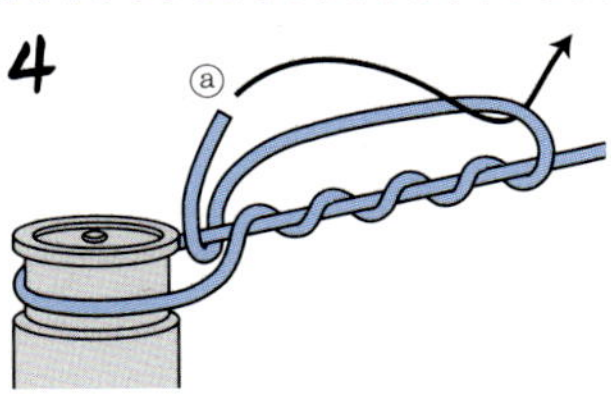

ⓐ를 반대 방향(스풀 방향)으로 돌려 고리 속으로 통과시켜 빼낸다.

5

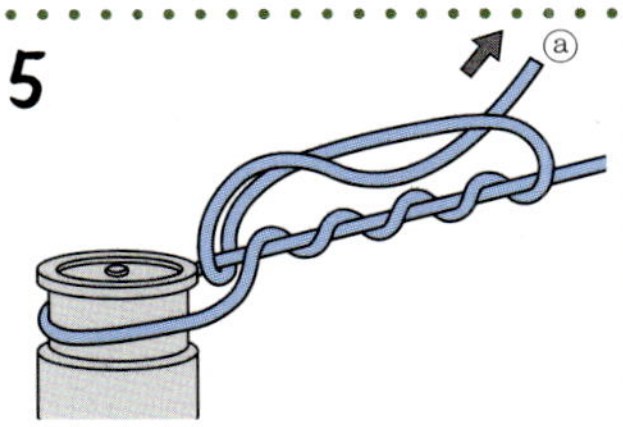

〈그림4〉에서 ⓐ를 화살표 방향으로 빼낸 모습으로, 여기서 ⓐ를 잡아 당기면 매듭이 지어진다.

6

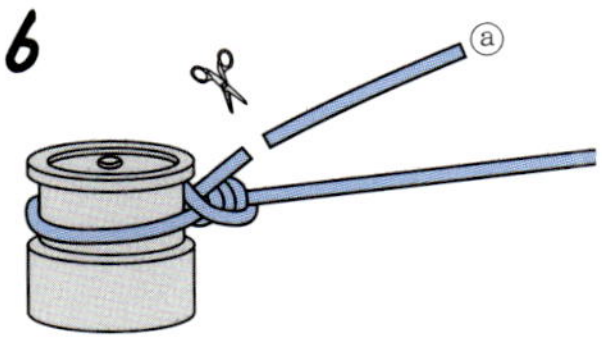

자투리 줄을 자르되, 너무 바짝 자르지 않는 게 좋다.

민낚싯대 초릿줄에 원줄 묶기 A) - 초릿줄 돌리기

1

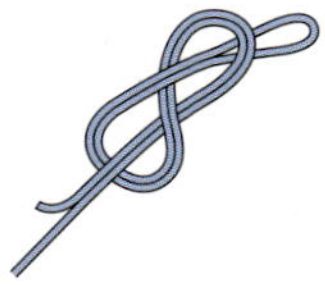

원줄 끝을 접어 '8자 매듭'으로 고리를 만든다.

2

매듭 자투리를 잘라낸다.

3

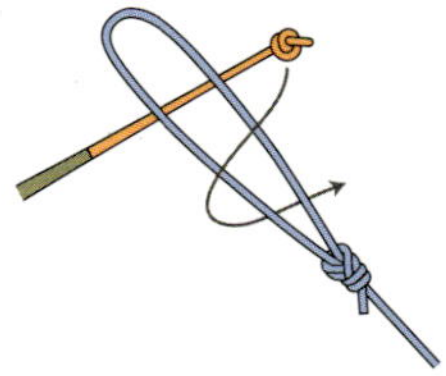

낚싯대 초릿줄을 원줄 고리 위로 한 바퀴 돌린다.

4

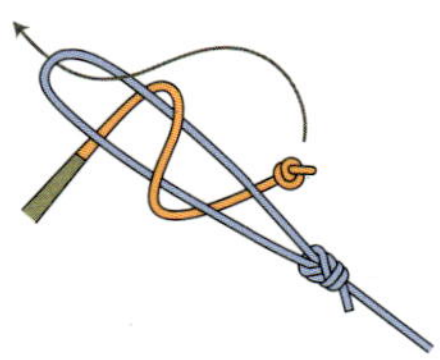

초릿줄을 원줄 고리 속으로 통과시킨다.

5

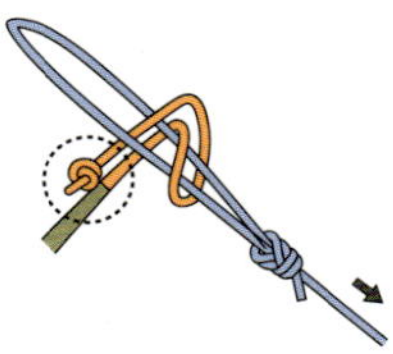

점선 부위의 초릿줄과 낚싯대 끝부위를 쥔 채 원줄을 잡아 당긴다.

6

꽉 당겨 조인다. 풀고자 할 때는 원줄 고리를 위로 밀어주면 된다.

민낚싯대 초릿줄에 원줄 묶기 B) - 나비고리에 넣기

1

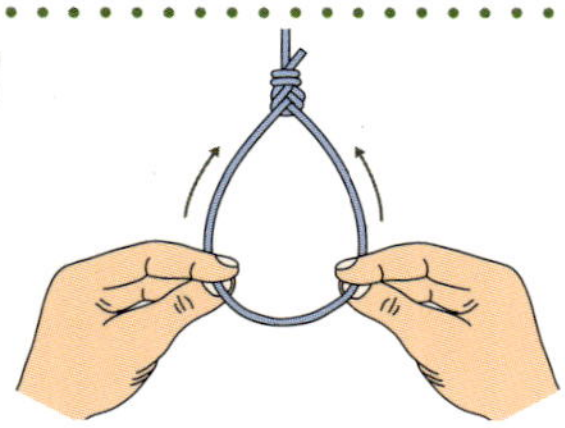

원줄 끝을 접어 '8자 매듭'으로 고리를 만든다.

2

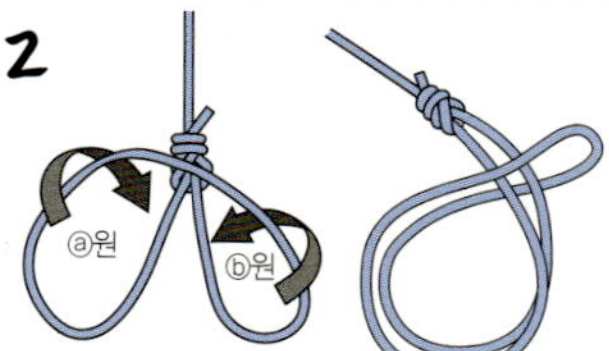

그림1에서 고리 아래쪽을 접어 올려 '나비고리'를 만든 후 → 양쪽 고리를 다시 접어준다.

3

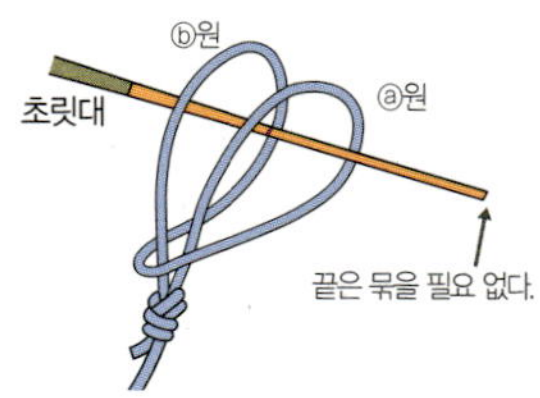

두 겹 고리 속으로 초릿줄을 집어 넣는다.

4

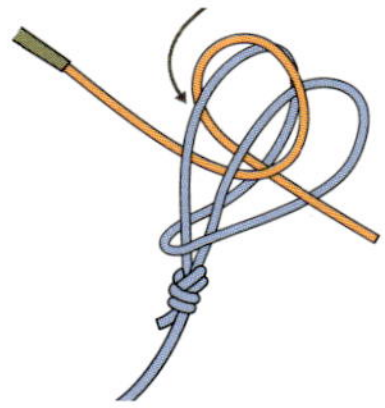

초릿줄을 들어 올려 두 겹 고리를 한 바퀴 돌려 감는다.

5

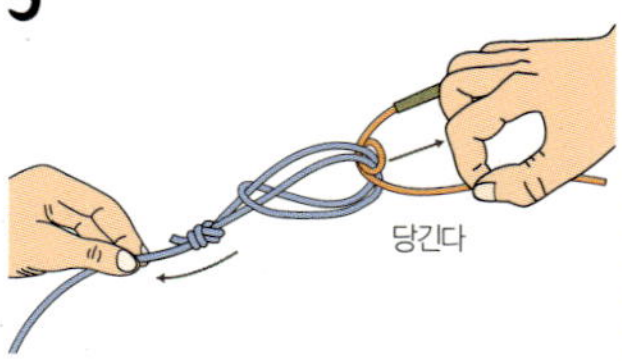

한 손엔 원줄을 한 손엔 초릿줄과 낚싯대 끝을 함께 쥐고 서로 맞당겨 조인다.

6

초릿줄 끝에 매듭을 지어두지 않아도 풀리지 않는다.

도래 묶기 A) – 꽈배기 묶음(clinch knot)

1

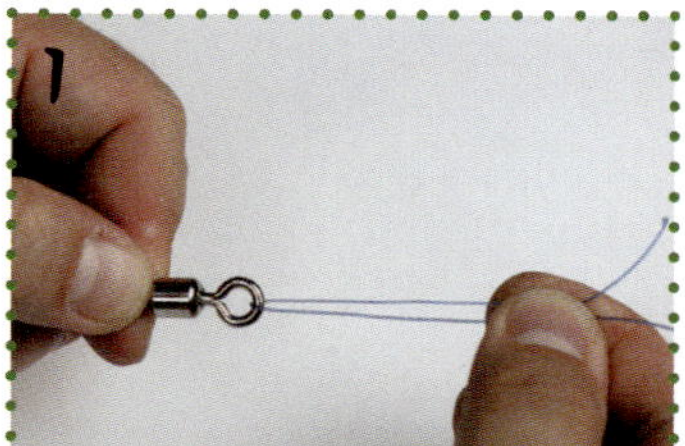

그림2와 같은 형태로 도래와 낚싯줄을 잡는다.

2

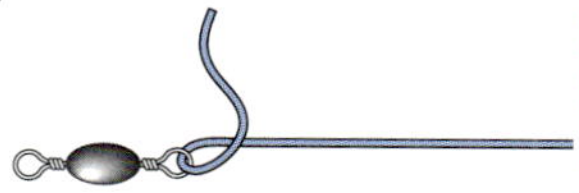

짧은 줄을 긴 줄에 대고 돌려주는 기분으로 5~6회 꼬아 준다.

3

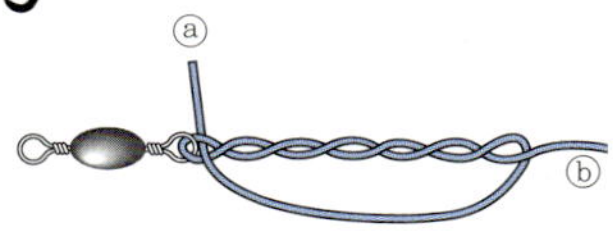

5~6회 꼬아 준 후, ⓐ를 도래 위쪽 고리 속으로 통과시킨다.

4

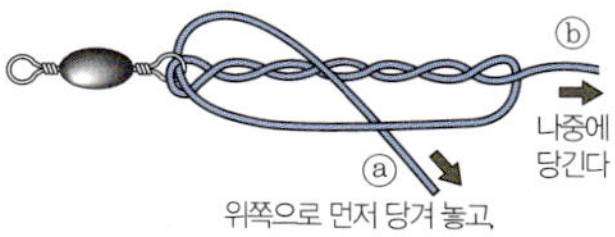

ⓐ를 그림과 같이 돌려 고리 속으로 집어넣은 후, ⓐ를 먼저 당기고 ⓑ를 나중에 당겨 조인다.

5

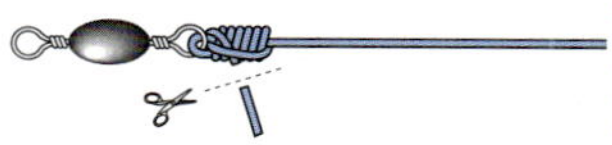

자투리를 잘라내면 완성!

TIP 도래나 금속 고리에 낚싯줄을 묶을 때 가장 쉽고 빠른 방법으로, 일명 클린치 노트(clinch knot)라 부른다. 3단계 작업에서 ⓐ와 ⓑ를 번갈아 당겨 마무리를 할 수도 있으나 가는 줄의 경우는 미끄러져 풀어질 위험이 따른다. 꼭 4단계 작업을 거치는 것이 좋다.

도래 묶기 B) – 안돌려 묶기(uni knot)

1

그림2와 같은 형태로 도래와 낚싯줄을 두 손에 쥔다.

2

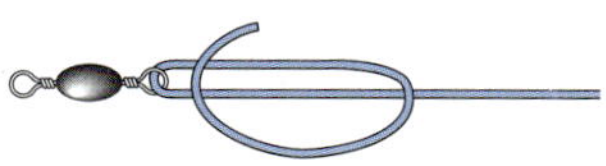

도래의 고리 속으로 빼낸 줄을 한 바퀴 돌린다.

3

겹 줄을 축으로 하여 ⓐ를 5~6회 감아 돌린 후, 끝을 잡아 당겨 조인다.

4

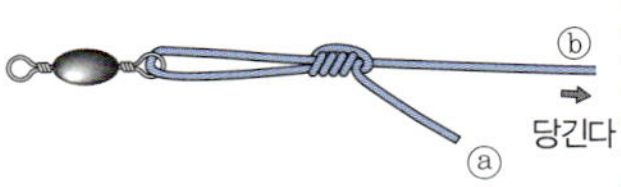

ⓐ를 먼저 당겨 매듭을 지은 후, 이번에는 ⓑ를 당겨 조인다.

5

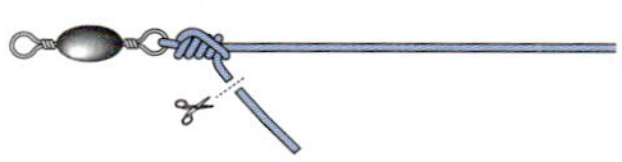

자투리를 잘라내면 완성!

TIP 일명 유니 노트(uni knot)라 부르는 이 방법은 도래 및 루어뿐만 아니라 낚싯바늘을 묶거나 낚싯줄과 낚싯줄을 연결할 때도 활용된다. 방법이 어렵지 않으면서 매듭 강도도 뛰어나므로 필히 익혀 두어야 할 낚시 묶음법 중의 한 가지이다.

도래 묶기 C) - 캘리포니아 팔로마(california palomar)

1

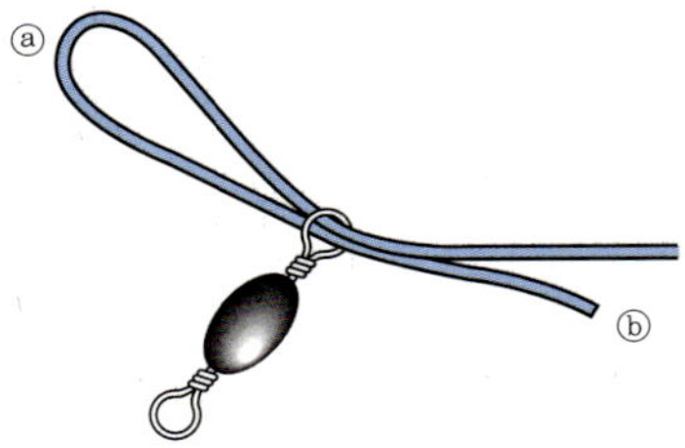

낚싯줄을 겹 지어 도래의 고리 속으로 통과 시킨다.

2

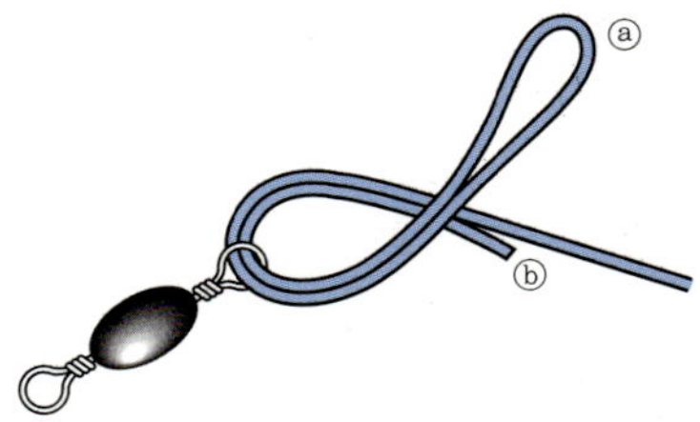

겹줄을 본줄에 교차 시킨다.

3

겹줄을 고리 속으로 한 바퀴 돌려 빼낸다.

4

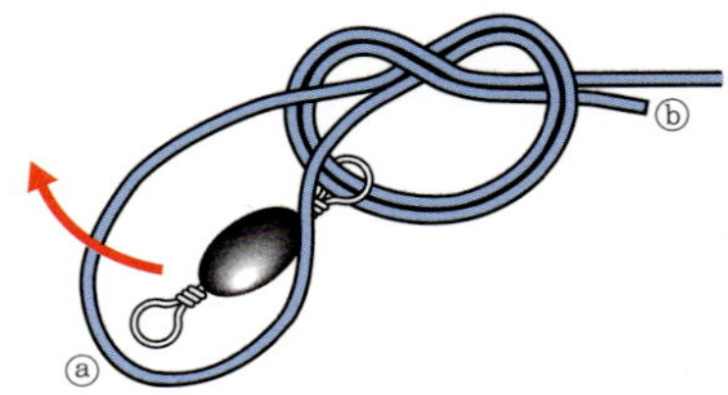

고리 부분으로 도래를 집어넣는다.

5

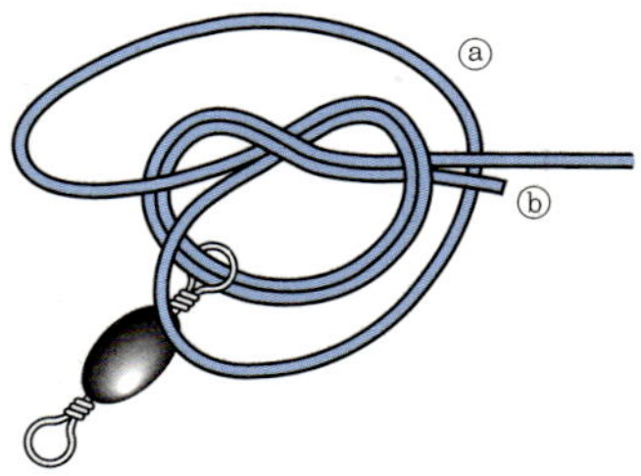

그림4에서 고리를 아래로 접어 붙인다.

6

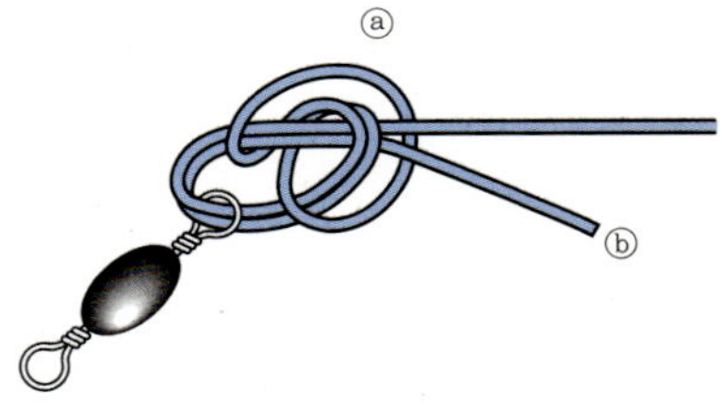

그림5에서 ⓑ와 본줄을 함께 쥐고 가만히 당긴다.

7

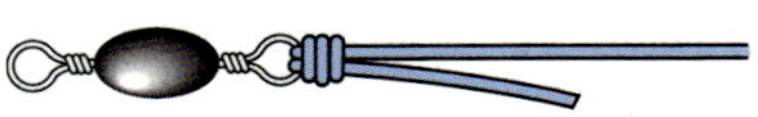

강하게 당겨서 졸라맨다.

8

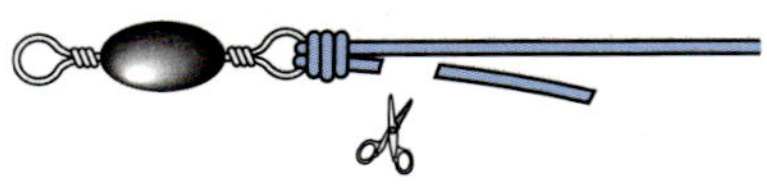

여분 줄을 잘라 주면 완성.

도래 묶기 D) - 프리 노트(free knot)

1

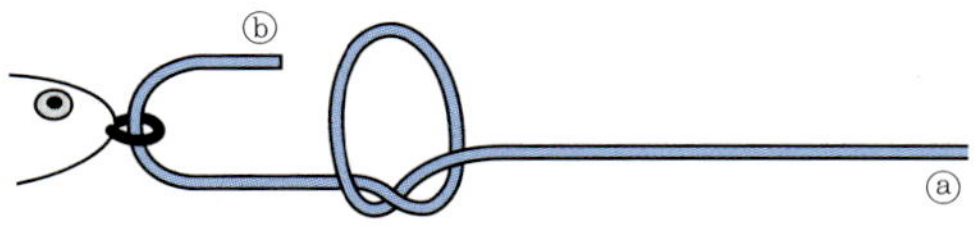

느슨한 매듭을 만든 후, 낚싯줄 끝을 루어의 맬고리 속으로 통과시킨다.

2

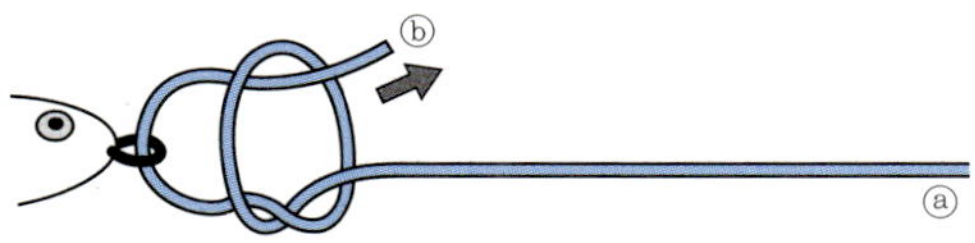

낚싯줄 끝(ⓑ)을 느슨하게 만들어 둔 매듭고리 속으로 통과시킨 후 잡아 당긴다.

3

그림2에서 ⓑ를 당기면 루어의 고리에서 매듭이 지어진다.

4

ⓑ줄로 다시 한 번 고리를 지어 3회 안돌리기를 한다.

5

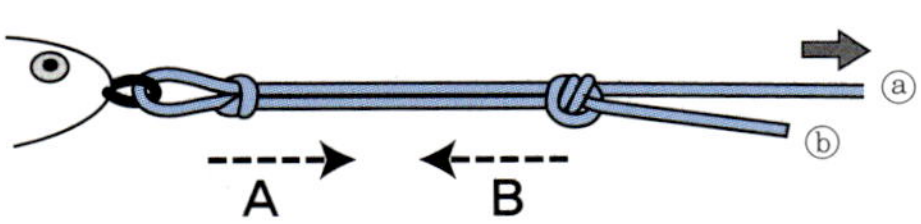

두 번째 고리를 완전 매듭 지은 후 ⓐ줄을 당기면 두개의 매듭이 함께 모이면서 고리가 생긴다.

6

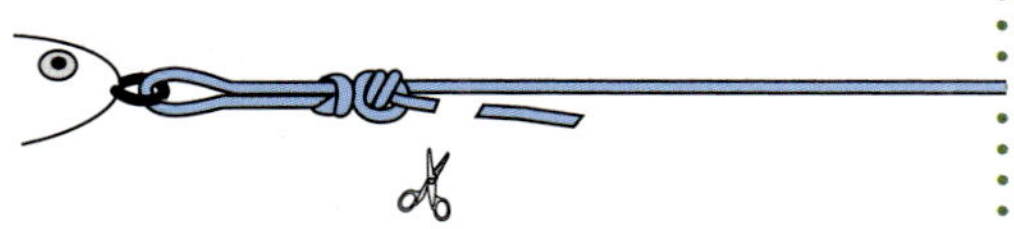

여분의 줄을 잘라주면 완성.

줄과 줄 연결하기 A) - 양쪽 꼬임 매듭(blood knot)

1

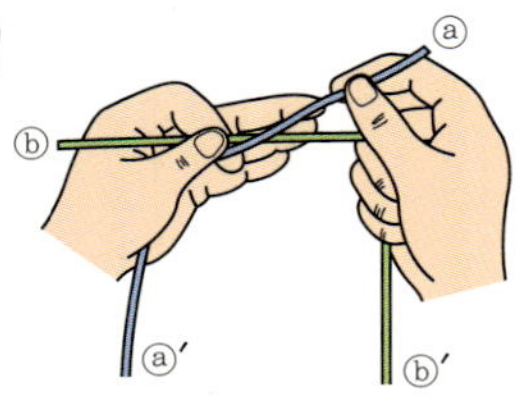

두 줄을 양손에 쥐고 서로 교차시킨다.

2

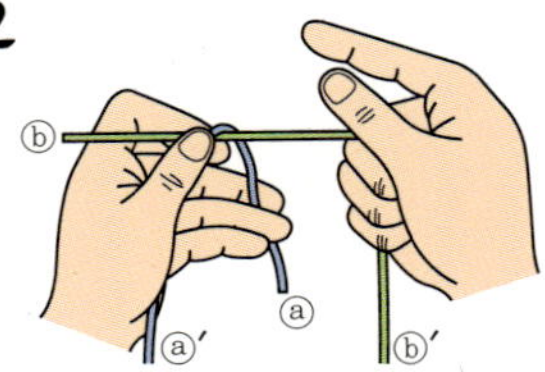

먼저 ⓐ를 ⓑ줄에 대고 돌리되 왼손 중지와 소지를 잘 활용한다.

3

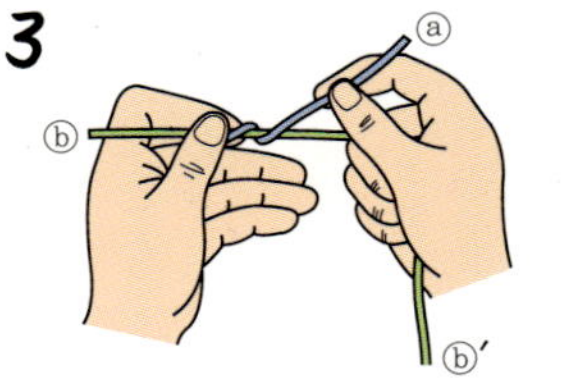

그림2에서 왼손 중지와 소지로 돌린 ⓐ줄을 오른손 엄지와 검지로 넘겨받아 올린다.

4

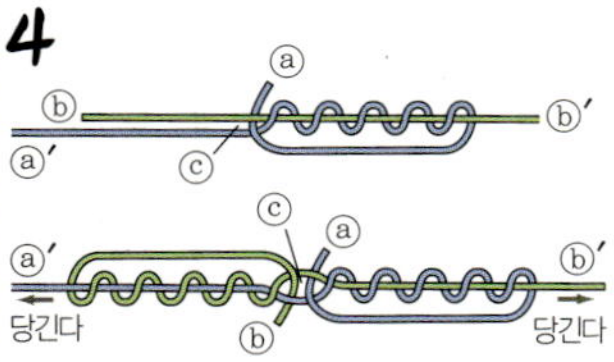

ⓐ줄을 ⓑ줄 위에 5~6회 돌린 후 ⓒ지점에 끼운다. → 같은 방법으로 ⓑ를 ⓐ에 감은 후 ⓒ에 끼운다.

5

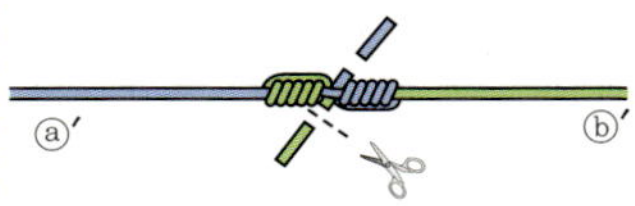

ⓐ와 ⓑ 끝단이 고리에서 빠지지 않게 조심하면서 ⓐ′와 ⓑ′를 서로 맞당겨 조인다.

Tip 낚싯줄과 낚싯줄을 연결하는 가장 확실한 방법으로, 일명 블러드 노트(blood knot)라 부른다. 두 줄의 자투리가 매듭 중앙에서 상하로 교차하기 때문에 마찰로 인한 풀어짐이 거의 없다. 또한 릴낚싯대를 사용할 때 마찰이나 걸림 등의 트러블이 적다는 것도 장점이다.

줄과 줄 연결하기 B) - 기차 매듭(uni knot)

1

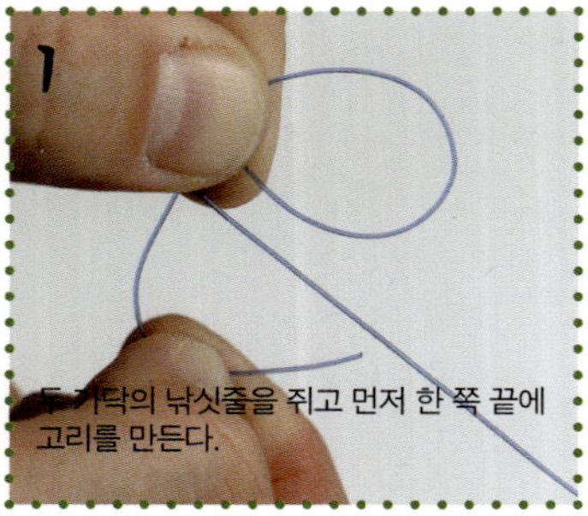

두 가닥의 낚싯줄을 쥐고 먼저 한 쪽 끝에 고리를 만든다.

2

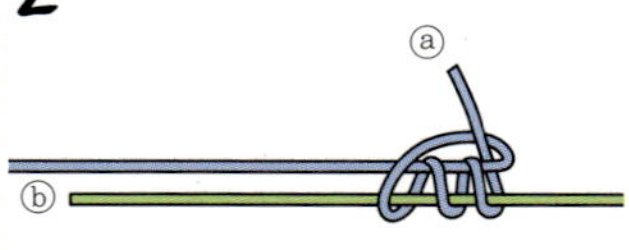

먼저 ⓐ줄 끝을 ⓑ줄에 대고 3회 이상 안 돌리기를 하여 살짝 조인다.

3

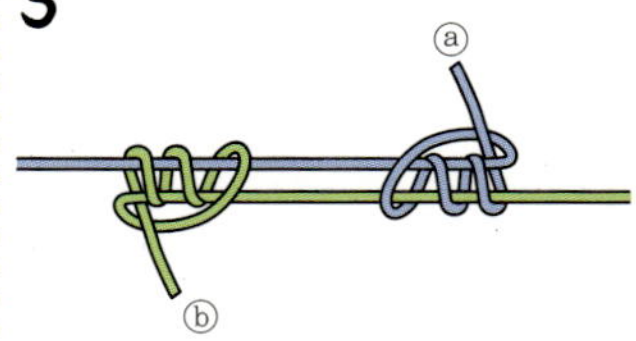

이번에는 반대로 ⓑ줄을 ⓐ에 감아 살짝 조인다.

4

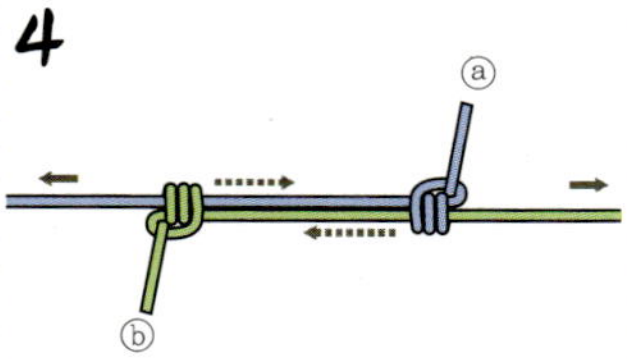

ⓐ와 ⓑ를 각각 당겨 매듭을 꽉 조인 후, 양쪽 줄을 맞잡아 당기면 두 개의 매듭이 서로 모인다.

5

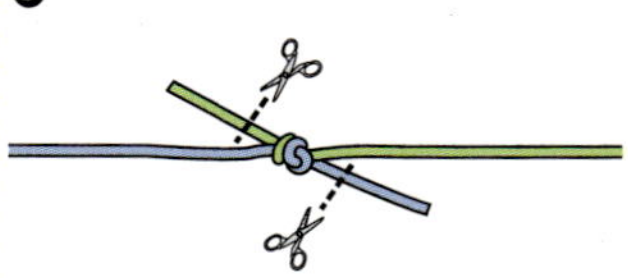

자투리 끝이 너무 돌출 되지 않도록 잘라낸다.

Tip 일명 유니 노트(uni knot). 낚싯줄뿐만 아니라 로프 등 어떤 소재의 끈을 사용해도 확실하고 튼튼하게 연결되는 방법이다. 그림2에서 3회 이상 돌려주어야 후에 풀리지 않는다. 두개의 매듭이 줄 위로 미끄러지듯 움직이는 모습이 기차가 레일 위를 움직이는 것 같다 하여 '기차 매듭'이라 부른다.

원줄과 쇼크리더 연결하기 A) - FG 노트

1

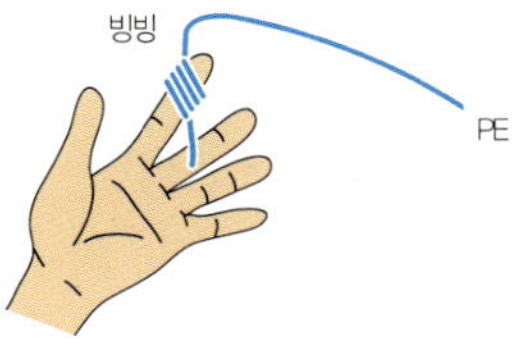

왼손 집게손가락 첫째 마디에 PE원줄을 10~12회 감아 둔다.

2

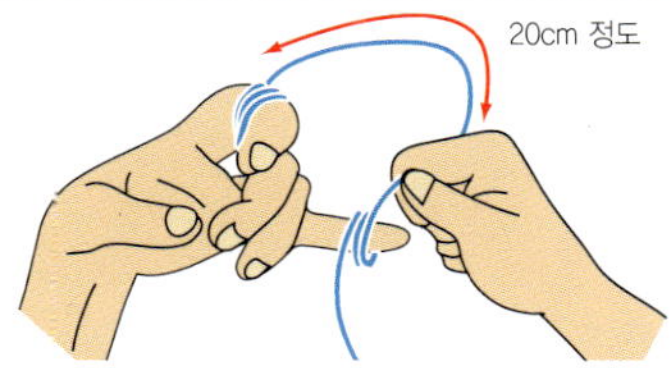

20cm 정도 당겨내여 새끼손가락에 다시 3~4회 감는다. 감는 횟수를 조정하여 집게 손가락 사이의 루프 크기를 조절할 수 있다.

3

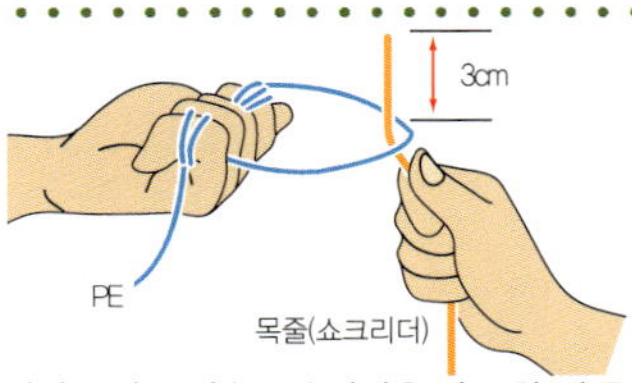

오른손에 쇼크리더를 잡고 왼손은 손바닥을 위로 한 채 루프 속으로 넣는다. 꼬아가기 시작하는 단계로 들어간다.

4

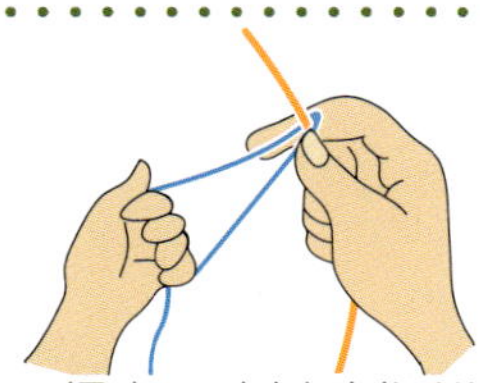

오른손으로 PE 원줄과 쇼크리더가 겹치는 부분을 꽉 잡는다.

5

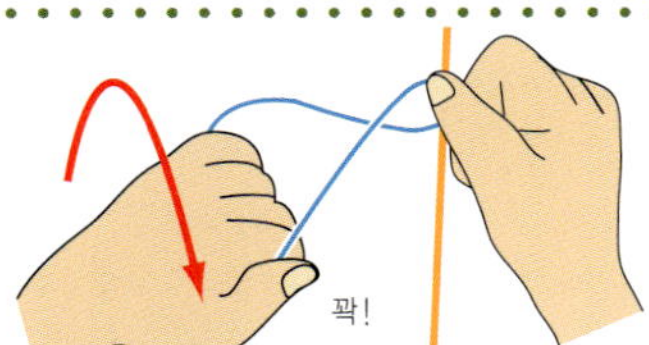

왼손을 앞쪽으로 180도 돌린다. 이때 루프를 느슨하게 하지 말고 계속 장력이 유지되도록 한다.

6

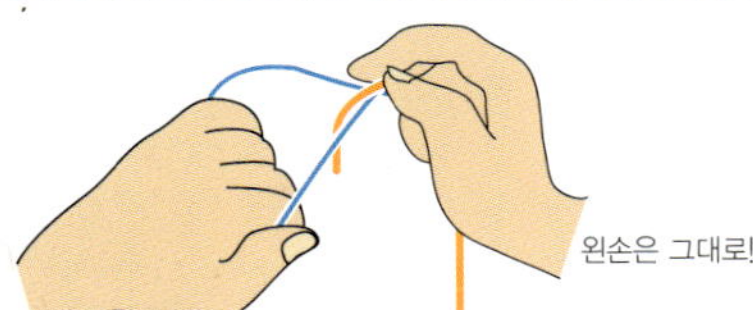

이번에는 PE 원줄 루프 속으로 쇼크리더를 위에서 아래로 넣는다.

7

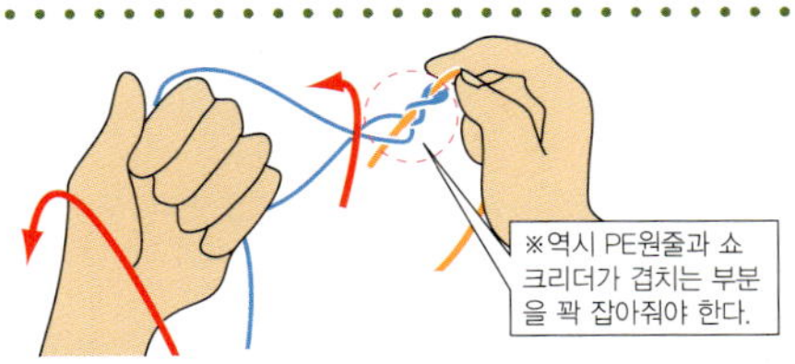

왼손을 바깥으로 다시 180도 되돌린다. 그런 다음 그림3~그림7과정을 7~9차례 반복한다.

8

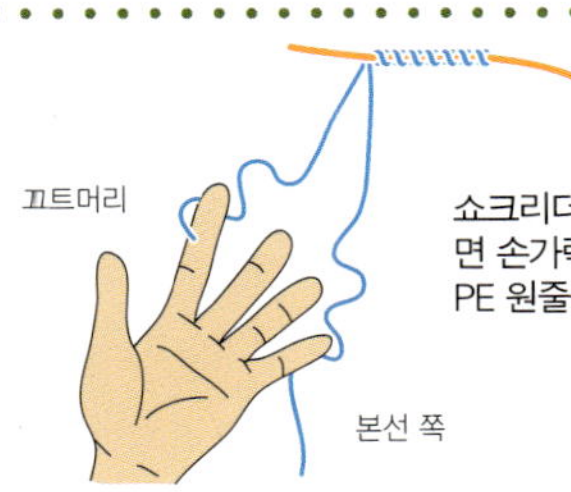

쇼크리더 위로 다 감았으면 손가락에 감겨 있던 PE 원줄을 푼다.

9

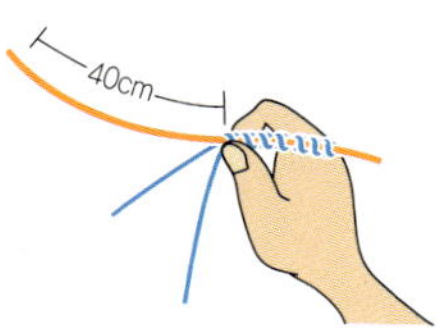

촘촘히 감긴 부분을 단단히 잡고 쇼크리더 위로 약 40cm 이상 이동시킨다. 이때 흐트러지지 않도록 주의 해야한다.

10

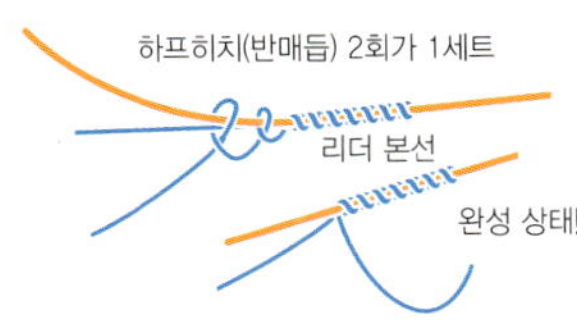

PE 원줄과 끄트머리가 쇼크리더에서 풀려나가지 않도록 동시에 단단히 잡고, PE 원줄 끄트머리로 하프히치를 1세트 한다.

11

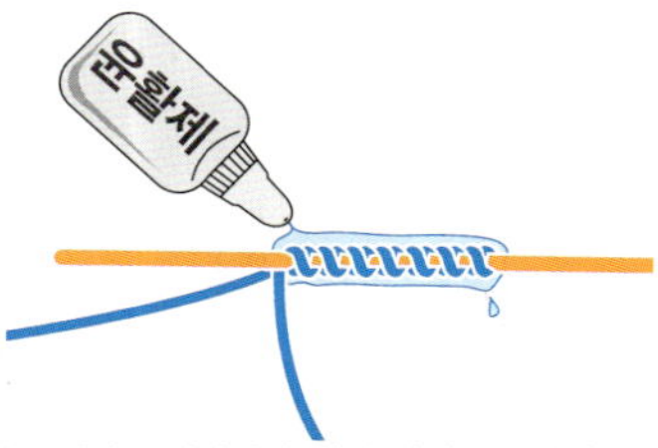

당겨 조이는 과정을 시작한다. 먼저 실리콘 윤활제를 꼬아놓은 부분에 충분히 바른다.(PE 라인은 열에 약하므로 윤활제는 필수. 윤활 성분이 있는 것이라면 대용이 가능하다.)

12

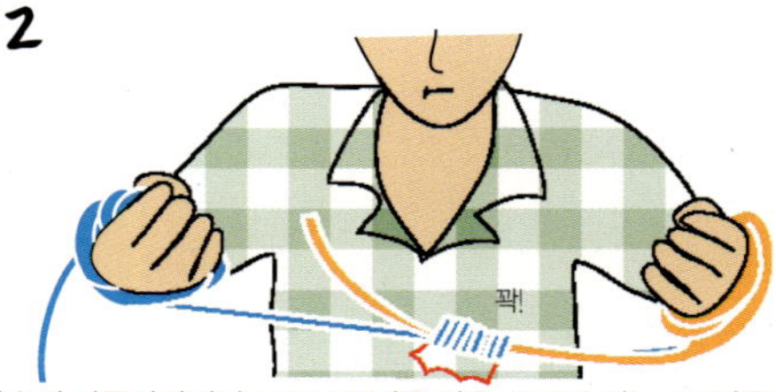

양손에 가죽장갑이나 고무보호대를 착용, 오른손에는 PE 원줄 본선을, 왼손에는 쇼크리더 본선과 PE 자투리를 잡고서 단번에 조인다. 이때 움직이지 않게 되어야 한다.

13

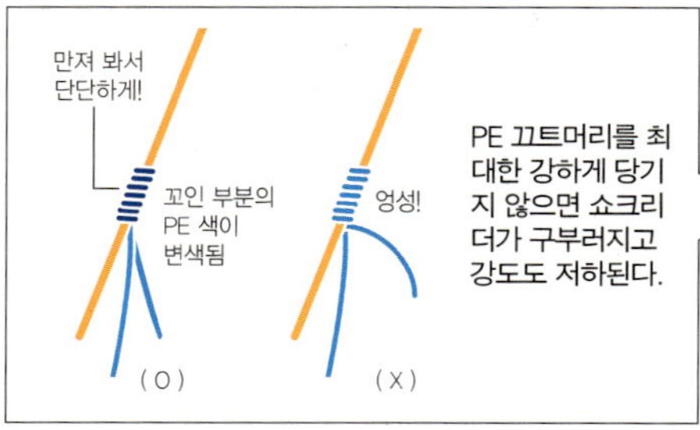

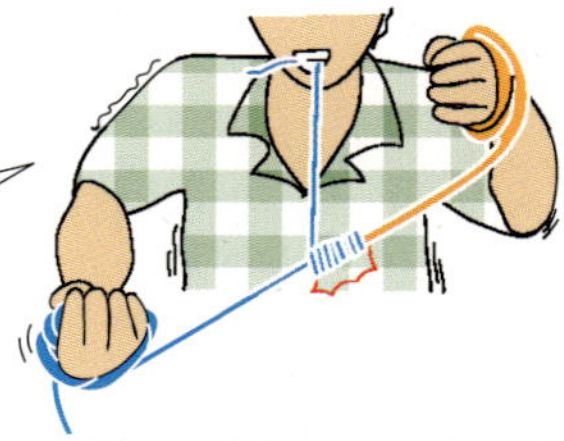

입에는 PE 원줄의 끄트머리를, 오른손엔 PE 원줄 본선, 왼손엔 쇼크리더 본선을 잡고서 있는 힘을 다해 당긴다. 꼬인 부분의 PE 색상이 바뀔 때까지 당겨 조여야 한다.

14

가죽장갑이나 고무 보호대를 착용하고 하프히치를 거듭하되, 먼저 쇼크리더 본선을 오른쪽 발등에 감아 직선으로 팽팽히 한 후 왼손으로 PE 원줄과 쇼크리더 끄트머리를 같이 잡고 그 위로 하프히치를 한다. 횟수는 20차례

15

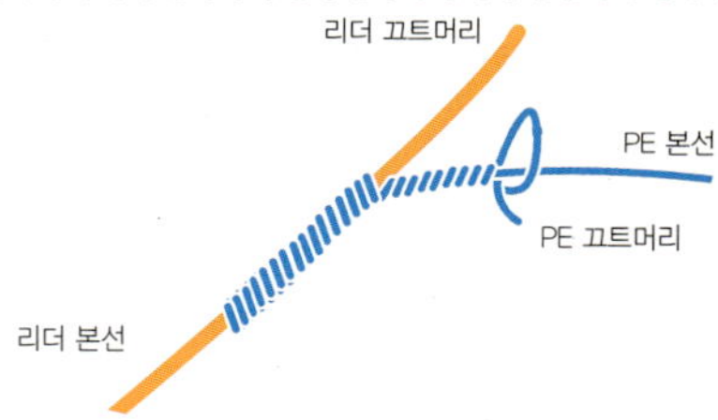

이번에는 PE 원줄 본선 위로만 하프히치를 한다. 횟수는 6회(이것은 쇼크리더의 끄트머리와 원줄의 마찰로 인한 손상을 막기 위한 것이다.)

16

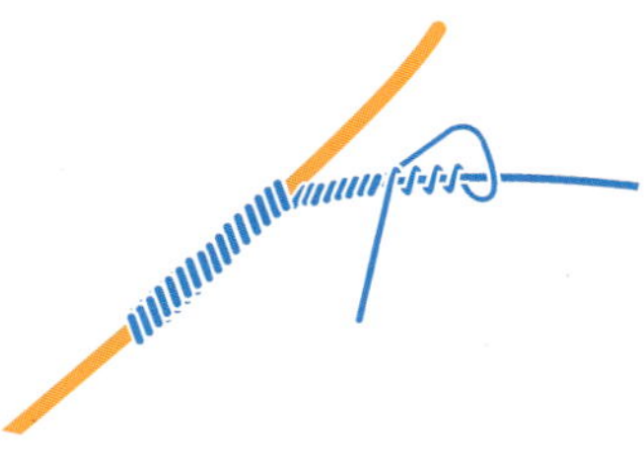

하프히치가 끝나면 안돌리기로 4회 매듭을 지어 풀리는 것을 방지한다.

17

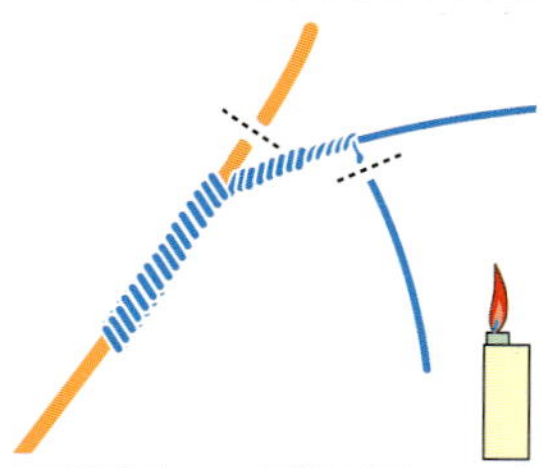

PE 원줄과 쇼크리더의 끄트머리를 각각 3mm정도 남기고 잘라낸 뒤 단면을 라이터로 지져서 완성시킨다(라이터로 지질 때는 연결부에 열기가 닿지 않도록 주의해야 한다).

원줄과 쇼크리더 연결하기 B) - 세이카이 노트

■ 1단계 : 쇼트 더블라인 만들기(비미니트위스트)

1

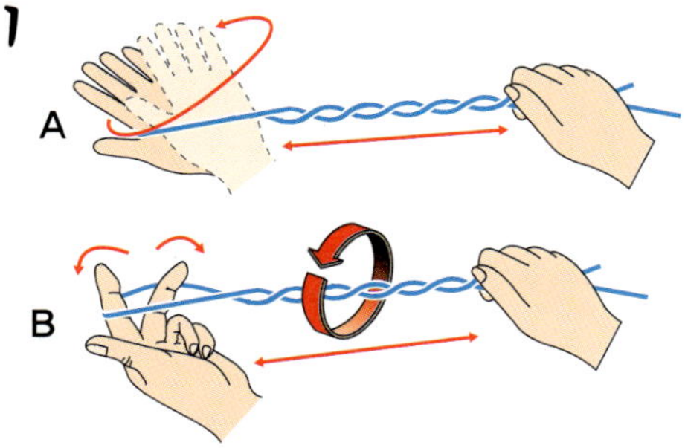

줄을 말아 잡고 고리를 만든 후 돌리기 시작한다. 20회 정도가 적당하다. A와 같이 돌리기보다는 B와 같이 손가락으로 돌리는 편이 고리크기를 조절하기 쉬우므로 더 좋다.
고리의 길이는 10~15cm를 기준으로 하는데 원하는 크기보다 3~4cm 더 작게 만드는 것이 좋다.

2

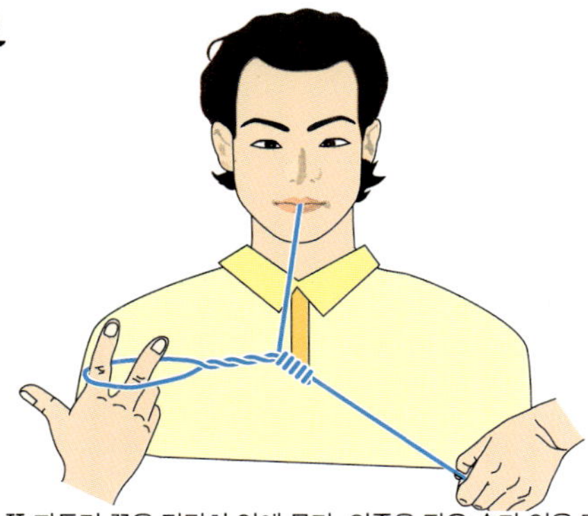

한 쪽 자투리 끝을 단단히 입에 문다. 원줄을 잡은 손과 입을 당겨서 꼬임을 밀착시키고 원하는 고리 크기가 되도록 한다.

3

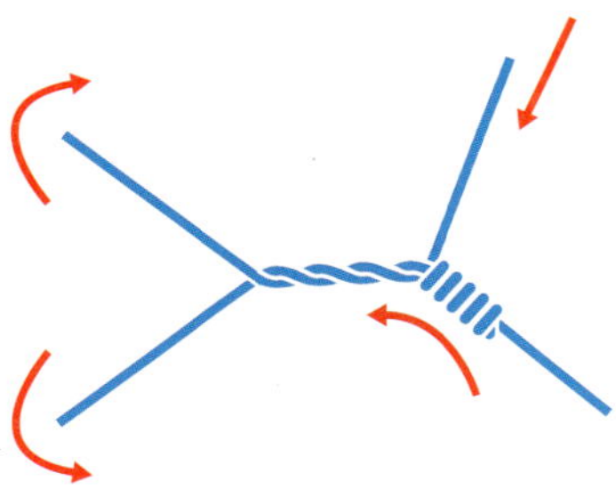

고리 안의 손가락을 조금씩 천천히 펼쳐가면서 이에 맞춰 입에 물고 있는 줄을 매듭 쪽으로 접근시키면 밀착된 꼬임 위로 다시 감겨 올라가기 시작한다.

4

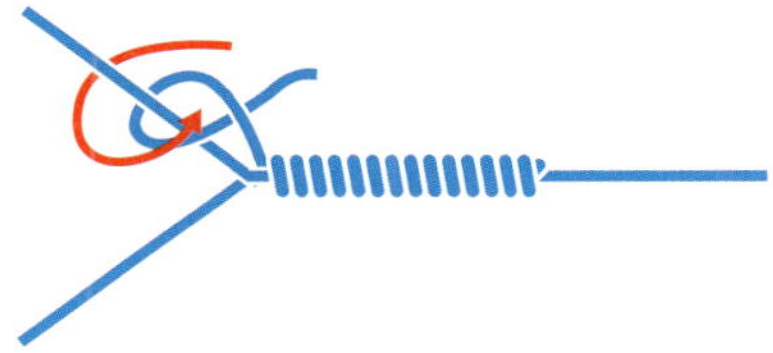

다 올라갔으면 매듭 위를 손가락으로 붙잡고 입에 문 줄을 놓아 한 쪽에만 한번 매듭 짓는다.

5

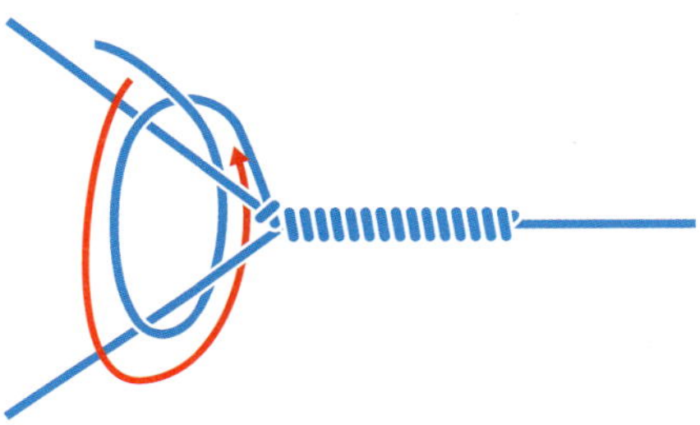

이번에는 두 줄 위로 한 번 매듭짓는다.

6

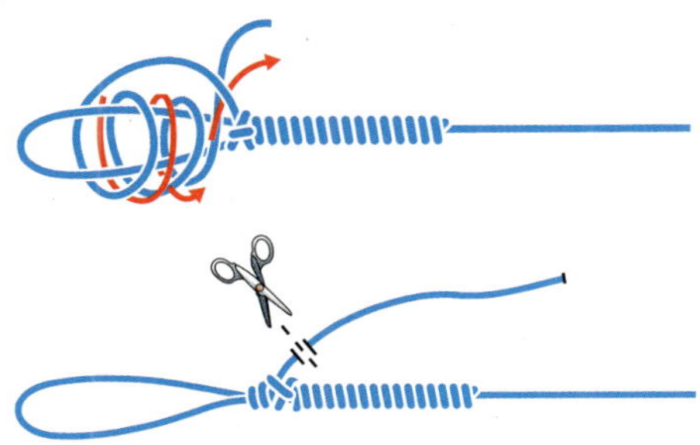

다시 한 번 두 줄 위로 매듭을 짓는데 이번에 안돌리기로 2회 매듭 짓는다. 자투리를 잘라내서 완성.

■ 2단계 : 더블라인에 목줄(쇼크리더) 연결하기

1

PE 원줄에 비미니트위스트 등으로 10~15cm의 짧은 더블라인을 만든다.

2

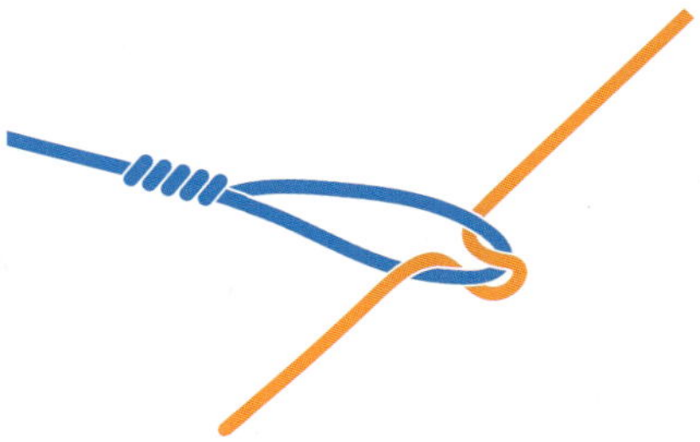

그림처럼 더블라인의 고리 끝에 쇼크리더를 돌려 감는다. 감는 회수는 7~10회가 적당하다.

3

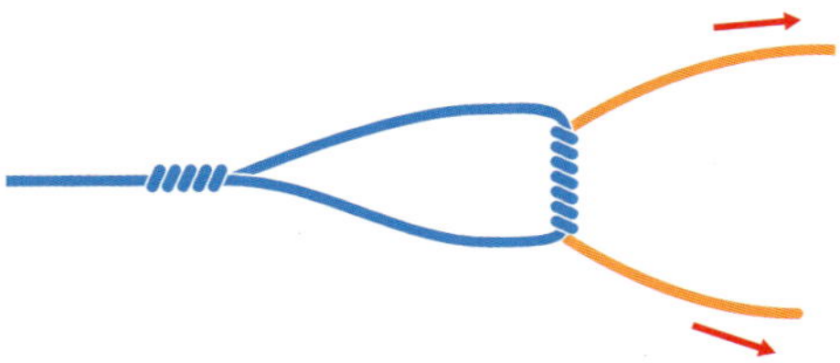

쇼크리더를 당겨서 감은 부분이 밀착되도록 한다. 이때 PE 원줄이 쇼크리더와 서로 얽히게 된다. 완성 후 더블라인의 길이가 차이가 나면 안되므로 주의한다.

4

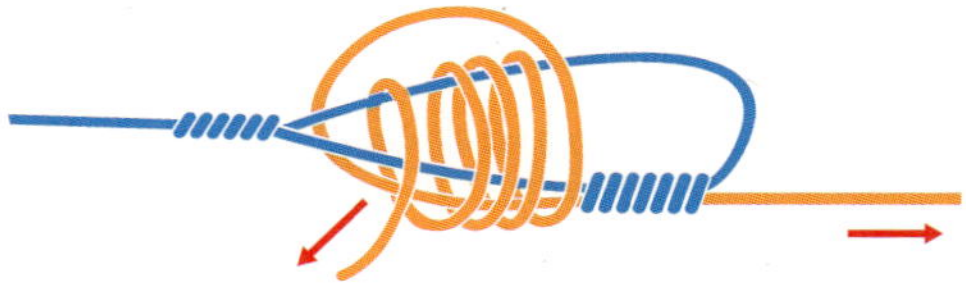

쇼크리더를 팽팽히 당기면 더블라인과 얽히는 부분에서 쇼크리더는 직선이 되고 그위로 PE 라인이 말려 감기는 형상이 된다. 쇼크리더의 한 쪽 끝을 이용해 더블라인 위에 유니노트(안돌려묶기)로 5회 매듭짓는다.

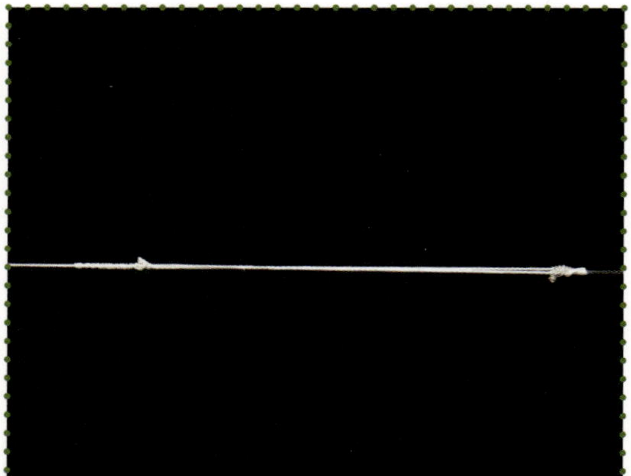

완성된 세이카이 노트

5

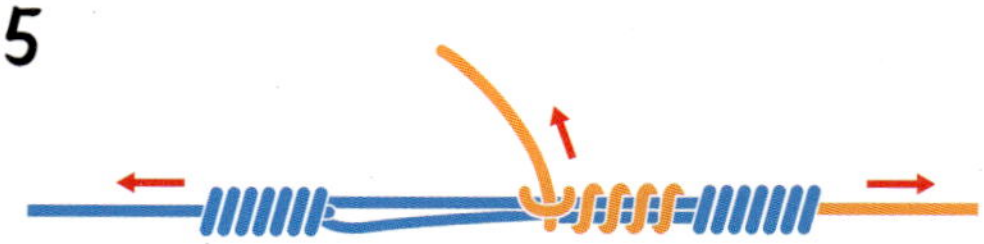

서로 당겨 조인다.

6

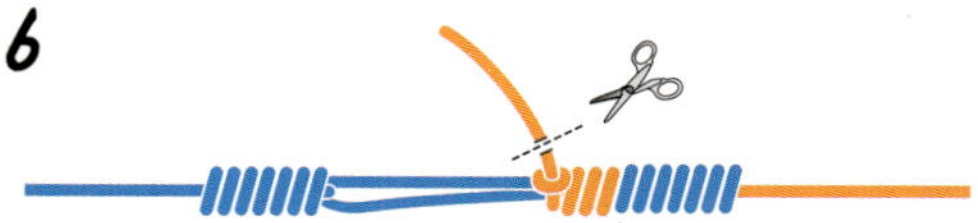

쇼크리더 자투리를 자르면 완성.

원줄과 쇼크리더 연결하기 C) - 개량 피셔맨즈 노트

■ 1단계 : 더블라인 만들기(비미니트위스트)

1

접은 길이 1~1.5m 가량의 낚싯줄 고리 안에 왼손을 집어 넣고 30~50회 정도 돌린다.

2

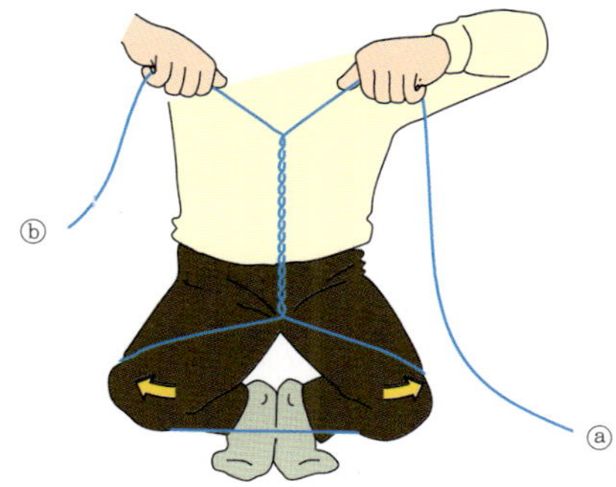

그림1에서 왼손에 끼우고 있던 고리를 양쪽 무릎(또는 양발)에 끼우고 양손으로 두 줄을 꽉 쥔다.

3

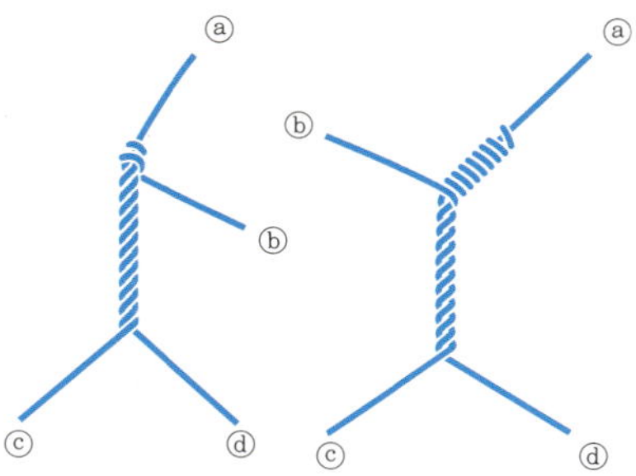

그림2에서 양발을 벌리는 동시에 ⓐ줄을 꽉 쥔 왼손은 위로 들어올리고, ⓑ줄을 쥔 오른손을 아래로 내리면서 천천히 풀어주면, 그림1에서 만들어진 꼰줄 위에 ⓑ줄이 저절로 다시 한 번 되감긴다.

4

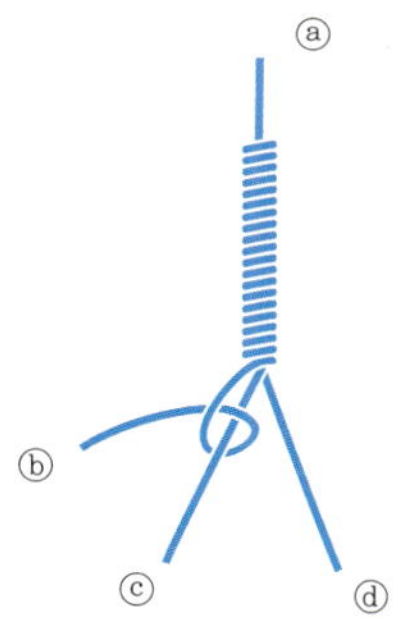

다 감겨져 내린 ⓑ줄을 ⓒ에 대고 한 바퀴 돌려 묶은 다음, PE 라인의 경우는 그림 2,3 작업 과정에서 꼬여진 원줄(ⓐ부분)을 원래 상태로 풀어 주어야 한다.

5

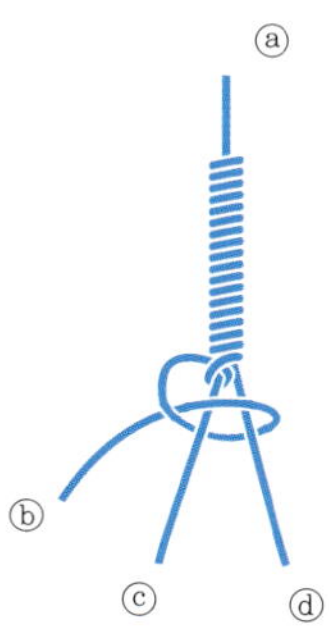

ⓑ줄을 이번엔 ⓒⓓ밑으로 돌려 다시 한 번 매듭을 짓는다.

6

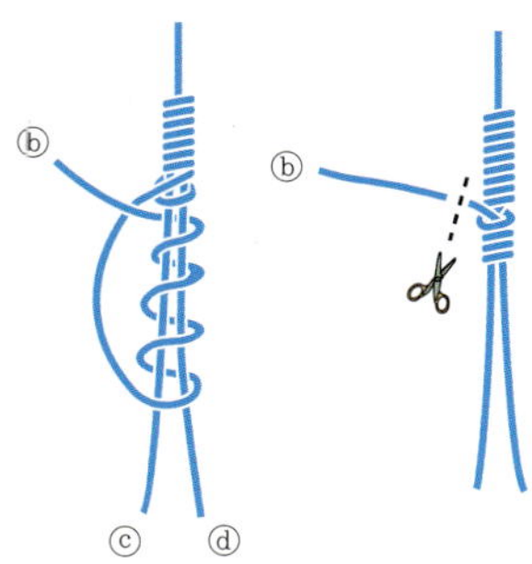

다시 한 번 ⓑ줄을 ⓒⓓ를 축으로 3~4회 안돌리기를 하고선 마무리를 해주면 된다.

7

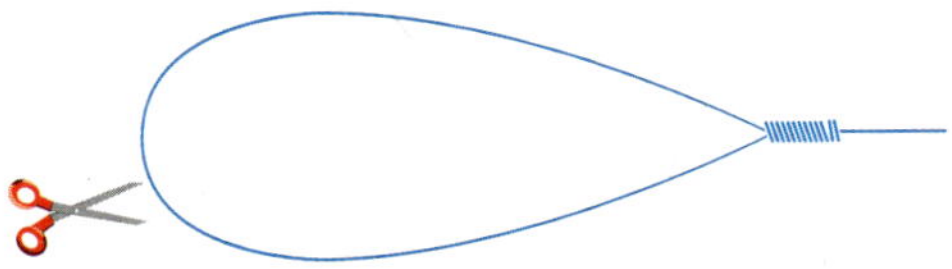

비미니트위스트로 매듭된 더블라인.

8

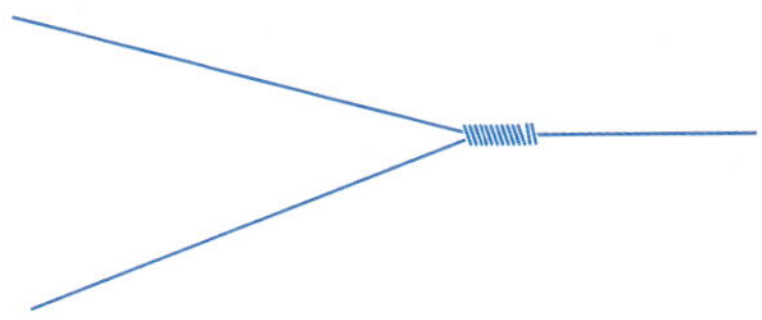

PE 라인을 두 가닥으로 자른다.

9

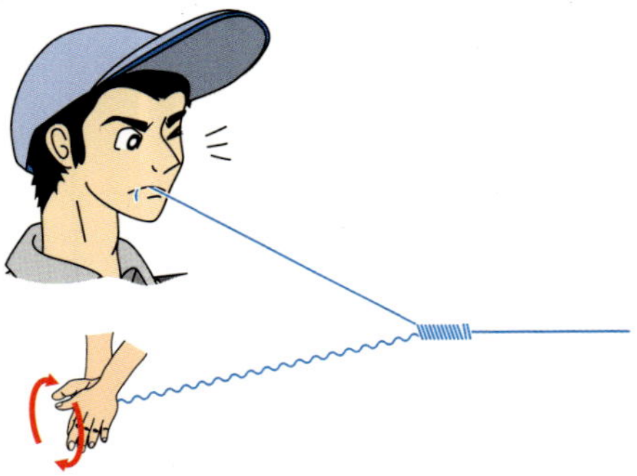

두 줄로 나뉜 PE 라인의 한 줄은 입에 물어 고정하고, 나머지 한 줄은 그림처럼 두 손바닥을 이용해 한 방향으로 6회 정도 꼬아준다. 다음은 입에 물었던 줄을 손에 쥐고 같은 방법으로 꼬아 준다.

10

꼬인 두 줄을 포개고 그림과 같이 다시 한 번 꼬아주되 그림3의 방향과는 반대로 꼰다. 횟수는 동일.

11

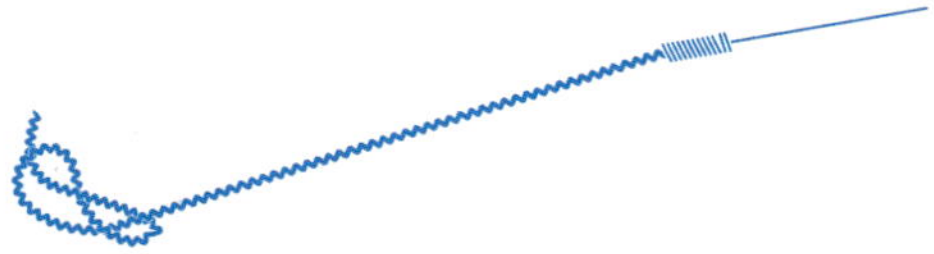

올이 풀리지 않도록 끝에 매듭을 짓는다.

12

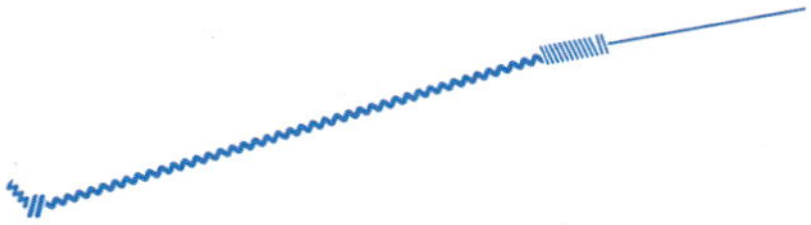

완성.

■ 2단계 : 더블라인에 목줄(쇼크리더) 연결하기

1

목줄(쇼크리더)을 3회 감는다.

2

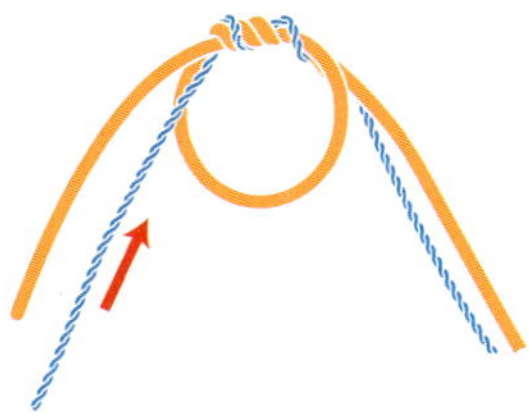

더블라인(PE 라인)을 고리 안으로 방향을 맞춰 넣고 2회 감는다.

3

동시에 서서히 당긴다.

4

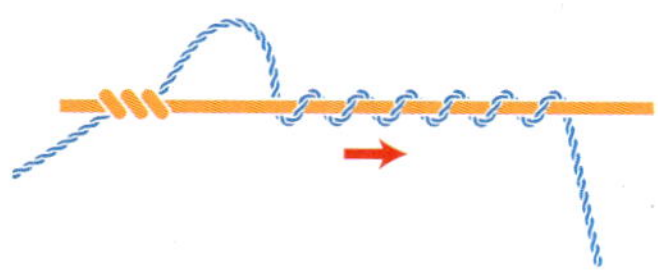

고리를 하나 만든 후 5~6회 감아 올린다.

5

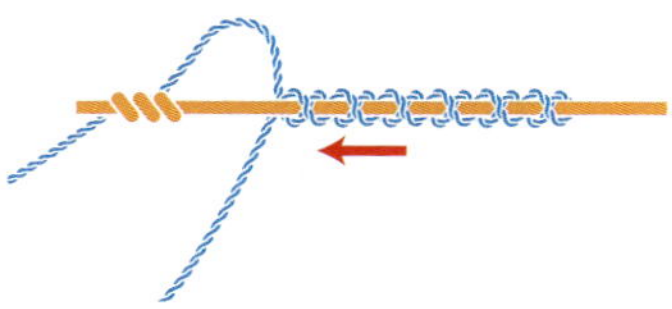

반대 방향으로 다시 5~6회 감아 내린다.

6

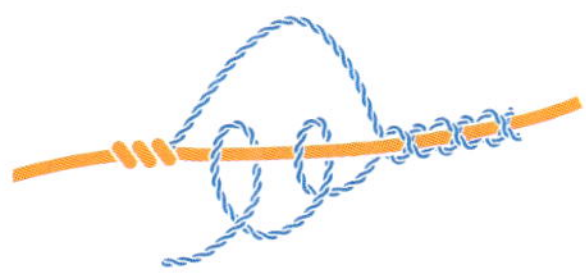

그림4에서 만들어 놓은 고리 속으로 두 번 엇돌려 빼낸다.

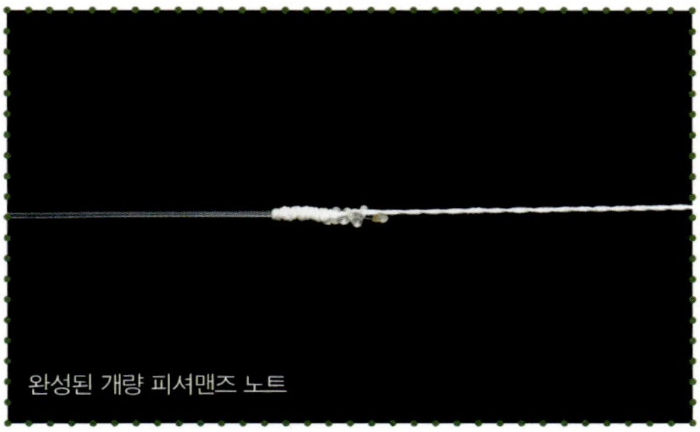

완성된 개량 피셔맨즈 노트

7

그림6에서 PE줄에 침을 조금 바르고 세 방향으로 강하게 강하게 당겨 조인다.

8

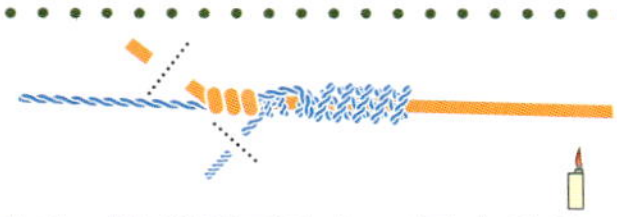

자투리를 잘라 내고 끝부분을 라이터로 지진다. 완성!

가지바늘 달기 A) - 돌려 빼기

1

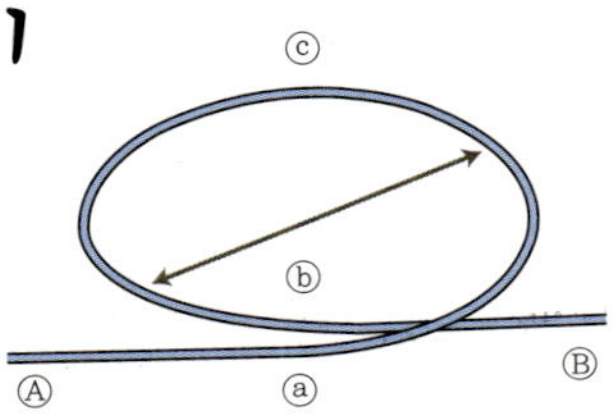

먼저 원줄(또는 기둥줄)부분을 접어 직경 5cm정도의 고리를 만든다.

그림1에서 부분을 ⓐ지점 위를 지나 끌어내린 후 왼손에 쥔 모습.

3

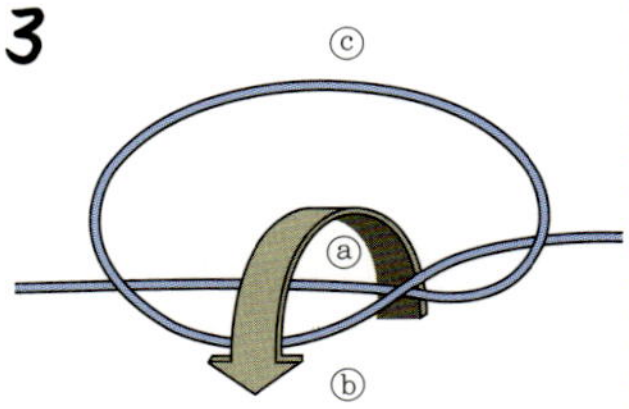

ⓐ부분을 ⓑ지점 위로 돌린다.

4

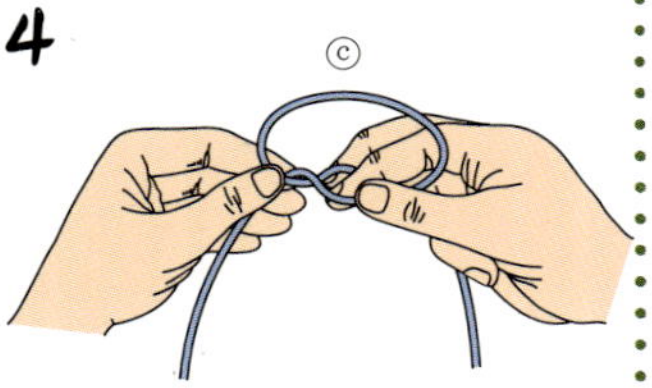

그림3에서 ⓐ부분을 ⓑ지점 너머로 돌려 고리 속으로 빼낸 후 그림처럼 양손에 쥔다.

5

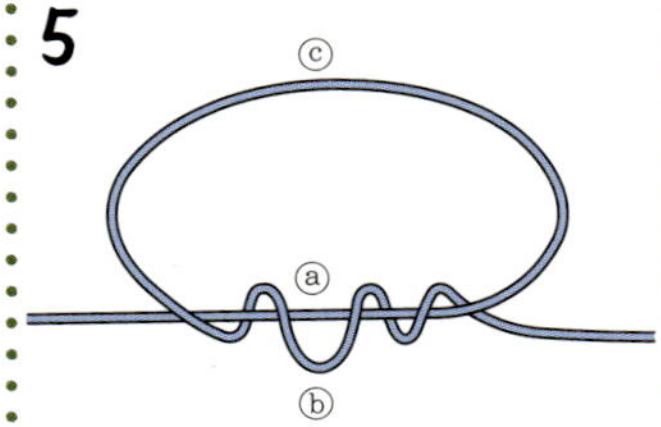

그림4에서 ⓑ를 ⓐ부분 너머로 끌어내린 모습.

6

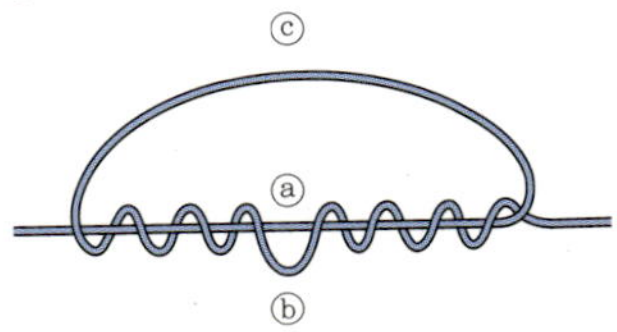

ⓐ부분을 축으로하여 ⓑ를 꽈배기 꼬듯이 3~4회 계속 돌린다.

7

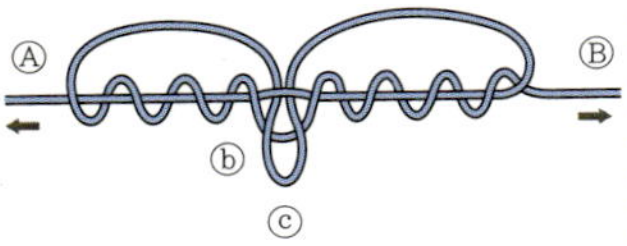

ⓒ를 끌어당겨 ⓑ부위의 고리 속으로 집어 넣는다.

8

그림7에서 ⓒ가 고리에서 빠져 나오지 않게 조심하면서 Ⓐ와 Ⓑ를 맞당겨주면 중간 고리가 완성된다.

9

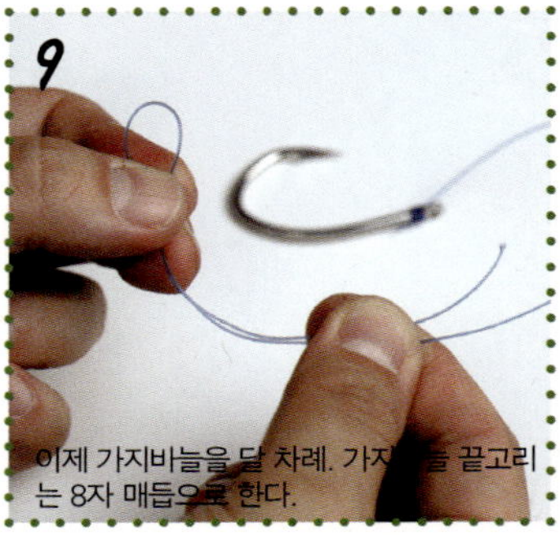

이제 가지바늘을 달 차례. 가지줄 끝고리는 8자 매듭으로 한다.

10

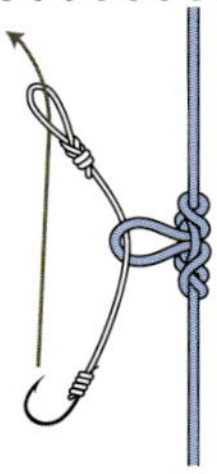

가지바늘 목줄을 기둥줄 고리 속으로 집어 넣은 후, 바늘을 목줄 끝고리 속으로 빼낸다.

11

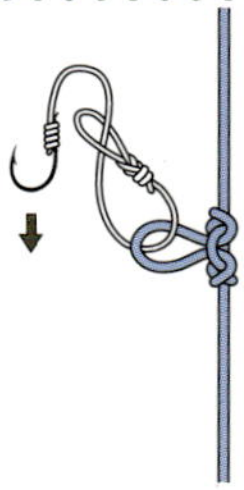

낚싯바늘을 아래로 당기면 가짓줄이 단단히 부착된다.

Tip 원줄(기둥줄)에 고리를 만들어 연결하는 이 방법은 낚시 도중 가지바늘이 떨어져 나갔을 경우 교환하기 쉽다는 것이 장점이다. 나일론 줄끼리의 연결에 좋고, 매듭이 풀리는 일이 거의 없다. 시간이 약간 소요되는 것이 단점.

가지바늘 달기 B) - 꽈배기 돌려 빼기

1

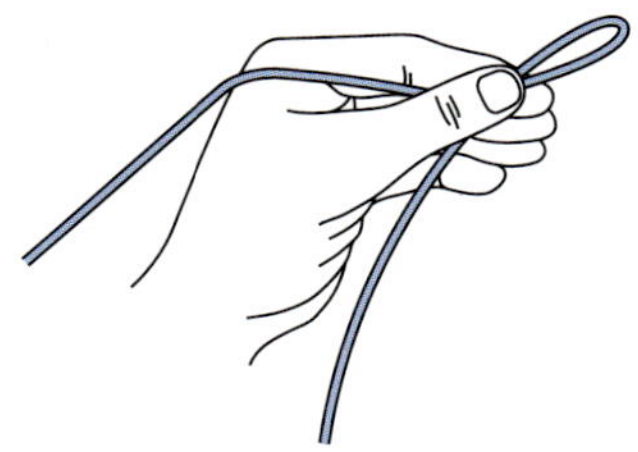

가지 채비를 달 기둥줄(또는 원줄) 부위를 겹쳐 쥔다.

2

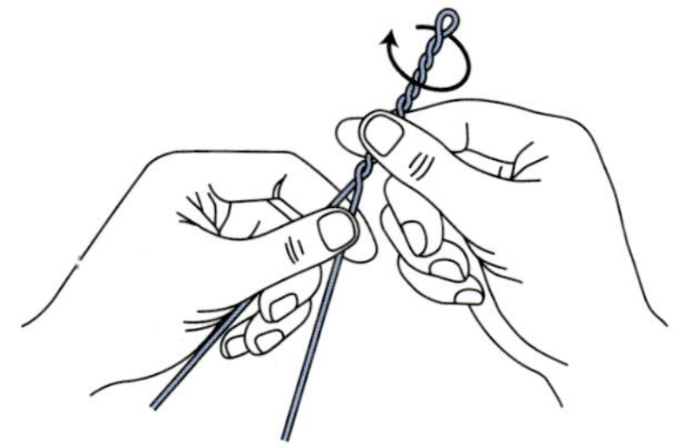

양손으로 원하는 길이만큼의 줄을 비벼 꼰다.

3

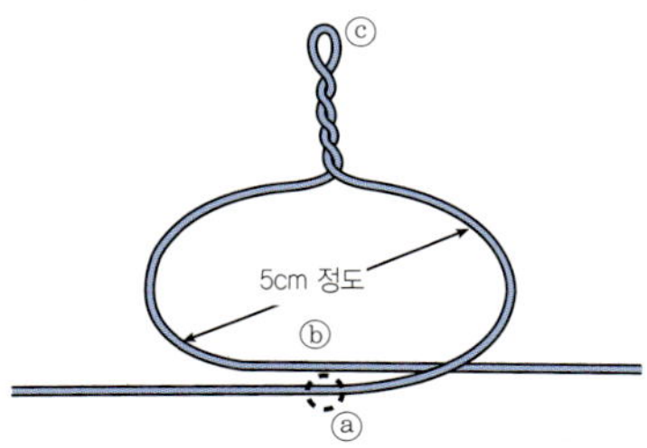

꼰줄이 풀리지 않게 하면서 직경 5cm정도의 고리를 만든다.

4

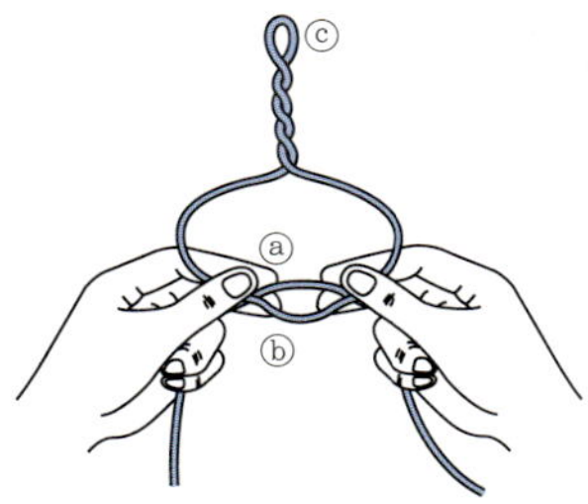

그림3에서 ⓐ를 ⓑ부분 밑으로 해서 고리 안으로 걸어 올린다.

5

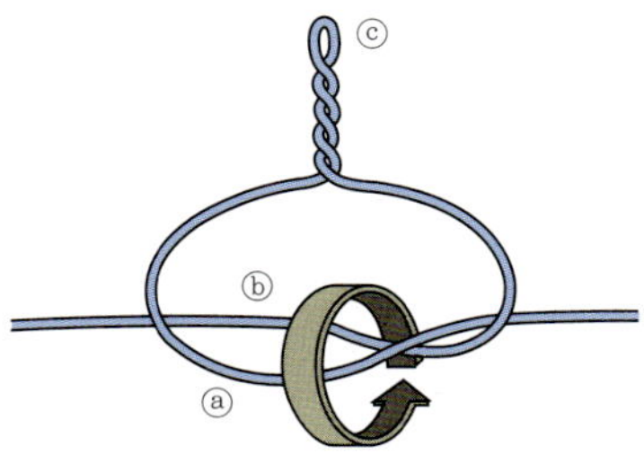

그림4에서 ⓐ를 ⓑ부분 너머로 돌린 모습.

6

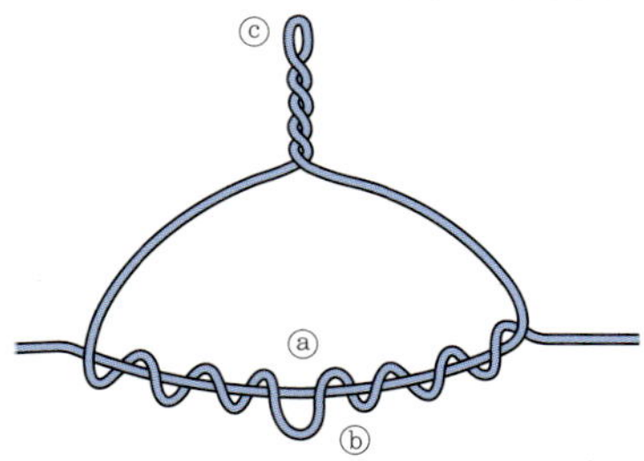

ⓐ를 축으로 ⓑ를 3~4회 꽈배기 꼬듯 돌린 모습

7

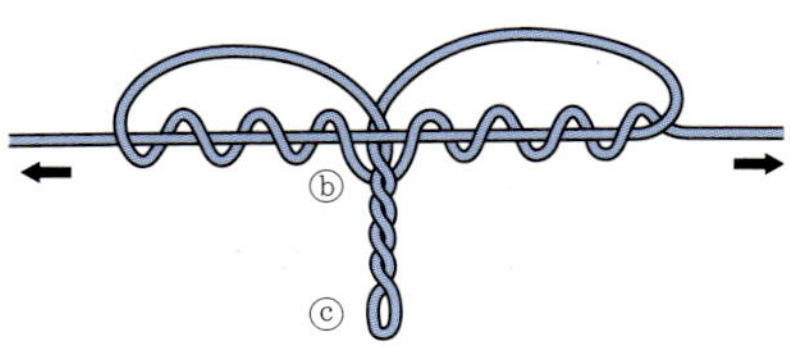

그림6에서 ⓒ를 ⓑ고리 속으로 통과시킨 모습.

8

양쪽을 당겨 조이면 꼰줄 고리가 완성된다.

바다낚시 채비의 기본 사례

바다낚시의 종류를 나누는 기준은 실로 다양하다. 우선 그 첫째는 어떤 대상어를 목적하느냐이다. 동일한 대상어일지라도 어떤 방법으로 낚느냐에 따라 그 종류가 또 세분화된다. 결국 어떤 방법으로 낚느냐는 어떤 채비를 구사하느냐로 연결되는데 바닷고기를 낚는 방법, 즉 바다낚시 채비는 크게 다섯 가지로 압축된다. 여기에는 사용하는 도구, 낚시를 하는 상황, 채비를 운용하는 방법 등에 의해 현격한 차이가 있다. 같은 물고기를 낚는다 하더라도 아주 다른 느낌과 새로운 재미를 경험할 수 있는 것이다.

■ 맥낚시 채비

한마디로 찌를 사용하지 않는 낚시다. 낚싯대 또한 릴을 사용하지 않는 순수한 민낚싯대를 사용한다. 낚싯대 끝에 원줄을 연결하고 작은 봉돌과 도래, 목줄 끝에 낚싯바늘을 매다는 간단한 채비가 맥낚시 채비이다. 바다낚시 채비 중에서는 가장 기초적이고 단조로운 채비라고 할 수 있다. 주로 방파제나 갯바위에서 볼락 · 망상어 · 학공치와 같은 소형 대상어를 낚거나, 바로 발 앞에 집어가 되어 속전속결이 필요한 경우에 활용한다.

물고기의 입질을 초릿대의 휘어짐이나 손끝의 감각으로 느끼는 낚시 형태가 마치 '맥을 짚는 것' 같다고 해서 맥낚시라는 이름이 붙여졌다. 구멍찌낚시가 유행하기 전인 1980년대까지만 해도 맥낚시는 바다낚시에 널리 통용되는 기법이었고 감성돔 역시 빼놓을 수 없는 맥낚시 대상어였다. 수심층을 폭넓게 자유로이 탐색할 수 있는 데다, 낚싯대를 통해 전달되는 입질을 정확히 감지할 수 있고, 이에 따른 대응이 신속하다는 점에서 맥낚시 채비와 기법을 오래도록 고수하는 마니아들이 많다.

■ 찌낚시 채비

글자 그대로 찌를 사용하는 낚시이다. 찌낚시 채비는 민낚싯대를 사용하는 경우도 있고 릴낚싯대를 사용하는 경우도 있다. 한마디로 찌낚시는 채비를 찌를 이용해 던지고 물고기의 입질도 찌를 통해 알아챈다. 갯바위나 방파제의 감성돔 · 벵에돔낚시가 대표적이며, 채비를 해저에 닿게 하는 것이 아니라 수중에 띄워 두는 것이다.

찌를 사용하는 채비에는 몇 가지 서로 다른 방법이 있다. 그러나 공통되는 기본 요소는 봉돌과 찌의 부력을 맞춰야 한다는 점이다. 이때 바람과 파도, 조류의 영향도 고려하게 된다.

〈찌낚시 채비의 3가지 유형〉

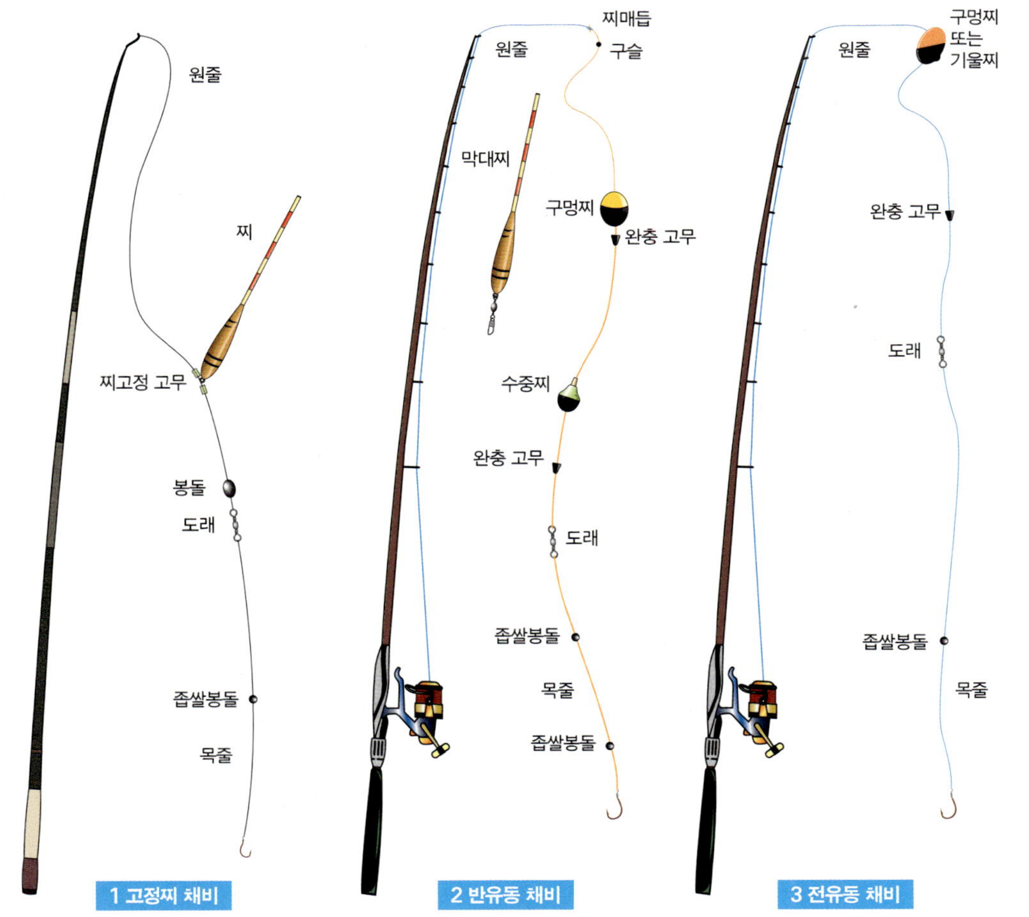

▶구멍찌 맞추기(부력 조절) - 어떤 물고기를 겨냥하거나 어떤 방식의 채비를 사용하더라도 구멍찌는 수면에 살짝 드러나는 정도로 해서 낚시를 하는 것이 기본이다. 찌가 수면에 너무 많이 드러나 있는 경우라면 찌의 부력이 너무 강한 상태로 물고기가 입질을 해도 부담감을 느껴 뱉어버리기 쉽다. 그러므로 목줄과 바늘을 다 갖춘 채비는 찌의 부력 조절이 간과되어선 안 된다.

일반적으로 찌에 표시돼 있는 부력의 크기는 절대 수치라기보다는 얼마간의 여유(잔존부력)를 둔 것으로, 실전에 있어선 이를 감안해 부력 조절을 해야 한다. 구체적인 방법은 다음과 같다.

①표시된 부력보다 한 단계의 위의 좁쌀봉돌을 부착하거나, 표시 부력과 같은 좁쌀봉돌 하나에다 아주 작은 좁쌀봉돌 몇 개를 추가해본다.

②수면에 찌를 띄워본다.

③여전히 부력이 강하다면, 작은 좁쌀봉돌을 하나씩 추가해 나가되 찌가 가라앉기 시작하는 시점에서 한 개를 떼어내면 된다.

〈찌의 부력 조절〉

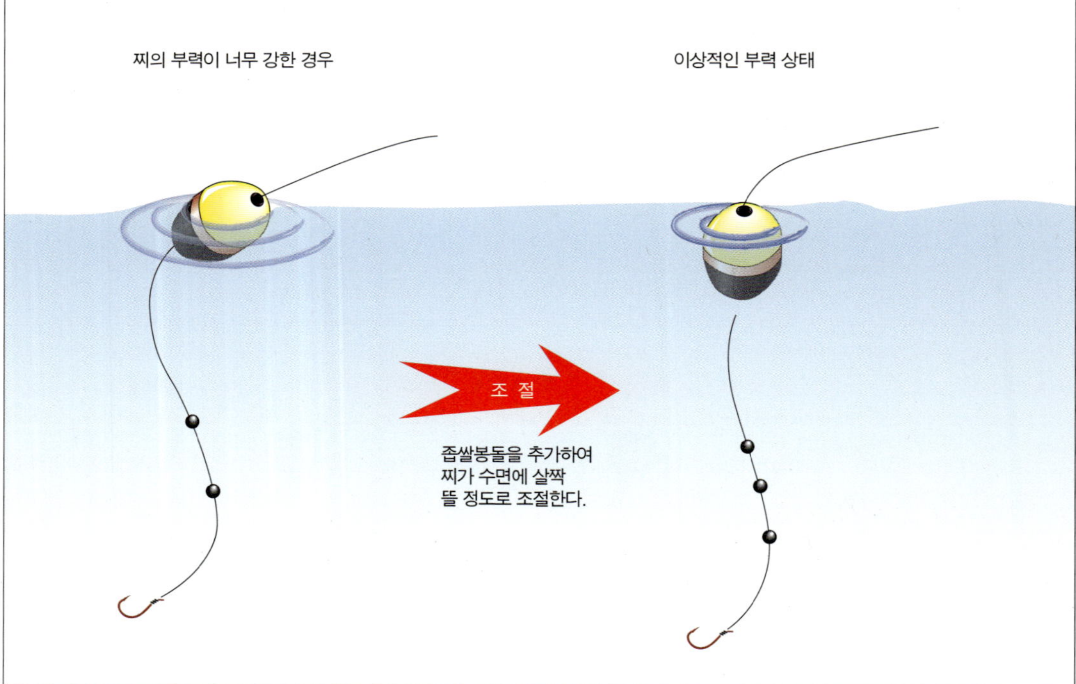

Tip 0(제로)찌의 의미

찌 부력 조절의 목적은 낚시인이 다루기 쉬운 정도로 찌의 부력을 조절하는 일이다. 일반적으로 찌는 제품에 표시돼 있는 부력보다 낚시인이 스스로 상황에 맞춰 조절 가능한 부력이 찌에 남아 있는 경우가 대부분이다.

0(제로)찌는 부력이 없는 찌라고 해석할 수도 좋지만, 정확한 의미는 채비에 봉돌을 하나도 부착하지 않은 상태에서도 딱 다루기 좋을 정도로 부력이 맞아있는 찌를 말하는 것이다.

■ 배낚시 채비

깊은 수심의 한바다, 얕은 수심의 내만 등에 관계없이 배를 타고 하는 낚시를 배낚시라고 한다. 일반적으로 배낚시는 무거운 봉돌로 채비를 수중에 내리고 난 이후에야 비로소 낚시가 시작되는 형태이다. 이와 같이 배낚시 채비는 다른 채비에 비해 무거운 봉돌을 사용하는 것이 특징이다.

우럭을 낚기 위한 심해 외줄낚시, 한 번에 열기를 줄줄이 낚아 올리는 카드채비 낚시, 가족과 즐기는 연안의 가자미낚시 채비가 대표적인 배낚시 채비이다. 이 중에서 중량이 있는 심해낚시용 채비는 각 부품과 묶음 방법에 주의를 기울여 강도가 충분한지 체크를 할 필요가 있다. 또한 PE 낚싯줄이나 전동 릴을 사용한다면 사용법에 익숙해지도록 노력해야 한다.

■ 던질낚시 채비

채비를 봉돌의 무게와 낚싯대의 반발력을 이용해 멀리 던져 보내는 것을 던질낚시라고 한다. 광범위한 포인트를 노릴 수 있고 대상어도 다채로운 던질낚시는 처넣기 채비와 백사장 원투낚시 채비로 크게 나눌 수 있다. 처넣기 채비는 주로 갯바위나 방파제에서 근거리나 중거리를 노리는 형태이고, 백사장 원투낚시 채비는 이름 그대로 거리낌 없는 백사장에서 주로 원거리를 노리는 형태이다.

〈배낚시 채비의 3가지 유형〉

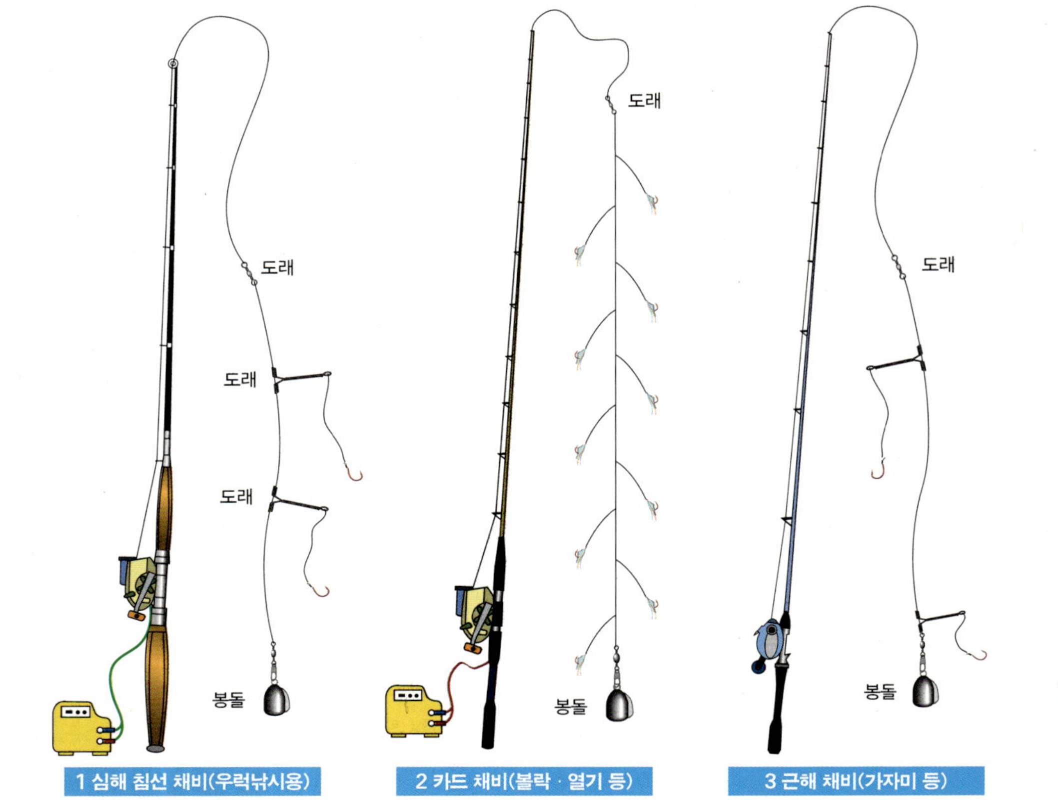

던질낚시 채비에서는 미끼를 자연스럽게 움직이게 하기 위해 목줄을 길게 하는 것이 유리하지만 가지바늘을 사용하는 경우에는 반대로 목줄을 짧게 해야만 채비가 서로 엉키는 확률이 줄어든다.

■ 루어낚시 채비

가짜 미끼, 즉 인조 미끼인 루어(lure)를 사용하는 것이 루어낚시이다. 미끼 대신에 사용하는 루어는 무생물이므로 이를 어떻게 운용하느냐가 조과를 결정하게 되며 이것이 곧 루어낚시의 묘미이기도 하다.

바다낚시에 있어서 인기 높은 장르의 하나인 루어낚시 채비는 다른 채비에 비교해서 의외로 단조롭다. 낚싯줄에 바로 루어를 부착하는 것으로 충분하다. 하지만 루어낚시를 하다보면 하면 할수록 그 깊이가 한없다는 것도

〈던질낚시 채비의 2가지 유형〉

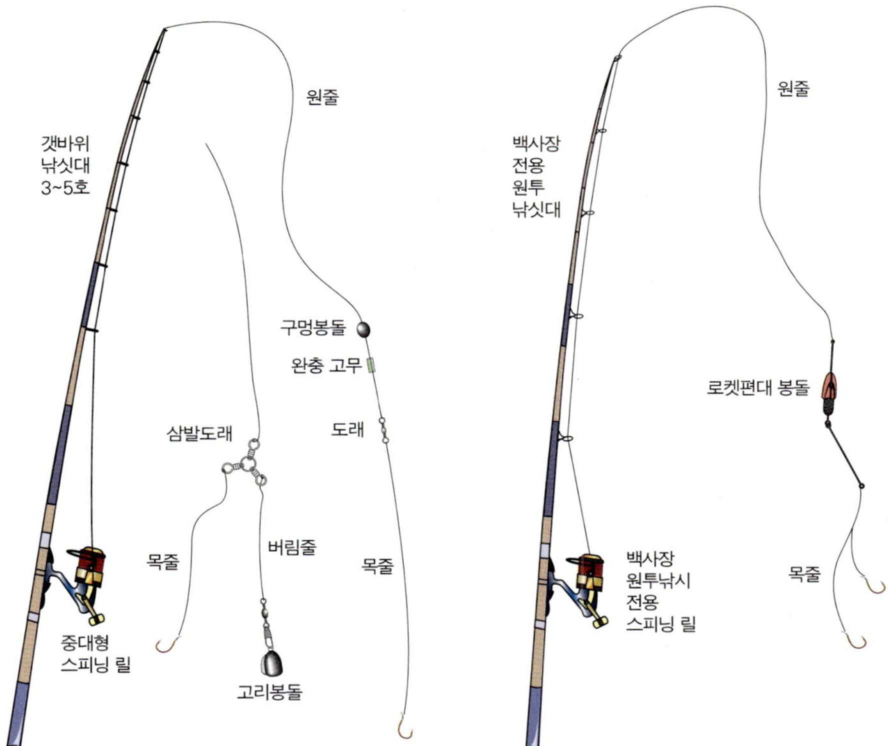

1 근, 중거리 처넣기 채비

2 백사장 원투 채비

알게 될 것이다. 사용되는 루어에 따라 기법에 따라 어종에 따라서도 채비가 달라지곤 한다. 또한 중요한 것은 라인 시스템이다. 루어의 조작이 우선시 되는 낚시이므로 원줄을 가늘게 쓰는 대신 목줄(쇼크리더)을 굵게 쓰는 것이 기본이다(각 채비는 어종별 실전편 참조).

5 포인트에 대한 이해

낚시터에 도착하면 제일 궁금한 사항 중의 하나가 포인트이다. 넓은 바다 어디에나 물고기가 있는 것이 아니기 때문에 낚시가 잘 되는 장소가 중요한 요소를 차지한다. 연안낚시라면 어디에 설 것이며 배낚시라면 어디에 닻을 내리는 가에 따라 조과가 결정되기 마련이다. 같은 갯바위나 방파제이지만 좋은 자리를 선점하기 위해 출발을 서두르고 걸음을 빨리 하는 것은 너무도 당연한 일이다.

처음 찾아가는 낚시터라면 현지 정보에 밝은 고참 낚시인들에게 자문을 구하거나 현지 낚시점에 들러 도움을 청하기도 하지만 사정이 여의치 않을 경우는 스스로 포인트를 찾아낼 수 있어야 한다. 포인트를 읽는 혜안(慧眼)이야말로 조력(釣歷)이요 낚시 실력이다. 여기에는 물고기의 생태와 자연환경에 대한 이해가 필요하다.

낚시 포인트의 의미와 조건

물고기는 바다 속에 고루 널리 퍼져 있는 것이 아니고 환경이 좋은 장소에 모이게 마련이다. 또한 그런 장소를 찾아 끊임없이 이동하기도 한다. 낚시가 잘 되는 자리는 나름대로의 이유가 있다. 물고기가 즐겨 모이고 활발하게 먹이를 취하는 장소가 정해지는 이유, 그런 장소를 만드는 자연 조건을 이해한다면 어느 낚시터를 가든지 물고기가 잘 낚이는 포인트를 파악할 수 있다. 낚을 수 있는 확률을 높이는 것이다.

■ 낚시에서 말하는 포인트란?

포인트의 사전적인 의미는 여러 가지 있지만 낚시에서 말하는 '포인트'란 물고기가 즐겨 모이고 잘 낚이는 장소를 뜻한다. 낚시가 잘 되기로 유명한 방파제나 갯바위라 할지라도 그 지역 어디에서나 물고기가 낚인다고 말할 수는 없다. 유독 잘 낚이는 장소가 따로 있어 낚시인들을 그 자리를 습관처럼 찾게 된다. 잘 낚이는 자리와 잘 낚이지 않는 자리와 비교해 보면 겉으로 그 이유가 파악되기도 하지만 전혀 특별한 점이 눈에 띄지 않을 수도 있다. 눈에 보이지 않는 물속 사정은 물론 그때그때 포인트를 형성하는 기타 요인들까지 감안해야 한다.

■ 포인트를 형성하는 조건들

포인트를 형성하는 가장 큰 조건은 수온 · 용존산소 · 먹이이다. 이 3가지 조건이 만족되어야 포인트가 유지된다. 이 조건들은 물고기의 생명과 활동에 필요한 기본 요소이기도 하다. 이밖에도 포인트를 만드는 조건은 많다. 조류와 수심, 지형지물, 해조류의 유무, 유기물질의 많고 적음, 계절과 바람, 날씨와 파도 등등이다. 이들 자연 조건은 매일 달라지지만 유명 포인트일수록 이들 최적 조건 중 일부가 평균적으로 형성되는 경우가 많다.

▶**수온** - 물고기는 냉혈동물이기 때문에 수온이 너무 높거나 낮은 경우에

▲ 매일 매일의 자연조건에 따라 포인트 가치가 달라진다 할지라도 오래도록 명당으로 소문난 포인트는 기대치의 변수가 적은 것이 특징이다. 사진은 백도 모기여에 오른 감성돔 낚시인들.

는 살기가 어렵다. 어종에 따라 생명을 유지하며 쾌적하게 활동할 수 있는 적서 수온이 다르므로 이를 상식적으로 알아두는 것이 좋다. 갑자기 수온이 바뀌면 물고기들은 생체리듬이 깨지고 변화가 심할 경우 죽을 수도 있다.

▶**용존산소** - 물속에는 산소가 녹아 있어 물고기들이 호흡을 할 수 있는데 이 용존산소량이 많고 적음에 따라 물고기가 숨쉬기 좋은 장소와 그렇지 않은 장소로 나뉜다. 당연히 숨쉬기 편한 장소에 물고기가 즐겨 모인다.

▶**먹이** - 먹이가 많은 장소에 물고기가 모여 든다. 물고기는 깨어있는 동안에 특별한 행사(짝짓기, 산란 등)가 없는 한 계속 먹이를 찾아다닌다고 해도 과언이 아니다. 정착하지 않고 끊임없이 움직이는 회유어는 먹이 떼를 좇아 철새처럼 이동을 한다.

■ 구조물 포인트와 스스로 만드는 포인트

포인트는 보통 자연적으로 만들어지는 것이지만 인공적으로 만들어지는 경우도 있다. 해저가 평탄하여 허허벌판, 아무 것도 없는 모래밭이나 개펄이라면 물고기가 모이기 어렵다. 하지만 가라앉은 침몰선이 있다거나 일부러 가라앉힌 어초가 있는 곳에는 해조류가 붙고 플랑크톤이 자라며 이를

▲어자원 증식을 위해 바다에 투입되는 인공어초는 곧 배낚시의 일급 포인트가 된다. 사진은 동해에 투입된 인공어초 속에 은거 중인 대구의 모습.

먹이로 하는 작은 생물부터 큰 물고기에 이르는 먹이사슬이 생성된다. 이런 장소가 인공적으로 만들어진 포인트이다.

또한 방파제나 갯바위에서 지속적으로 밑밥을 투여해 먼 곳에 머무는 회유어들을 불러들여 가까이 모이게 하는 것도 인공적으로 포인트를 만든 예라고 볼 수 있다. 물론 이 경우는 외해와의 조류 소통이 좋아야 하는데, 자연 조건에 비해 포인트로서의 지속성은 한계가 따르기 마련이다.

방파제, 갯바위 포인트의 기본 사례

사전 정보도 없이 처음 찾아간 갯바위나 방파제에서 낚시를 하게 되는 경우를 상상해 보자. 물고기가 잘 낚이는 좋은 포인트 즉, 낚고자하는 어종에 대해 수온이 적절하고 용존산소가 풍부하며 먹이가 많은 장소는 실제로 어디일까…? 얼핏 막연하고 답답할 수도 있다. 그러나 장소에 따라 포인트를 선정하는 우선 순위는 있다. 배낚시는 선장을 따르면 되지만 갯바위나 방파제는 낚시인 스스로가 포인트를 선정하는 기준을 익혀 두어야 한다.

■ 방파제 끝부분 및 갯바위 콧부리

규모가 크든 작든 방파제의 맨 끝단은 최우선 되는 포인트이다. 갯바위의 경우 바다로 길게 뻗어나간 콧부리 지점이 역시 그렇다. 그 이유는 일단 조

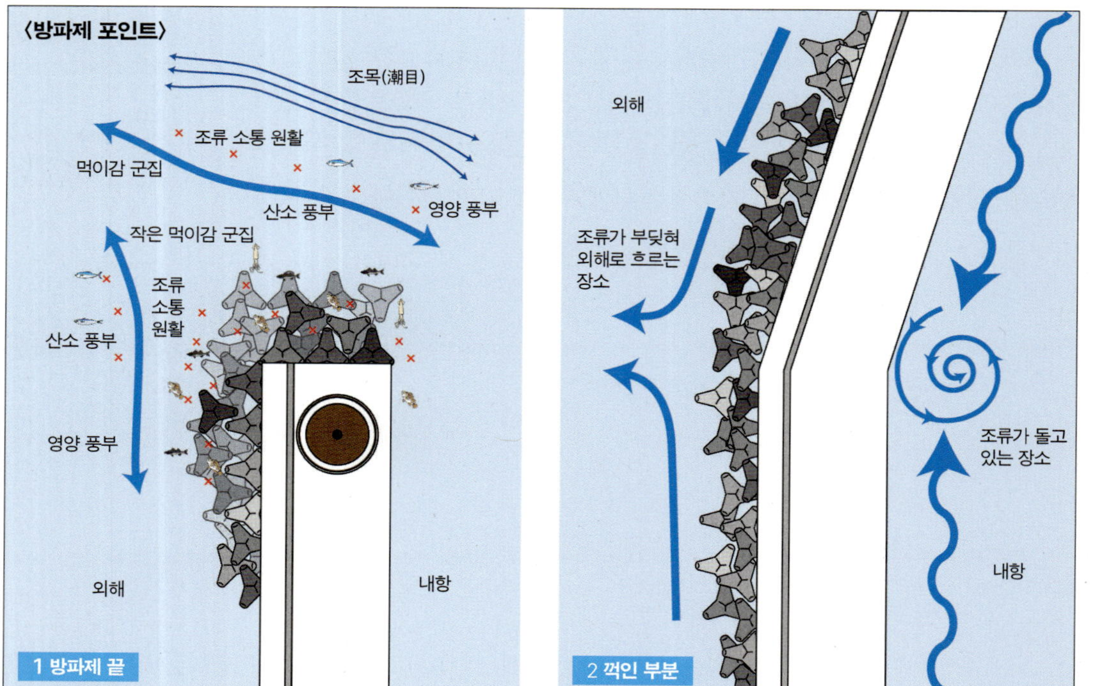

류 소통이 원활하기 때문이다. 바닷물이 정체되지 않으므로 수온이 적당하고 산소 공급이 원활하여 항상 먹잇감이 풍부하므로 이를 노리는 물고기들도 많다. 또한 회유어도 많이 찾아온다. 또한 좌우가 트여 있어 낚시하기에도 편하다.

■ 방파제의 꺾인 부분 및 갯바위 홈통

대형 방파제는 중간에서 한 번 정도 꺾인 형태로 축조된 곳들이 많다. 평범하다가 변화가 생기는 지점은 조류의 흐름 또한 변화가 생기기 마련이므로 포인트로서 좋은 조건을 이루는 것이다. 갯바위의 경우는 안쪽으로 움푹 굴곡진 '홈통'에서 비슷한 현상이 나타난다. 조류의 흐름이 멈추는 만조나 간조 시각을 제외할 경우, 홈통에는 대부분 와류가 발생하고 거품이 생겨 산소가 풍부해진다.

■ 방파제 접합 부위

방파제는 하나의 큰 콘크리트 덩어리가 아니라 몇 개의 대형 구조물이 이어져 있는 형태이다. 그러한 접합부에는 틈이 있고 그 틈 자체가 수중 물고기들이 의지할 수 있는 공간을 제공한다. 또한 이를 중심으로 해조류나 패류가 부착되면서 먹잇감이 발생하는 작은 먹이사슬이 만들어진다.

■ 방파제 테트라포드 사이

복잡하게 얽히고설킨 테트라포드 사이사이 공간은 각종 정착성 어종의 안식처가 되고, 몸을 숨긴 채 먹이사냥을 할 수 있는 장소를 제공한다. 또한 여러 가지 수중 동식물이 자라기 좋은 환경을 만들므로 이를 노리는 물고기도 주위를 맴돈다.

〈테트라포드 포인트〉

〈해조류 포인트〉

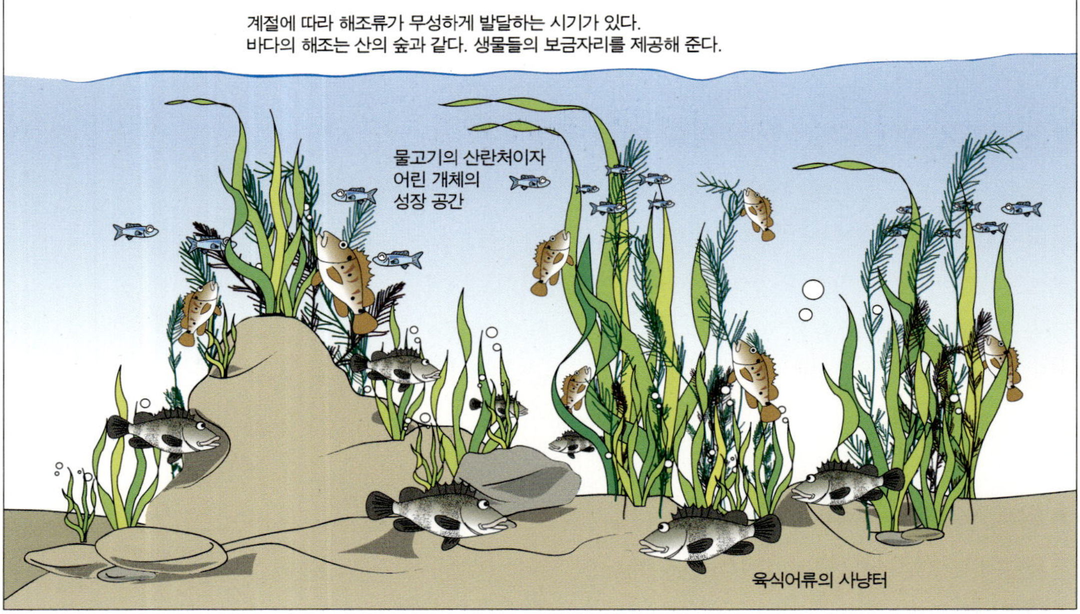

■ 내항 물골 주변

외해에 비해 수심이 얕은 내항 지역일지라도 항구를 드나드는 배들이 이용하는 길목은 특히 수심이 깊다. 조류가 흘러들고 나가는 주요 통로가 되므로 물고기들의 이동 통로로 사용되며 해저 지형이 변화하는 장소는 각종 수생 동식물이 서식하는 좋은 장소이다.

■ 해조류가 발달한 지대

해조류가 무성하게 자라난 장소는 산소가 풍부하다는 장점이 있다. 또한 물고기의 산란장이자 어린 치어나 작은 수생동물의 생활터전도 된다. 물론 알이나 작은 먹이를 노리는 대형 물고기들이 자주 모여드는 장소이기도 하다.

■ 내항 바지선 및 정박 중인 선박 주변

바지선이나 오래 정박 중인 선박의 바닥에는 해조류나 패류가 서식하게 되어 인위적인 생태계가 만들어진다. 또한 바지선과 선박이 만드는 그림자

〈바지선 주변 및 선박 주변 포인트〉

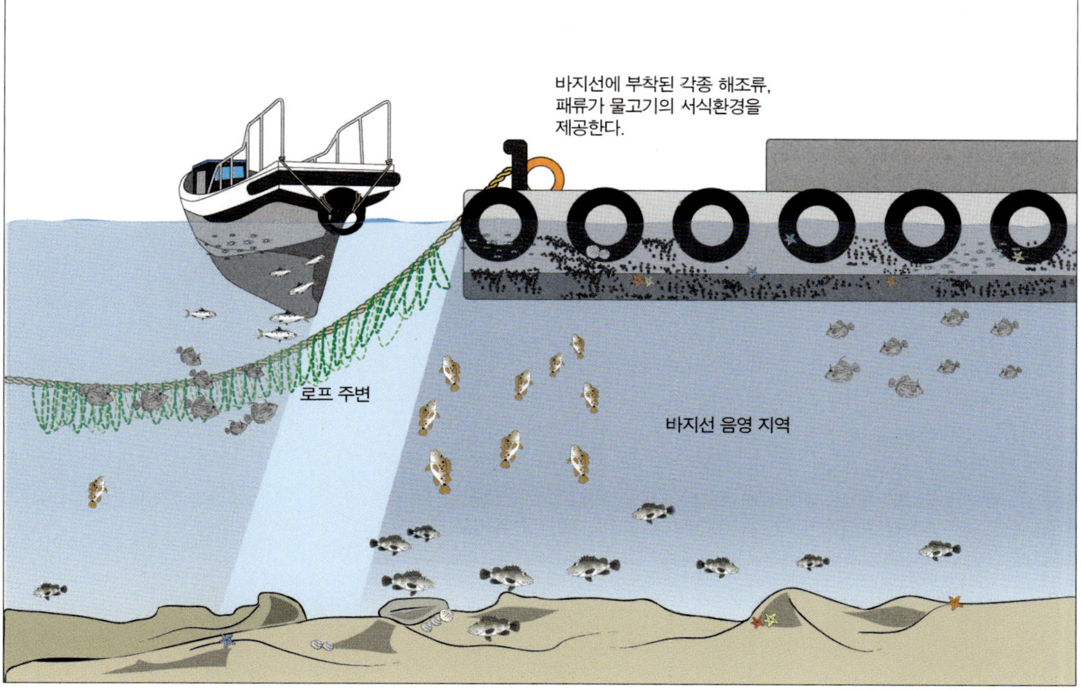

는 물고기들이 은신할 수 있는 환경이 된다.

■ 수하식, 가두리 양식장 부근

해상에 설치되어 있는 김양식장이나 굴 · 홍합양식장 또는 가두리 양식장 주변은 해조류와 패류의 부착은 물론, 각종 플랑크톤이 풍부하여 크고 작은 물고기의 먹이사슬이 인공적으로 형성된다. 특히 활어을 키우는 가두리 양식장의 경우, 흘러나오는 사료나 사육어들의 배설물로 인해 수생 동식물이 많이 모이고 이를 먹이로 하는 대형 물고기도 자주 출현한다.

6 캐스팅에서 랜딩까지

채비를 포인트에 던져 넣는 동작이 캐스팅(casting)이고, 입질을 파악한 후 챔질을 하여 낚싯바늘에 걸려든 물고기를 끌어내는 일련의 과정이 파이팅(fighting)이다. 그리고 마지막 랜딩(landing) 단계에서는 물 밖으로 고기를 안전하게 끄집어내기 위해 별도의 뜰채를 사용하기도 한다.

캐스팅과 파이팅, 랜딩으로 이어지는 이 3단계 과정은 어느 것 하나 소홀할 수 없는 낚시의 기본기이다. 여러 차례의 경험과 실수를 통해 나름대로의 기술을 연마할 수도 있겠으나 기본 동작만큼은 이해하고 실전에 임하는 것이 실수를 줄이는 지름길이다.

캐스팅(Casting) ‖ 3가지 동작만은 익히자

바다낚시에 있어 민낚싯대를 이용한 캐스팅은 민물낚시에서와 같은 정확성을 요구하지 않는다. 바다낚시의 캐스팅 동작은 대부분 릴낚시를 기준으로 한다. 오버헤드 캐스팅(overhead casting), 언더스로우 캐스팅(under throw casting), 머리 위로 던져넣기 등 세 가지 방법만 익히면 나머지 응용 동작은 나름대로 구사할 수 있게 된다.

■ 오버헤드 캐스팅(overhead casting)

캐스팅은 기본자세가 중요하므로 무엇보다 낚싯대를 올바로 움켜쥐는

〈오버헤드 캐스팅〉

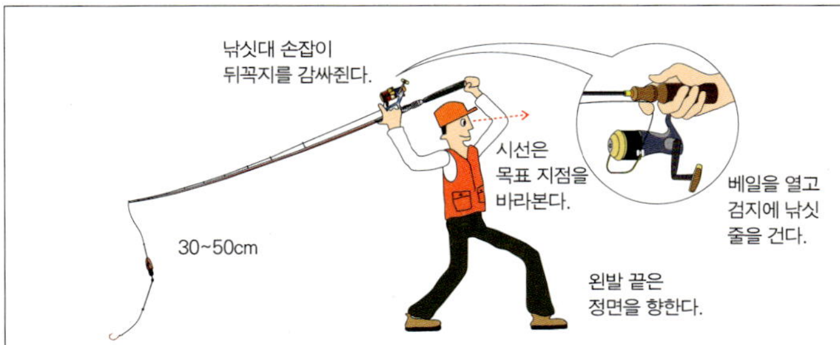

①톱 가이드에서 찌(또는 봉돌) 사이의 거리가 30~50cm 정도 되게 늘어뜨리고 〈그림〉과 같이 선다. 릴을 쥔 손의 검지로 낚싯줄을 걸고 릴의 베일을 젖힌다.

②채비의 무게를 느끼면서 낚싯대를 천천히 앞으로 휘두르기 시작한다.

③낚싯대가 자신의 머리 위를 통과하는 순간에 낚싯줄을 건 검지를 펴 채비가 앞으로 풀려나가게 한다.

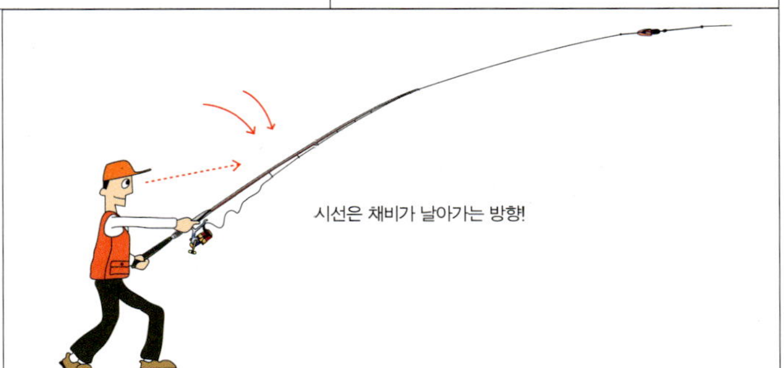

④채비가 날아가는 방향으로 낚싯다를 기울인다. 찌낚시의 경우, 채비가 수면에 떨어지면 릴의 베일을 닫고 낚싯줄을 조금 당겨 팽팽하게 한다. 던질낚시의 경우는 채비가 해저에 가라앉기를 기다린 후 베일을 닫는다.

〈언더스로우 캐스팅〉

①낚싯대를 잡은 손의 검지로 낚싯줄을 걸고 베일을 젖힌다. 반대편 손으로는 채비의 바늘 부분을 쥐고 〈그림〉과 같이 선다. 이때 낚싯대 초리가 가볍게 휠 정도로 낚싯줄을 당긴다.

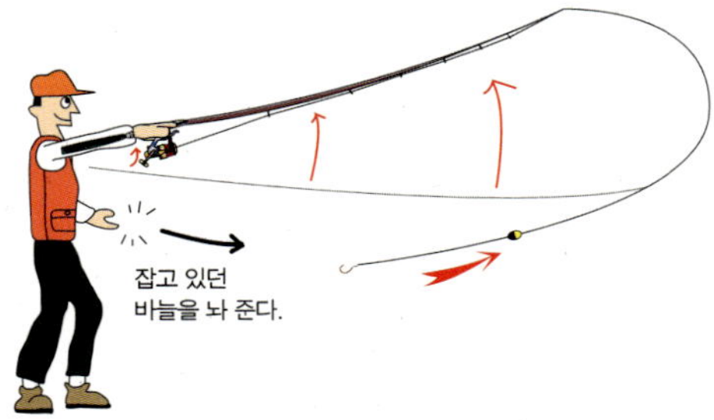

②손목의 스냅을 이용해 낚싯대를 아래에서 위로 흔드는 것과 동시에 한 손에 쥔 채비를 놓아준다.

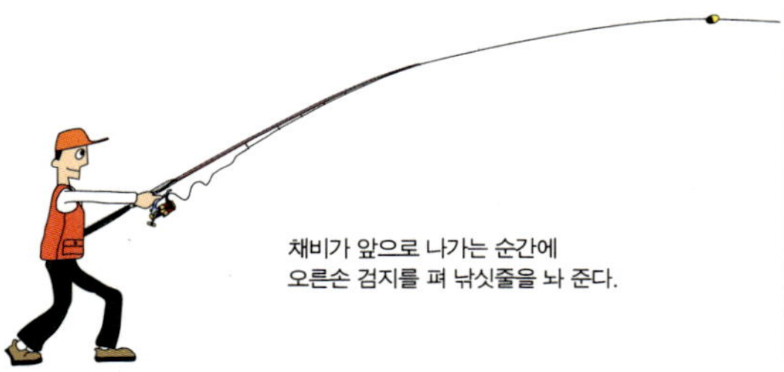

③채비가 앞쪽으로 튕기듯 나아가면 이번에는 검지에 건 낚싯줄을 놓음으로써 계속해서 줄이 풀려나가게 한다.

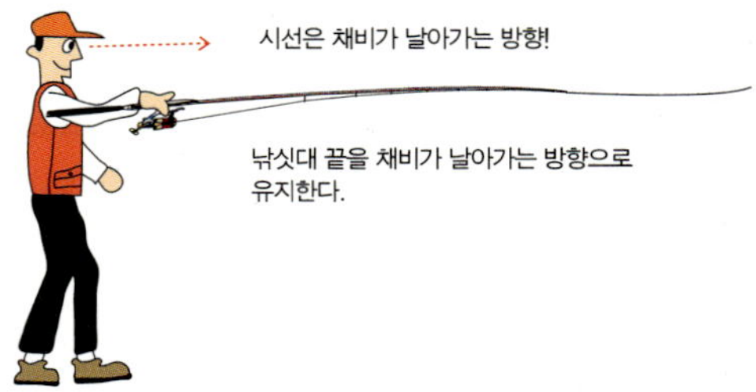

④낚싯대를 채비가 나아가는 방향으로 기울여 주고, 채비가 착수하면 베일을 닫는다.

것(把持法 · 파지법)부터 익히도록 한다.

오버헤드 캐스팅은 가장 기본이 되는 캐스팅 방법으로 찌낚시나 백사장 던질낚시 등에 모두 활용된다. 던질 때, 채비의 궤적이 머리 위를 통과한다는 것이 특징이다. 낚싯대를 약간 옆으로 기울여서 휘두르면 채비가 어깨 위를 통과하는데 이것을 별도로 스리쿼터(three quarter) 캐스팅이라고 부른다. 이 캐스팅의 특징은 낚싯대를 휘두르는 폭이 커 비거리(飛距離)가 좋다는 점으로, 주변에 어느 정도의 넓은 공간이 필요하다.

■ 언더스로우 캐스팅(under throw casting)

낚시터의 여건에 따라서는 자신의 몸에 익은 캐스팅 동작이 제약을 받을 때가 많다. 좌우 또는 후방에 공간이 확보되지 않는 경우가 그렇다.

찌낚시 도중 멀지 않은 거리의 포인트에 채비를 투입할 때 사용하는 방

〈머리 위로 던져 넣기〉

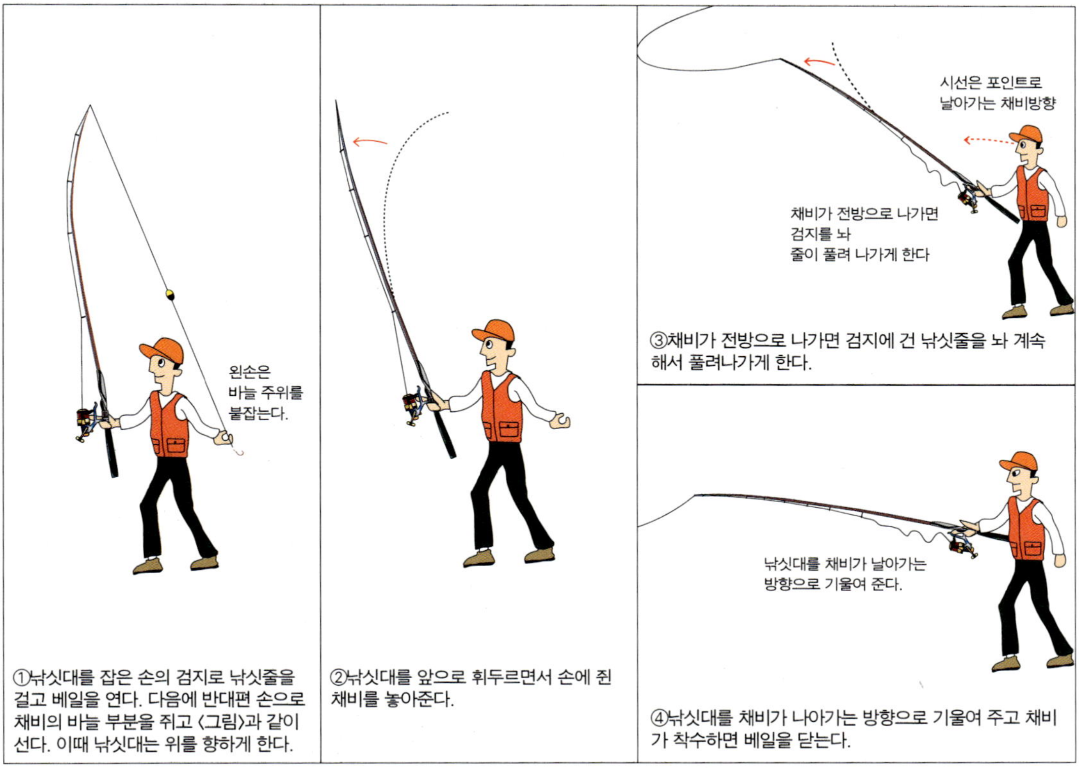

법이 언더스로우 캐스팅이다. 한 손으로 낚싯대를 잡고 다른 한 손으로는 채비를 쥐고서 낚싯줄을 조금 잡아당겨 낚싯대의 반발력을 이용하는 것이다. 진자(振子)의 원리로 채비를 보내는 방법인데, 동작의 순서와 주의사항은 〈그림〉과 같다.

■ 머리 위로 던져 넣기

찌낚시를 할 때 자주 활용하는 독특하면서도 흔히 사용되는 캐스팅 방법이다. 채비를 손에 쥐고서 큰 동작 없이 간단하게 던질 수 있으며 비거리도 좋다. 찌낚시를 자유자재로 즐기기 위해서는 꼭 익혀두어야 하는 캐스팅 방법이다. 동작의 순서와 주의사항은 〈그림〉과 같다.

어신과 챔질, 파이팅과 뜰채 사용

어신을 확인한 후 결정적 순간을 노려 챔질을 하는 것은 이론과 실제가 서로 판이할 경우가 많다. 물살이 흐르고 출렁이는 바다낚시일수록 특히 그렇다. 입질이 왔는데도 이를 감지하지 못하는 경우가 있는가 하면, 정확한 입질를 두고도 챔질의 타이밍을 잘 포착하지 못한 나머지 헛손질을 할 때가 많다.

이 같은 실수는 초보자 시절은 말할 것도 없고 웬만큼 낚시의 경험이 쌓이고도 한동안 겪게 되는 어려움이다. 바다낚시의 환경 요인이 그만큼 변화무쌍한 까닭인데, 그렇다고 무조건 경험에만 의존할 수는 없다. 최소한 어신의 원리와 채비의 상관관계, 기타 환경 요인을 복합적으로 생각하는 자세가 수반되어야 한다.

■ 어신(魚信)의 여러 가지 형태

물고기가 낚싯바늘에 달린 미끼를 건드리거나 먹는 것을 '입질'이라 하고, 이 입질이 찌의 움직임으로 나타나거나 낚싯대에 전해지는 것을 '어신(魚信)'이라고 부른다.

찌를 사용하지 않는 낚시, 즉 민낚싯대를 사용하는 맥낚시나 릴낚싯대를 사용하는 던질낚시 또는 외줄낚시에서는 낚싯대의 초리가 진동하거나 휘어지는 변화로 입질을 감지할 수 있다. 이에 반해 찌를 사용하는 모든 찌낚시 분야에서는 찌가 갑자기 수면에서 흔들리거나 수면 아래로 가라앉는 등의 변화로 입질을 파악한다. 이 같은 찌의 움직임은 물고기의 활성, 수심, 채비의 길이 등의 조건에 따라 서로 달리 나타나므로 예신과 본신을 잘 구별해 챔질 동작으로 이어져야 한다.

찌에 나타나는 어신 형태를 우선 〈그림〉으로 이해한 후 복잡 다양한 사례는 어종별 실전편을 참고 바란다.

〈찌에 나타나는 어신〉

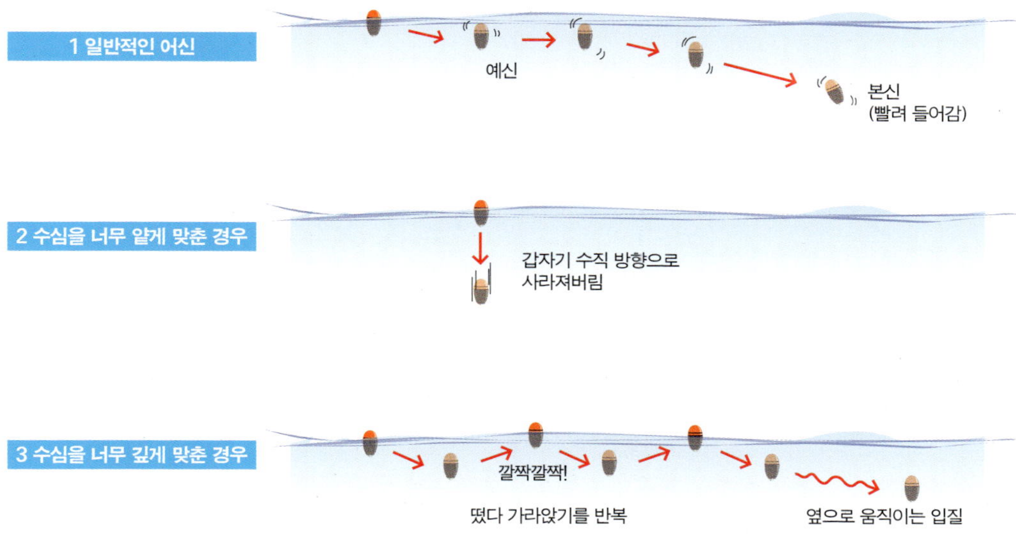

■ 챔질의 타이밍 포착

찌나 낚싯대 초리에 나타나는 어신을 감지하고 낚싯대를 가볍게 또는 재빨리 당기는 동작이 챔질이다. 그리고 이 챔질의 목적은 낚싯바늘이 물고기의 입에 확실하게 걸리도록 하는 것이다. 실제로 물고기가 활성이 좋아 미끼를 게걸스럽게 덮친 경우라면 챔질을 하지 않아도 저절로 낚싯바늘이 물고기의 입에 관통되는, 이른바 '자동 챔질'을 경험하기도 한다. 반대로 신경질적인 물고기가 미끼를 살짝 건드리는 정도라면 시의적절한 챔질을 하지 않고서는 헛손질로 끝날 경우가 많다.

찌낚시이건 던질낚시이건 어신을 보고 챔질을 하면 100% 성공을 하는 것은 아니다. 어신과 동시에 즉시 챔질을 해야 하는 경우가 있고, 몇 박자 기다렸다가 챔질을 해야 하는 경우도 있다. 이는 당시의 상황이나 어종에 따라서도 다르므로 어종별 실전편에서 거론하기로 한다.

■ 파이팅 - 때로는 어르고 뺨치기

물고기를 걸었을 때 초보자가 실수하는 것 중의 하나가 일련의 파이팅 동작이다. 낚싯대의 탄력을 이용하지 않고 릴을 무조건 감아 붙여 물고기를

〈기본적인 파이팅 과정〉

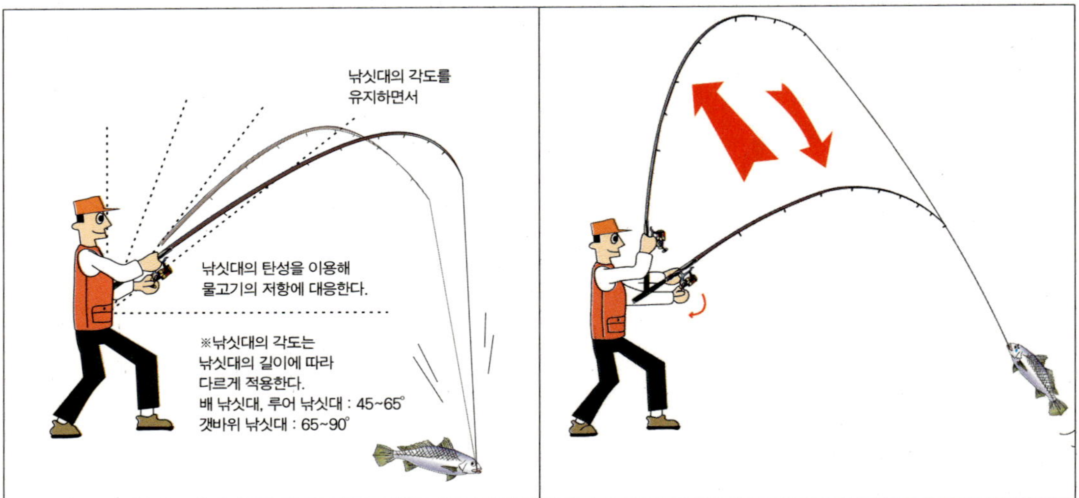

①물고기가 걸리면 바로 릴을 감는 것이 아니라 일단 낚싯대의 탄력을 이용해 물고기의 힘을 뺀다는 사실에 유념한다.

②물고기의 당기는 힘이 줄었다고 느껴지면 낚싯대를 천천히 후방으로 젖혀 물고기를 끌어들인다.

③낚싯대를 충분히 당겼다면 다음으로 낚싯대를 앞으로 되돌리면서 지금까지 끌어온 만큼의 낚싯줄을 감는다. 이때 낚싯대를 앞으로 되돌리는 속도가 너무 빠르면 낚싯줄이 늘어지는 여유가 생겨 물고기가 바늘에서 빠지는 원인이 된다.

④이상과 같은 동작을 반복하면 물고기와의 거리를 조금씩 좁혀갈 수 있다.

빨리 눈앞으로 끌어오려는 조급한 마음에서 비롯되는 '일방적 강제 집행 동작'이 그것이다.

릴낚시, 특히 찌낚시의 경우 물고기를 끌어오는 주체는 릴보다는 낚싯대가 그 역할을 담당하는 것이다. 낚싯대의 탄력으로 물고기의 저항을 적절히 제압하는 과정에서 거둬들여진 낚싯줄을 조금씩 릴에 감아두는 것으로 생각해야 한다.

물고기가 낚싯바늘에 걸리면 낚싯대를 휘어들게 해 적절한 탄력으로 물고기의 힘을 뺀다. 이때 가장 이상적인 것은 낚싯줄과 낚싯대의 각도가 90도 가깝게 되도록 유지하는 것이다. 너무 늦춰준 상태를 지속하게 되면 어느 순간 물고기의 '뒤집기 한판'에 당하고 만다. 파이팅 단계별 주의상항을 〈그림〉으로 표현해 본다.

■ 올바른 뜰채 사용법

충분한 파이팅으로 물고기가 끌려와 수면에 그 모습을 나타나면 드디어 최종 마무리 단계로 들어간다. 랜딩(landing), 즉 물고기를 물 밖으로 들어내는 과정이다. 30cm 정도까지의 작은 물고기라면 그냥 낚싯대의 탄력을 이용해 들어 올릴 수 있지만 그 이상의 크기나 기타 요인을 감안해야 할 때는 별도의 도구를 사용한다. 주로 사용하는 것이 뜰채이다.

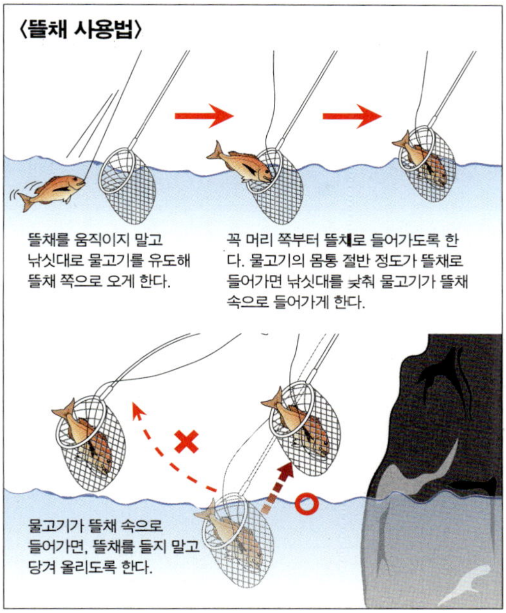

함께 낚시하는 동료가 곁에 있다면 도움을 받을 수 있지만 그렇지 않은 경우를 대비해 혼자 뜰채를 사용할 수 있도록 평소 익혀 두어야 한다. 동료를 도와야 할 경우를 대비해서도 그렇다. 뜰채질을 잘못해 자신의 고기를 스스로 놓치는 것은 그렇다 치고, 자신의 실수로 동료의 고기를 놓치게 되면 동료마저 잃게(?) 되기 때문이다.

뜰채 사용법의 키포인트는 뜰채를 펴 물속에 넣고 물고기를 따라다니는 것이 아니라 물고기가 뜰채 속으로 머리부터 들어오도록 유도하는 것이다. 그리고 물고기가 담긴 뜰채는 들어 올리는 것이 아니라 끌어 올리는 것이다. 뜰채 사용에 대한 주의사항은 〈그림〉을 참고 바란다.

Tip 루어낚시의 파이팅

왼쪽 〈그림〉으로 표현한 파이팅 과정은 길이가 긴 갯바위 낚싯대의 경우이다. 그런데 농어낚시나 지깅낚시 등에 사용하는 루어 낚싯대는 길어야 3m, 보통 2m 전후의 짧은 것도 많다.
루어 낚싯대는 길이가 짧아서 낚싯대를 수직으로 세우면 탄력의 한계를 넘어가는 경우가 발생한다. 뒤로 젖히면 바로 부러지고 만다. 그러므로 루어낚시에 있어서의 파이팅은 일반적인 미끼 낚시와 달리 낚싯대의 각도 유지에 충분히 유의해야 한다. 루어낚시에서는 낚싯대를 너무 세우지 않아야 한다.

Section **2**

어종별 실전편 A

1 가자미 · 도다리낚시

가자미는 동해안, 도다리는 남해안

'봄 도다리, 가을 광어'라는 말이 있듯, 도다리(문치가자미 등)를 포함한 가자미류는 봄 바다의 미각을 알리는 전령이다. 봄바람이 불면 연안에서부터 문치가자미(도다리)가 입질을 하고 배를 타고 다소 깊은 곳으로 나아가면 참가자미와 용가자미가 줄줄이 올라온다. 낚시 방법도 간단해 초보자도 쉽게 즐길 수 있고, 시기와 포인트를 잘 맞추면 짧은 시간에 다수확을 하는 재미가 일품이다. 종류에 따라 차이는 있지만 맛 또한 뛰어나다. 이런 장점으로 인해 가족과 즐길 수 있는 패밀리 피싱의 대표 어종으로 꼽힌다.

표준명 참가자미

학 명 *Pleuronectes herzensteini*

학 명 Little mouth flounder

일 명 마가레이(マガレイ)

속 명 참가재미, 개재미

생 태 가자미란 가자미과의 어류를 대표하는 이름으로 연안의 얕은 장소로부터 심해에 걸쳐 세계적으로 100여종이 알려져 있으며 우리나라 근해에도 수십 종이 분포한다.

가자미의 가장 큰 특징은 납작한 몸체에 광어(넙치)와는 반대로 두 눈이 모두 오른쪽으로 몰려있는 것이다. 크기는 종류에 따라 다른데, 우리 연안에서 주로 낚이는 참가자미나 문치가자미(도다리)는 보통 20~30cm가 흔하고 최대 50cm 정도까지 자라지만 북태평양의 헬리버트는 최대 2.5m, 350kg의 거대한 크기로 성장하기도 한다. 식성은 육식성으로 주로 해저의 무척추동물을 잡아먹는다. 비슷한 넙치와는 달리 포식 행동은 소극적이다.

서해 · 남해 · 동해 전 지역에 걸쳐 해저가 모래나 진흙인 장소에 서식한다. 어린 개체는 몸체가 납작하지 않아 다른 일반적인 물고기와 크게 다를 바 없는데, 성장함에 따라 눈이 점차 오른쪽으로 이동하고 몸이 납작하게 변한다. 더욱이 부레가 없어져 성어가 되면 해저에서만 생활하게 된다. 가자미는 수명이 긴 것으로도 유명한데, 특히 유럽산 가자미인 '프레이스'는 50년, 북태평양의 '헬리버트'는 40년을 산 기록이 있다.

가자미는 흰 살 생선으로서 회 · 구이 · 찜 · 탕 등 어떤 요리에도 잘 어울리는 생선이다.

낚시 지역 종류에 따라 ①동해 전역 ②남해 전역 ③서해 전역

낚시 시기 1년 내내. 5(4)~10(9)월이 제철.

■ 배낚시와 던질낚시로 대별

봄철에 절정을 이루어 거의 1년 내내 시즌을 형성하는 가자미는 동해안 전역, 특히 휴가철 관광지로 유명한 속초 · 주문진 · 삼척 등 해수욕장 인근 항구에서 낚싯배를 타기만 하면 온 가족이 먹고 남을 만큼 낚을 수 있어 피서낚시 어종으로도 각광받는다. 물론 콩잎 또는 깻잎만한 크기가 낚여 씨알 면에서 실망을 안겨주기도 하지만, 잔 씨알은 뼈째 썰어먹는 '세꼬시' 맛이 일품이다.

배낚시의 경우 남해에서는 도다리로 불리는 문치가자미, 동해에서는 참가자미와 물가자미 · 용가자미, 그리고 서해안에서는 돌가자미가 많이 낚

인다. 가자미는 또한 배낚시에서만 낚이는 것은 아니다. 동해안이나 남해안 방파제 등지에서는 던질낚시로 낚을 수 있어 나들이 낚시 대상어로 각광 받는다.

Figure 복잡한 이웃사촌들

낚시 대상어 중에 가자미만큼 종류가 다양한 것이 없다. 동 · 서 · 남해에서 배낚시를 하다 보면 10여 종 이상을 만날 수 있다. 낚시인들은 이들 가자미 종류를 크게 가자미 · 도다리 · 광어(넙치) 등 세 가지로 구분한다. 두 눈이 왼쪽으로 쏠려 있는 광어는 쉽게 구분이 가능하지만 가자미와 도다리는 사실 구분을 잘못하고 있는 셈이다. 학술적 분류에 의한 도다리는 흔히 낚시인들이 부르는 이름과는 달리, 그 모양이 전혀 다르고 비교적 먼 바다에서 어획됨으로써 시장에서 활어를 구경하기 어렵다. 낚시인들이 흔히 '도다리'라고 부르는 것은 문치가자미와 돌가자미 · 범가자미 종류들이다(아래 사진 참고).

표준명 용가자미

학 명 *Hippoglossoides pinetorum*

일 명 소우하치(ソウハチ)

속 명 어구가자미 · 용가재미 · 기름가재미

특 징 참가자미와 비슷하지만 주둥이가 뾰족하고 입이 더 크다. 동해에 주로 서식하는 한대성 가자미로 크기는 최대 40cm 전후.

왼쪽 용가자미의 입이 오른쪽 참가자미보다 훨씬 크다.

참가자미(위)와 용가자미(아래)의 비교

표준명 기름가자미 / 물가자미

학 명 *Glyptocephalus stelleri*

일 명 히레구로(ヒレグロ)

속 명 물가자미 · 물가재미 · 미주구리

특 징 긴 타원형이며 배 쪽의 지느러미가 검은색을 띠는 것이 특징이다. '물가자미회'로 널리 식용되며 대개 25cm 전후의 소형 종이다.

표준명 층거리가자미

학 명 *Limanda punctatissima*

일 명 스나가레이(スナガレイ)

속 명 층거리 · 도다리

특 징 눈이 있는 쪽은 모래색, 없는 쪽은 흰색이고, 등 · 배지느러미는 노란색을 띤다. 주둥이가 위로 향해 비틀어진 것이 특징. 동해에 주로 분포하는 한류성 가자미로 20cm급이 흔하다..

표준명 문치가자미

학 명 *Pleuronectes yokohamae*

일 명 마코가레이(マコガレイ)

속 명 도다리

특 징 눈이 있는 쪽은 갈색, 없는 쪽은 흰색이다. 두 눈 사이는 약간 돌출하며 비늘이 있다. 남해안에 주로 분포하며 늦은 겨울, 이른 봄에 산란을 위해 얕은 연안으로 나온다.

표준명 범가자미

학 명 *Verasper variegatus*

일 명 호시가레이(ホシガレイ)

속 명 범도다리 · 별납생이

특 징 눈이 있는 쪽은 비늘이 크고 연한 황갈색이며, 눈이 없는 쪽은 흰 바탕에 검은 점이 산재한다. 등지느러미와 뒷지느러미에도 검은 점이 있는 것이 특징. 서해와 남해와 주로 분포하며 60cm까지 성장하는 고급종이다.

표준명 돌가자미

학 명 *Kareius bicoloratus*

일 명 이시가레이(イシガレイ)

속 명 도다리

골질판이 특징이다.

특 징 우리나라 전 연안에 분포하지만 서해안에 많다. 눈이 있는 쪽은 녹갈색과 황갈색에 흰 점이 산재하며, 측선 위아래와 등 · 배 쪽에 단단한 골질판이 있는 것이 특징(별도 사진 참조). 범가자미와 함께 가자미 종류 가운데 고급종으로 취급 받는다.

가자미 외줄낚시 ‖ 주렁주렁 올리는 그 맛!

가자미낚시 하면 배낚시, 가자미 배낚시 하면 동해안이 본고장이다. 동해안 항 · 포구 어디에서건 배를 타기만 하면 가자미는 양껏 낚을 수 있다. 카드 채비의 가지바늘마다 줄줄이 매달려 올라오는 가자미에 한 번 넋을 뺏기다 보면 다음 시즌이 기다려지고, 그러다 보면 가족을 동반하거나 낚시 벗을 끌어들이게 된다.

특별한 기술을 요하는 것도 아니다. 값싼 릴대에 중형 스피닝 릴을 준비하고 현지 낚시점에서 판매하는 카드 채비를 구입하면 된다. 일반 외줄낚시가 그러하듯 채비를 멀리 투척할 필요 없이 슬쩍 던져 넣은 후, 봉돌이 바닥에 닿으면 슬쩍슬쩍 고패질을 해주면 된다. 그렇다고 우럭낚시처럼 고패질을 열심히 할 필요도 없다. 가자미 포인트는 사니질(沙泥質) 바닥이기 때문이다.

■ 장비와 채비, 미끼 및 포인트

▶**낚싯대** - 배낚시에 맞춤한 릴대면 족하다. 다용도로 사용하는 이른바 '만능 릴대'를 사용해도 특별한 문제가 없는데, 구체적으로는 길이 2m 전후, 추부하 20호 내외의 연질 외줄 낚싯대가 제격이다. 깊은 수심에서 본격적으로 다수확을 노리는 경우라면 추부하 30~50호, 길이 3m정도의 외줄 낚싯대가 편리하다.

▶**릴** - 중형 크기의 스피닝 릴이나 양축 릴 어느 종류를 사용해도 좋다. 다만 80~100m의 깊은 수심에서 낚시를 할 경우는 중형 전동 릴을 사용하는 것이 힘이 들지 않아 좋다.

▶**낚싯줄** - 릴에 감는 원줄은 나일론 3~5호나 PE 2~3호가 적당하다. 원줄 끝에 도래를 달고 여기에 시판되고 있는 편대 채비나 가지바늘 채비를 연결한다. 시판 채비의 목줄은 2~3호로 충분하다.

▶**봉돌과 바늘** - 봉돌의 무게는 수심과 조류를 감안해 결정한다. 20호 이하

를 사용하는 곳이 있는가 하면 50호 이상이 필요한 장소도 있다. 출조할 현지 사정을 미리 확인하는 것이 좋은데, 결국 봉돌 구입은 현지 낚시점에서 하는 것이 편리하다.

바늘은 허리가 긴 장축바늘이 유리하다. 농어바늘 10~12호가 그것이다. 농어바늘을 사용하는 이유는 미끼를 삼켜버리는 가자미의 특성을 고려해 바늘을 빼내기가 쉬운 까닭이다.

▶**미끼** - 어디에서나 구입하기 쉬운 청갯지렁이가 만능 미끼이다. 갯지렁이 대신 간혹 크릴이나 잘게 썬 오징어살을 사용하기도 한다.

▶**외줄낚시 포인트** - 일반적으로 정치망 등 어장에 배를 고정시키고 낚시를 하므로 그 인근이 포인트 역할을 한다. 입질이 없으면 조금씩 이동하면서 가자미가 모여 있는 장소를 찾는다. 정치망이 없는 장소에서는 조류에 배를 흘리면서 낚시를 하는 경우도 있다. 해저가 모래와 자갈이 뒤섞인 곳으로 듬성듬성 암초가 있거나 굴곡진 형태의 장소, 물골 등을 노린다.

〈가자미 배낚시 채비〉

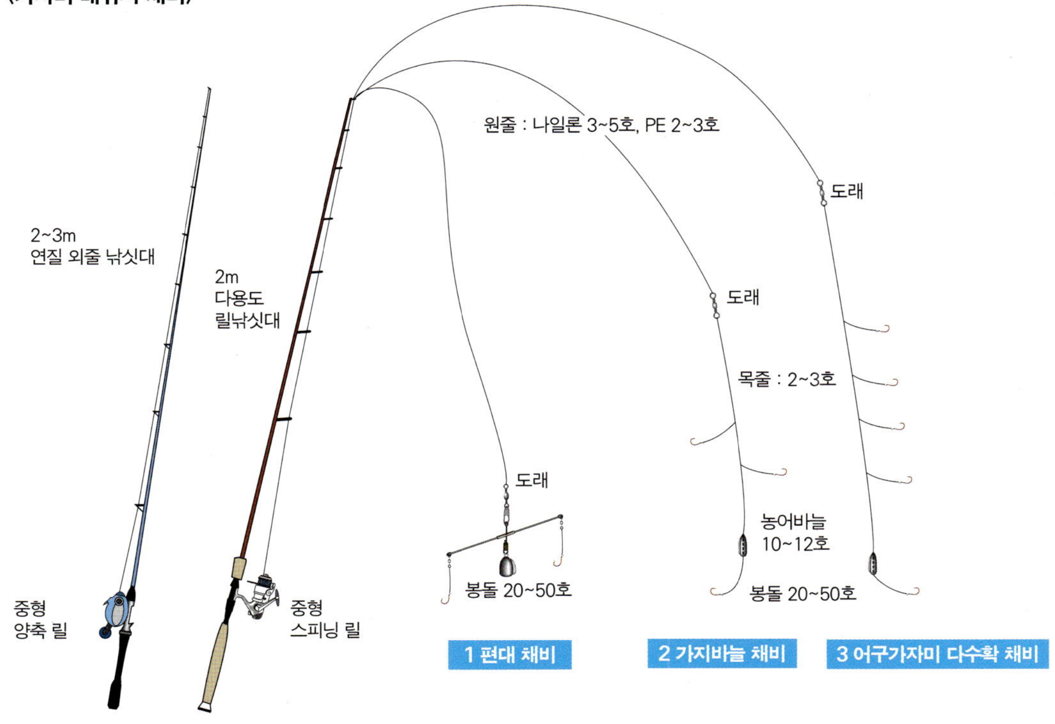

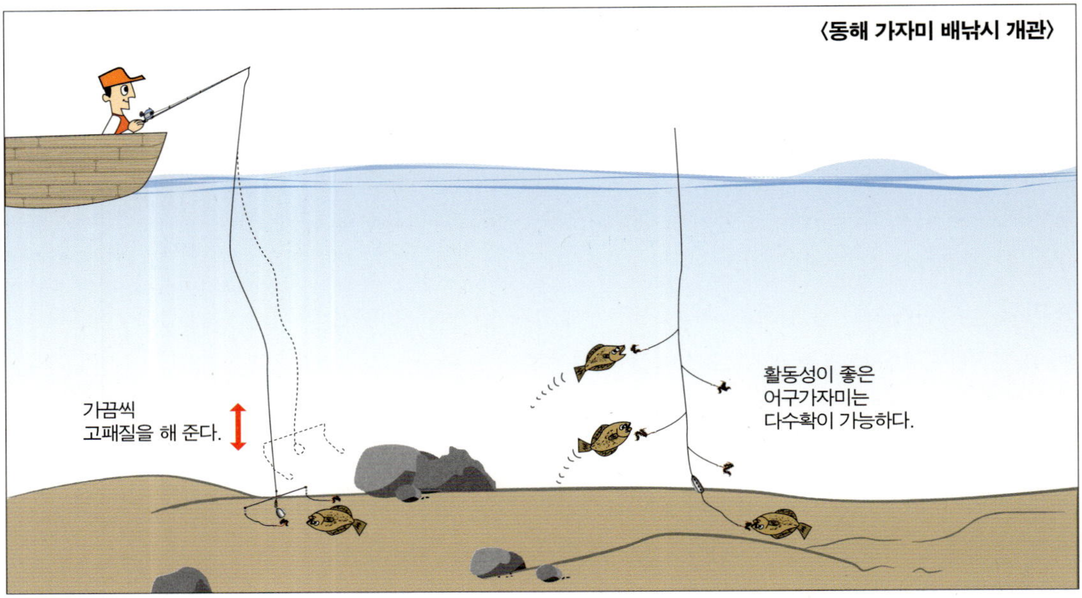

■ 가자미 외줄낚시 이렇게!

① 포인트에 도착하면 채비를 투입하고 봉돌이 완전히 가라앉기를 기다려 원줄을 팽팽히 해 둔다.

② 채비를 살짝 들었다 놔주는 고패질을 가끔 해 주면서 입질을 기다린다.

③ 입질은 낚싯대 끝이 '투두둑!' 하는 느낌으로 쉽게 감지할 수 있다. 입질을 느꼈다면 잠시 기다렸다가 낚싯대를 슬쩍 드는 기분으로 챔질을 한다.

④ 그러나 챔질 후 곧장 감아 들이지 않아도 된다. 한 번 챔질 후 그대로 잠시 더 기다리면 나머지 바늘에도 가자미의 공격이 이어진다. 입질이 활발한 상황일수록 서두를 필요가 없다. 가자미는 바늘을 물고도 가만히 있으므로 다시 투둑거리는 느낌이 온다면 다른 가자미가 또 입질을 한 것이다.

⑤ 더 이상 입질이 없다면 서서히 릴링을 시작한다.

⑥ 바늘마다 주렁주렁 매달린 가자미를 한꺼번에 들어 올리고 한 마리씩 바늘을 빼준다. 바늘을 삼켰다면 목줄을 잡아당겨 본다. 대부분은 바늘이 빠져나온다.

■ 가자미 외줄낚시, 핵심 체크 포인트

▶동해안 항 · 포구의 각 낚싯배들은 대개 시간제 운영을 한다. 휴가를 겸한 가족동반 낚시라면 이를 염두에 두고 시간 선택을 하는 것이 좋다.

▶동해는 파도가 그리 높지 않아도 먼 바다에서 들어오는 너울의 영향으로 멀미를 일으키기 쉽다. 미리 멀미약을 복용하는 것이 즐거운 낚시를 약속하는 요령이다.

▶배낚시에서는 구명동의 착용 등 안전사고 예방이 최우선이다. 특히 어린이를 동반하는 가족단위 낚시에서는 보다 신경을 기울여야 한다.

Info

동해 북부에는 '어구가자미'가 있다

어구가자미는 동해안에서 용가자미를 이르는 방언으로, 용가자미라면 아무도 몰라도 어구가자미는 모두가 알고 있다. 어구가자미가 잘 낚이는 장소는 주문진 이북의 강원도 북부해역으로 1년 내내 참가자미와 더불어 잘 낚인다. 하지만 수온이 내려가는 겨울철이 오면 참가자미는 입질이 뜸해지고 씨알이 굵어진 어구가자미가 주인공이 된다. 어구가자미는 참가자미보다 맛에서는 뒤지지만 겨울철에는 고소한 맛으로 회 · 구이 · 탕 모두 인기가 높다. 어구가자미(용가자미)와 참가자미의 구별은 136쪽 참조.

도다리 배낚시 ‖ 감성돔 던질낚시 하듯

남해안에서는 겨울의 막바지 2월부터 문치가자미를 필두로 하는 도다리 배낚시가 시도된다. 이 무렵은 특별한 낚시 대상어가 없는 탓도 있지만 도다리 맛이 최고조에 달하기 때문이다. 봄철부터 초가을까지는 내만 양식장 주변에서 갯지렁이 미끼로 던질낚시를 하다 보면 감성돔까지 곁들여지므로 양수겸장을 할 수도 있다.

■ 장비와 채비, 미끼 및 포인트

▶낚싯대 - 초릿대가 유연하고 채비를 살짝 원투할 수 있는 길이 3m 정도의 연질 낚싯대가 최적이다. 이외에 적당한 제원의 다용도 릴대를 사용해도 특별한 문제는 없다.

▶릴 - 중소형 스피닝 릴을 사용한다. 특별히 강한 파이팅을 하는 낚시가 아니므로 릴의 선택에 크게 고민을 할 필요가 없다. 다른 용도로 사용하던

〈도다리 배낚시 채비〉

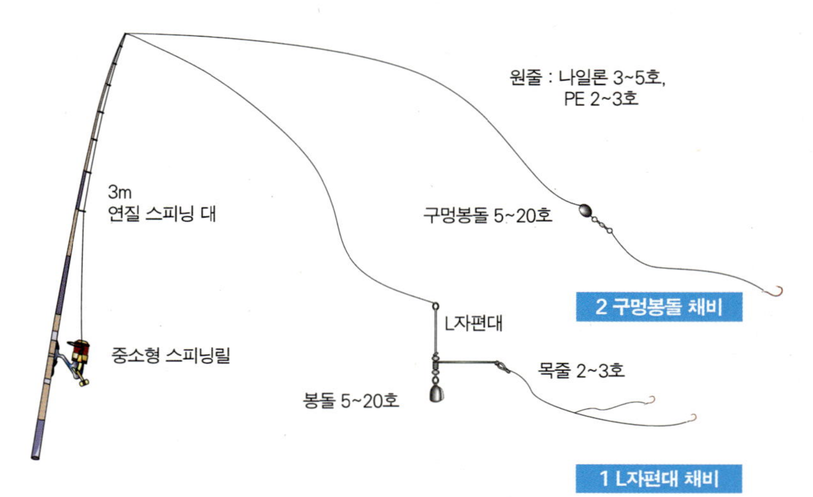

▲ 도다리 배낚시는 초봄이 제철이다. '봄 도다리, 가을 전어'라는 속담처럼 봄철에 잡히는 도다리가 가장 맛있다.

릴이 있다면 그대로 사용해도 된다.

▶**낚싯줄** - 원줄은 나일론 3~5호가 기준이다. 목줄은 플로로카본 2~3호로 만들어도 좋고 시판되고 있는 편대 채비나 묶음추 채비를 연결해 사용하면 된다.

▶**봉돌과 바늘** - 구멍봉돌 5~20호를 수심에 따라 가감하면 된다. 얼레를 이용한 손낚시에서는 50호 이상 무겁게 사용하는 경우도 있다.

바늘은 농어바늘 10~12호를 외바늘로 사용하거나 편대 채비나 가지바늘 채비를 만들어 사용하기도 한다. 농어바늘을 선택하는 이유는 미끼를 삼켜버리는 가자미의 특성을 고려해 바늘을 빼내기 쉬운 장축 바늘이 편리하기 때문이다.

▶**미끼** - 지역별로 차이를 보이지만 구하기 쉽고 값싼 청갯지렁이가 우선이다. 감성돔을 겸할 목적으로 다소 값비싼 참갯지렁이를 사용하기도 한다.

▶**도다리 배낚시 포인트** - 내만 인근에 설치된 양식장 주변 등 수면이 잔잔하고 바닥이 모래로 이루어진 장소가 포인트이다. 도다리낚시로 유명한 장소는 주로 산란장이 되는 지역이다. 어느 지역이라도 공통적인 것은 문치가자미는 물론 일반 가자미들은 활동성이 적어 별로 이동하지 않는다는 점이다. 한 포인트에서 입질이 끊어지거나 없다면 바로 이동하여 입질이 들어오

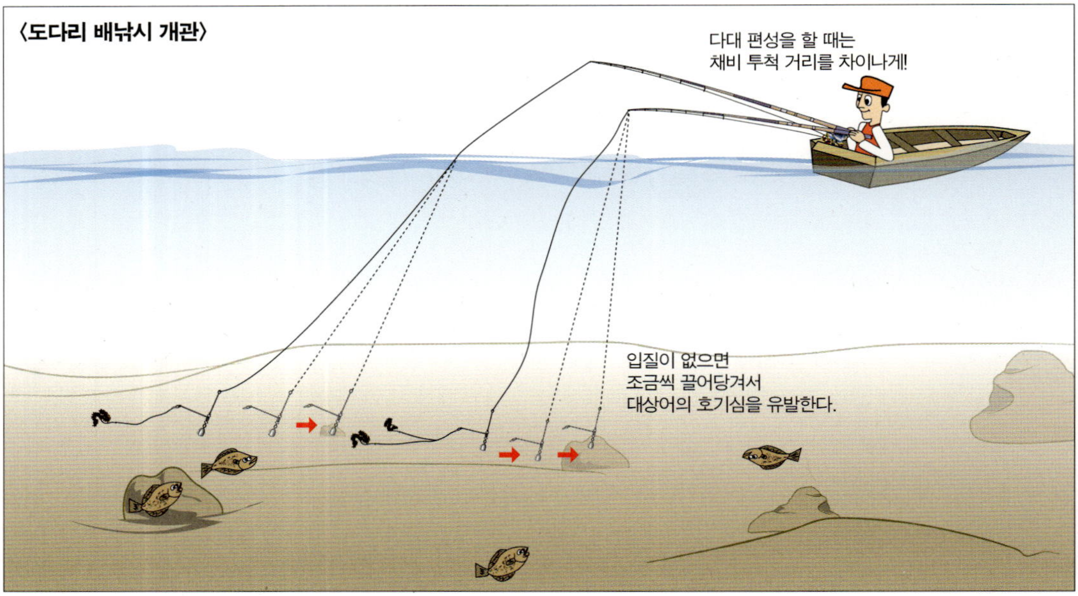

는 포인트 즉, 가자미가 모여 있는 장소를 찾아야 한다.

■ 도다리 배낚시 이렇게!

① 포인트에 도착해 낚싯배가 자리를 잡으면 낚싯대를 편다. 한 대만 펴기보다는 2~3대를 나란히 동시에 펴는 것이 좋다.

② 원하는 지점으로 채비를 던지되 낚싯대를 여러 대 펼 경우는 서로 거리 차를 두어 포인트를 넓게 탐색하는 것이 좋다.

③ 낚싯줄을 팽팽히 유지한 상태로 뱃전에 비스듬히 걸쳐둔 낚싯대 끝을 보고 입질을 기다리는데, 입질이 없다면 채비를 조금 감아 당겨 이동시켜 본다. 채비를 약간씩 끌어당기는 것은 대상어의 호기심을 유발하기 위해서이다.

④ 입질은 초릿대 끝이 투둑거리는 움직임으로 알 수 있다. 입질이 감지되면 잠시 기다렸다가 낚싯대를 슬쩍 드는 기분으로 챔질을 한다.

⑤ 무게가 느껴진다면 그대로 릴링을 시작한다. 무게감이 없으면 릴링을 멈추고 잠시 더 기다려 본다.

⑥ 수면에 올라온 도다리가 씨알이 잘면 그대로 들어 올리고 크다면 뜰채를 사용한다.

■ 도다리 배낚시, 핵심 체크 포인트

▶도다리 배낚시는 주로 내만에 설치된 굴 · 김양식장 주변에서 이루어진다. 오랫동안 입질이 없을 경우는 너무 기다리지 말고 포인트 이동을 하는 편이 조과를 올리는 비결이다.

▶1인당 사용하는 낚싯대가 많게는 3~4대에 달하기도 하므로 여럿이 승선한 경우에는 낚싯줄이 서로 엉키기 쉬운 점을 감안해 캐스팅 방향과 간격에 주의해야 한다.

▶도다리는 미끼를 물고도 가만히 있는 경우가 많아 입질을 모르고 지나치는 경우도 있다. 언뜻 낚싯줄이 축 늘어져 있을 경우는 이상유무를 점검해 보는 것이 좋다.

▶낚여 올라온 도다리가 바늘을 삼켜버렸다면 먼저 목줄을 당겨본다. 다행히 바늘이 목구멍 속에서 빠져나오는 경우도 있지만 깊숙이 박힌 경우는 바늘빼기가 필요한 경우도 있다. 사정이 여의치 않을 때는 시간을 허비하지 말고 목줄을 끊는 것이 현명하다.

Info

알고 계세요?

남해안에서 흔히 도다리라 부르는 문치가자미는 금어기간이 설정돼 있다. 12월 1일부터 익년 1월 31일까지이다. 또한 문치가자미, 참가자미, 용가자미, 기름가자미 4종은 17cm가 채포금지 체장으로 지정돼 있다. (2024년부터는 금지 체장이 20cm로 상향 예정)

가자미 던질낚시 ‖ 섣부른 챔질은 금물

방파제나 탁 트인 백사장에서 채비를 힘껏 던져 가자미를 낚는 광경은 한가롭고도 여유로워 보인다. 던질 낚싯대를 힘차게 휘둘러 채비를 던져 넣고 잠시 기다리다 보면 어느새 가자미가 반가운 얼굴을 보여준다. 가자미가 낚이는 장소는 대부분 모래바닥으로, 밑걸림이 없어 한나절을 보내기에 안성맞춤이다.

마릿수 조과를 기대하는 낚시는 아니지만 찌낚시를 하는 도중 심심풀이로 시도할 수도 있고, 가족과 함께 여름 해수욕장을 찾았을 때 시도해 볼만한 낚시 장르이기도 하다.

■ 장비와 채비, 미끼 및 포인트

▶**낚싯대** - 본격적인 백사장 원투대(25~35호)를 사용하는 것이 최적이다. 그러나 가자미를 낚기 위해 고가의 백사장 원투대를 따로 장만하는 것은 무리다. 길이 4~5m의 던질 낚싯대, 또는 다용도 낚싯대를 사용해도 된다.

▶**릴** - 백사장 원투 전용 스피닝 릴을 선택하는 것이 최고의 선택이다. 특히 퀵 드랙 시스템이 장치된 릴이라면 더욱 좋다. 이 기능은 입질에 의해 낚싯줄이 당겨지면 드랙이 역전해 낚싯줄을 조금 내보내는 것으로, 입질 후 미끼를 완전히 삼키기까지 시간이 다소 걸리는 가자미를 낚는 데 유리한 기능이다. 전문적인 원투용 스피닝 릴이 부담된다면 차선책은 중대형 스피닝 릴이다.

▶**낚싯줄** - 원줄은 나일론 3~5호. 하지만 효과적인 원투를 위해서는 PE 1~3호를 사용하는 것이 비거리 면에서 유리하다. 여기에 캐스팅 쇼크로 인한 원줄의 끊어짐을 막기 위한 목적으로 힘줄을 달아준다. 힘줄은 일본 제품의 경우 굵기가 5호에서 10호로 점차 굵어지는 10m짜리 전문 제품(이른바 테이퍼 라인)도 있지만 단순히 나일론 8호를 10m 정도 직결해도 된다. 여기에 시판 채비를 도래를 이용해 연결하는데, 기둥줄 5호에 목줄 3호로

〈가자미 던질낚시 채비〉

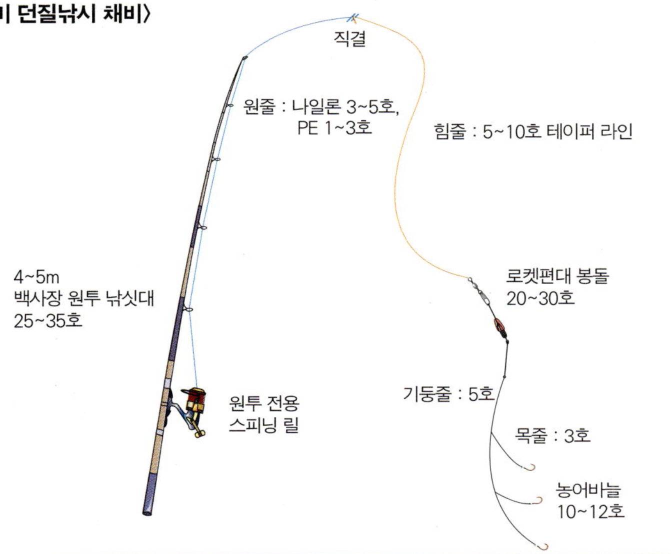

구성된 가자미 혹은 보리멸 채비를 사용한다.

▶**봉돌과 바늘** - 봉돌은 백사장 원투 전용의 로켓편대나 플로트편대를 사용하는 것이 일반 납봉돌보다 채비 회수 시에 잘 떠올라 여러모로 편리하다. 무게는 20~30호면 적당하다.

▶**미끼** - 어디에서나 구하기 쉬운 청갯지렁이면 된다. 굵은 것은 한 마리만 바늘을 감싸듯 꿰고 작은 것은 서너 마리를 같이 꿴다. 갯지렁이가 풍성하게 보이도록 하는 것이 좋은데 전체 길이가 6~10cm면 알맞다. 너무 길면 입질이 와도 바늘에 걸리기 어려우므로 잘라낸다.

▶**던질낚시 포인트** - 방파제의 외해 쪽이나 끝부분이 수심이 깊어 주요 포인트가 된다. 그 외에도 선박의 통로가 되는 골자리, 모래바닥에 암초가 산재한 지형이 좋다. 그러나 평평한 모래밭보다는 수심이 변하는 장소, 솟아오른 둔덕 주변 등에서 입질이 잦은 편이다.

■ 가자미 던질낚시 이렇게!

① 채비를 원투하여 가라앉힌다. 낚싯대를 들어 올리면서 채비를 천천히 끌어당기면 봉돌이 끌려오는 감각으로 해저의 상태를 감지할 수 있다. 급심지대, 암초 주변을 찾아 채비를 그곳에 멈춘다.

② 낚싯대를 한 대 더 편다면 한 대는 멀리, 또 한 대는 중간 지점 정도에

던져 투입 거리를 달리해 포인트를 탐색한다.

③ 입질을 기다릴 때는 릴의 드랙을 약간 풀어 둔다. 입질이 왔을 때 낚싯줄이 당겨지면 스풀이 역전할 정도가 좋다.

④ 입질이 없으면 5분마다 조금씩 채비를 이동시킨다. 마치 부채살을 그리듯. 졸복과 같은 잡어가 미끼를 따먹을 수도 있으므로 20분 정도 지나도 입질이 없다면 채비를 회수해 미끼를 확인해 보는 것이 좋다.

⑤ 입질은 릴대 초리가 찔끔하고 움직이거나 릴의 스풀이 '지직' 하고 약간 역회전하는 것으로 알 수 있다. 첫 입질은 아무리 확실한 느낌이 들더라도 성급하게 챔질하지 말고 그대로 놔둔다.

⑥ 릴대 초리와 원줄이 빨려나가는 본신이 나타나면 비로소 챔질을 하되, 그 전에 풀어둔 릴의 드랙을 조이고 바늘이 가자미의 입에 확실히 박히도록 낚싯대를 힘차게 들어 챔질한다.

⑦ 챔질이 제대로 되었다면 낚싯대를 세운 그대로 릴링을 한다. 저항이 강하지 않지만 방파제 앞의 장애물에 채비가 걸리면 곤란하므로 되도록 빨리 수면에 띄울 필요가 있다.

〈가자미 던질낚시 개관〉

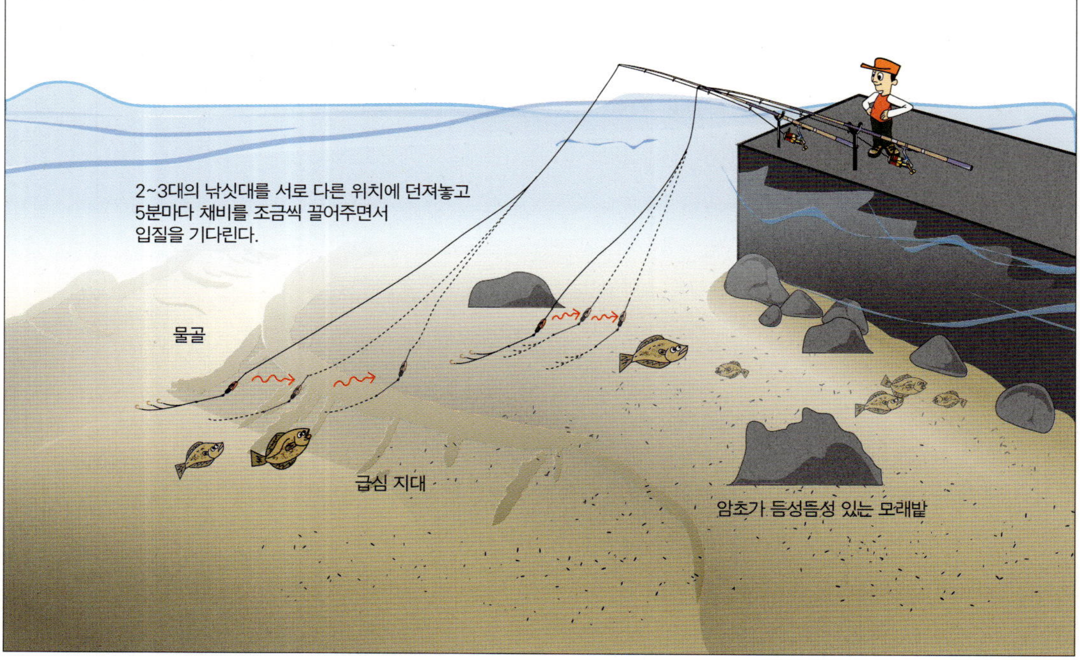

⑧ 떠오른 가자미는 씨알을 확인하고 그대로 들어 올리면 된다.

■ 가자미 던질낚시, 핵심 체크 포인트

▶일부 지역 방파제에서는 맛좋은 문치가자미(도다리)도 잘 낚인다. 동해중부 · 남부와 남해동부의 문치가자미 던질낚시는 3월~5월이 시즌이다.

▶그까짓 가자미라고 적당히 넘어가지 말고 원줄 및 힘줄, 원투용 편대 봉돌 등, 채비는 가능한 한 본격적으로 갖추는 것이 조과를 높이는 지름길이다.

▶입질을 하는데도 챔질이 잘 안 된다면 자신이 너무 서두르는 것이 아닌지 생각해 보아야 한다. 가자미는 미끼를 삼키는 행동이 매우 느리므로 첫 입질은 미끼를 물고 약간 움직이는 것에 지나지 않는다.

▶방파제나 제방에서 채비를 원투할 때는 옆이나 뒤쪽으로 사람이 지날 수 있으므로 각별히 조심해야 한다. 낚싯대가 길기 때문에 사고의 위험성도 그만큼 높다.

Taste

이렇게 먹어요!

'봄 도다리 가을 전어'라는 속담처럼 도다리를 포함한 가자미류는 봄철에 가장 맛있다. 이때의 가자미 맛은 양식산 광어와 비교할 바가 아니다.

손바닥만한 씨알은 뼈째 썰어먹는 이른바 '세꼬시' 회가 제격이고, 굵직한 크기는 껍질을 벗기고 회를 친다. 몇 마리 회를 뜨고 남은 몸통은 매운탕 거리로 사용한다. 뼈째 우려낸 국물은 얼큰하고도 시원스럽다.

특히 봄철에 낚은 도다리는 토막을 쳐 미역국에 넣어 먹어도 좋고, 이른 봄철의 어린 쑥을 넣고 도다리와 함께 끓이면 그 맛이 일품이다. 이 '도다리 쑥국'은 경남 통영 지방의 향토음식으로도 유명하다.

가자미 물회 ①

가자미 물회 ②

도다리 회

가자미 물회 국수

도다리 미역국

2 갈치낚시

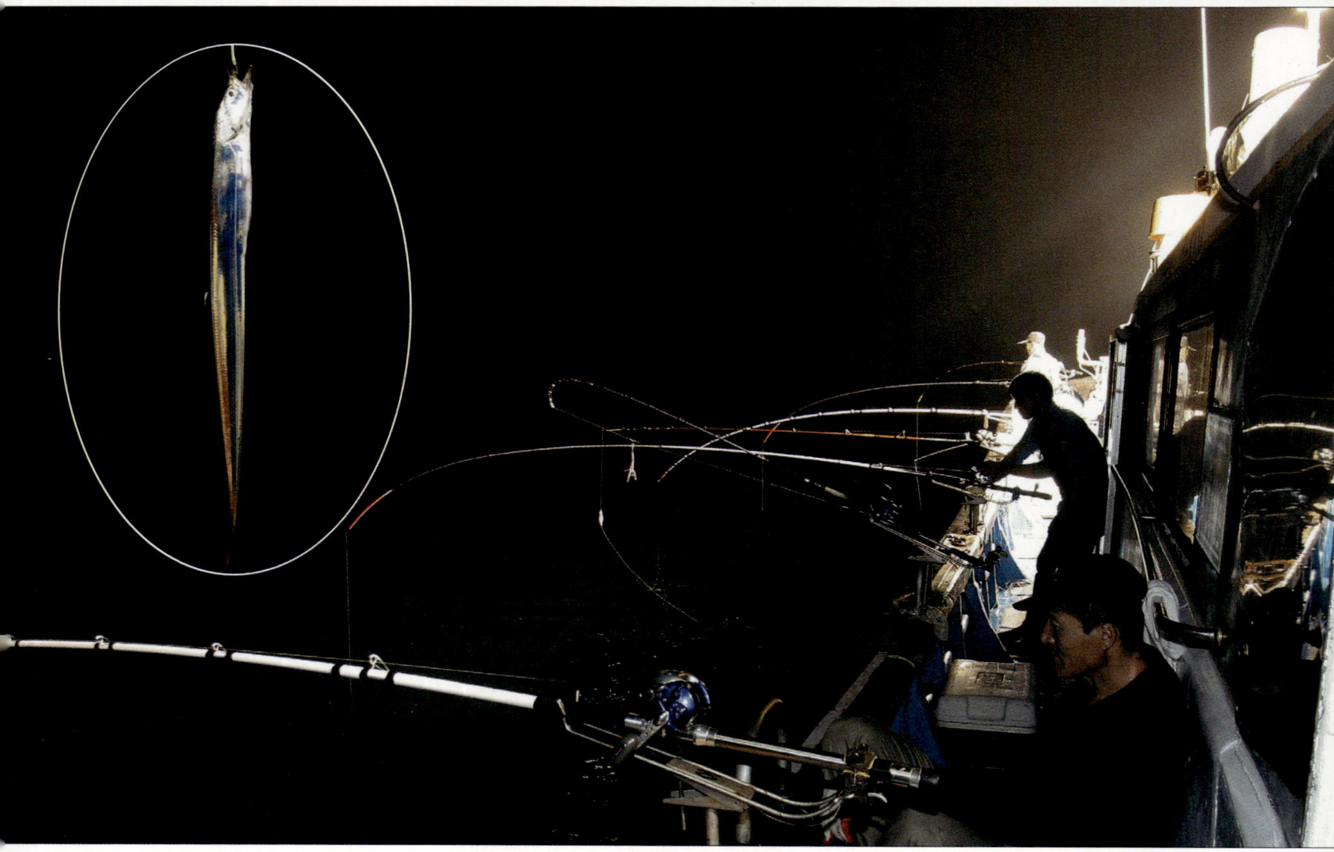

밤바다에 번쩍이는 값비싼 은장도

우리 식탁에서 귀한 대접을 받는 생선 중에서 둘째가라면 서러워할 주인공이 바로 갈치이다. 굵은 놈일수록 그렇다. 손가락 5개(五指) 정도 체고의 제주산 은갈치라면 은값이 아니라 그야말로 금값이다. 1990년대 말부터 목포를 중심으로 시작된 갈치 배낚시는 남해안 전역으로 확대되었고 서해에서도 시도되고 있다. 시즌 또한 여름은 물론 겨울철 심해 배낚시로까지 연장되어 갈수록 인기몰이다. 불 밝힌 낚싯배 위에서 용트림치는 갈치를 맛보는 것도 좋지만, 방파제 위에서 루어낚시로 간편하게 즐길 수도 있다.

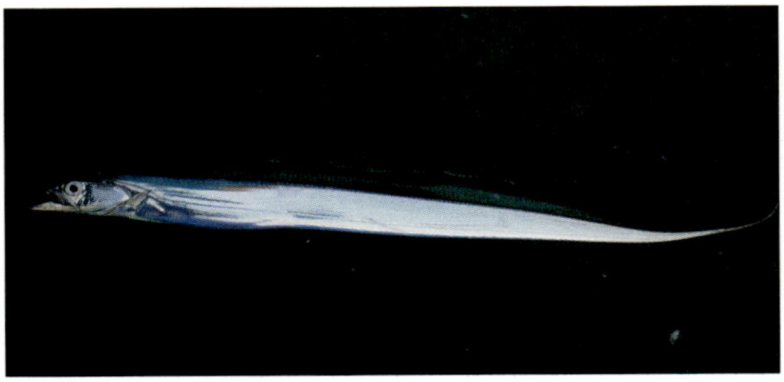

표준명 갈치

학 명 *Trichiurus lepturus*

영 명 Cutlass fish

일 명 다치우오(タチウオ)

속 명 칼치, 깔치, 풀치(치어), 빈쟁이

생 태 몸이 측편되고 아주 길며 꼬리는 긴 줄과 같은 형태를 하고 있다. 비늘이 없고 살아있을 때는 푸른빛이 도는 금속적인 광택이 나지만 죽으면서 점차 회색조의 은색이 된다. 입에는 크고 날카로운 송곳니를 갖고 있다.

다 자라면 길이가 2m를 넘고 무게도 5kg에 달한다. 최대 크기는 2002년 8월에 중국 복건성에서 잡힌 길이 4.6m, 무게 7.3kg짜리로 알려진다. 크기가 25cm 이하인 치어는 곤쟁이와 같은 동물성 플랑크톤을 주로 먹지만, 그 이상으로 성장하면 다른 작은 어류나 오징어를 잡아먹는다. 군집하는 시기에는 서로 잡아먹는 공식(共食) 현상도 일어난다고 알려져 있다.

전세계 열대에서 온대지역에 걸쳐 널리 분포하는데, 우리나라의 경우 연근해 전체에 서식하며 주로 서해 남부와 남해에 많다. 겨울철에는 제주도 서쪽 해역에서 월동하고 봄이 되면 북상해 가을철이 되면 다시 남하하는 계절회유를 한다. 낮에는 모래나 펄 바닥 깊은 곳에 있다가 밤이 되면 수면으로 올라오는 특성이 있어 낚시는 주로 밤에 행해진다. 머리를 위로 하고 꼿꼿이 서서 헤엄치는 특이한 유영 형태를 지니고 있다.

살이 연하고 담백한 흰 살 생선으로, 소금구이 · 조림 · 튀김 등 어떤 요리를 해도 맛이 좋아 누구나가 좋아하는 유용한 식재료이다. 제주도에서는 회로도 즐기고 갈치국도 유명하다.

낚시 지역 ①남해 여수, 고흥, 완도, 통영 ②서해 목포 ③제주도

낚시 시기 심해 밤 배낚시 6월, 8월~12월, 연안 및 내만 낚시 8월~11월

■ 한바다는 물론 내만에서도 가능

갈치가 낚시 대상어로 자리매김하게 된 것은 그리 오래되지 않았다. 거문도 · 제주도 등지를 제외한다면 낚시 대상어라기보다는 어업 대상에 속했는데, 90년대 말 목포의 삼호방조제 부근에서 갈치 배낚시가 인기를 모으면서 점차 대중적인 장르로 정착하게 되었다. 또한 루어낚시 붐을 타고 여기에 갈치가 대상어로 포함되면서 동호인 숫자가 더욱 확산되었다. 뿐만 아니라 2000년대에 들어서는 본격 심해낚시로까지 발전하여 연안에서는 볼 수 없는 굵은 씨알을 올리게 되었다.

주요 낚시터는 제주도를 포함한 남해안 지역이다. 예로부터 목포가 유명하고, 완도 · 고흥 · 여수 · 통영 등지에서 전문 낚싯배가 출조객들을 모집한다. 서해 격포 · 군산 · 홍원항 지역에서도 갈치낚시를 나간다.

시즌은 바다의 수온이 올라가는 6월을 시작으로 수온이 가장 높은 가을철에 피크를 맞으며 12월까지 이어진다. 시즌 초반은 원거리인 제주도 주변이 포인트가 되고 수온이 상승함에 따라 점차 포인트가 북상해 한창 시즌인 9월 이후에는 남해안 연안에 포인트가 형성된다.

갈치 배낚시는 내만낚시와 한바다 심해낚시로 구분할 수 있다. 내만낚시는 배낚시라도 패밀리 피싱의 성격이 강하지만, 한바다 배낚시는 전동 릴과 어부식 채비를 사용하는 어업의 느낌이 강한 전문가의 영역이라고 볼 수 있다.

Figure 은갈치와 먹갈치 따로 있나?

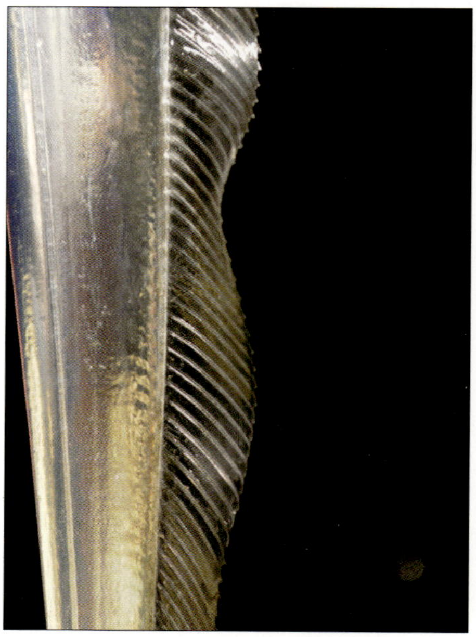

갈치도 종류가 있을까? 흔히 제주산 갈치를 '은갈치'라고 부르고 육지의 목포나 통영의 갈치는 '먹갈치'라 부른다. 생김새도 은갈치는 반짝이는 은빛이지만 먹갈치는 거무튀튀하다.
갈치는 비늘이 없고 만지면 은분이 묻어나는데, 이 은분은 구아닌(guanine)이라는 유기염 성분으로 인조진주의 광택 재료로 사용된다. 이 은분이 낚시로 잡은 갈치는 잘 떨어지지 않지만 그물로 잡은 갈치에서는 떨어져 나가게 된다. 그래서 주로 낚시로 잡는 제주산 갈치는 은분이 그대로 있어서 은갈치, 그물로 잡은 갈치는 은분이 떨어져 나가 상대적으로 어두워보이므로 먹갈치라고 부르는 것이다.

갈치 외줄낚시 ‖ 고출력 전동 릴 필수

한바다 외줄낚시 형태로 고출력 전동 릴을 사용하는 낚시이다. 채비는 어부들이 어업에 사용하는 채비를 응용한 것(채비 그림 참조)이다. 장비와 채비는 거창하지만 낚시 방법은 간단하다. 채비를 던져 투입하고 입질을 기다리다가 입질이 오면 전동 릴의 스위치를 누르면 된다.

■ 장비와 채비, 미끼 및 포인트

▶**낚싯대** - 예로부터 채낚기 어선에서 사용하는 채비를 응용하는 관계로 낚싯대가 전체 채비를 다루기에 충분할 정도로 일단 길어야 한다. 3m 이상, 4m 정도까지도 사용된다. 심지어 먼 바다 외줄낚시에서는 가지바늘을 많이 부착하기 위해 6m에 달하는 긴 릴대를 사용하는 이들도 있다. 낚싯대가 길수록 무겁고 사용에 힘들지만 전용 받침대를 활용하면 한결 수월해진다.

또한 가이드가 없이 낚싯줄이 낚싯대 속을 통과하는 인터라인 형식이 갈

〈갈치 외줄낚시 채비〉

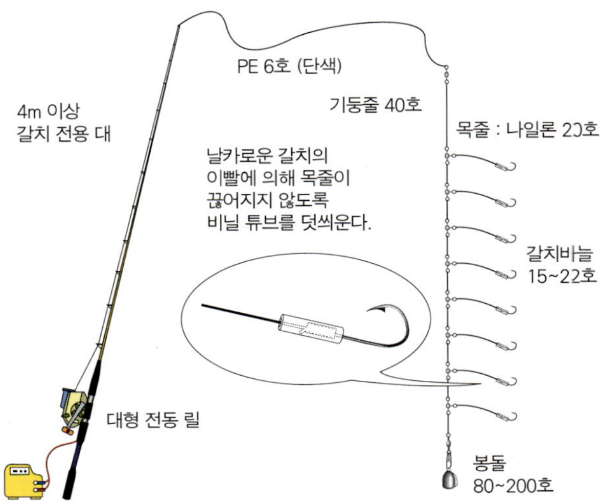

치 전용 낚싯대로 사용된다. 이는 여러 가닥의 가짓줄 채비를 주로 밤낚시라는 환경에서 사용하게 된다는 특성상 줄엉킴을 조금이라도 줄이기 위한 것이다.

추부하는 일반적으로 100~200호로 폭넓은 편인데 출항지에 따라 달라지는 경향을 보인다.

▶릴 - 갈치 외줄낚시용 릴은 고출력 전동 릴과 고용량 배터리가 필요하다. 포인트의 수심이 보통 70~80m, 깊으면 100m 이상에 달하므로 사용하는 봉돌의 무게가 만만치 않다. 더욱이 쉬지 않고 채비를 올렸다 내리기를 반복하는 만큼 전동 릴을 사용하지 않고는 힘이 들어 낚시를 할 수가 없다.

전동 릴을 선택할 때는 크기도 중요하지만 먼저 힘을 고려해야 한다. 갈치낚시에서는 고속으로 감기보다는 저속 모드를 자주 사용하게 되므로 저속에서 힘이 좋은 고출력 제품이 유리하다. 중형보다는 대형, 중형이라도 고출력 모델을 선택하면 실패가 없다.

전동 릴 사용에 필요한 개인 배터리를 지참한다면 필히 대용량 제품을 준비해야 한다. 서해의 우럭 침선 낚시에 비해 낚시 시간이 길고 더 무거운

〈갈치 외줄낚시 개관〉

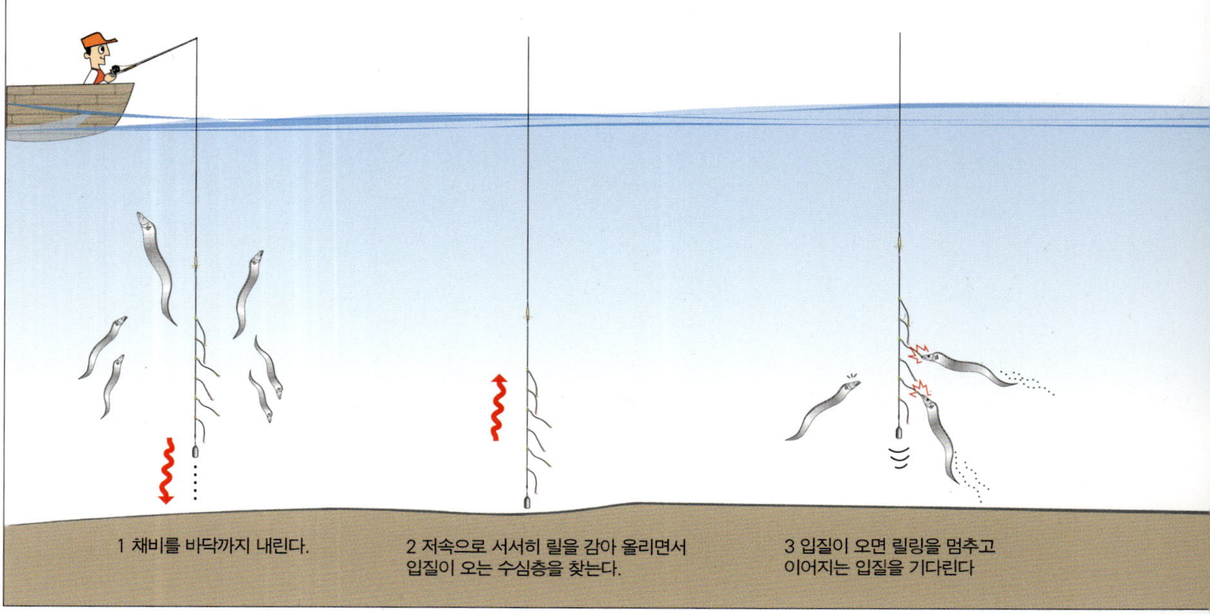

Tip 갈치는 칼치(刀齒)다

갈치의 앞니는 마치 송곳니처럼 도드라져 있다. 아주 날카로워서 살짝 닿아도 자신도 모르게 상처를 입기도 한다. 낚시에 열중하다가 손에서 줄줄 피가 흐르는 것을 보고 나서야 갈치 이빨에 손을 베었다는 것을 알아차리기도 한다. 갈치낚시에는 장갑과 바늘을 빼기 위한 플라이어가 필수품이다. 또한 낚아 올린 갈치는 바로 목을 꺾어 즉사시키는 편이 여러모로 유리하다. 안전을 확보하고 신선도도 유지할 수 있기 때문이다.

봉돌을 사용하게 되는 갈치낚시는 서해 침선 낚시의 3배 정도 배터리 용량을 필요로 한다고 생각하면 좋다. 8~10A의 초대용량 배터리가 적당하다.

▶낚싯줄 - PE 6호가 기본이며 굵게 사용하는 경우는 8호나 10호까지. 야간에 조명을 밝히고 하는 낚시인만큼 갈치 이외의 여러 가지 어종이 모여든다. 특히 이빨이 날카로운 삼치와 같은 어종이 낚싯줄의 흰색 부분이나

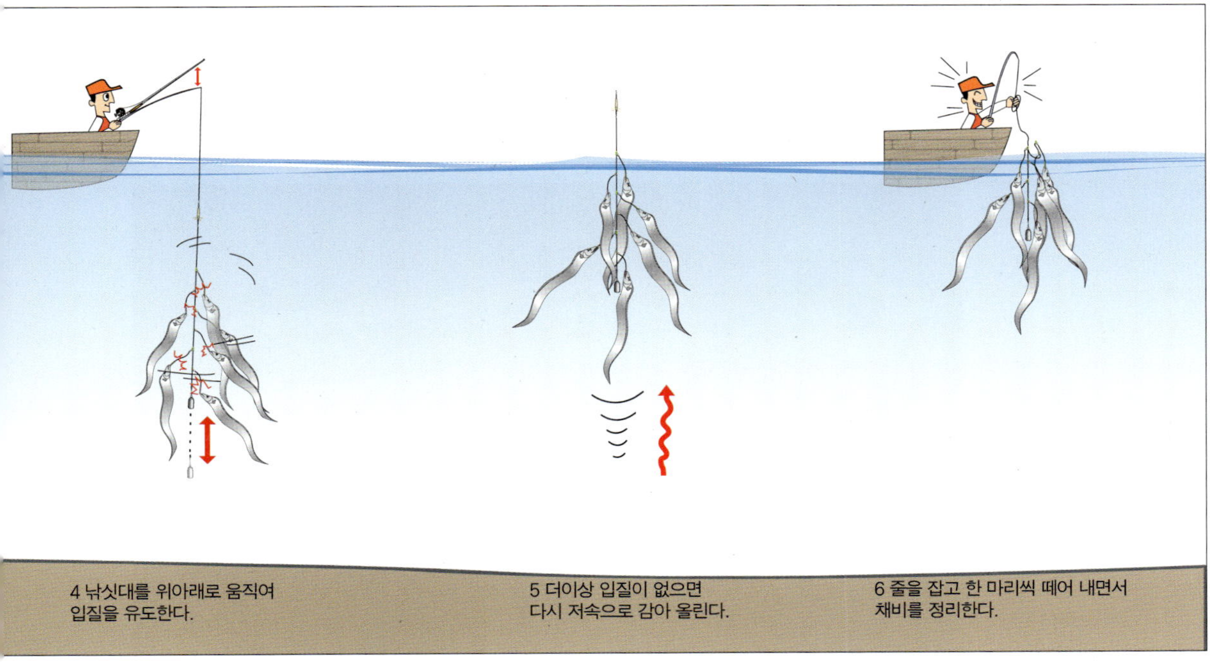

4 낚싯대를 위아래로 움직여 입질을 유도한다.

5 더이상 입질이 없으면 다시 저속으로 감아 올린다.

6 줄을 잡고 한 마리씩 떼어 내면서 채비를 정리한다.

잘 보이는 부분을 물어 끊는 경우도 있다. 이를 방지하기 위해 길이별로 다른 색으로 염색한 줄이나 수심을 표시하기 위해 흰색으로 표시가 된 줄을 피하고, 눈에 잘 보이지 않는 진녹색의 단색 줄을 사용하는 경우가 많다. 릴의 스풀에는 원줄이 최소한 200m는 감겨 있어야 한다.

갈치 외줄낚시 채비는 기둥줄과 6단 이상의 가짓줄로 구성되는데, 기둥줄은 나일론 40호 정도, 가짓줄(목줄)은 나일론 20호를 사용한다.

▶**봉돌 및 바늘** – 바늘은 갈치바늘 15~22호를 사용한다. 목줄이 갈치의 날카로운 이빨에 쉽게 상하거나 끊어지기도 하므로 목줄과 매듭 보호를 위해 형광 비닐 튜브를 씌워둔다. 이 튜브는 수중에서 갈치의 집어 효과를 기대할 수도 있어 일석이조이다. 봉돌은 80~200호를 사용한다.

채비 전체를 낚싯배에서 판매하거나 무료 제공하는 경우가 많으므로 직접 바늘과 봉돌을 준비해야 하는 경우는 드물다.

▶**미끼** – 미끼 역시 낚싯배에서 제공해 준다. 냉동 꽁치를 많이 사용하는데, 적당한 크기로 썰되 포를 뜨듯 살만을 발라 바늘에 단다. 꽁치 이외에도 낚은 갈치 중 작은 것을 골라 살을 저며 대신 사용해도 효과가 좋다. 손님고기로 낚인 삼치 · 고등어 · 만새기 살을 사용하는 경우도 있다.

▶**외줄낚시 포인트** – 멀리는 공해상까지도 나가는 낚시이니 만큼 포인트 선정은 개인이 할 수 없다. 선장의 경험과 판단이 가장 중요한 요소이며 어군탐지기도 활용한다. 그 외에는 배에 설치된 조명에 의해 모여든 작은 물

▶ 갈치 외줄낚시를 할 때는 미끼를 꿴 여러 개의 가지바늘을 순서대로 뱃전에 잘 사려 두어야 한다. 서로 엉키지 않게 하고, 신속한 손놀림을 위해서이다.

고기에 의해 자동적으로 어군이 형성되므로 신경 쓸 필요가 없다. 낚시인은 선장을 신뢰하고 즐기기만 하면 된다.

■ 갈치 외줄낚시 이렇게!

①미끼를 꿴 다음에는 긴 채비가 서로 엉키지 않도록 하는 것이 최우선이다.

②미끼를 꿴 바늘을 낚싯대 옆의 뱃전에 나란히 올려놓는다. 보통 바늘은 6개. 원줄에 가까운 순서대로 차례를 맞춰야 한다. 더 긴 채비라면 바늘 개수가 늘어나므로 더욱 주의하여 늘어놓는다.

③봉돌을 투입할 때는 그대로 아래로 내리기도 하지만 긴 가짓줄 채비의 엉킴을 조금이라도 줄이고자 봉돌을 손으로 멀리 던지기도 한다. 줄꼬임이나 옆 사람과의 채비 엉킴이 예방되는 효과가 있다. 봉돌을 던지는 경우는 차례로 딸려 나가는 바늘에 주의해야 한다. 엉키거나 어딘가에 걸려 있다면 낭패이므로 항상 봉돌을 던지기 전에 바늘과 기둥줄, 가짓줄의 상태를 미리 확인해야 한다.

④봉돌이 바닥에 닿았다면 전동 릴의 스위치를 눌러 감겨 올라오도록 한다. 속도는 천천히 '저속'이 기본이다.

⑤채비가 올려지는 도중, '타닥타닥' 하는 느낌이 오면 입질이다. 입질을 느꼈다면 재빨리 전동 릴의 자동 감김을 멈추고 손을 사용해 직접 감기 시

▼ 여름철 갈치낚시로 파시를 이루는 창원시 진해구 명동에 위치한 음지교 일대의 야경.

작한다. 천천히 감아올린다.

⑥천천히 감다보면 연속으로 입질이 이어진다. 너무 서두르지 말고 나머지 바늘에도 갈치의 입질이 이어지도록 하는 것이 조과를 배가시키는 비결이다.

⑦바늘마다 갈치가 다 물었다고 판단되거나 입질이 더 이상 이어지지 않으면 감아올린다. 전동 릴을 작동시켜도 좋고 그냥 손으로 감아도 좋다.

⑧원줄이 다 올라와 채비가 연결된 도래가 보이면 릴링을 멈추고 손으로 기둥줄을 잡아 끌어올린다. 무작정 끌어올리는 것이 아니라 침착하게 바늘에 매달린 갈치의 요동에 대비하면서 한 마리씩 끌어올려 바늘을 빼고, 차례로 끌어올리는 것을 반복한다.

⑨갈치는 요동이 심한 데다가 이빨이 매우 날카로우므로 섣불리 만지다가는 낭패를 볼 수 있다. 신속하게 한 손으로 뒷덜미를 잡고 다른 한 손으로 목을 꺾어 즉사시키는 편이 여러모로 편리하며 선도 유지에도 좋다. 바늘이 위턱에 걸려 있는 경우라면 목줄을 세게 당겨 목을 뒤로 꺾어버리는 것도 좋은 방법이다.

⑩익숙해지면 수면에 보이는 첫 번째 갈치를 끌어올리고, 바늘을 빼고, 갈치를 아이스박스에 담고, 빈 바늘에 다시 미끼를 달고, 낚싯줄을 정리하고, 다음 갈치를 끌어올리고…, 이러한 과정을 신속 정확히 반복해 나갈 수 있게 된다.

■ 갈치 외줄낚시, 핵심 체크 포인트

▶전동 릴의 선택은 물론 배터리 준비에 주의한다.

▶채비가 긴만큼 기둥줄과 가짓줄 관리를 잘하고 꼬임이 보이면 바로 풀어주는 것을 게을리하지 말아야 한다. 미리 꼬임이 발생하지 않도록 도래는 고급품(3연 도래 또는 볼베어링 도래)을 사용한다. 채비 중간에 도래를 추가하는 것도 하나의 방법이다.

▶씨알이 잘다고 느껴진다면 꽁치살 대신 다른 미끼를 사용해 보는 것도 좋다. 손님으로 낚인 고등어 또는 만새기의 살이나 작은 씨알의 갈치를 썰어 사용해 보는 것이 해답이 될 수 있다.

▶입질이 약아 미끼만 없어지는 경우가 잦다면 입질을 유도하는 움직임을

연출해 보는 것이 좋다. 단순하게 천천히 감아올리기만 하지 말고 중간 중간에 속도를 더욱 늦추거나 멈춰서 갈치의 입질을 조금이라도 더 활발하게 만든다.

▶멀리 한바다까지 나가는 원정 성격의 갈치낚시는 무리해선 안 된다. 더욱이 밤을 꼬박 새우는 일정이므로 중간에 필히 휴식을 취할 것.

▶뱃멀미 대책을 세워 모처럼의 낚시가 고행길이 되지 않도록 한다. 전날의 과음이나 피로는 뱃멀미를 부르기 쉽다.

Tip

갈치의 크기는 손가락으로!

낚시고기의 씨알은 길이나 무게로 우열을 비교한다. 그런데 납작하고 긴 갈치는 이것이 별 의미가 없다. 갈치는 손가락으로 씨알을 나타내는 방법이 퍼져 있다. 손가락을 나란히 펴 갈치의 폭(체고)이 손가락 몇 개의 폭에 해당하는지를 비교하는 것이다. 손가락 세 개, 즉 3지(三指) 이하면 풀치급이고 5지 이상, 7지에 이르는 갈치는 특대형으로 통한다.

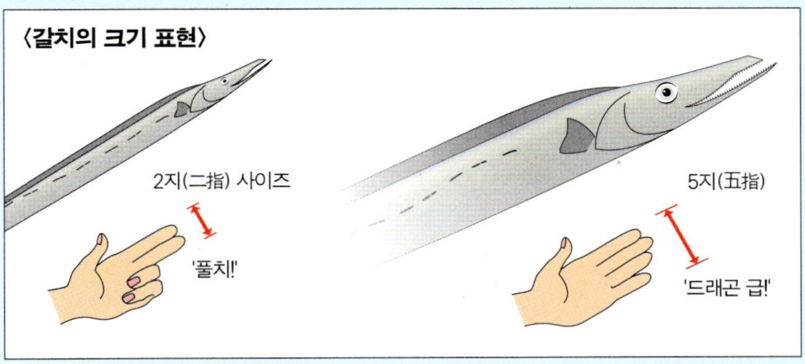

갈치 루어낚시 ‖ 루어 액션 단순하게

여름철 남해안에 갈치가 접근하면 방파제마다 밤낚시로 갈치를 낚으려는 사람들로 붐빈다. 갈치를 낚는 방법 중에서 가장 간단한 것이 바로 루어낚시이다. 길이가 긴 민낚싯대나 찌낚시용 릴대에 케미컬라이트를 장치하고 갈치를 낚는 모습보다도 오히려 루어 낚싯대를 한 손에 들고 갈치를 간단하게 낚아드는 모습이 일반적인 풍경으로 바뀌어 버렸다.

■ 루어낚시 장비와 채비, 포인트

▶낚싯대 - 갈치 루어 낚시대로는 어떻게든 루어를 충분히 캐스팅할 수 있는 릴대라면 무엇을 사용해도 좋다. 길이 6.6~7피트, 강도는 미디엄라이트(ML)가 기준. 8피트 전후의 연질 농어 루어 낚싯대, 에깅 낚싯대도 사용 가능하다. 낚시하는 장소가 수면에서 높은 경우라면 긴 낚싯대가 조금 더 편리할 것이다.

〈갈치 루어낚시 채비〉

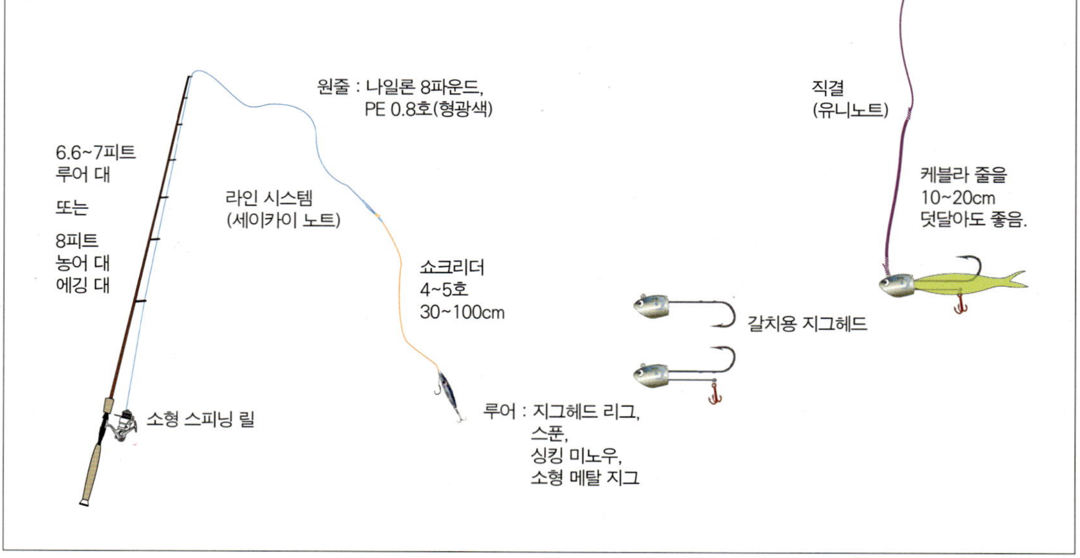

▶릴 - 널리 사용할 수 있는 소형 스피닝 릴을 준비한다. 같은 크기의 소형 스피닝 릴 중에도 스풀의 권사량에 따라 얕은 스풀과 일반 스풀이 부착된 모델이 있다. PE 라인을 원줄로 사용한다면 스풀이 얕은 형태를 선택해도 좋다.

▶낚싯줄 - 나일론 8파운드가 기준이다. PE 소재의 낚싯줄이라면 0.8호로 충분하다. 낚시가 주로 야간에 행해지는 관계로 형광처리가 되어 눈에 잘 띄는 줄이 유리하다. 어떤 소재의 원줄을 사용하든 갈치의 날카로운 이빨에 잘리는 것을 대비해 짧게 쇼크리더를 연결해 사용하는 것이 좋다. 쇼크리더는 4~5호(20파운드) 정도의 나일론이나 플로로카본, 길이는 30~100cm 정도면 충분하다. 그래도 불안하다면 와이어나 케블라 줄을 10~20cm 정도 이어 달아도 좋다.

▶루어 - 지그헤드에 웜을 장치하는 것이 가장 보편적이다. 무게는 2~10g(1/16~3/8온스)을 기준으로 하고 조류와 수심에 따라 무게를 가감한다. 웜의 선택은 길이 2~3인치를 주로 사용한다. 꼬리의 형태는 일반적인 컬리 테일이나 섀드 테일이 좋고 색상은 야광 또는 각종 형광색, 흰색, 검은색이 있으면 된다.

갈치 전용으로 만들어진 지그헤드와 웜도 있다. 갈치의 길게 찢어진 입 구조에 맞도록 바늘 끝이 아래로 향하게 만들어진 것과 트레블 훅이 따로 부착되도록 만들어진 것 등의 형태를 취하고 있다. 웜 이외에도 미노우나 소형 지그를 사용해도 좋다.

▶루어낚시 포인트 - 갈치는 주요 먹이인 멸치나 기타 작은 물고기 무리를 따라 움직이는 특성이 있으므로 이러한 작은 물고기들이 많이 회유하는 장소를 찾는 것이 관건이다. 먹잇감이 되는 작은 물고기 떼가 출현하는 항만 · 방파제 · 제방 · 갯바위 주변이 바로 그 대상지이다.

이런 장소는 보통 조류 소통이 좋고 수심이 어느 정도 유지되는 곳이다. 그밖에 필요한 조건은 낚시하는 장소가 외해와 인접해 가까운 거리에 수심이 아주 깊은 장소가 있어야 한다는 점이다. 갈치는 하루 동안에 낮에는 깊은 곳, 밤에는 얕은 곳을 왕복하는 습성이 있으므로 주변에 깊은 곳이 없다면 낚시 포인트가 형성되기 어렵다.

Info

갈치는 같은 곳에서 낚인다?

갈치 무리의 회유는 시간 · 먹이 · 산란 등에 좌우된다. 낮에는 깊은 곳에 있다가 밤에는 얕은 곳으로 나와 사냥을 한다. 멸치와 같은 먹잇감을 따라 다닌다. 또한 생리적인 작용으로 이동을 한다. 그런데 그 코스가 매년 그렇게 다르지 않다고 알려져 있다. 즉 낚이는 장소와 낚이지 않는 장소가 구분되어 있으므로 매년 잘 낚이는 포인트가 있는가 하면 낚이지 않다가 갑자기 낚이는 낚시터는 드물다.

■ 갈치 루어낚시 이렇게!

①원하는 곳으로 캐스팅 했다면 루어를 아주 느리고 단순하게 감아 들인다. 복잡한 액션을 가하지 않는 것이 오히려 효과적이다. 갈치의 포식 속도는 빠르지 않기 때문에 루어의 현란한 액션보다는 공격의 타이밍을 주는 것이 중요하다.

②갈치의 유영 수심이 어느 정도인지를 빨리 찾는다. 루어가 가라앉는 속도를 고려해 표층부터 차례로 갈치의 유영층을 찾아가며 릴링을 한다.

③갈치의 입질은 약하긴 해도 긴 몸통에서 우러나는 저항으로 쉽게 감지된다. 갈치의 입질이 느껴지면 낚싯대를 순간적으로 들어 챔질을 한다. 입이 길게 찢어진 갈치는 생각보다 챔질이 잘 안 되는 경우가 많으므로 주의를 기울여야 한다.

④챔질이 잘 되었다면 낚싯대의 각도를 유지한 채 릴링만으로 감아올린다. 릴을 감는 속도를 달리하거나 낚싯대를 움직이면 오히려 떨어지기 쉬우므로 주의한다.

⑤수면으로 올라온 갈치는 단숨에 들어 올린다. 날카로운 이빨에 주의하

〈갈치 루어낚시 개관〉

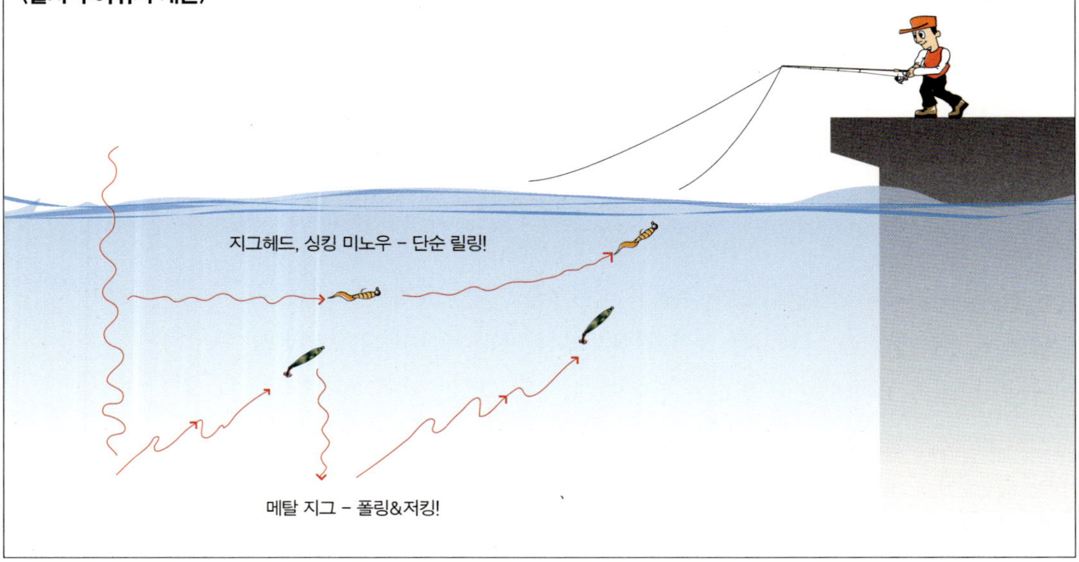

며 플라이어를 이용해 바늘을 뺀다.

■ 갈치 루어낚시, 핵심 체크 포인트

▶갈치는 야간에 수면 가까이 나타나므로 주로 밤낚시로 즐긴다. 낚시터는 대부분의 경우 방파제이므로 발판이 위험한 곳은 피하는 것이 상책이다.

▶밤낚시라고 해서 밤중 내내 낚이는 것은 아니다. 입질이 가장 좋은 시간대는 일몰 후 2~3시간, 일출 전 2~3시간이 가장 유력하다.

▶갈치는 특별히 물때를 타지 않는 것으로 알려져 있다. 물때보다는 시간대가 더 중요한 요소이다.

▶갈치는 먹잇감의 이동을 따라 움직인다. 처음 찾는 낚시터에서는 작은 물고기들이 많이 회유하는 장소를 탐색하는 것이 관건이다.

▶잔챙이 갈치만 올라오는 경우는 그 수심층보다 아래쪽에 보다 큰 갈치가 들어오는 경우도 있으므로 입질이 끊긴다거나 갈치 어군이 흩어졌다고 판단되면 한 단계 큰 루어를 더 깊은 수심으로 내려 보낼 볼 필요가 있다.

Taste

갈치 회 주의사항

갓 낚아 올린 갈치는 온몸이 마치 거울처럼 광택을 발한다. 비늘 대신 겉 표면에 구아닌(guanine) 성분의 은분이 발라져 있기 때문이다. 이 구아닌은 신선도가 떨어지면 공기 중 산소에 의해 산화되어 산패하고 지방질도 산화되므로 비린내를 나게 만든다. 더욱이 사람의 체질에 따라 복통과 두드러기 등을 유발하기도 한다.
갈치낚시 현장에서 빠질 수 없는 낚시인의 혜택은 갈치를 회로 즐길 수 있다는 것. 그러나 갈치를 회로 먹을 때에는 반드시 이 은분(껍질)을 제거해야 한다. 가열하면 구아닌 성분 대부분이 분해되기 때문에 구이 등 다른 요리에서는 크게 염려할 필요 없다.

갈치 찌개

갈치 구이

갈치 회

갈치 회무침

03 감성돔낚시

감성과 지성을 겸비한 '바닷고기의 제왕'

감성돔은 우리나라 바다낚시를 대표하는 어종이다. 동서남해 전역에 서식하고, 사계절에 걸쳐 낚이는 바닷고기는 감성돔뿐이라고 해도 과언이 아니다. 게다가 매력적이다. 은빛 찬란한 자태와 늠름하고도 강인한 등지느러미는 가히 '바닷고기의 제왕'이라 일컬을 만하고, 밝고 예민한 시각 · 청각 · 후각에서 비롯되는 민첩성은 낚시의 온갖 묘미를 만끽하게 한다.

그리하여 갯바위 · 선상 · 방파제, 찌낚시 · 맥낚시 · 원투낚시 · 루어낚시 등, 다양한 장소에서 온갖 기법이 구사되는 감성돔낚시야말로 바다낚시의 시작이요 완성이다.

표준명 감성돔

학 명 *Acanthopagrus schlegelii*

영 명 Sea bream, Black porgy

일 명 구로다이(クロダイ)

속 명 감생이, 감싱이, 도미, 가문돔(제주), 남정바리, 비드락, 비돔

생 태 외모의 최대 특징은 발달된 지느러미인데, 학명에 나타나는 감성돔속(屬)의 라틴어 명칭 Acanthopagrus은 발달되어 있는 지느러미의 가시에서 유래된 것이다. 특히 뒷지느러미의 제2가시가 크게 발달되어 있다. 크기는 최대 60cm를 상회하는 것으로 알려져 있지만 30cm 전후의 개체가 많다. 식성은 다른 도미류와 비슷하여 갑각류나 패류 등 작은 수생 동물을 포식한다. 그러나 도미과 어류 중에서는 유별나게 강한 잡식성을 띠기도 한다. 우리나라 근해를 비롯하여 일본의 북해도 남부로부터 대만에 이르기까지 동아시아에 연안에 널리 분포하며, 도미과의 대형 종으로서는 드물게 수심 50m 이내의 얕은 바다에 주로 서식하고 하구의 기수역에도 자주 진입하는 점이 특징이다.

산란은 봄철에 하는데 직경 0.8~0.9mm의 분리부성란을 산란하고 갓 부화한 치어는 2mm 정도의 크기이다. 치어는 모래해안의 간조대나 하구에 모여 플랑크톤을 먹으며 성장하는데 1년생이 12cm, 5년생이 26cm, 9년생이 40cm 정도로 참돔에 비하면 성장 속도가 느린 편이다. 특이하게도 감성돔은 성장하면서 웅성선숙(雄性先熟)의 성전환을 한다. 즉, 어릴 때에는 난소와 정소를 한몸에 가지는 양성이었다가 2~3년생 시기에는 정소가 발달한 수컷으로 변하고, 4~5년생이 되면 난소가 발달하여 암컷의 숫자가 많아진다. 그러나 전부가 암컷이 되는 것은 아니고 자성(雌性) 호르몬이 부족한 경우는 성전환하지 않는 것으로 알려져 있다.

낚시 지역 우리나라 전 연안 및 먼 바다

낚시 시기 여름~초겨울, 겨울~초봄(대형급 시즌)

■ 감성돔낚시의 사계절 패턴

3년 이상 자라 낚시 대상어로 충분히 성장한 감성돔은 대부분 서식 지역의 특성에 따라 단거리 회유를 되풀이 한다. 5~7월은 산란을 끝내고 산란장 주변에서 회복기를 거친 이후로 내만에 풍부한 갯지렁이 · 새우 · 게 등 영양가 높은 먹이들을 섭취하며 활성이 좋아지는 시기다.

가을로 접어들면 가장 좋은 조과를 보인다. 적수온에서 보여주는 높은 활성과 다가오는 겨울 저수온기 월동준비를 위해 끊임없이 먹이를 먹는다. 먹이가 풍부한 갯바위 · 암초대 · 양식장 · 방파제 등에서 어영(魚影)을 짙게 드리운다. 이때야말로 가장 낚시가 쉬운 시기로 밑밥과 미끼에 곧잘 반응하

▲ 수면에서 몸을 뒤채는 감성돔. 마지막 바늘털이를 당하지 않기 위해선 낚싯대의 탄력과 원줄의 장력이 끝까지 잘 유지되도록 조심해야 한다.

여 마릿수로 낚인다.

겨울철로 접어들어 점점 수온이 하강하면 작은 씨알들은 활성이 약해져 깊은 수심의 암초대, 어초 등 안전한 은신처에서 먹이활동을 거의 멈추고 체력소모를 줄이면서 월동에 들어간다. 그러나 이 시기에도 상대적으로 적응력이 강한 40cm 이상의 대물은 계속해서 먹이활동을 한다. 즉, 대형 감성돔이 선택적으로 낚이는 대물 시즌이 시작되는 것이다.

대형 감성돔은 주로 참갯지렁이 · 새우 · 쏙 · 게 · 개불 · 멸치 · 조개 등과 같은 큰 먹이를 선호한다. 그러나 이러한 먹이들을 찾기 어려운 저수온기에는 갯바위 가까이 접근하여 김 · 담치 · 굴 등을 찾아 먹게 된다. 이것이 여름철에 보기 힘든 대형 감성돔이 저수온기에 자주 낚이는 이유이다. 베테랑 낚시인들은 겨울철 저수온기를 감성돔 기록경신의 최적기로 보고 있다.

이렇듯 감성돔낚시는 연중 가능하지만 내만권에 가장 가까이 접근하는 봄에는 포란 · 산란 등으로 약해져 입질이 시원하지 않다. 산란을 마친 이후 차츰 원기를 회복한 감성돔은 왕성한 활력을 보이며 늦여름부터 초겨울에 걸쳐 최고의 시즌을 맞는다. 한 마리를 낚아도 대물을 낚겠다는 낚시인은 1~3월의 한겨울에서 초봄을 최고 시즌으로 꼽는다.

■ 감성돔이 잘 낚이는 조건

감성돔은 먹이가 많은 장소를 좋아하므로 그 주변에 머물러 살기도 하지만 흐르는 조류를 따라 이동하기도 한다. 기본적으로는 장애물에 의지하기를 좋아하므로 강한 조류와 파도 등으로 물색이 흐려지거나 해가 져 어두워져야 경계심이 약해져 갯바위 가까이까지 다가온다.

▶날씨 – 감성돔은 경계심이 강해 맑은 날보다는 흐린 날에 보다 좋은 조과를 보인다. 갯바위낚시의 경우에는 그 정도가 더 큰 편으로, 바람과 파도가 강한 날 또는 그 다음날에 입질이 잦다. 이런 상황에서는 물색이 적당히 흐려짐에 따라 감성돔의 경계심이 약해져 갯바위에 접근하므로 상대적으로

◀ 감성돔 자태 이모저모 살펴보기. 광채를 뿜는 예리한 눈빛, 송곳니와 어금니로 겹겹이 무장한 치아, 그리고 은빛 갑옷을 두른 듯한 비늘, 곧추 세운 등지느러미에서 감성돔의 위용이 느껴진다.

씨알, 마릿수 재미를 기대할 수 있는 것이다.

▶물때 - 일반적으로 조류가 잘 흐르고 물색이 흐려지는 사리 전후가 좋은 물때이다. 감성돔의 활성이 높아지기 때문이다. 다만 평상시에도 조류가 빠르고 물색이 흐린 지역의 경우는 반대로 조류가 약해지는 조금 전후가 적기가 되는 등 지역 차이가 발생하기도 한다. 좋은 물때 중에서도 일반적으로는 밀물 시간(특히 밀물이 시작되는 초들물 때)이 유리한 편이지만 감성돔이 조류를 따라 외해에서 들어오는 여건에서는 밀물이나 썰물에 관계없이 적당한 속도의 조류가 흐를 때 입질이 기대된다.

같은 도미과 어류 가운데 돌돔이나 벵에돔은 물때의 영향이 확실하게 나타나는 데 비해 감성돔은 입질이 좋은 물때와 밀 · 썰물의 시간대가 지역과 포인트에 따라 복잡한 변수로 작용하곤 한다.

▶시간 - 다른 어종과 마찬가지로 해가 뜨기 직전의 새벽과 해가 지는 초저녁이 최고의 시간대이다. 이는 감성돔의 경계심과 관계가 깊고, 계절에 따라서는 수온과도 관계가 깊다. 수온이 너무 높은 여름철에는 상대적으로 수온이 낮은 새벽과 오전에 입질이 집중되고, 수온이 너무 낮은 겨울철에는 수온이 약간이라도 회복되는 오후에 입질이 나타난다. 수온이 높은 여름부터 가을철에는 야간에도 감성돔이 잘 낚인다.

■ 감성돔 포인트 선정 이렇게!

감성돔 포인트는 감성돔 고유의 생태와 습성을 유지하기에 적합한 여건이 갖추어지고, 위에서 설명한 잘 낚이는 조건에 해당되는 장소라고 할 수 있다. 이들 여건이 모두 충족되는 장소라면 이미 유명 포인트로 알려져 있을 것이 분명하다. 그러나 아무리 유명한 포인트라 할지라도 계절과 바람 · 조류 등의 변화에 따라 차이가 나기 마련이다.

▶포인트 형성의 기본요소 – 감성돔 포인트는 대부분 조류가 막히는 장애물 옆에 형성된다. 즉, 막힘없이 흐르던 조류가 장애물(간출암 · 수중여 등)에 부딪쳐 약화되면서 지류나 반전류가 생기는 안쪽에 형성된다. 이곳이 포인트가 되는 이유는 감성돔이 지나치게 강한 조류 속에서는 견디기가 힘들고 물살이 적당한 장소일수록 먹이가 모이며 산소공급도 원활하기 때문이다. 이와 같은 좋은 포인트라 할지라도 물살이 강한 사리 때와 중들물 및 중썰물 시각에는 상대적으로 조류가 약한 안쪽이 보다 유리하고, 반대로 물살이 약한 조금 때나 밀 · 썰물의 세력이 약한 시간대에는 상대적으로 조류가 강한 바깥쪽이 더 좋은 포인트가 된다.

이와는 달리 만일 조류가 정면으로 부딪치는 절벽 밑이라면 비교적 물살이 약한 초들물 또는 밀물이 거의 끝나는 시각에만 잠깐씩 포인트가 형성된다고 할 수 있다.

▶최상급 포인트의 조건 – 감성돔의 은신처 역할에 적합하고 플랑크톤에서 상위 포식자로 이어지는 먹이사슬이 존재하는 장소이다. 즉, 크고 작은 암

▼ 조류 소통이 원활하고 해조류와 갑각류 등의 먹잇감이 풍부한 간출여 주변은 감성돔낚시의 1급 포인트가 된다. 서해안의 여치기는 김과 파래가 무성한 봄철이 시즌이다.

초나 바위 등 장애물이 흩어져 있는 곳, 적당한 수심(5~15m)을 유지하면서 조류 소통이 원활하고 먹이가 풍부해 감성돔이 서식 또는 회유하기 좋은 곳을 말한다.

▶물때 포인트 - 감성돔의 은신처로서 또 먹이 공급처로서의 여건에 부합되지만, 조류 소통이 약해 파도가 심한 날 또는 조류 흐름이 왕성한 사리 물때 전후에만 포인트로 변하는 장소이다.

▶회유 포인트 - 외해로 길게 뻗은 돌출된 콧부리 지형으로 조류 소통이 원활하여 회유하는 감성돔이 지나는 길목이라면 좋은 포인트가 된다.

▶물골 - 포인트와 포인트 사이, 섬과 섬 사이 등 감성돔이 회유하면서 반드시 거쳐 지나가는 물길로 지목되는 곳이 좋은 포인트가 된다.

▶갯바위 절벽 - 갯바위 근처 수심이 10~30m 정도로 깊고 완만한 조류가 흐르는 장소라면 감성돔이 저수온기에도 체력을 유지하며 쉴 수 있으므로 좋은 포인트가 된다.

▶제방, 방파제 등 - 은신처 역할은 물론 먹이가 풍부하고 조류 소통이 안정적인 방파제나 석축, 방조제라면 감성돔낚시의 좋은 포인트가 된다. 특히 새로 축조된 방파제나 방조제, 간척지 등의 제방 기초석이나 테트라포드 주변이 특급 포인트가 되곤 한다. 투입된 인공 구조물에는 점차 해조류와 패류가 붙고 게나 갯지렁이 등의 먹잇감이 많이 나타나기 때문이다.

▶양식장 주변 - 굴 · 홍합 · 멍게 · 김 등의 수하식 양식장 주변은 항상 감성돔의 은신처가 되며, 당연히 먹잇감이 풍부하고 조류 소통도 원활하므로 최적의 감성돔낚시 포인트가 된다.

■ 감성돔낚시의 지역별 특징

우리나라 감성돔은 계절에 따라 대부분 일정한 회유 패턴을 보여주지만 지역 특징에 따라 차이를 보인다. 예를 들면 서해안에서는 봄에도 감성돔이 잘 낚이지만 남해안에서는 가을부터 성수기를 맞는다.

▶남해 및 다도해 - 가을부터 겨울에 걸쳐 광범위하게 펼쳐진 다도해 거의 전역이 감성돔 낚시터가 된다. 지역을 분할해 보면 가덕도~거제권, 통영~고성~삼천포~남해권, 여수~고흥권, 완도~해남~진도권 등으로 구별할 수 있다. 각각 조류 · 수심 · 수온 · 물색 등 자연조건에 따라 차이가 나타나므

로 출조 전에 항상 현지의 상황을 미리 확인해야 한다. 일반적으로 동부 지역보다 서부 지역이 감성돔낚시에 더 좋은 여건을 갖추고 있다고 보아도 무방하다.

▶**원도권** – 여름~가을의 제철은 물론이고 연안의 수온이 하강하는 겨울에도 수온이 상대적으로 안정적인 원도권에서는 섬 주변에서 감성돔낚시가 잘 된다. 수많은 원도 중에서 가장 여건이 좋은 가거도 · 추자도 · 거문도 등이 겨울 감성돔 3대 순례지로 꼽힌다.

▶**동해안** – 동해는 물이 너무 맑아 한낮의 낚시는 거의 어렵다고 보아도 무방하다. 밑밥을 사용해도 바닥이 훤히 보이는 상황에서 경계심 강한 감성돔은 집어가 힘들다. 그러므로 동해안 낚시는 일몰 시간 이후에 제대로 된 입질을 받을 수 있다. 다만 흐린 날씨에는 입질이 빨라져 해지기 2~3시간 전부터가 좋은 시간대이다. 특히 동풍이 불거나 폭풍주의보가 해제된 직후에는 파도가 일면서 물색이 적당히 흐려져 감성돔의 입질이 폭발적으로 나타나는 경우도 있다.

동해안은 확실히 낮보다는 해질녘과 야간에 감성돔이 잘 낚이지만 일부 방파제를 제외하고는 출입 통제를 받는다. 그러므로 잘 낚이는 시간에 철수를 해야 하는 경우도 많다.

▼ 동해안의 감성돔낚시는 북동풍이 불거나 폭풍주의보가 해제된 직후, 파도가 일면서 물색이 적당히 흐릴 때가 찬스이다. 그리하여 동해안 감성돔은 파도 속에 피어나는 꽃이다.

Figure 감성돔 유사 아종열전(亞種列傳)

감성돔에는 매우 흡사한 외모를 띤 근사어종이 있다. 우리나라에도 서식하는 새눈치 · 청돔 등이 감성돔과 매우 비슷한 외모로 낚시인들을 잠시 혼란에 빠뜨리기도 한다. 감성돔의 아종은 형태는 물론 습성도 크게 다르지 않아 민간에서는 특별히 구분을 하지 않는 경우도 많다. 이들은 등지느러미와 측선 사이의 비늘 개수 정도만 다를 뿐이다. 해수온 상승으로 아열대 어종이 나타나는 요즈음, 감성돔 유사종들까지 늘어나 갈수록 우리 바다의 경계가 모호해지고 있다.

■ **새눈치**

학 명 : *Acanthopagrus latus*

일본명 : 기치누(キチヌ)

감성돔에 비해 비늘이 좀 성글고 체색이 밝아 보이는 정도이다. 다만 지느러미 끝부분에 노란빛이 도는 개체도 있어 이것으로 구분하기도 한다. 산란기가 일반 감성돔과 달리 가을철이라고 알려져 있다. 우리나라의 경우, 제주도와 추자도에서 자주 낚이고 그 외에 원도 갯바위 찌낚시에서도 포획 보고가 늘고 있다. 일본의 경우 중남부 이남에 분포하는데, 특이하게도 오키나와를 중심으로 하는 도서 지역 연안에는 서식하지 않는다.

■ **청돔**

학 명 : *Rhadosargus sarba*

일본명 : 헤다이(ヘダイ)

감성돔과 겉모습이 꼭 닮았으나 머리가 참돔처럼 둥근 편이다. 그러나 가장 뚜렷한 특징은 비늘마다 중앙에 옅은 황색 점이 있어 마치 황색 세로줄처럼 보인다. 배지느러미와 뒷지느러미의 색깔이 노란색을 띠는 것도 감성돔과의 뚜렷한 차이점이다. 우리나라 남해안과 동해남부 지역에 가끔 나타나며 일본 중부 이남, 남아프리카, 미국 캘리포니아 연안까지 널리 분포한다. 크기는 40cm에 달한다.

■ **남방감성돔**

학 명 : *Acanthopagrus sivicolus*

일본명 : 미나미쿠로다이(ミナミクロダイ)

일본의 큐슈 남부부터 오키나와에 걸치는 남서제도(南西諸島)에만 분포하는 아종이다. 외형적으로 감성돔과 아주 흡사해 구분하기 어려운데, 등지느러미에서 측선에 이르는 부분의 비늘수가 5열(감성돔은 6~7열)이라는 점만이 다를 뿐이다.

감성돔 찌낚시 ‖ 반유동과 전유동 채비

우리나라 갯바위낚시의 최고 묘미를 꼽는다면 감성돔 찌낚시가 될 것이다. 물론 견해가 다를 수도 있지만 동호인 숫자 측면에서 보면 단연 1위임에 틀림없다. 섬세한 채비와 기법, 까다로운 과정을 거쳐 최후에 맛보는 강렬한 손맛은 그 어떤 낚시의 묘미와도 비교할 수 없는 '갯바위낚시의 꽃'이라 할 만하다. 감성돔낚시 기법은 다양하지만 그중에서 찌낚시가 마니아층을 가장 많이 형성하고 있다는 얘기다.

■ 장비와 채비, 미끼

▶낚싯대 - 길이 5.3m의 갯바위 낚싯대 1호 전후가 보편적으로 사용된다. 섬세한 기법을 구사하는 낚시인들은 0호~0.8호를 자주 사용하고 저수온기 대물 위주의 낚시에서는 1~1.5호를 사용하기도 한다. 벵에돔낚시용과 구분하여 감성돔 전용으로 보다 유연하게 만든 제품을 출시하는 메이커도 있다.

〈감성돔 찌낚시 채비〉

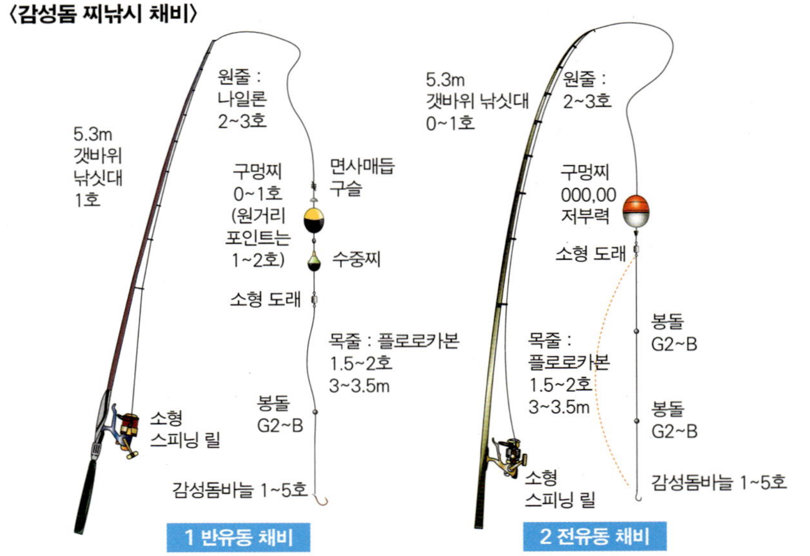

▶릴 - 소형 스피닝 릴을 사용한다. 어떤 메이커이든 '2500번'이란 사이즈라면 감성돔 찌낚시에 적합한 소형 릴이라고 볼 수 있다. 일반적인 드랙 릴이나 LB 레버 릴, 어느 형태를 사용해도 특별한 문제는 없다. 초보자라면 LB 릴보다는 일반적인 드랙 릴이 보다 사용하기에 편리할 수 있다.

▶낚싯줄 - 원줄은 나일론 2~3호, 목줄은 보통 1.5호를 사용하는데 낚이는 씨알에 따라 1.75~2호까지 조금 더 굵게 사용하기도 한다. 길이는 3~3.5m 정도 연결한다.

▶찌 - 구멍찌가 두루 사용되지만 막대찌를 사용하는 경우도 많다. 구사하는 기법에 따라 선택되지만, 통상 구멍찌를 사용하는 반유동식 채비는 제로(0)~1호 부력의 구멍찌에 여기에 맞는 수중찌를 부착하는 사례가 많다. 먼 거리의 포인트를 노려 원투가 필요한 경우나 맞바람을 뚫고 채비를 던져야 하는 경우, 또는 깊은 수심을 공략하는 경우에는 2호 정도까지의 부력이 강하고 무거운 찌를 사용하기도 한다. 해를 거듭할수록 감성돔이 갯바위에 가까이 접근하지 않아 채비를 멀리 던져야 하는 경우가 많아지면서 같은 부력을 가진 구멍찌라도 크기가 적당하면서도 무게가 더 나가는 제품이 선호되는 경향이 크다.

감성돔의 활성이 좋은 경우나 어느 수심에서 입질이 들어올지 예상하기

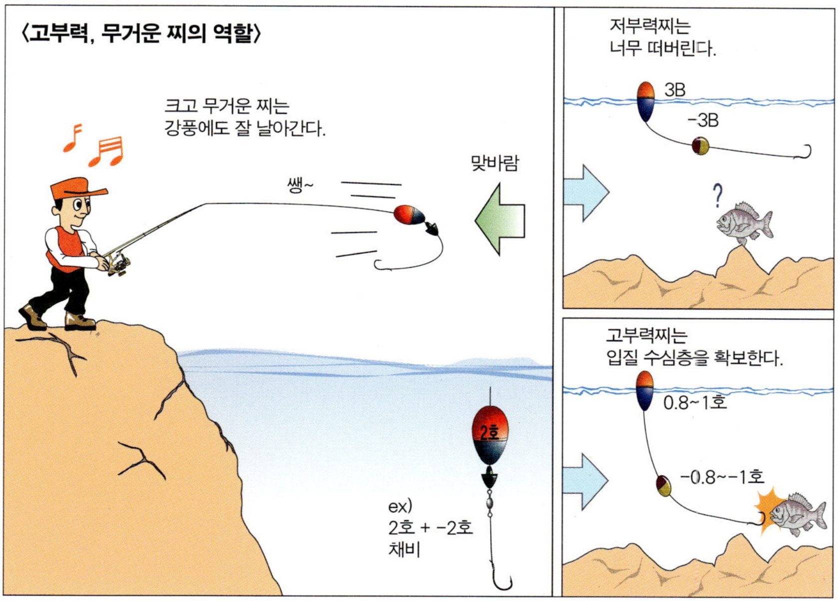

힘든 상황에서 전유동 채비로 전층낚시를 한다면 000나 00 등의 저부력 찌를 사용하기도 한다.

▶**봉돌과 바늘** – 채비의 정렬과 부력 조절을 위해 목줄에 물리는 좁쌀봉돌은 상황에 따라 그때그때 사용할 수 있도록 사이즈별로 준비해 둔다.

바늘은 감성돔바늘 1~5호를 두루 사용한다. 일반적인 경우에는 1~3호를 주로 사용하지만, 대물 출현이 잦은 장소이거나 대물만을 노리는 경우, 또는 사용하는 미끼의 크기를 고려해 3~5호로 바늘을 크게 사용하기도 한다.

▶**밑밥과 미끼** – 감성돔을 가까이 유인해 가능한 한 오랜 시간 붙들어 두고, 활성을 부추겨 수면 쪽으로 시선을 유도하여 미끼를 발견토록 하는 역할이 바로 밑밥이다. 과거에는 바위에 붙은 담치를 떼어 부수어 사용하기도 했지만 오늘날에는 간단하게 구입할 수 있는 크릴을 사용한다. 접착력과 원투성, 비중 등을 가감하기 위해 다양한 첨가제를 섞어 사용하는데, 하루 사용량은 일반적으로 크릴 4~6덩이에 집어제 2~3포, 압맥 2포 정도이다.

미끼는 구입 · 보관이 용이하고 가격도 저렴하며 사용이 편리해야 한다. 밑밥과 마찬가지로 가장 편리한 미끼는 크릴이다. 그러나 잡어들의 극성을 피하기 위해 단단하거나 체적이 큰 미끼를 사용하기도 한다. 대표적으로는 새우 · 민물새우 · 쏙 · 갯지렁이 · 옥수수 · 게 등이다.

크릴을 바늘에 꿸 때는 꼬리를 잘라 한 마리 꿰기를 하거나 두 마리 꿰기를 한다(하권 80쪽 그림 참조).

■ 감성돔 찌낚시 이렇게!

①낚시 장소를 선택할 때는 자신이 서 있는 자리가 가급적 수면으로부터 3~4m 정도로 높아서 장비와 채비를 다루기 좋은 곳이 유리하다. 또한 느린 조류가 같은 방향으로 오랫동안 흘러주는 곳이면 더욱 좋다.

②자리를 정하고 나면 먼저 밑밥을 투여한다. 조금씩 자주 투척하여 먼 곳의 감성돔을 가까이 유인하고, 바닥층에서 노는 감성돔의 활성을 높여 주는 것이 우선 고려해야 할 사항이다.

③미끼를 꿴 바늘과 채비를 밑밥이 흘러내려가는 밑밥띠 속에 자연스럽게 동조되도록 하는 것이 중요한 요소이며 이것이 감성돔 찌낚시의 기본이다. 밑밥을 받아먹던 감성돔들이 자연스럽게 미끼를 물 수 있도록 하는 것

이다.

④수면에 떠 있는 찌의 미묘한 움직임을 통해 채비의 상태와 위치를 수시로 파악해야 하는데, 이를 제대로 감지하기 위해선 어느 정도의 경험이 뒤따라야 한다.

⑤입질은 찌의 움직임으로 파악한다. 물속으로 잠기거나 자연스럽지 않은 움직임을 보인다면 일단 입질로 생각해 본다. 챔질의 타이밍은 의외성이 많아 한마디로 정의할 수 없을 정도로 그때그때 다르게 나타난다. 미끼를 완전히 삼켰다고 생각했는데 헛챔질이 되기도 하고 예신도 없이 이미 자동챔질이 되어 낚싯대를 끌고 들어가기도 한다.

⑥챔질이 되었다면 침착하게 낚싯대를 세우고 감성돔 특유의 처박는 힘을 견제하면서 서서히 감성돔의 힘을 뺀다. 암초로 돌진하는 감성돔의 진행 방향과 같은 방향으로 재빨리 낚싯대를 움직여 주면 돌발적인 움직임에도 대처하기 쉽다.

⑦씨알이 큰 감성돔이라면 낚싯대의 한계와 릴의 드랙(또는 LB레버)을 적절히 이용하여 제압한다. 너무 풀어준다면 암초에 박혀버릴 것이고 너무 붙잡아 둔다면 목줄이 끊어지거나 낚싯대가 부러질 수도 있다.

⑧수면에 떠오른 감성돔은 뜰채를 이용해 건져 올린다.

■ 전유동 채비를 이용한 감성돔낚시

감성돔 찌낚시의 기본은 반유동 채비이지만 전유동 채비를 사용하는 경우도 많다. 전유동 채비와 반유동 채비는 우열을 가리기가 어려울 정도로 사용 빈도 또한 반반으로 나타난다. 전유동 채비를 활

바닥 근처에서 노는 저서어(底棲魚)들이 대부분 그러하듯 감성돔 역시 초반 순발력이 뛰어나고 저항 또한 강렬하다. 따라서 힘겨루기에 있어 초기 제압이 가장 중요하다.

용하는 전층낚시는 주로 벵에돔낚시에 많이 활용하는 기술이지만 감성돔 낚시에서도 좋은 조과를 올릴 수 있기 때문이다.

수심이 깊은 곳은 비교적 안정된 수온을 유지하지만 수심이 깊지 않은 장소는 햇빛과 조류의 영향으로 같은 장소에서도 시시각각 수온 차이가 날 수 있다. 이와 같이 수심에 따라 수온을 예측하기 힘든 장소에서는 표층에서 바닥까지 모든 수심을 두루 공략할 수 있는 전층낚시 기법이 유리할 수 있다. 감성돔이 어느 수심에서 먹이활동을 하고 있는지 알고 있다면 그 수심에 맞춘 반유동 채비가 빠른 공략법이 되겠지만, 어디에서 입질이 들어올지 모르는 상황이라면 채비가 밑밥과 함께 서서히 가라앉으면서 모든 수심을 탐색할 수 있는 전유동 채비가 어려움을 극복하는 대안이 되는 것이다.

■ 막대찌가 위력을 보일 때도 많다

바다낚시에 구멍찌가 유행하면서부터 막대찌에 대한 선호도가 많이 감소되었다. 과거 감성돔낚시에 주로 사용하던 막대찌는 세월의 변화에 따라 구멍찌에 밀려나고 말았다. 실제로 감성돔낚시에 있어 막대찌는 채비의 원투가 힘들고 투척할 때 채비와 엉키는 등의 단점도 있지만, 장점이 없는 것이 아니다. 바닥층을 공략하는 감성돔낚시에 있어서 가장 정밀하게 공략 가능한 것이 막대찌이고, 아무리 예민한 입질도 정확하게 나타내 주는 것 역시 막대찌이다.

막대찌 사용에 익숙한 낚시인이라면 찌의 부력을 절묘하게 조정해 활성이 낮은 감성돔의 미약한 입질마저 포착한다. 또한 근거리 포인트를 노릴 경우 막대찌만큼 입질 보기가 쉬운 찌도 없다. 따라서 감성돔낚시에 있어서 막대찌는 상황에 따라 비밀 병기도 될 수 있으므로 필수적으로 지참해야 할 도구 중의 하나이다.

■ 감성돔 찌낚시, 핵심 체크 포인트

▶많은 양의 밑밥을 한꺼번에 뿌리는 것보다 조금씩 자주 투여하는 것이 감성돔을 한 자리에 묶어두는 요령이다.

▶갯바위 주변에 감성돔을 묶어 두려면 가벼운 크릴보다는 무거운 조개류 부스러기를 뿌리는 것이 효과적일 때도 있다. 그러나 동해안의 경우는 지역

〈감성돔 막대찌낚시 채비〉

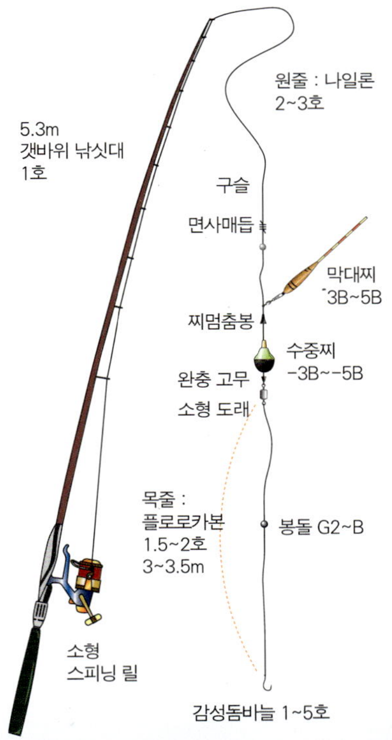

특성상 확산성이 좋은 가벼운 밑밥이 좋은 효과를 발휘한다.

▶살감성돔이 연달아 낚이더라도 실망하지 말고 꾸준히 버티는 것이 좋다. 언제 대물이 나타날지 모른다.

▶조류가 빠르게 흐르고 있다면 조류의 중심보다는 가장자리를 노리는 것이 기본이다.

▶찌의 미세한 움직임도 놓쳐선 안 된다. 대물일수록 입질이 까다롭게 나타난다.

▶서둘면 모든 일을 그르친다. 강한 챔질, 빠른 챔질, 헛챔질은 애써 모아놓은 감성돔의 경계심만 불러일으킨다.

감성돔 민장대낚시 ‖ 맥낚시와 찌낚시

감성돔의 손맛을 가장 다이렉트하게 즐기는 방법은 아무래도 민장대낚시를 하는 것이다. 민장대로 감성돔을 걸면 오히려 릴낚싯대보다 한 단계 짜릿한 손맛을 볼 수 있다는 것은 경험이 오래된 낚시인이면 누구나 잘 알고 있는 사실이다. 그러나 낚시터와 포인트의 제약이 큰 것도 사실이어서 주로 방파제, 내만의 갯바위 등지에서 약간씩 이루어지고 있다. 감성돔 민장대낚시는 맥낚시와 찌낚시로 나눈다.

■ 장비와 채비, 미끼 및 포인트

▶낚싯대 - 길이 5.3~8.1m의 중경질 바다낚시용 민장대를 사용한다. 주로 사용하는 것은 6.3~7.2m로, 너무 길거나 짧으면 무거워서 힘들거나 공략 범위가 좁아지는 경우가 생긴다. 메이커마다 휨새와 초리의 유연성이 다르므로 첫 구입 시에는 주변 전문가들에게 조언을 구하는 것이 좋다.

▶낚싯줄 - 원줄 3호, 목줄 2호가 기준이다. 대물 시즌에는 각각 한 단계 더 굵은 4호, 3호를 사용한다. 낚이는 씨알이 살감성돔 수준이라면 원줄 2호, 목줄 0.8호로 가늘게 사용해도 무방하다. 목줄의 길이는 짧게는 50cm, 길게는 1m 정도로 하여 소형 도래로 연결한다.

▶찌와 봉돌 · 바늘 · 소품 - 민장대 찌낚시를 할 경우는 찌고정 고무를 사용해 3B~1호 정도 부력의 막대찌를 부착한다. 맥낚시를 하는 경우에는 0.5~1호 구멍봉돌을 사용한다. 바늘은 찌낚시나 맥낚시 공통적으로 감성돔 바늘 2~3호가 보편적이다. 맥낚시는 밤낚시를 하는 경우가 많으므로 케미컬라이트를 초리에 부착해 두는 것이 편리하다는 점도 기억해 두자.

▶밑밥과 미끼 - 당연히 민장대낚시도 크릴을 주요 성분으로 하는 밑밥을 사용한다. 밑밥과 미끼는 갯바위 릴 찌낚시와 동일하다. 맥낚시의 경우도 마찬가지이지만 가끔 참갯지렁이나 청갯지렁이 미끼를 사용할 때가 있다.

▶포인트 - 방파제에서 민장대낚시를 하기에 가장 알맞다. 갯바위에서 민

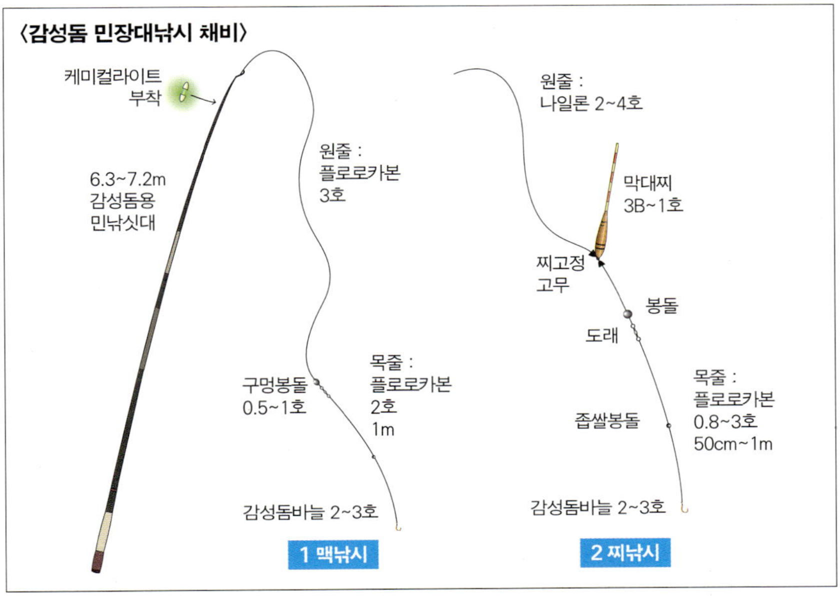

장대낚시를 할 경우는 경사가 완만한 지형보다는 절벽 형태가 더 유리하다. 특히 조류가 정면에서 들어와 찌낚시가 어려운 상황이거나 이와 유사한 여건의 포인트에서는 민장대를 이용한 맥낚시가 효과적이다. 그밖에도 바다 속 지형, 암초의 위치 등을 잘 알고 있는 익숙한 장소라면 목표 지점에 정확히 채비를 넣을 수 있는 맥낚시가 위력을 발휘하기 마련이다.

■ 감성돔 민장대 '맥낚시' 이렇게!

①감성돔 맥낚시를 한다면 포인트에 도착한 후 먼저 수심을 측정해 본다. 밀물과 썰물에 의해 수심은 계속 바뀌지만 채비를 바닥에 내려야 하므로 수심을 미리 알아 두는 것이 유리하다.

②낚시를 시작하기 전에 미리 밑밥을 투여하는 것도 좋다. 낚시하는 도중에도 조금씩 밑밥을 투여해야 하지만 뭉쳐 던지기보다는 흩뿌린다는 기분으로 투여하는 것이 좋다.

③채비를 던져 넣고 정렬되기를 기다린다. 봉돌이 바닥에 닿는 순간은 초리 끝의 움직임으로 알아채야 한다.

④아주 느린 템포로 낚싯대를 살짝 들었다 놓으면서 채비를 조금씩 이동시켜가며 입질을 유도한다. 이때 단순히 끌어주면 십중팔구 밑걸림이 생기

〈감성돔 맥낚시 개관〉

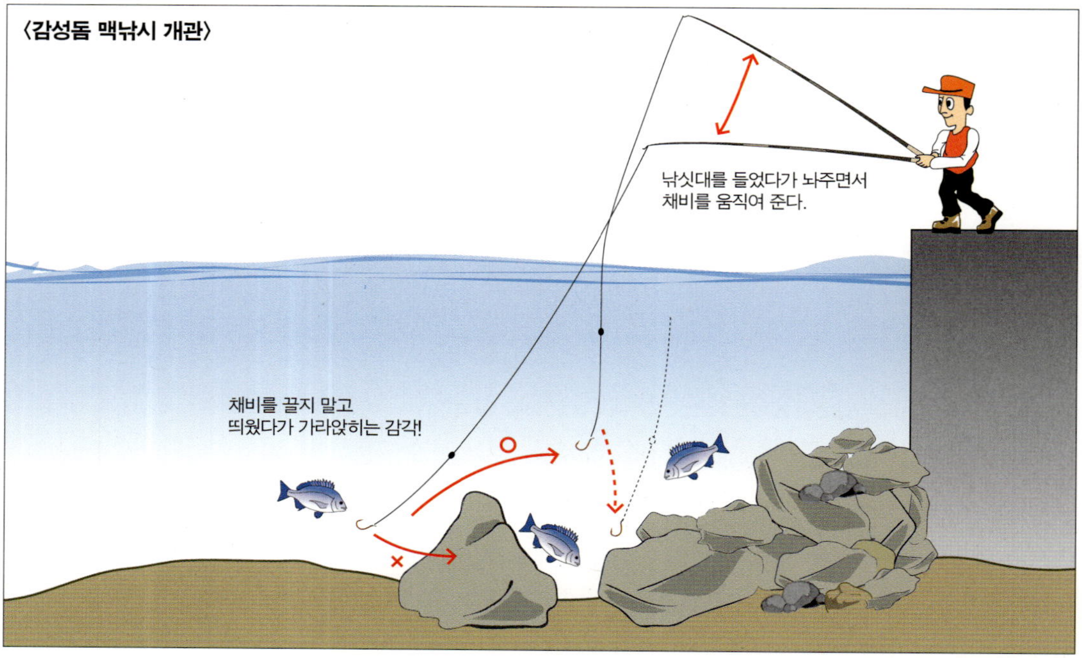

므로 채비를 살짝 띄웠다가 다시 가라앉힌다는 생각으로 움직여준다.

⑤입질은 손의 감각과 낚싯대 초리 끝의 움직임으로 파악한다. 예신이 오면 서둘러 챔질하지 말고 미끼를 삼킬 여유 시간을 준 후 챔질을 한다.

⑥파이팅 과정은 릴낚시와는 달리 완전히 낚싯대의 탄력에 의존해야 하므로 낚싯대를 눕히고 세우는 동작은 낚시인의 감각이 십분 발휘되어야 한다. 그러나 너무 놀리면 놓칠 위험이 생기므로 가능한 한 속전속결을 염두에 둔다.

■ 감성돔 민장대 '찌낚시' 이렇게!

①포인트에 도착하면 수심에 따라 찌를 맞춘다. 민장대 찌낚시는 맥낚시 채비에 찌를 추가하는 것으로 낚시 방법은 릴 찌낚시와 대동소이하다.

②밑밥에 동조하여 미끼가 흘러가도록 낚싯대를 조류 방향으로 서서히 움직여 준다.

③감성돔이 입질하는 수심층을 찾기 위해선 찌를 끌어올리거나 내려 보기도 해야 하지만 기본적으로는 바닥 부근을 공략한다고 생각하면 된다.

④입질은 찌가 잠기는 형태로 나타난다. 수면을 들락거리던 찌가 완전히

잠길 때 챔질을 한다.

⑤파이팅 과정은 맥낚시와 동일하다.

■ 감성돔 민장대낚시, 핵심 체크 포인트

▶갯바위에서는 밤낮으로 입질을 받을 수 있지만, 방파제는 낮보다 밤낚시가 잘 된다.

▶테트라포드가 투입된 방파제는 밑걸림이 심하므로 맥낚시보다는 찌낚시가 유리한 편이다.

▶민장대낚시는 감성돔이 갯바위나 방파제 근처로 접근하지 않으면 입질을 기대하기 어렵다. 상대적으로 감성돔의 경계심이 약해지는 야간, 새벽녘이 좋은 시간이고 물색이 흐린 경우일수록 유리하다.

▶맥낚시의 경우 채비를 거의 바닥에 붙이게 되는 관계로 목줄에 상처가 나기 쉽다. 수시로 체크하여 상처가 있다면 바로 목줄을 교환해 준다.

▼감성돔낚시 또한 예년과 달리 민낚싯대를 이용하는 사례는 거의 사라졌다. 예전처럼 감성돔이 가장자리로까지 잘 붙지 않기 때문이다. 그러나 릴낚시와는 다른 장점이 있는 것은 분명하다.

감성돔 배낚시 ‖ 선상 던질낚시

서해남부와 남해안 지역의 많은 양식장 주변에서는 선상 던질낚시로 감성돔을 노린다. 오늘날의 구멍찌 낚시가 유행하기 이전의 감성돔낚시는 던질낚시가 대세를 이뤘다. 이후 구멍찌 낚시의 유행으로 감성돔을 대상으로 한 갯바위에서의 던질낚시는 퇴조한 반면, 선상 던질낚시만큼은 명맥이 유지되고 있는 추세다. 감성돔뿐만 아니라 도다리 · 가자미 등 다른 대상어도 겸할 수 있기 때문이다.

간편한 장비와 채비로 특별히 어려운 기술이 필요치 않은 특징을 가지고 있는데, 과거 '녹동식 배낚시'라고 불리곤 했다. 이는 과거 녹동항을 중심으로 거금도와 소록도 주변의 김양식장 주변에서 많이 행해지던 낚시형태에서 비롯된 말이다.

■ 장비와 채비, 미끼 및 포인트

▶낚싯대와 릴 – 길이 2.4~3.3m 정도의 연질 감성돔낚시용 선상 낚싯대나 다용도 릴대를 사용한다. 비슷한 길이의 루어 낚싯대를 사용해도 좋다. 릴은 소형~중형 스피닝 릴이면 무난하게 사용할 수 있다.

▶낚싯줄 – 원줄은 나일론 3~4호가 적합하다. 씨알 굵은 농어나 숭어 등이 출몰하는 장소에서는 좀 더 굵게 5~6호를 사용하기도 하지만 원줄이 굵어지면 봉돌을 그만큼 무겁게 사용해야 하는 경우가 발생하므로 입질이 예민한 경우에는 역효과를 초래할 수도 있다. PE 낚싯줄 사용에 익숙하다면 나일론 줄보다 더 가는 PE 라인을 원줄로 사용해도 좋다. 목줄은 플로로카본 2~3호를, 도래를 이용해 길이 1m 정도 연결한다.

▶봉돌과 바늘 – 봉돌은 조류에 떠밀리지 않을 정도로 최소한의 무게를 사용한다. 보통 구멍봉돌 10~20호를 유동식으로 연결해 사용한다. 입질이 활발한 경우라면 특별히 신경 쓰지 않아도 좋지만 그렇지 않다면 가벼운 봉돌일수록 입질 감지가 좋다.

바늘은 감성돔바늘 4~6호를 사용한다. 밑걸림이 발생하는 경우 대부분 바늘이 떨어져 나가게 되므로 이런 상황을 대비해 미리 바늘을 묶은 목줄 채비를 여러 벌 준비해 두면 교환이 신속해 여러모로 편리하다.

▶미끼 - 대표적인 미끼는 참갯지렁이(바위털갯지렁이)이다. 값이 비싼 미끼이지만 효과가 뛰어난 것은 분명하다. 참갯지렁이를 꿸 때는 한 마리를 꿰되 목줄 위 5~6cm까지 훑어 올려 꿴다(하권 81쪽 그림 참조). 그 외에도 경우에 따라 새우(중하) · 쏙 등이 효과적인 미끼로 사용된다.

▶선상 던질낚시 포인트 - 배를 고정시키는 자리가 바로 포인트이다. 주로 양식장 줄에 배를 고정하거나 적당한 거리를 두고 닻을 내리는데, 채비를 양식장에 바짝 붙여 투척할수록 입질 받을 확률이 높아진다. 감성돔은 양식장 자체를 은폐물이자 먹이 사냥터로 사용하고 있다고 생각하면 된다.

〈감성돔 선상 던질낚시 채비〉

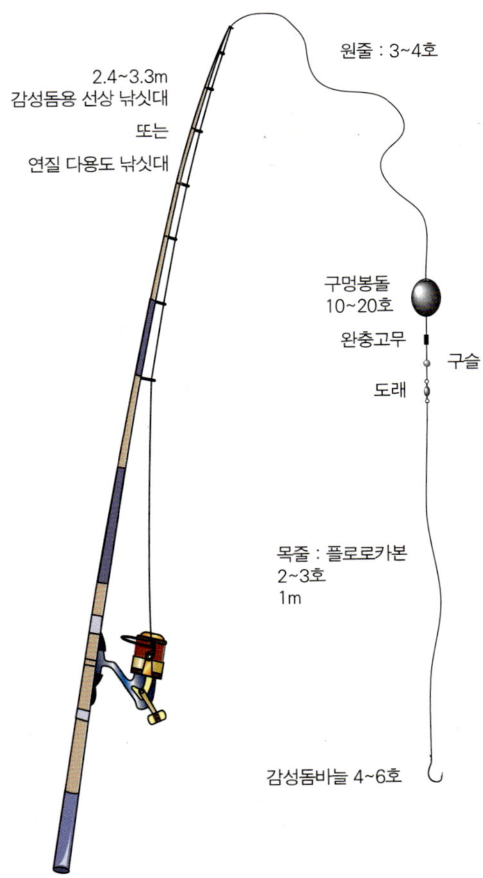

■ 감성돔 선상 던질낚시 이렇게!

①포인트에 도착하면 선장의 지시에 따라 채비를 포인트에 던지되, 겉으로 보이는 양식장 밧줄을 보고 수중에 어떤 각도로 뻗어 있을지를 잘 가늠해야 한다. 이 밧줄을 제대로 보지 않거나 양식 물체가 위치한 상태를 고려하지 않고 원투를 하다 보면 당연히 채비가 걸리게 되고, 가까스로 장애물을 피했다 하더라도 입질한 고기와 파이팅을 하다보면 역시 채비가 걸려 낭패를 보기도 한다. 그렇다고 양식장 구조물을 너무 피하다 보면 입질 확

률이 떨어진다. 따라서 양식장 구조물에 가급적 근접시키되 정확히 던져 넣는 캐스팅 능력을 쌓아야 한다.

②낚싯대는 2~3대를 한꺼번에 펴도 좋다. 그러나 입질이 빈번한 경우나 초보자에게는 2대 이상은 번거로울 수 있으니 지나친 욕심은 금물이다.

③채비가 바닥에 닿는 것이 느껴지면 낚싯줄을 팽팽히 하여 입질을 기다린다. 입질은 낚싯대 초리의 움직임으로 파악한다.

④초리가 흔들리는 입질이 오면 침착하게 확실한 본신을 기다린다. 일반적으로 참갯지렁이 미끼를 사용하는 경우, 초리가 몇 번 흔들리기를 반복하다가 낚싯대 끝이 휘어드는 본신이 온다. 이때 낚싯대를 들어 올리며 챔질을 한다. 새우나 쏙을 미끼로 사용한 경우는 너무 뜸을 들이면 미끼만 따먹히고 마는 경우도 있으므로 챔질 타이밍에 주의해야 한다.

▼양식장 주변에서 이뤄지는 감성돔 배낚시는 양식장 구조물을 잘 이용하면서도 채비가 구조물에 걸리지 않게 조심해야 한다. 감성돔이 떠오르면 지체 없이 뜰채를 대는 것이 상책.

⑤챔질이 된 감성돔은 초반 제압이 중요하다. 늦춰주면 장애물에 목줄이 감기기 쉬우므로 낚싯대의 탄력을 충분히 이용해 일단 바닥에서 띄워 올린 후 천천히 릴링을 한다.

⑥씨알 굵은 감성돔은 수면에 올라와서도 최후의 반항을 한다. 낚싯배 아래로 파고든다면 당황하지 말고 팔을 뻗어 낚싯줄이 뱃전에 닿아 쓸리지 않도록 주의를 기울인다.

⑦수면에 뜬 감성돔은 뜰채를 사용해 건지는 것이 안전하다.

■선상 던질낚시, 핵심 체크 포인트

▶감성돔 선상 던질낚시 채비는 보통 외바늘을 쓰지만 장애물이 적은 포인트에서는 상하 2개를 달아도 좋다. 이 경우 윗바늘에는 농어나 숭어가 걸리는 경우가 흔하므로 목줄 굵기에 신경을 쓸 필요가 있다.

▶입질이 없거나 몇 마리 낚아낸 이후에는 미련 없이 포인트를 이동할 필요가 있다.

밀 · 썰물의 흐름에 따라 바닷고기는 쉴 새 없이 이동한다고 생각하자.

▶습성이 예민한 감성돔은 돌발적인 소음을 싫어하므로 낚시 도중에 정숙을 요한다.

▶감성돔 배낚시는 주로 내만에서 이뤄지므로 전마선이나 소형 동력선을 이용하는 경우가 많다. 규모가 작거나 안전성이 결여된 낚싯배를 이용할수록 안전사고에 주의를 기울여야 한다.

Tip 동해 백사장 던질낚시

〈감성돔 백사장 던질낚시 채비〉

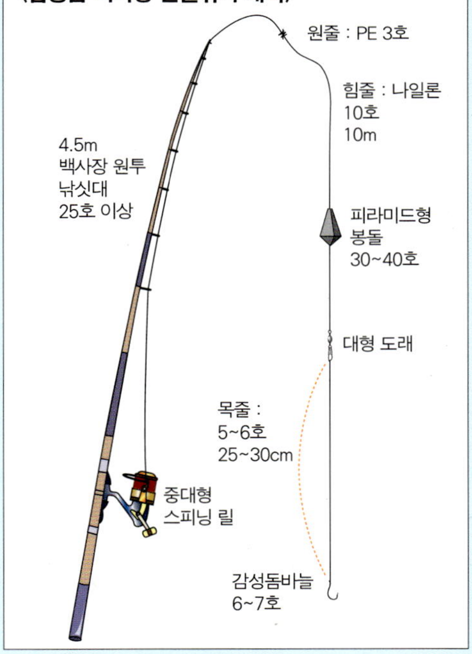

동해안 중부지역에서 주로 행해지는 형태의 감성돔낚시이다. 겨울철이 제철로 특히 북동풍이 불어 해안에 높은 파도가 칠 때 갯바위를 끼고 있는 백사장이 좋은 낚시터가 된다.

사용하는 장비의 특징은 감성돔을 염두에 둔 것이 아니라 무거운 채비를 높은 파도 속에서 사용할 수 있게 맞춰졌다는 점이다. 길이 4.5m, 추부하 25호 이상의 백사장 원투 낚싯대를 사용한다. 원줄은 PE 3호, 힘줄은 나일론 10호, 봉돌은 30~40호를 사용한다. 파도가 심해 채비가 끌려 고정되지 않는 경우라면 피라미드형 봉돌이나 모래 속으로 박히는 형태의 봉돌 종류를 사용하면 덜 밀린다.

목줄은 나일론 5호 이상으로 굵게 사용한다. 목줄을 굵게 사용하는 이유는 바깥으로 끌려나온 감성돔이 백사장 가장자리에서 들락거리는 파도에 휘말려 끊어져버리기 쉽기 때문이다.

감성돔 떨굼낚시와 루어낚시

감성돔을 낚는 방법은 미끼를 사용하는 찌낚시와 던질낚시가 대세를 이루지만 인조미끼를 활용한 루어낚시도 가능할 뿐만 아니라, 직벽 형태의 방파제 · 방조제나 잔교 등지에서 미끼를 굴려 내리듯 하는 독특한 낚시 방법(떨굼낚시)도 있다. 도구는 필요에 의해서 만들어지고, 새로 탄생된 도구는 또 다른 용도를 불러일으켜 새로운 유행을 불러일으키게 되는데, 낚시 또한 이와 다를 바 없다. 참돔이 루어낚시 대상어가 될 줄을 예전에 몰랐듯이 감성돔도 언젠가 루어 대상어로 화려한 부활을 할지도 모른다. 향후 가능성이 점쳐지는 두 가지 방식의 감성돔낚시를 소개한다.

〈감성돔 떨굼낚시 〉

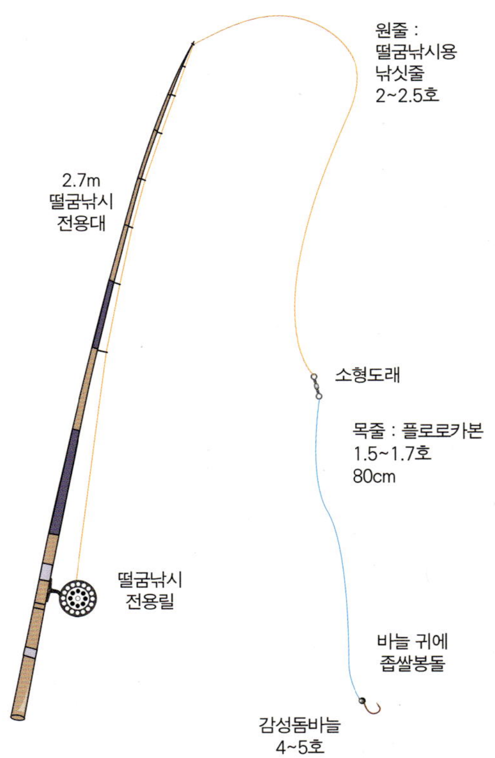

■ 일본식 떨굼낚시에 대한 이해

떨굼낚시란 일본의 감성돔낚시의 한 장르인 '오토시코미(落とし込み)'를 이르는 말이다. 우리나라처럼 파도가 직접 닿는 방파제뿐만 아니라 잔교와 제방이 많이 설치돼 있는 일본의 경우는 이들 잔교와 제방에 서식하는 담치나 게를 먹이로 취하는 감성돔이 많이 붙는다. 이런 직벽 형태에 붙는 감성돔을 노리는 낚시 기법이 일본에서는 보편화되어 있는 반면, 우리나라에선 적합한 여건의 낚시터가 드물어 별다른 호응을 못 받고 있지만 가능성만큼은 충분하다고 본다.

낚시 방법은 길이가 짧고 독특한 형태의 낚싯대에 마치 플라이 릴처럼 생긴 전용 릴을 부착해 제방 위에 서서 채비를 수직 형태로 풀어 내리며 감성돔을 노리는 형태다. 담치나 게가 떨어지는 형상을 모방해 감성돔의 입질을 유혹하는 것이다. 우리나라에서도 1990년대에 일시적으로 시도된 바가 있으나 여건이 적합한 낚시터가 많지 않은 탓으로 기대한 만큼의 반향을 일으키지는 못했다.

실제로 떨굼낚시는 일본 내에서도 지방색이 심한 낚시 기법으로 지방마다 특색이 있다. 관서(関西) 지방에선 낚싯줄에 눈표를 사용하는 '오토시코미'라는 정통 조법과 입질을 낚싯대 초리로 감지하는 '고스리츠리(コスリ釣り)' 방식이, 관동(関東) 지방에선 '헤치츠리(ヘチ釣り)'가 유행하는 것으로 나타난다. 이와는 또 달리 제방의 기초석 주변이나 테트라포드 주변을 노려 채비를 약간 던지는 '마에우치(前打ち)' 방식도 떨굼낚시의 변형이라 할 수 있다.

■ 감성돔도 루어로 낚는다?

이웃나라 일본에서는 감성돔 루어낚시가 하나의 장르를 구성하고 있다. 그러나 실제로는 낚이는 감성돔이 진짜 감성돔이 아닌 남방계 아종인 경우가 절반 이상으로 진정한 감성돔이 루어에 낚이는 장소는 제한적이어서 감성돔이 루어에 낚인다는 것을 일반화하기에는 모자람이 없지 않다.

루어낚시가 활발한 대표적인 장소는 시즈오카(静岡)현의 석호(潟湖)인 하마나코(浜名湖)와 관서지방의 세토나이해(瀬戸内海)를 중심으로 하는 고베(神戸), 오사카(大阪) 항구의 제방 주변이다. 이들 장소에서는 소형

▼ 감성돔도 참돔처럼 본격 루어낚시 대상어로 등장할 날이 멀지 않았다. 사진은 톱워터 계열의 폽퍼 루어에 낚인 감성돔이다.

폽퍼나 스위셔와 같은 톱워터 루어로 감성돔을 낚고 있다. 그 외에 특이한 형태로 히로시마(広島)현 근해에서는 싱킹 미노우를 개조해 감성돔을 낚는다. 쏙이나 새우의 움직임을 모방하여 바닥을 공략하는 'M리그'라는 기법이 사용되고 있다. 그밖에는 떨굼낚시가 행해지는 장소에서 생미끼 대신 조개나 게 모양의 웜을 사용하는 정도이다.

우리나라에서는 볼락 루어낚시 도중에 감성돔이 물고 나온다거나 하는 경우가 있다. 포인트 개발에 따라서는 새로운 낚시의 한 형태로 기대할 수 있는 분야이기도 하다.

Tip '구로다이'와 '치누'의 공방전

감성돔의 일본 명칭은 '구로다이'가 표준 명칭이다. 그런데 우리나라 낚시인들도 흔히 사용하는 감성돔 전용 바늘의 이름에는 '치누'라는 이름이 붙어있다. '치누'라는 이름은 감성돔의 일본 관서지방 방언으로, 일본의 서부 지역에서는 '구로다이'라는 표준어 대신 '치누'라는 방언을 그대로 사용하고 있다. 이렇게 하나의 물고기 이름이 둘로 불리는 이유는 일본의 역사를 거슬러 올라가야 하므로 덮어두자. 아무튼 일본에서는 도쿄를 중심으로 하는 관동과 오사카를 중심으로 하는 관서의 지역감정은 상상 그 이상이다.

서로 정통성을 주장하는 모습은 이와 같이 물고기의 명칭은 물론 낚시도구와 기법에서도 잘 나타난다. 예를 들면, 관서 명칭을 사용하는 '치누바늘'은 호수를 나타낼 때 한 자리의 숫자를 사용한다. 그런데 같은 감성돔을 나타내는 말로 관동지방에는 30cm급 감성돔을 나타내는 '카이즈'라는 말이 있다. 낚싯바늘에도 '카이즈바늘'이 있고 호수는 두 자리 수를 사용한다. 치누 5호 바늘은 카이즈 15호 바늘과 비슷한 크기이다.

벵에돔을 말하는 '메지나'와 '구레'도 마찬가지이다. 관서 방언인 '구레'라는 명칭의 바늘은 크기를 한 자리 숫자로 나타내는 데 비해, 표준어인 '메지나'라는 명칭의 바늘은 두 자리 숫자를 사용한다.

Taste

이렇게 먹어요!

감성돔은 낚는 방법만큼이나 먹는 방법도 다양하다. 회는 물론 구이 · 찜 · 튀김 · 조림 · 탕 등 어떤 요리를 해도 맛있다. 낚시로 잡은 감성돔은 역시 회가 우선이다. 참돔과는 좀 다른 풍미를 즐길 수 있는데, 보다 맛있게 먹기 위해서는 낚자마자 충분히 피를 빼고 보냉력이 좋은 아이스박스에 보관해 두도록 한다. 지방질이 듬뿍 오른 겨울 감성돔은 회를 뜨더라도 한 번 얼음물에 담가 주물러 주면 살이 수축되면서 보다 좋은 식감으로 즐길 수 있다.

회를 뜨고 남은 머리와 뼈로는 소금으로만 간을 해 맑은탕(지리)을 끓이면 감성돔의 깊은 맛을 느낄 수 있다. 잔챙이는 소금구이가, 산란 직후의 여윈 감성돔은 튀김이 제격이다. 튀김옷을 입히지 말고 소금과 후추만으로 간을 한 후 그대로 튀겨낸다. 감성돔 튀김은 고급 술안주이자 어린이들도 좋아하는 요리이다.

4 고등어 · 전갱이낚시

남녀노소 쉽게 장만할 수 있는 찬거리

식탁에서 환영받는 등 푸른 생선으로 누구에게나 친숙한 물고기라면 고등어와 전갱이가 1, 2위 반열이다. 고속으로 헤엄치는 이들은 작은 덩치와는 달리 놀랄 만한 힘을 써 낚는 재미도 여느 어종에 뒤지지 않는다. 가족과 함께 누구나 간단하고 재미있게 낚을 수 있는 것은 물론 마릿수 재미도 이만저만이 아니다. 패밀리 피싱과 '생활낚시'라는 관점에서는 최고의 대상어이다. 뿐만 아니다. 전갱이는 새로운 루어낚시 대상어로 부각되어 바다의 울트라 라이트 게임이라는 장르를 새롭게 만들고 있는 장본인이다.

표준명 고등어
학 명 *Scomber japonicus*
영 명 Common mackerel
일 명 마사바(マサバ)
속 명 고망어, 고도리(새끼), 소고도리

표준명 전갱이
학 명 *Trachurus japonicus*
영 명 Horse mackerel
일 명 마아지(マアジ)
속 명 매가리, 아지, 각재기, 가라지

생 태 고등어 : 고등어과의 대표어종으로 우리 국민 누구에게나 친숙한 물고기이다. 성장이 빨라 1년이면 25~30cm까지 자라고 최대 40cm에 달한다. 식성은 부유성 갑각류와 오징어, 작은 어류를 잡아먹는데 산란이 끝난 이후에는 닥치는 대로 잡아먹는 탐식성을 보이고 늦가을 월동지로 들어가기 전까지 지속된다.
우리나라 전 연근해에 서식하며 군집 회유를 한다. 봄부터 북상하고 가을에는 다시 남하하는 계절적 수평이동과, 봄~여름철에는 얕은 곳으로 그리고 가을~겨울철에는 깊은 곳으로 이동하는 계절적 수직이동도 한다. 산란은 지역차가 있으나 3~6월이다.

생 태 전갱이 : 전갱이과의 대표어종으로 일본명인 '아지'라는 이름으로도 널리 불린다. 외형적인 특징 중 가장 두드러진 것은 옆줄을 따라 모비늘이 발달해 있는 것이다. 크기는 20cm 정도가 흔하지만 최대 40cm정도까지 성장한다.
치어 시기에는 동물성 플랑크톤을 주로 먹고, 성장한 후에는 곤쟁이 · 젓새우 등 대형 플랑크톤이나 소형 어류 등도 잡아먹는다. 우리나라 전 연근해에 서식한다. 봄~여름에 북상하고 가을~겨울에 남하하는 계절회유를 한다. 산란기는 4~7월이다.

낚시 지역 ①동해 남부 ②남해 전역 ③제주도 **낚시 시기** 7월~2월

■ 잡어 취급, 이젠 옛말

고등어와 전갱이는 갯바위낚시 최대의 적이었다. 감성돔이나 벵에돔 등 고급 어종을 노리는 이들에게 염치불구하고 덤비는 고등어나 전갱이들은 사실 골칫거리가 아닐 수 없다.

이렇듯 귀찮은 잡어 집단에 머물던 고등어 · 전갱이가 근년 인기 대상어로 평가절상 되고 있다. 바다 루어낚시 대중화와 함께 패밀리 피싱 대상어로 인기를 누리는 것이다. 군집회유를 하는 데다 탐식성이 강해 한번 붙었다 하면 떼거리 조황을 보여 줄줄이 낚아 올리는 재미가 좋을 뿐만 아니라,

남녀노소 누구나 손쉽게 낚을 수 있기 때문이다. 등 푸른 생선의 대표주자로서 맛있는 찬거리가 된다는 점도 빼놓을 수 없다.

비슷한 시기와 장소에서 낚이는 두 어종은 카드 채비로 다수확을 노리기도 하고, 지그헤드에 웜을 세팅하거나 소형 메탈 지그를 이용한 루어낚시를 시도하기도 한다.

Tip 고등어와 전갱이의 성격 차이

모양은 달라도 습성이 닮은 데가 있고, 같은 시기와 장소에서 잡혀 낚시 방법도 같을 것 같지만 분명 다른 측면도 있다.
고등어는 입이 크고 닥치는 대로 잡아먹는 탐식성을 가지고 있는 육식성인 데 반해, 전갱이는 입이 작고 원래 플랑크톤 식성이다. 덩치가 커짐에 따라 소형 어류까지 잡아먹는 정도로 발전하는 것이다.
먹이를 잡아먹는 모습에서도 차이를 보인다. 고등어는 육식어류 특유의 낚아채듯 잡아먹는 형태를 취하지만, 전갱이는 뒤를 따라와 뻐끔대듯 먹이를 잡는다. 그렇기 때문에 전갱이 루어낚시는 쉬운 듯 하면서도 까다로운 부분이 있다. 루어의 선택과 바늘의 선택에 조금 더 신경을 기울여야 보다 좋은 조과를 얻을 수 있다.

카드 채비 낚시 ‖ 다수확 목적

여름철부터 방파제나 갯바위로 접근하는 고등어 · 전갱이 무리를 가장 쉽게 노릴 수 있는 방법이다. 물론 배를 타고 나가 배낚시로도 얼마든지 즐길 수 있다.

카드 채비란 기둥줄에 10여개의 가지바늘이 달려있는 채비로, 바늘마다 비닐 조각과 구슬 등이 부착되어 있어 작은 물고기나 부유하고 있는 갑각류를 모방한 형태이다. 아래쪽에는 봉돌이 달려 있어 이 무게를 이용해 원투를 하고, 일정한 수심층으로 액션을 적당히 구사하며 끌어들여 입질을 유도한다. 무리를 이루어 회유하는 고등어나 전갱이를 한꺼번에 다수확 하는 낚시 방법인데, 동해안과 남해안의 각 방파제는 제철이 되면 많은 낚시인들로 붐비기도 한다.

■ 장비와 채비, 미끼 및 포인트

▶낚싯대 - 방파제에서는 찌낚시용 갯바위 낚싯대(1~1.5호)가 가장 많이 사용된다. 배낚시를 한다면 추부하 30~50호의 외줄 낚싯대가 좋다. 이외에도 '다용도 릴대'나 농어 루어 낚싯대, 에깅 낚싯대 등 두루 사용할 수 있다. 다만 유연한 연질대가 입질 받기에 더 좋다는 것과, 방파제에서는 배낚시 때보다는 긴 낚싯대가 편리하다는 것만 기억한다.

▶릴 - 대단한 파이팅을 요하는 낚시가 아니므로 소형 스피닝 릴로 충분하다. 다른 장르에서 사용하던 릴을 그대로 사용하여도 무리가 없으므로 특별히 신경을 쓸 필요는 없다.

▶낚싯줄 - 원줄은 나일론 3~4호. PE를 사용한다면 1호로 충분하다. 특별한 원칙이 있는 것이 아니므로 다른 장르에 사용하던 릴에 조금 굵거나 가는 줄이 감겨 있다면 그대로 사용해도 무방하다.

▶채비 만들기 - 카드 채비의 맨 아래에 부착하는 봉돌은 방파제에서는 2~5호, 배낚시에서는 20~50호를 준비한다. 가지바늘 채비는 직접 만들기

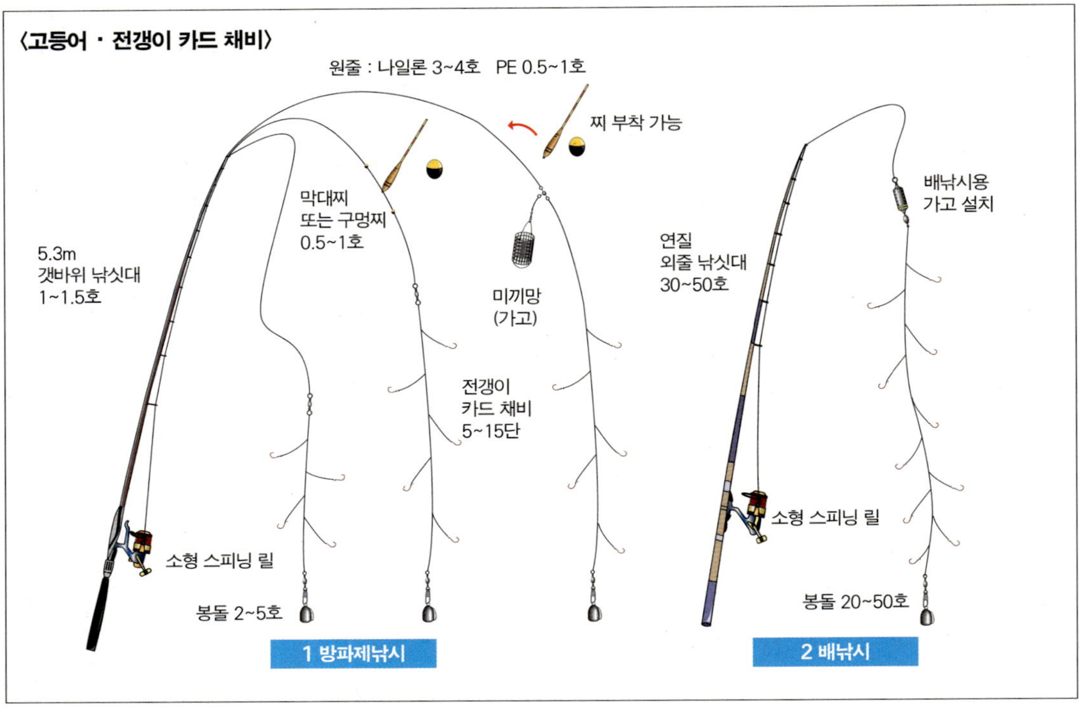

보다는 고등어 · 전갱이낚시용 카드 채비를 낚시점에서 구입해 사용하는 것이 경제적이다. 보통 5~15단 채비로 구성하는데, 가지바늘이 많을수록 유영층 파악이 쉽고 폭발적인 입질에 대응하기 좋지만 엉키기 쉽다는 점도 고려해야 한다. 카드 채비는 여벌로 2~3개 더 준비해 두어야 트러블에 대비할 수 있다.

▶미끼 - 크릴이 만능이다. 줄줄이 잇따를 때는 아무런 미끼 없이 어피가 달린 어피바늘도 잘 물지만, 일반적으로는 크릴을 뿌려 집어를 하고 바늘에도 크릴을 끼워 낚는다. 카드 채비에 밑밥용 '가고'를 부착시킨 채비라면 밑밥을 뿌리지 말고 여기에 밑밥을 넣어 사용한다.

▶카드 채비 포인트 - 고등어와 전갱이는 회유어이므로 조류 소통이 원활한 곳이 포인트가 된다. 그리고 낚시를 하는 장소가 방파제이건 배낚시이건, 밑밥을 이용해 어군을 불러 모으거나 붙들어 두는 것이 중요하다. 특히 방파제의 경우 여러 낚시인들이 동시에 낚시를 하게 되므로 어군이 흩어지지 않도록 집어를 목적으로 밑밥을 사용한다.

〈고등어 · 전갱이 카드 채비 낚시 개관〉

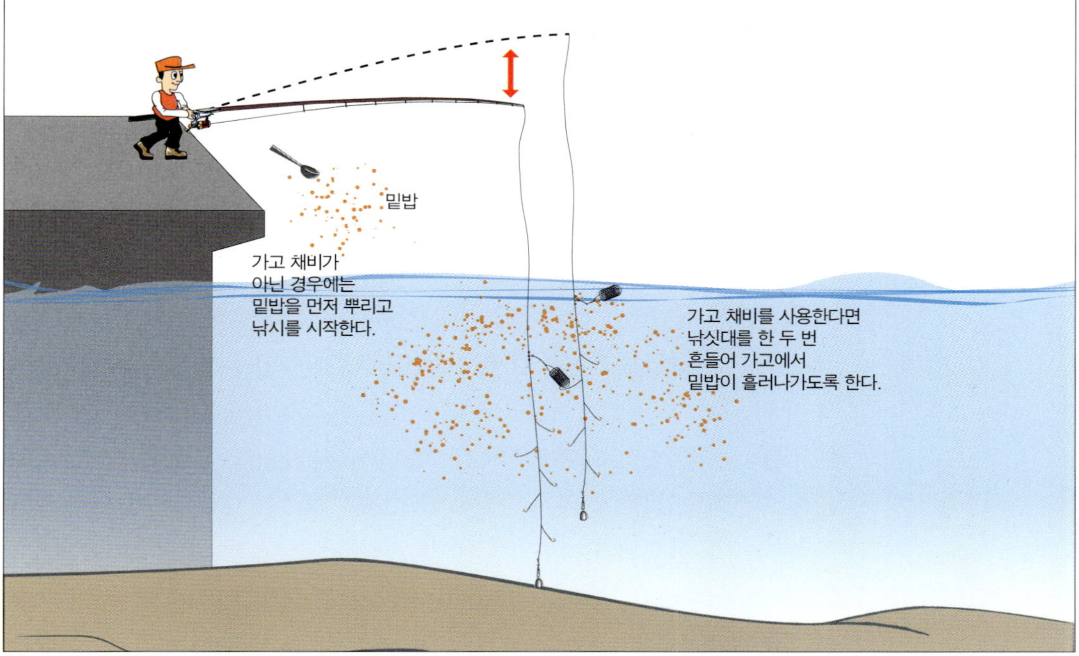

■ 카드 채비 낚시 이렇게!

①연안으로 근접해 오는 고등어나 전갱이 무리를 확인하면서 낚시가 시작된다. 시간적으로는 일출 직전과 일몰 직후가 베스트. 특히 전갱이는 어둠을 좋아하므로 해가 지고부터 활성이 올라간다.

②방파제의 경우, 대부분 많은 사람이 동시에 한 자리에서 낚시를 하게 되는데 이런 때일수록 밑밥이 필수이다. 고등어와 전갱이는 밑밥에 매우 빠르게 반응하기 때문에 밑밥을 뿌리지 않으면 다른 사람이 뿌리는 밑밥을 따라 다른 곳으로 빠져나갈 수도 있다.

③고등어나 전갱이 무리가 접근해 올 때까지는 밑밥을 많이 뿌려도 상관없지만, 일단 집어가 된 상태에서는 밑밥을 줄여 조금씩만 뿌린다. 소량의 먹이로 서로 경쟁하게 만들어 물고기들의 활성을 유지시키는 방법이다. 점차 유영층이 얕아지면 낚시가 한결 쉬워진다.

④입질이 오면 낚싯대를 들어 살짝 챔질을 하고 두 번째 입질을 기다린다. 이를 반복하면 바늘마다 전부 걸려드는 경우도 적지 않다. 그러나 전갱

이의 경우 입 주위가 약하므로 너무 강한 챔질은 좋지 않다.

⑤감아올릴 때는 중량을 느끼면서 일정한 속도로 릴링하되 늦춰주지 말고 단번에 들어 올려야 한다.

■ 카드 채비 낚시, 핵심 체크 포인트

▶방파제에서 낚시를 하는 경우라면 가급적 구명동의를 착용하고 안전사고에 주의한다.

▶방파제나 배낚시에 있어서 여건상 여러 사람이 동시에 긴 채비를 사용해 낚시를 하게 되므로 서로에게 불편이 없도록 배려한다.

▶카드 채비는 가짓줄이 많을수록 엉킴이 생기기 쉽다. 채비의 연결은 꼭 도래를 사용한다. 카드 채비 구입 시에 꼬임 방지용 도래가 부속되어 있는지를 확인하는 것도 좋다.

Tip 색다른 가두리, 좌대낚시

경남 해안의 각 좌대 낚시터는 가두리 양식장과 맞물려 전갱이낚시가 잘 되는 것으로 유명하다. 가두리 양식장에서 흘러나온 사료가 주위에 물고기들을 불러 모으는 역할을 해주기 때문이다.

편하게 좌대나 가두리 양식장의 울타리에 걸터앉아 채비를 풀어 내리면 입질이 바로 이어진다. 채비는 대상어의 활성이 좋을 경우는 카드 채비를 사용하는 것이 유리하지만, 계절에 따라 유영층에 맞춰 고안된 채비를 사용해 봄직하다. 2~3개의 가짓줄을 단 채비나 편대 채비를 사용해 한 마리씩 낚아내는 것도 쏠쏠한 재미가 있다. 주목적인 전갱이뿐만 아니다. 좌대 낚시터에선 고등어 · 학공치 · 망상어 · 우럭 등 한나절이면 아이스박스를 빼곡히 채우는 조과를 얻기도 한다.

고등어 · 전갱이 루어낚시

바다 루어낚시가 인기를 누리기 시작하면서 고등어와 전갱이의 가치가 보다 새롭게 조명되고 있다. 잘 낚이고 크기에 비해 상상을 넘어서는 손맛, 그리고 식탁을 풍성하게 해주리라는 기대감은 루어낚시 대상어로서 손색이 없다. 양과 질이 만족되는 대상어가 바로 이들이다.

■ 루어낚시 장비와 채비, 포인트

▶**낚싯대** - 울트라라이트급을 선택한다. 주요 대상이 고등어라면 민물용에서부터 가장 유연한 농어용 루어 낚싯대까지 무엇이든 좋지만, 전갱이가 주

〈고등어 · 전갱이 루어낚시 채비〉

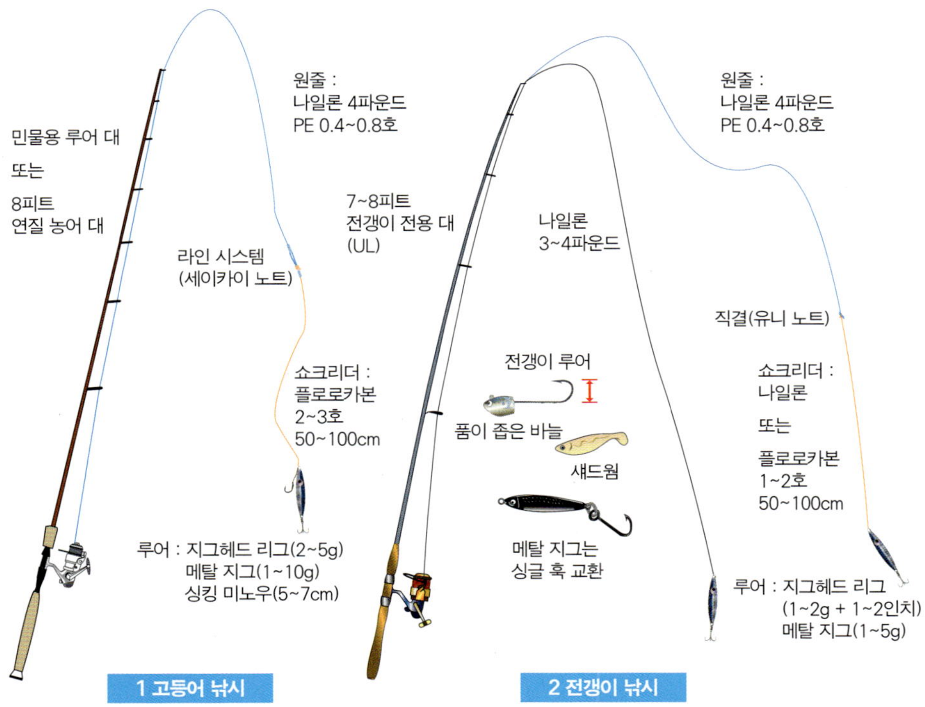

요 대상어라면 연약한 입을 고려해 보다 유연한 것이 좋다. 일본 제품 중에는 전갱이 전용 루어대도 있지만 볼락용 루어 낚싯대로도 충분하다. 길이는 낚시터에 따라 달라지는데, 발판이 높은 장소에서는 짧은 대가 불리하다. 6피트 전후보다는 7~8피트(2.1~2.4m) 정도로 다소 긴 것이 유리하다.

▶**릴** - 소형 스피닝 릴을 기준으로 한다. 볼락 루어낚시가 붐을 이루면서 릴 제작 회사마다 가장 작은 사이즈의 스피닝 릴을 튜닝해 볼락낚시 전용 모델이라는 이름으로도 판매하고 있는데 이를 사용해도 좋다.

▶**낚싯줄** - 나일론 4파운드(약 0.8~1호)가 기준이다. PE 줄은 강도가 강하므로 더 가늘게(0.6~0.8호) 사용해도 문제없다. 고등어를 노릴 때는 쇼크리더(목줄)로서 나일론이나 플로로카본 2~3호를 50~100cm 정도 연결해 주는 것이 좋다. 전갱이를 노릴 때는 쇼크리더가 필요 없지만, 원줄에 PE 라인을 사용한다면 나일론 또는 플로로카본 1~2호를 50~100cm정도 연결해 주어야 한다.

▶**루어** - 고기의 활성이 높은 경우에는 가리지 않고 루어를 공격한다. 문제는 일반적인 경우, 최초로 어떤 루어를 사용하느냐이다. 기본은 1~2g의 지그헤드에 1.5~2인치의 웜을 세팅한 것이다. 또 한 가지는 강한 바람이 불어 캐스팅 거리가 나오지 않는다거나 수심 깊은 곳에 루어를 바로 가라앉혀야

Tip 전갱이 전용 낚싯줄이 있다?

루어로 전갱이만을 노린다면 낚싯줄은 조금이라도 더 부드럽고 충격 흡수가 우수한 것이 좋다. 그 이유는 전갱이의 입 언저리가 매우 연약한 데에 있다. 낚은 전갱이를 들어 올릴 때 푸덕거리다가 입이 찢어져 바늘에서 떨어져 나가는 경우가 흔한데, 낚싯줄이 부드럽고 늘어난다면 이를 약간이라도 방지할 수 있다. 그러므로 '결론은 나일론'이다. 사용하는 루어도 가벼워 가는 줄일수록 좋은데, 가늘고 성능이 우수한 나일론 소재의 원줄은 얼마든지 있다. 그러나 양식장 무지개송어낚시에 사용하는 너무 가는 줄은 30cm가 넘는 대형급 전갱이가 출현했을 때 감당이 안 된다. 전갱이낚시에 사용한다면 4파운드를 기준으로 하되 낚이는 씨알이 20cm 이하라면 3파운드도 문제없을 것이다.

나일론이 너무 둔해 싫다면 극세 PE 라인을 원줄로 하고, 리더로 아주 부드러운 나일론 줄을 조금 길게(1m 가량) 연결해 주면 좋을 것이다. 이때는 가능하다면 낚싯대의 초리가 솔리드로 만들어져서 아주 유연하고도 충격 흡수가 잘 되는 것을 사용하는 것이 바람직하다.

하는 경우로, 이때는 1~5g의 소형 메탈 지그가 필요하다.

고등어를 낚을 때는 그렇게 루어 선택이 까다롭지 않지만 전갱이는 조금 신경을 써야 한다. 지그헤드 선택에 있어서 가능한 한 장축(long shank) 바늘, 품(gap)이 좁은 것을 선택하는 것이 작은 입으로 루어 뒤에서 뻐끔대는 전갱이의 입에 바늘이 걸릴 확률이 높아진다. 웜의 선택도 섀드(shad) 테일 형태가 진동에 민감한 전갱이에게 더 유리하다. 섀드 테일 형태는 천천히 릴링을 해도 꼬리의 움직임(진동)이 강하여 직선형 웜보다 더 효과적이다. 메탈 지그도 그대로 사용하기보다는 부착되어 있는 트레블 훅을 떼어내고 싱글 훅으로 교체하여 사용한다. 교체용 싱글 훅은 민물 무지개송어낚시에 사용하는 마이크로 스푼에 부착하는 싱글 훅을 사용하면 된다.

▶루어낚시 포인트 - 회유어는 먹잇감을 따라 조류를 타고 이동한다. 조류 소통이 좋은 장소는 방파제의 끝부분, 중간의 꺾이는 부분, 내항의 구석진 장소나 수중여 부근 등 플랑크톤이 발생하고 작은 어패류가 살기 좋은 장소가 포인트다. 또한 수심이 깊은 내항에서 가로등 불빛이 닿는 장소는 전갱이의 1급 밤낚시 포인트가 된다. 고등어와 달리 전갱이는 저녁부터 밤에 입질이 잦기 때문이다.

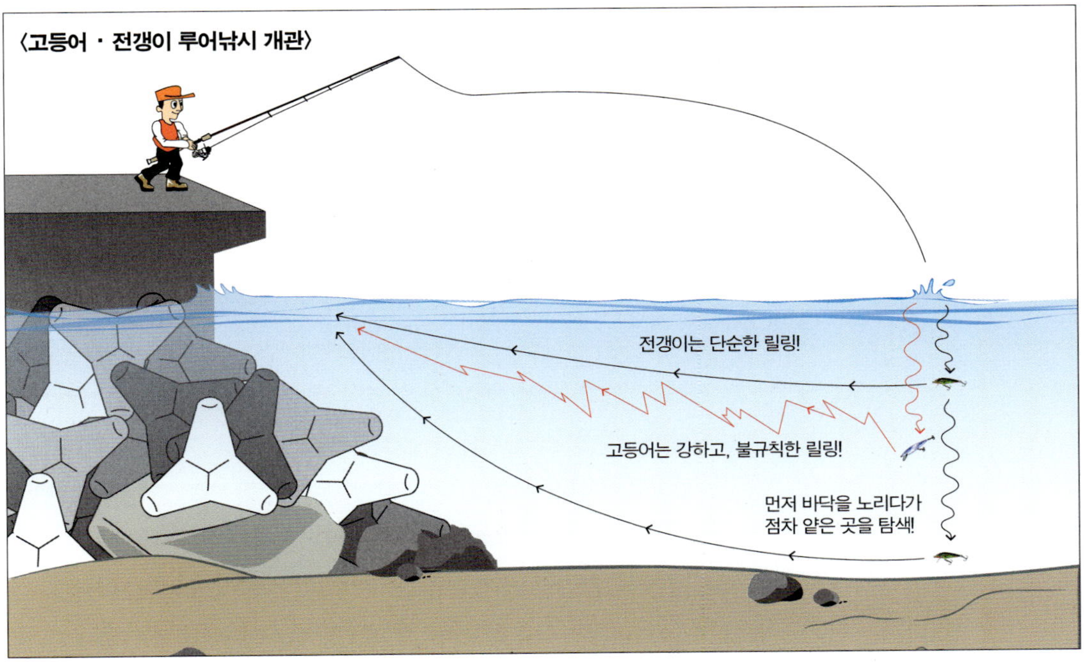

■ 고등어 · 전갱이 루어낚시 이렇게!

①카드 채비를 사용하는 다수확 낚시와 마찬가지로 루어낚시 역시 연안 가까이로 접안해 오는 고등어 · 전갱이의 무리를 확인하면서 낚시가 시작된다. 그러나 미끼낚시와는 달리 집어 과정이 없는 루어낚시는 입질이 없다면 물고기가 없다고 봐도 틀림이 없다.

②회유 수심층을 찾아내는 것이 선결 과제다. 루어를 가라앉혀 바닥층부터 서서히 탐색 수심층을 올려가며 입질이 있는 수심층을 찾는다. 그런 다음 입질이 온 수심층을 공략한다. 한 마리가 낚인 수심층에는 분명히 무리가 있다고 생각하자.

③지그헤드 리그를 사용한다면 특별한 액션을 가하지 않는 릴링, 메탈지그를 사용한다면 활발한 액션을 가한다. 고등어나 전갱이가 있다면 반응이 온다.

④전갱이는 밤낚시가 잘 된다. 수심이 깊은 내항에서 가로등 불빛이 닿는 장소가 1급 포인트이다. 불빛에 모이는 플랑크톤이나 갑각류를 잡아먹기 위해 전갱이도 모여든다. 그러나 밝은 곳보다는 조명의 언저리 좀 더 어두운 곳이 좋은데, 전갱이라는 물고기는 포식자가 아니라 농어나 방어, 흰(무늬)오징어 등에게 잡아먹히는 처지의 물고기인지라 자신감 있게 밝은 곳으로 나오지 않는다고 생각하면 된다.

⑤입질은 둔탁하고 확실하다. '덜컥!' 하는 느낌이 손으로 전해진다. 챔질을 따로 할 필요가 없을 정도로 자동으로 바늘에 걸리는 경우가 많다. 빠른 속도로 유영하는 회유어이므로 강한 저항을 느낄 수 있다.

⑥유연한 낚싯대와 드랙을 활용하여 여유 있게 손맛을 즐긴다. 고등어는 그리 신경 쓸 필요가 없지만, 전갱이는 입이 연약하므로 너무 놀리지 말고 바로 들어 올리는 편이 좋다.

⑦낚이는 상황이 계속되고 여럿이 같이 낚시를 하는 경우는 누군가의 루어가 포인트에 항상 들어가 있도록 번갈아 가면서 캐스팅하는 것이 좋다. 계속해서 활성을 유지시키는 방법이다.

Info

'아징(Ajing)'의 의미

신조어를 만들기 좋아하는 일본인들은 여러 가지 명사에 영어의 진행형 'ing'를 붙여서 대명사를 만들곤 한다. 에깅(에기+ing), 메바링(볼락의 일본이름 메바루+ing)이 그 좋은 예로, 전갱이의 일본 이름인 '아지'에도 'ing'를 붙여 '아징'이라는 이상한 말을 만들어 놓았는데, 우리가 이를 그대로 따라 쓰는 것은 조금 우습기도 하다.

Taste

이렇게 먹어요!

고등어와 전갱이는 소금에 절인 자반이 유명하다. 살이 무르고 쉬이 상하는 단점을 해소하는 방법으로 염장만큼 쉬운 방법도 없다.
낚시터 현장에서는 살아 있을 때 피를 빼고 손질하면 회로 즐길 수도 있는데, 의외의 맛에 놀라게 될 것이다.

■ 루어낚시 핵심 체크 포인트

▶낚시터 선택에 유의해야 한다. 시끌벅적한 방파제, 모두가 미끼낚시를 하고 있는 장소에서 루어 낚싯대를 꺼내들면 서로 낚싯줄이 엉키는 등 트러블이 일어나고 만다.

▶고등어와 전갱이는 회유어이므로 장소나 시간에 따라 '낚인다'와 '안 낚인다'가 확실하게 구분된다. 그러므로 포인트 이동을 위한 차량의 준비나 입질이 없을 때 다른 어종(볼락 · 우럭 등)으로의 임시 전환도 항상 염두에 두어야 한다.

▶전갱이는 덩치에 비해 입이 작고 또 입언저리가 매우 얇고 약하다. 챔질을 했다면 입이 찢어지기 전에 너무 놀리지 말고 재빨리 올리는 것이 좋다. 물론 30cm에 달하는 대물이라면 강제 집행 '들어뽕'은 금물이다.

▶씨알이 너무 작은 경우, 좀 더 깊은 수심에 큰 씨알의 다른 무리가 있을 확률이 있으므로 대물을 위해 루어를 가라앉혀 보는 것도 좋다.

▶고등어와 전갱이는 낚아 올리면 요동이 심해 주위가 비늘과 피로 엉망이 되기 쉽다. 또한 금방 죽고 선도도 떨어져 비린내가 심해지므로 낚는 즉시 처리해 두는 편이 좋다.

고등어 즉석회

푸짐하게 낚은 고등어 조과

전갱이 식혜밥

전갱이 동그랑땡

5 광어(넙치)낚시

루어낚시와 외줄낚시의 새로운 광맥

광어(廣魚)라는 이름으로 더욱 잘 알려진 넙치. 몸이 납작하고 두 눈이 모두 왼쪽으로 몰려 있어 오른쪽으로 몰려 있는 가자미와 구분된다. 하지만 일반인들은 두 어종의 차이를 구별하지 못해 어시장, 특히 여름 피서지의 횟집에서 스트레스를 많이 받는다. 혹시 값싼 가자미를 광어로 잘못 알고 사먹지 않는가 하고….

우럭 · 참돔낚시에 어쩌다 걸려드는 손님 고기로 귀히 여겼지만 근년에는 자원량이 아주 많아졌다. 중앙 부처 및 지방자치단체에서 지속해 온 치어방류사업 덕분이다. 그래서 이제는 광어를 전문으로 노리는 마니아들마저 생겨났다. 선상 외줄낚시와 루어낚시의 새로운 광맥이 된 것이다.

표준명 넙치

학 명 *Paralichthys olivaceus*

영 명 Flatfish

일 명 히라메(ヒラメ)

속 명 광어

생 태 넙치과의 대표적인 어류로 일반적으로는 광어라는 이름으로 널리 불리는 가운데 횟감으로 친숙한 어종이다. 몸이 납작하고 두 눈이 왼쪽으로 몰려 있어 오른쪽으로 몰려 있는 가자미 종류와 구분된다. 흔히 '왼 눈 광어(넙치), 오른 눈 도다리(가자미)'라고 구분한다. 또한 광어는 가자미 종류에 비해 입이 크고 날카로운 이빨이 돋아 있다(가자미 종류는 이빨이 없다).

대부분 크기가 45cm가 넘어서 성숙해 산란을 하는 것으로 알려지며 최대 80cm 이상으로 자란다. 낚시에 잡힌 최고기록은 98cm로 보고돼 있다. 치어일 때는 입을 기준으로 눈이 양쪽에 붙어 있지만 몸 길이가 1.5cm 정도로 자라게 되면 오른쪽 눈이 왼쪽으로 이동하게 되고 저서생활을 하게 된다. 식성은 치어 시기에는 새우와 같은 소형 갑각류를 먹지만 성장함에 따라 물고기 · 오징어 등을 잡아먹는 대표적인 육식성 어류로 변한다.

우리나라 전 해안에서 서식하지만 서해에 개체수가 많다. 저서성으로 주로 대륙붕의 모래바닥에 서식하는데 서해안의 경우, 겨울철에는 흑산도 근해에서 월동하고 봄철에 북상하는 남북회유를 한다. 산란기는 2~6월로 지역차가 있으며 조류 소통이 좋은 자갈밭이나 암초지대에서 행해진다. 양식 사업이 활발해 양식장도 많고 그 주변은 바다로 흘러든 개체수가 많은 것도 사실이다.

낚시 지역 ①서해 각 도서 인근, 원도 ②동해 ③남해

낚시 시기 5~11월

■ 루어낚시와 선상 외줄낚시 대상어

광어만을 노리는 낚시는 과거에는 그 사례가 없었다. 우럭낚시나 참돔낚시 등 배낚시나 갯바위낚시의 손님고기로 낚이면 '어이쿠, 광어다!' 하고 반가워했다. 그러나 양식산업의 발달과 함께 그 자원량이 증가했고, 연안 방파제나 갯바위 등에서 루어낚시가 인기를 모으면서 동시에 각광을 받기 시작한 것이 광어낚시이다.

우리나라 전 연안에서 만날 수 있지만 특히 서해 연안의 방조제와 방파제, 먼 바다 갯바위에서는 루어낚시가 활성화되어 있다. 더욱이 우럭 대신 광어를 노려 출조하는 낚싯배도 있다. 동해안과 남해안 지역에도 연안에 광어 양식장이 있는 곳이면 그 인근에 광어 어군이 형성된다고 보면 된다.

광어 루어낚시 ‖ 수평 운동 루어에 빠른 반응

우럭이나 쥐노래미와 같은 록피시(rock fish) 루어낚시에 인기가 집중되면서 광어 루어낚시도 인기를 모으고 있다. 우럭 루어낚시나 민물 쏘가리낚시에 사용하는 도구를 그대로 활용할 수 있다는 점, 테크닉도 거의 동일하다는 점, 또한 전국 어디에서나 낚을 수 있다는 사실이 민물 루어낚시 인구를 바다로 불러 모으는 역할을 하고 있다. 우럭낚시의 손님고기로서가 아니라 확실한 대상어로 인기가 높아진 장르이다.

Figure 광어와 도다리 구분

미식가들은 양식산 광어(넙치)보다 자연산 도다리(문치가자미 등)를 손꼽는다. 그러다 보니 해수욕장 부근의 노점상에 가면 양식산 광어를 도다리라 속이기도 하고, 특정 가자미를 자연산 광어라 우기기도 한다. 노점상 아낙들 스스로 구분 못하는 탓도 있다.
도다리를 포함한 가자미 종류와 광어는 쉽게 구분된다. 3가지 가운데 한 가지만 알아두어도 된다.
①'왼눈 광어', '오른눈 도다리(가자미 종류)'를 외워두면 된다. 그러나 이것만으론 부족하다. 사람과 고기가 서로 엎드려 마주보는 자세를 취해야 한다.
②광어는 가자미 종류에 비해 입이 조금 더 크게 찢어져 있다.
③광어는 날카로운 이빨이 있는 데 비해 가자미 종류는 없다.

■ 루어낚시 장비와 채비, 포인트

▶낚싯대 - 방파제나 갯바위용은 민물 쏘가리나 배스낚시 제품을 기준으로 하되, 본격적으로 넙치를 노린다면 한 단계 더 강도가 높은 낚싯대를 사용하는 것이 좋다. 길이는 7피트나 그 이상이 무난하다. 록피시 전용으로 출시되는 제품을 구입한다면 최상의 선택이다. 대물이 출몰하는 원도 갯바위나 조류가 거센 지역, 또는 손님고기로 대형 우럭이나 농어가 자주 출몰하는 장소라면 8피트 정도 길이의 농어 루어 낚싯대도 좋다.

배낚시용으로는 길이 6~7피트의 라이트 지깅 낚싯대(루어 최대중량 100g 정도)가 최적이다. 미디움(M)~미디움 헤비(MH)의 배스 낚싯대도 무난하다.

▶릴 - 연안에서 우럭이나 다른 록피시 낚시를 겸하는 경우라면 소형 스피닝 릴로 충분하다. 민물의 배스낚시처럼 소형 베이트캐스팅 릴을 사용해도 좋다. 농어 낚싯대를 사용하여 대물을 대비하는 경우라면 릴도 그에 맞춰

〈광어 루어낚시 채비〉

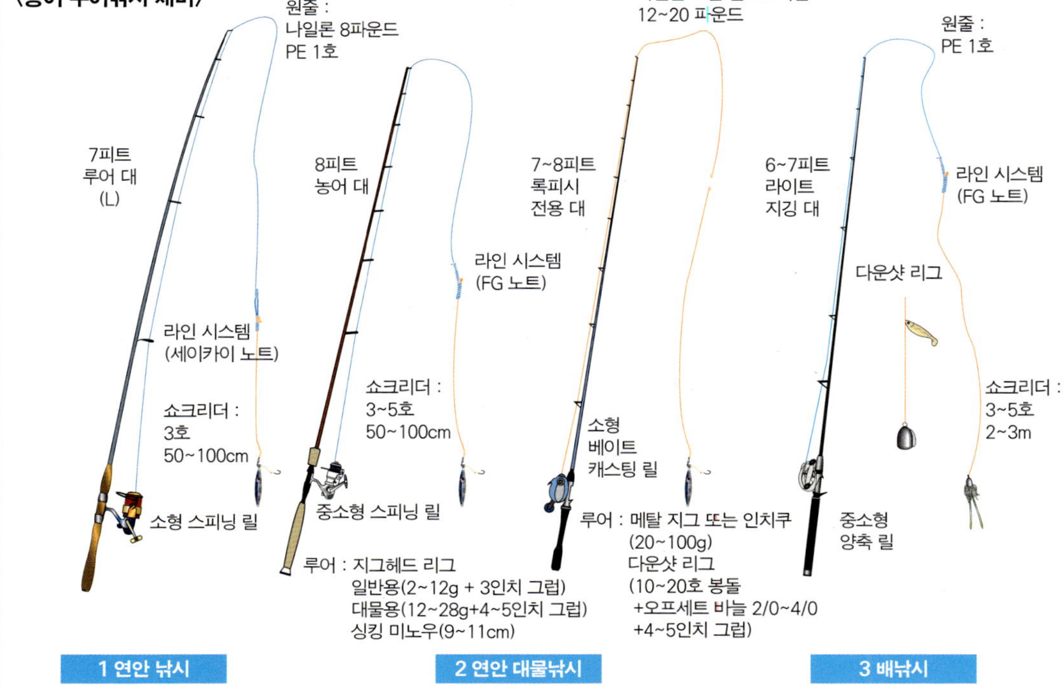

중소형 스피닝 릴을 세팅한다. 배낚시에서는 중소형 스피닝 릴이나 베이트캐스팅 릴을 준비한다.

▶**낚싯줄** - 소형 스피닝 릴에 맞는 원줄은 나일론 8파운드 또는 PE 1~2호이다. 이에 쇼크리더를 덧달아야 하는데, 플로로카본 3~5호를 50cm~1m 정도 연결하면 된다. 베이트캐스팅 릴을 사용할 경우의 원줄은 플로로카본 12~20파운드가 적합하다.

연안 캐스팅이 아닌 배낚시를 할 경우는 PE 1호 전후의 원줄에 쇼크리더를 2~3m로 좀 더 길게 사용하는 것이 바람직하다.

▶**루어** - 연안낚시든 배낚시든 두루 사용하는 것은 지그헤드 리그이다. 항구나 수심 얕은 연안 갯바위에서 사용하는 지그헤드는 2~12g을 기준으로 하되, 수심이 깊거나 조류가 거센 장소 또는 선상 낚시를 할 때는 12~28g 등 더 무거운 것을 사용한다.

지그헤드에 장착하는 웜(그럽)은 3인치를 기준으로 하여 수심과 씨알에 맞춰 4~5인치의 크기를 사용한다. 웜의 형태는 다양하게 준비하되 색상은 윤곽이 확실하게 보이는 빨간색 계통, 흰색, 검은색이 효과적이다.

길이 9~11cm의 싱킹 미노우 플러그도 사용한다. 멸치 떼가 회유를 하거나 광어의 활성이 높아 중층 이상으로 올라올 때 사용하면 효과를 볼 수 있다.

배낚시에서 특히 수심이 깊은 장소를 포인트로 한다면 무거운 봉돌을 단 다운샷 리그를 사용한다. 또는 메탈 지그나 인치쿠도 효과적이다. 수심에 따라서 무게를 결정하는데 20~100g 정도를 준비한다. 얕은 장소에서는 상대적으로 가벼운 것을 선택해 캐스팅을 하고, 수심이 깊은 장소에서는 무거운 것을 수직지깅으로 사용한다. 광어의 시야를 고려해 일반적인 메탈 지그와 달리 좌우로 크게 움직이도록 고안된 광어 전용 메탈 지그도 있다.

▶**루어낚시 포인트** - 암초가 뒤섞인 해저에서 먼저 모래바닥을 찾는다. 암반이나 암초 사이에 모래밭이 형성된 곳, 자갈밭이나 암초지대와 모래밭 경계 지역이 넙치가 좋아하는 곳이다. 넓은 모래밭이라면 수심이 갑자기 달라지는 장소가 좋다.

Info

광어, 자연산과 양식산의 구분

전국 어느 수산물시장, 횟집을 가도 빠짐없는 광어. 양식산이 주류를 이루는 가운데 맛있는 자연산이 귀해 속여 파는 일이 비일비재하다.
자연산과 양식산 광어를 구분하는 가장 간단한 방법은 뒤집어 보는 것이다. 자연산은 무안측(無眼側 · 눈이 없는 쪽)이 무늬가 없는 흰색이지만 양식산은 검은 반점이 있는 경우가 대부분이다. 이를 색소이상 개체라고 부르는데 양식장에서 태어나면 대부분이 이렇게 된다.
낚아 올린 광어가 색소이상을 보이는 것이라면, 어려서 양식장에서 탈출하였거나 인공방류된 것으로 보아도 무방하다.

자연산 광어의 배

양식산 광어의 배

산란을 전후한 시기에는 우럭이 있을 것 같은 암초지대에서도 입질을 자주 받을 수 있다. 바닥 사정을 잘 모른다면 루어를 폭넓게 캐스팅해 가면서 루어가 스치는 바닥의 느낌을 확인하여 모래바닥을 먼저 찾아낸 후 그 장소를 집중 공략하는 것이 효과적이다.

■ 광어 루어낚시 이렇게!

①방파제나 갯바위에서는 루어(지그헤드 리그, 플러그 등)를 캐스팅하여 일정하게 감아 들이는 것이 기본이다.

②낮에는 작은 물고기들이 모이는 수중 언덕이나 급심 지역을 찾아 이곳에 루어를 가라앉히고 확실하게 바닥을 훑으며 지나가도록 한다.

③싱킹 미노우를 사용한다면 가능한 한 멀리 던지고 확실히 가라앉힌 후 비교적 빠른 속도(1초에 릴의 핸들을 2~3바퀴 감는 속도)로 릴링한다. 액션을 중단하지 말고 단조로운 릴링을 한다. 스톱액션이나 저킹 등은 넙치에게는 역효과로 알려져 있다.

④입질은 일반적으로 갑자기 '덜컹!' 하는 느낌이 전해질 정도로 선명하

〈광어 루어낚시 개관〉

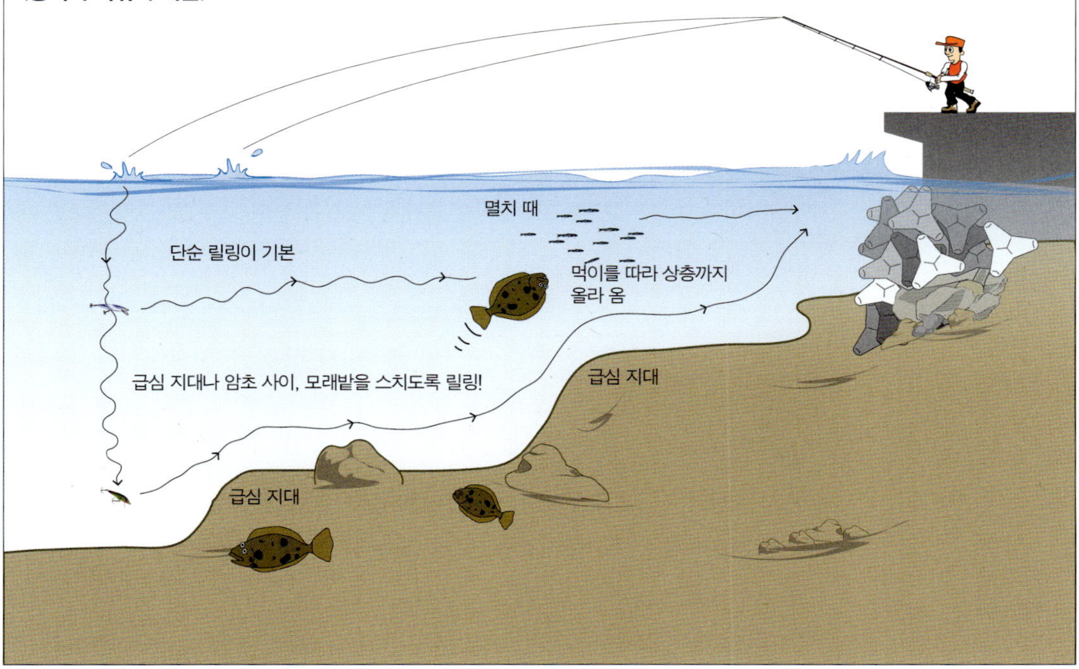

게 온다. 그러나 루어가 바닥에 닿은 후 낚싯줄이 무거워진다거나 루어를 회수하려는데 갑자기 낚싯대가 휘어드는 등 돌발적인 입질도 많다. 일상적이지 않고 무언가 작은 변화가 있다면 일단 빠르게 챔질을 해보는 것도 좋다.

⑤확실하게 챔질이 되었다면 릴링은 일정한 속도로 천천히 하도록 한다. 너무 빠른 릴링은 좋지 않다. 늦춰주는 것도 광어의 저항을 심하게 하거나 암초 틈으로 도망가 붙어버리게 한다. 이를 방지하기 위해서는 일단 바닥에서 띄우는 것이 중요하다.

⑥대물을 걸었을 경우는 뜰채나 랜딩그립을 이용해 끌어낸다. 미처 준비를 못했다면 파도를 이용해 얕은 장소로 끌어올리면 된다. 넙치는 이빨이 날카로우므로 맨손으로는 입 주위를 만지지 말아야 한다.

⑦배낚시에서는 다운샷 리그나 메탈 지그의 사용 방법이 동일하다. 깊은 장소에서는 수직으로 가라앉히고 고패질(바텀 범핑 · bottom bumping)을 반복한다.

Info

광어도 부상(浮上)한다

광어는 바닥에 붙어 가만히 있는 물고기라는 느낌이 강하지만 실제로 그렇지는 않다. 낮에는 가만히 있지만 어두워지면 먹이를 찾아 돌아다니는 것으로 알려져 있다. 또한 멸치 떼를 따라 수면 근처로 오르기도 하는 등, 저서성 어류이긴 해도 활동성이 크다.

■ 광어 루어낚시, 핵심 체크 포인트

▶몸이 납작한 넙치는 시야가 입체적이지 못하다. 눈 위쪽으로 폭 30~100cm 정도의 시야 범위를 갖고 있다. 즉, 수직 방향으로의 움직임보다는 수평 방향의 움직임이 시야에 오래 들어오므로 수평으로 움직이는 루어에 대한 반응이 더 좋다.

▶미노우 플러그가 효과적이나 가벼워 원투가 잘 안 되는 경우는 10호 정도의 봉돌을 유동식으로 연결해 사용하기도 한다. 이때는 수심 10m 이하의 비교적 얕은 장소에서 사용하는 편이 좋다. 보다 깊은 장소에서 사용하면 바늘과 목줄이 서로 엉키는 일이 자주 발생한다. 또한 암초가 많은 장소에서는 루어를 자주 뜯기는 폐단도 생긴다.

▶넙치는 이빨이 날카롭다. 무심코 맨손으로 만졌다가는 상처를 입기 쉬우므로 뜰채나 랜딩그립을 사용해 끌어내는 것이 정석이다. 낚싯바늘을 뺄 때도 플라이어를 사용하도록 한다.

광어 외줄낚시 ‖ 성급한 챔질은 손해

우럭 외줄낚시 장비를 가지고 있고 경험이 있다면 특별히 다른 준비가 필요 없다. 우럭낚시의 손님고기로 같은 채비에 낚이지만 전문 꾼들은 특히 넙치를 노려 채비와 미끼에 변화를 주고 기법도 약간 달리 하는 경우도 있다. 우럭낚시와 같은 단조로움에서 탈피하여 빨래판만한 자연산 광어의 용트림에 흥분해 보는 것도 신나는 경험이 될 것이다.

■ 장비와 채비, 미끼 및 포인트

▶낚싯대 - 외줄 낚싯대로 추부하 50호 정도의 제품을 준비한다. 침선 포인트와 같이 심해낚시에 사용하는 추부하 100호의 경질대도 무방하다. 우럭낚시나 대구낚시에 사용하는 외줄 낚싯대가 있다면 그대로 사용한다.

▶릴 - 중형~대형의 스피닝 릴이나 양축 릴 어느 것을 사용해도 좋다. 채비를 아래로 풀어 내리므로 아무래도 양축 릴이 좀 더 편하다. 전동 릴을 사용한다면 중형급이면 충분하다.

▶낚싯줄 - 원줄은 PE 4~5호를 사용한다. 여기에 우럭낚시용 채비를 도래로 연결하면 된다. 따로 채비를 만든다면 기둥줄 5~8호, 목줄 5~6호 정도를 사용하되 봉돌에 묶는 버림줄은 3호를 기준으로 한다.

▶봉돌 및 바늘 - 봉돌은 30~60호를 수심에 맞춰서 사용한다. 수심이 깊거나 조류가 세게 흐른다면 더 무거운 봉돌이 필요할 수도 있다. 바늘은 기본적으로 광어바늘 16~18호나 농어바늘 14~16을 사용한다.

이와는 달리 광어 외줄낚시엔 별도의 '모자(母子)바늘 채비'가 사용되기도 한다. 바늘을 묶을 때 자투리 줄을 25cm정도 길게 남겨 여기에 바늘을 하나 더 다는 것이다. 이 모자바늘 채비를 사용할 때는 멸치나 전갱이를 통째로 꿴다.

▶미끼 - 미끼는 우럭낚시와 마찬가지로 미꾸라지 · 오징어살 · 청갯지렁이 등을 사용하면 된다. 그러나 본격적으로 광어를 노린다면 구하기 어렵더

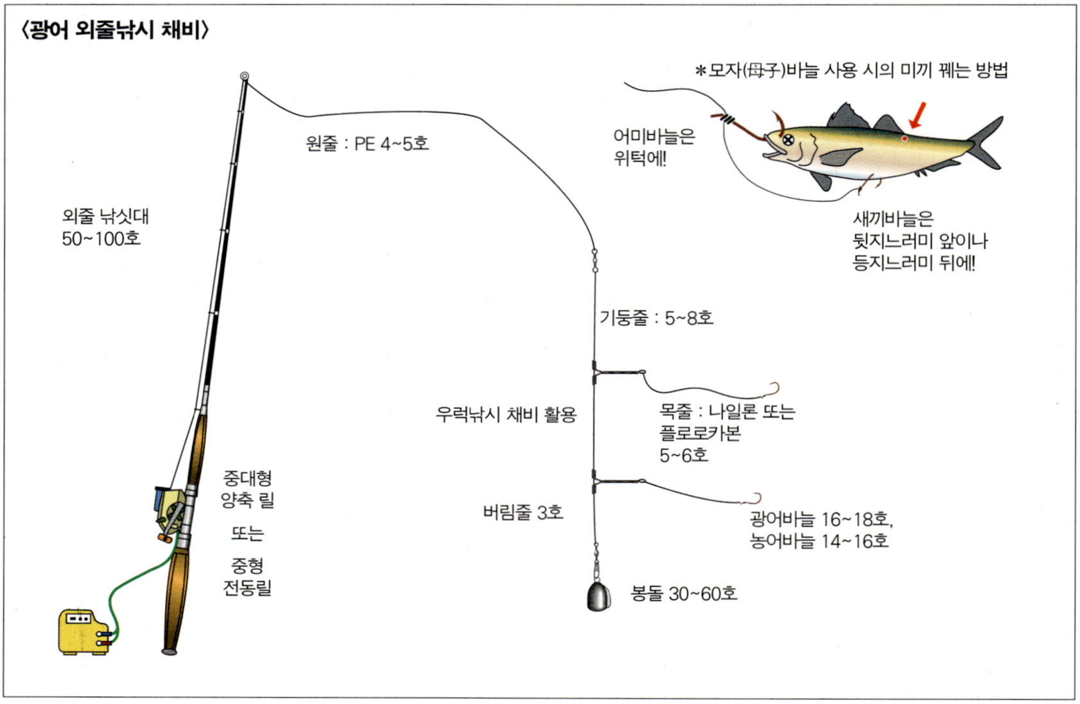

라도 살아있는 멸치 · 정어리 · 전갱이 · 보리멸 등을 사용하면 좋다. 크기는 12~15cm 정도를 골라 모자바늘로 입과 배를 꿰거나 입과 등을 꿴다.

▶**외줄낚시 포인트** – 루어낚시 포인트와 거의 같은 조건이다. 조류 소통이 좋은 암반지대나 암초가 섞인 모래 지형이 먹이가 되는 작은 물고기가 잘 모이고 넙치가 서식하기 좋은 조건을 만든다. 암초나 침선 주위의 경계면 등도 주요 포인트이다. 연안에 비해 수심이 깊어 보다 큰 대물을 낚을 기회가 많다.

■ 광어 외줄낚시 이렇게!

①포인트에 도착해 채비 세팅이 완료되면 미끼를 투입한다. 미끼를 먼저 물에 넣고 계속해서 봉돌을 넣는다. 살아있는 미끼라면 물속에서 잘 헤엄치는가를 확인한 후 릴을 풀고, 풀리는 줄의 속도를 조절하면서 천천히 내려가게 한다.

②봉돌이 바닥에 닿으면 줄을 팽팽히 하고 미끼를 머물게 할 수심에 맞춰 조금 릴을 감는다. 릴을 감는 양은 버림줄의 길이를 참고하는데 미끼가 바닥에서 1~2m 떠 있다는 감각이면 된다.

③입질을 기다릴 때는 가끔씩 낚싯대를 크게 들었다가 내리는 동작을 해 준다. 바닥에서 위를 보고 있는 광어에게 미끼를 돋보이게 해 입질을 유도하는 것이다. 더욱이 미끼가 도망가는 모습으로 보이므로 공격을 유도하는 효과도 있다

④입질은 광어의 활성에 따라 다르다. 투입 직후 바로 덜컹하는 입질이 오기도 하지만 보통은 초리가 예리하게 쿡쿡 흔들리는 예신이 온다. 이때 낚싯대를 가만히 잡고 앞으로 약간 기울여 줄을 좀 더 주는 기분으로 기다린다.

⑤쿡쿡거리는 입질이 이어지다가 낚싯대를 확 잡아당기는 느낌이 올 때가 챔질 타이밍이다. 강하게 챔질하지 말고 천천히 낚싯대를 세우는 기분으로 든다. 무게가 느껴지면 바늘에 걸린 것이지만 그렇지 않다면 인내심을 갖고 기다리는 수밖에 없다.

⑥완전하게 챔질이 되었다면 낚싯대를 세워 탄성을 이용해 당기고 낮추면서 릴을 감는다. 여유를 주는 것은 좋지 않으므로 낚싯대가 탄성을 잃지 않도록 주의한다.

⑦광어가 수면에 완전히 떠오르면 수면을 활주하듯 끌어 뜰채로 유도해

〈광어 외줄낚시 개관〉

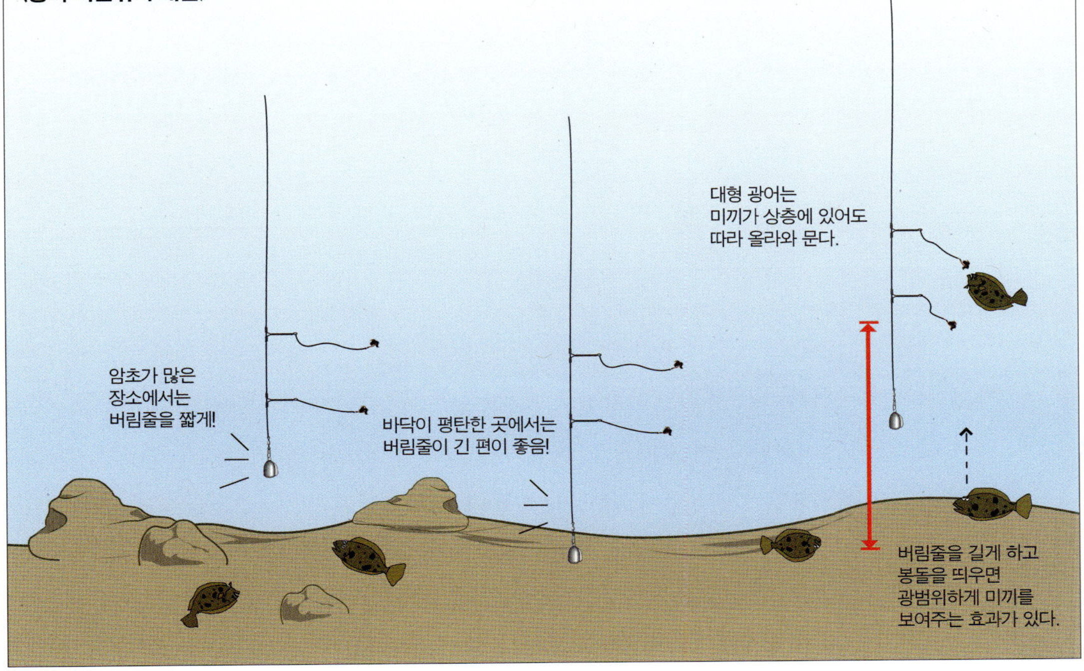

Taste

'3월 광어는 개도 안 먹는다'

양식산 광어는 사철 공급되어 그 맛이 그 맛이지만 자연산 광어는 늦가을부터 겨울(10월~2월) 사이가 가장 맛있다. 산란을 하는 봄철이 되면 맛이 뚝 떨어진다. 상대적으로 이때 맛있는 생선이 도다리이다.

안전하게 담아 올린다.

■ 광어 외줄낚시, 핵심 체크 포인트

▶여럿이 같이 낚시를 하는 경우에는 원줄의 굵기와 봉돌의 무게를 통일시켜야 서로 엉키는 트러블이 적다.

▶밑걸림이 많은 포인트에서는 버림줄을 가능한 한 짧게 사용함으로써 바닥을 찍은 봉돌을 곧장 1~2m 감아 올려도 미끼가 너무 떠 있지 않게 한다.

▶광어낚시에서의 챔질은 서두르면 실패한다. 예신이 온 이후 낚싯대를 손에 들고 미끼가 수중에서 일정한 위치에 계속 있도록 해 주어야 한다. 배가 흔들리고 있으므로 밸런스를 잘 잡아야 하는데, 미끼가 부자연스럽게 움직이면 광어는 경계심을 품고 본신으로 이어지지 않을 수 있다.

▶낚싯대가 휘청거리는 상태에서 챔질을 했는데 뭔가 쑥 빠져버리는 느낌이 든다면 채비를 회수하지 말고 다시 채비를 그 자리에 가라앉히고 어느 정도 기다려 보는 것이 좋다. 미끼가 붙어있다면 다시 공격해 올 확률이 높다.

광어 굴말이

광어 회

광어 보양탕

광어 재료

광어 초밥

Photo Fishing

뒤집기 한판!

사진 - 이기선

6 노래미(쥐노래미)낚시

만년 조연급에서 록피시 루어낚시로 입신

노래미만을 노려 낚시를 하는 경우는 거의 없다. 군집성이 없어 집중적으로 낚이지 않기 때문이다. 그렇다고 낚시에 잘 잡히지 않거나 까다로운 낚시 방법이 동원되는 것도 아니다. 동서남해 어디서건 낚이지만 어느 상황이건 양적으로 낚이지 않고, 갯바위낚시건 배낚시건 그저 간간이 얼굴을 내미는 잡어! 만년 조연급의 이 고기가 록피시 루어낚시 장르 붐에 편승해 주연급 반열에 올랐다. 그렇다고 록피시 루어낚시의 고정 게스트는 아니다. 우럭 · 볼락 루어낚시에 곁들여지는 동반 출연진 성격이 강하다.

표준명 쥐노래미

학명 *Hexagrammos otakii*

영명 Greenling

일명 아이나메(アイナメ)

속명 노래미, 놀래미, 게르치, 돌삼치

생태 흔히 노래미로 통칭되지만 정확히 노래미는 두 가지 종류다. 노래미와 쥐노래미 가운데 식용으로 판매되거나 낚시 대상어가 되는 것은 거의 쥐노래미다. 탐식성이 강한 두 종류 모두 낚시에 잘 잡히지만, 기껏해야 15~20cm 크기의 노래미를 거들떠보는 이들은 많지 않다. 맛에서도 쥐노래미를 따라가지 못한다.

쥐노래미와 노래미는 서로 너무 비슷해 일반인들이 구별을 못한다. 쥐노래미는 서식 장소에 따라 차이가 있기는 해도 복부가 다 회색(쥐색)인 점이 황갈색의 배를 한 노래미와 구별된다. 또 외관상의 가장 큰 특징은 측선이 한 줄이 아닌, 무려 다섯 줄이나 된다는 점이다. 크기는 20~30cm가 흔하지만 다 자라면 50cm를 넘어간다. 식성은 갯지렁이와 갑각류, 작은 물고기 등 무엇이든 잡아먹는데, 주로 주간에 활동을 하고 야간에는 잘 움직이지 않는다.

우리나라 전 연안의 암초지대에 주로 서식하지만 바위가 흩어져 있는 사니질 지대, 자갈밭 등에서도 흔히 발견된다. 대부분은 얕은 수심을 좋아하지만 대형 개체는 70m의 깊은 수심에도 서식한다.

쥐노래미는 암초와 같은 스트럭처에 의지해 바닥 생활을 주로 하며 대부분의 시간을 배를 깔고 지내는데 특이하게도 부레가 없다. 그래서 이동 시에는 꼬리지느러미와 몸통 운동으로 움직이고 그 움직임이 멈추면 바로 바닥에 가라앉는다.

낚시 지역 ①서해 각 도서 인근, 원도 ②동해 ③남해

낚시 시기 5~11월

■ 외줄낚시에도 덥석, 던질낚시에도 넙죽

노래미만을 낚는 전문 채비, 전문 기법은 존재하지 않는다. 그 이유는 노래미가 특정 낚시 대상어 목록에 들지 못하고 이런 저런 목적의 낚시에 낱마리로 걸려드는 잡어 성격이 강하기 때문이다. 우럭 외줄낚시에, 볼락 · 열기 외줄낚시에, 방파제 던질낚시에, 심지어 원도 갯바위낚시에 이르기까지 안 끼어 드는 데가 없다.

그러나 갯바위낚시에서건 선상 외줄낚시에서건 40cm가 넘는 대형급이 용을 쓰고 올라올 때는 환호성을 자아내게 한다. 좋은 먹거리이기 때문이

다. 횟감으로도 좋고 매운탕감으로도 좋다. 광어와도 안 바꾼다는 이들이 많다.

우럭 외줄낚시에서 특히 주객을 전도시키기도 하는 노래미의 존재는 바다 루어낚시의 확산에 따라 거듭나게 되었다. 우럭과 같은 록피시로서 보다 강렬한 손맛을 볼 수 있는 루어낚시 대상어로 인정을 받게 된 것이다.

Figure 노래미와 쥐노래미는 어떻게 다른가?

표준명 노래미
학 명 *Hexagrammos agrammus*
영 명 Spotty belly greenling
일 명 구지메(クジメ)
속 명 놀래미, 물노래미

특 징 쥐노래미를 노래미라고 부르기도 하지만, 실제 노래미는 종자가 다른 서로 사촌지간쯤 되는 물고기이다. 서로 아주 닮은 데다 두 어종 모두 서식처에 따른 체색 변화가 심하여 색깔로는 구별이 거의 불가능하다.
우선 노래미는 쥐노래미보다 소형이다. 다음으로 쥐노래미는 특이하게 측선(옆줄)이 다섯 줄인 데 비해 노래미는 여느 물고기처럼 측선이 한 줄이다.
노래미는 쥐노래미보다 더 얕은 장소, 해조가 발달한 장소에 서식한다. 간만의 차이로 물이 빠지고 난 후에 생기는 작은 웅덩이(타이드 풀)에서 찾아 볼 수 있는 것은 쥐노래미가 아니고 노래미의 치어인 경우가 많다.

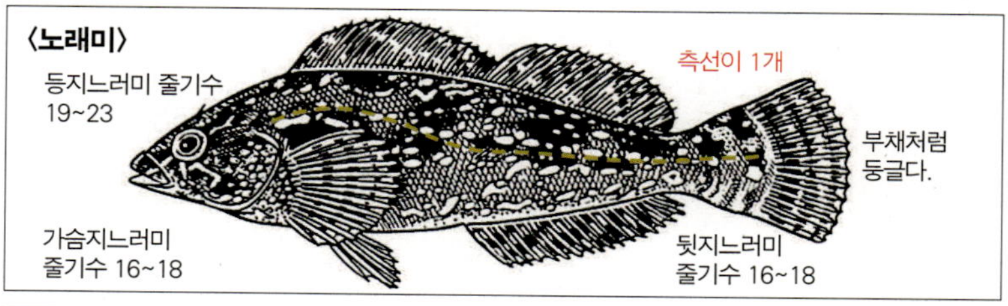

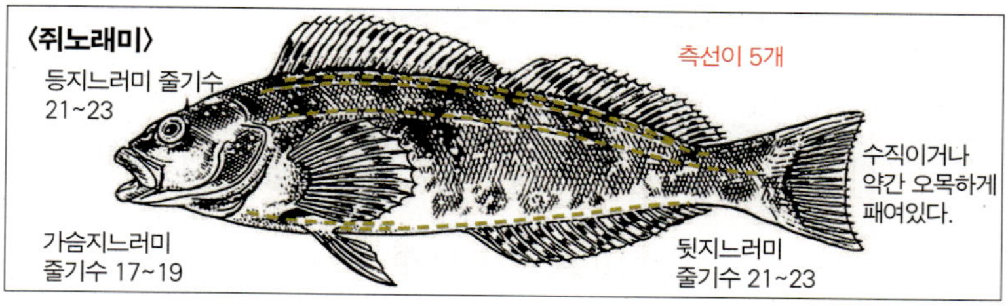

노래미 던질낚시 ‖ 암초 사이 작은 모래밭이 포인트

심플하면서도 강력한 채비로 단숨에 쥐노래미를 낚는 방법이다. 방파제 · 백사장은 물론이고 대형 쥐노래미가 많이 서식하는 원도 갯바위에서 이들을 노린다면 처넣기 식 던질낚시가 우선이다. 그렇다고 보리멸이나 가자미 던질낚시처럼 있는 힘을 다해 원투할 필요는 없다. 장비와 채비 또한 까다롭거나 섬세할 필요도 없다.

■ 장비와 채비, 미끼 및 포인트

▶**낚싯대** - 길이 4~4.5m의 원투 낚싯대(추부하 25~27호) 또는 길이 4.5~5.3m짜리 갯바위 3~5호 릴대를 사용한다. 걸려든 노래미를 바닥에서 빠르게 띄울 수 있는 허리힘이 강한 것이 좋다.

〈노래미 던질낚시 채비〉

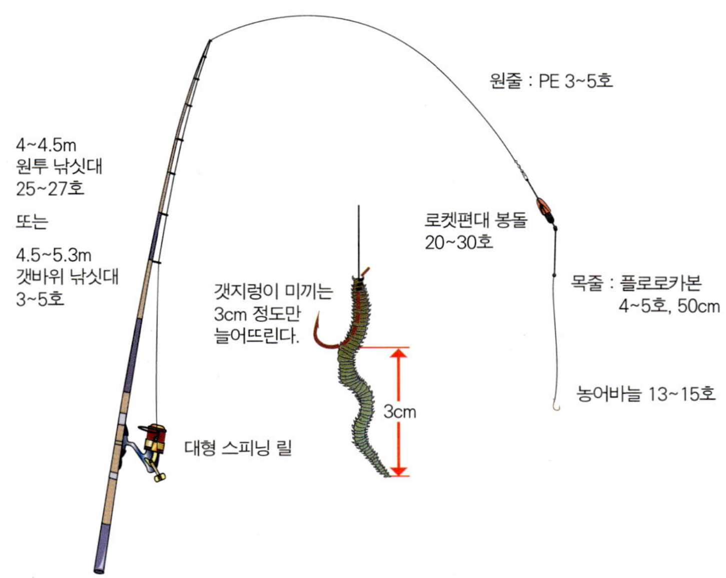

▶**릴** - 중대형~대형 스피닝 릴 또는 백사장 원투용 스피닝 릴을 사용한다. 쥐노래미낚시는 속전속결이 원칙이므로 힘이 약한 릴, 크기가 작은 릴은 적합하지 않다.

▶**낚싯줄** - 원줄은 나일론 4~5호 또는 PE 3~5호를 릴에 감는다. 해저의 암초에 봉돌이 닿는 감촉을 파악하고 회피하는 데는 나일론 줄보다 PE 라인이 유리하므로 PE 라인을 원줄로 사용하는 편이 더 유리하다.

목줄은 플로로카본 4~5호를 50cm 정도 연결한다. 낚이는 씨알에 비해 목줄이 굵다고 생각될 수도 있으나 암초에 쓸림을 생각하면 굵은 편이 낫다.

▶**봉돌과 바늘** - 봉돌은 릴링 시에 해저에서 부상 각도가 큰 로켓편대 봉돌 20~30호를 사용한다. 일반적인 구멍봉돌을 사용해도 되지만 밑걸림을 생각한다면 빠르게 떠오르는 로켓편대 봉돌이 훨씬 유리하다.

바늘은 농어바늘 13~15호가 적합하다.

▶**미끼** - 청갯지렁이 등 갯지렁이 종류가 무난하다. 그 외에 조갯살, 새우 등을 사용해도 좋다. 쥐노래미는 무엇이든지 먹어서 미끼 선택이 까다롭지 않다. 다만 입질이 오면 단숨에 챔질을 해야 하므로 갯지렁이를 바늘에 꿸 때는 훑어 올려 꿰거나 길게 늘여 뜨려서는 안 된다. 바늘 끝을 노출시키고 갯지렁이가 늘어지는 길이는 2~3cm 이내로 조절한다.

▶**던질낚시 포인트** - 철저하게 스트럭처에 의존하는 대상어의 습성상, 요철이 심한 장애물 주변이 주요 포인트이다. 제방의 초석 틈새, 방파제 테트라포드 주변, 수중여, 돌밭 등이 좋은 포인트가 된다. 이외에도 모래밭이나 사니질 바닥에서도 낚이는데, 아무것도 없는 평평한 장소가 아니라 작은 암초라도 있다면 그곳에 쥐노래미가 있다고 생각하면 된다.

■ 노래미 던질낚시 이렇게!

①포인트에 채비를 던지고 바닥까지 가라앉도록 기다린다.

②낚싯줄을 팽팽히 한 후 입질을 기다린다. 입질이 없다고 채비를 움직이거나 끌어보는 것은 역효과를 초래할 수 있다. 채비에 밑걸림이 생기기 쉽기 때문이다.

③입질이 없다면 채비를 완전히 회수하고서 다른 곳으로 다시 던진다. 회수할 때는 일단 낚싯대를 크게 챔질하듯 들어 올려 채비가 바닥에서 떠오

르게 만든 후 재빨리 릴링한다.

④입질은 낚싯대 초리가 아래로 '쿡쿡' 움직여 명확하게 나타난다.

⑤입질이 오면 서둘러 챔질하고 걸린 쥐노래미가 암초에 박히지 않도록 낚싯대를 세워 일정한 속도로 릴링한다. 릴링을 멈추거나 도중에 낚싯대를 늦춰주는 것은 금물이다.

■ 노래미 던질낚시, 핵심 체크 포인트

▶포인트가 요철이 심한 암초지대로 이런 장소를 직공한다면 채비 손실이 심할 것이다. 암초대 안에 점재하는 좁은 모래밭 같은 공간에 채비가 들어가도록 하는 것이 잘 낚는 비결이다.

▶멀리 원투를 하면할수록 밑걸림의 확률이 높아지므로 근거리를 노리는 편이 좋다.

▶입질이 와 바로 챔질을 했는데 걸리지 않았다면 쥐노래미의 활성이 좋지 않은 경우이다. 다음 입질에는 바로 챔질하지 말고 한 호흡 기다려 챔질을 해 본다.

〈노래미 던질낚시 개관〉

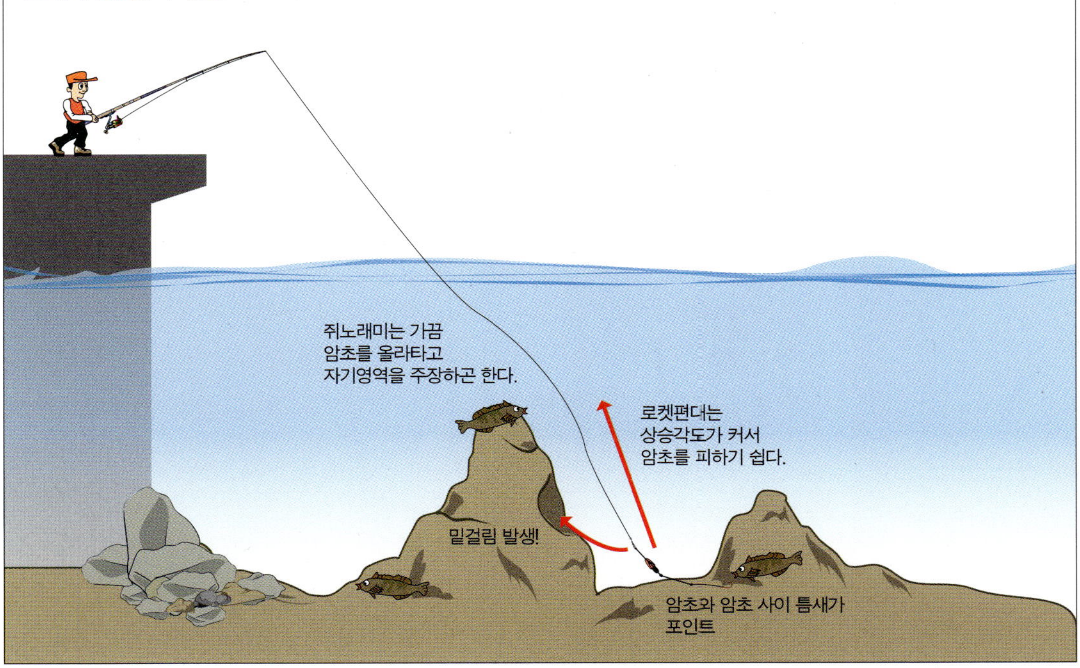

▶한두 마리 낚은 장소에는 다시 미끼를 던져도 입질을 받기 어려우니 다른 장소에 채비를 투입해야 한다. 쥐노래미는 단독생활을 하는 데다 저마다 영역을 갖고 있기 때문이다. 한 마리 낚은 자리는 당장은 아니고 시간이 흐르면 다른 쥐노래미가 들어와 있을 확률이 높으므로 다음을 기약해 보는 것도 좋다.

Tip

노래미 배낚시

노래미는 오히려 배낚시에 잘 잡힌다. 그렇다고 노래미를 목적으로 배낚시를 하는 경우는 드물다. 다른 대상어의 낚시에 손님고기로 낚이는 셈이다. 감성돔과 우럭 배낚시 등에 곧잘 섞이는데, 이들 배낚시에 곁들여지는 노래미 또한 해조지대에 주로 서식하는 일반 노래미가 아닌 쥐노래미가 대부분이다. 옛날에는 하찮은 잡어로 취급했지만 횟감으로 인기가 높아짐에 따라 살감성돔이나 잔챙이 우럭보다 더 대접을 받기도 한다. 연안에서 던질낚시를 하는 것보다 굵은 씨알의 노래미는 역시 배낚시가 유리하다. 40cm가 넘는 굵은 노래미(쥐노래미)는 우럭 외줄낚시에 심심찮게 낚이는데, 우럭낚시를 하는 도중 채비만 약간 변형하면 한층 선별력을 높일 수 있다.

쥐노래미와 우럭은 거의 같은 장소에 서식한다고 봐도 무방할 정도이다. 게다가 해조류가 있는 돌짬에서 주로 낚이는 일반 노래미와는 달리 사니질 바닥에서도 잘 낚이는 쥐노래미는 감성돔 배낚시 포인트와 동일하다고 보아도 된다. 더욱이 부레가 없는 쥐노래미가 더 저서성 어류로 같은 포인트라도 채비를 바닥에 바짝 붙여야 입질 받기가 좋다. 따라서 쥐노래미 배낚시 채비는 우럭 외줄 채비를 그대로 사용하더라도 봉돌을 살짝 띄우면서 고패질을 하는 우럭낚시 방법과는 달리 봉돌을 가능한 한 바닥에 고정시키는 것이 유리하다. 감성돔 배낚시를 할 때는 목줄을 다소 짧게 사용하는 것이 좋다.

〈노래미 배낚시 채비〉

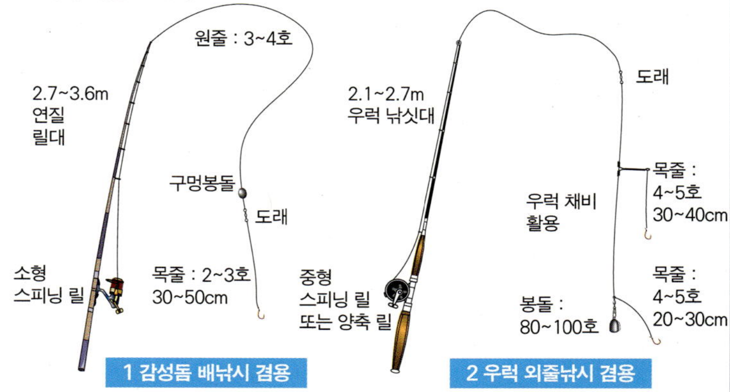

노래미 루어낚시 ‖ 록피시 중에선 파이팅 으뜸

쥐노래미는 지느러미를 이용해 암초에 항상 붙어있듯이 생활하는 완벽한 록피시로, 가장 재미있게 낚는 방법이 바로 루어낚시이다. 세력권을 형성하여 투쟁심이 강한 쥐노래미는 록피시 중에서도 파이팅이 강렬한 일급 대상어이다.

■ 장비와 채비, 루어 및 포인트

▶낚싯대 - 발판이 좋은 내항에서 잔 씨알을 낚는다면 길이 6.6피트 전후, 라이트(L) 강도의 민물용 루어 낚싯대도 무난하지만, 갯바위나 외해를 접한 방파제에서는 7~8피트 길이의 록피시 전용 대로 출시되는 제품이 보다 유리하다. 본격적으로 대물을 낚고자 한다면 록피시 전용의 미디엄 클래스,

〈노래미 루어낚시 채비〉

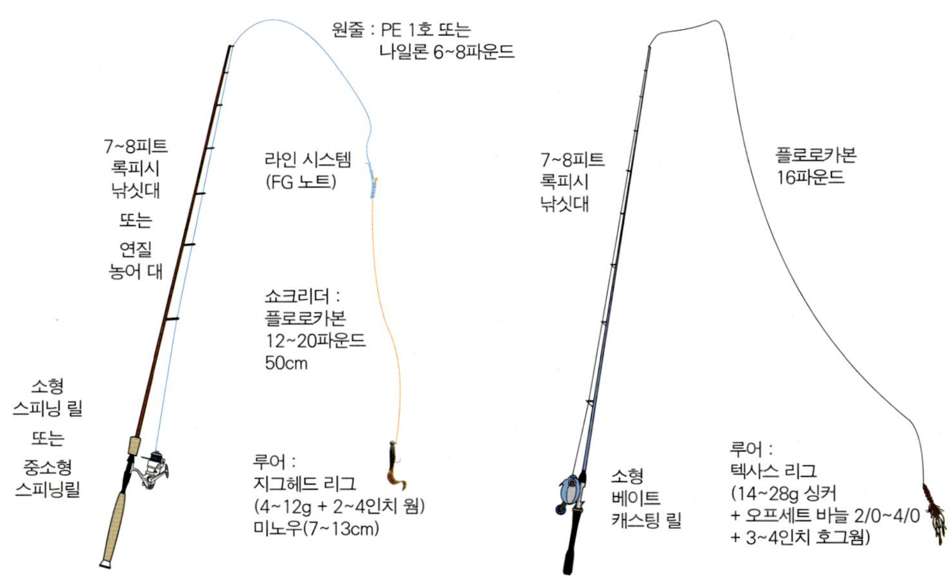

농어 루어 낚싯대 또는 민물 배스낚시에 사용되는 헤비급 웜 채비용 낚싯대를 사용해도 좋다.

▶**릴** - 소형 스피닝 릴 또는 베이트캐스팅 릴을 사용한다. 농어 루어 낚싯대를 사용하는 경우라면 도구의 밸런스를 고려해 약간 큰 중소형 스피닝 릴 을 사용해야 격에 맞는다.

▶**낚싯줄** - 우럭 루어낚시를 기준으로 동일하게 사용하면 된다. PE 1호나 나일론 또는 플로로 카본 6~8파운드(1.5~2호)가 기준이다. 원줄로 PE 줄을 사용하거나 해저가 특히 거친 장소, 대물 포인트에서는 12~20파운드(4~5호) 정도의 플로로카본 쇼크리더(목줄)를 30~50cm 정도 짧게 연결하여야 한다.

베이트캐스팅 릴을 사용한다면, 16파운드의 플로로카본 줄을 감아 쇼크리더 없이 사용해도 좋다.

▶**루어** - 최우선은 지그헤드 리그(지그헤드 4~12g +그럽 2~4인치)이다. 대형급이 많은 장소에서는 민물 배스용 루어 채비인 텍사스 리그를 활용해도 좋다. 1/2~1온스의 무거운 싱커를 사용한 헤비급 채비로 바늘은 오프세트 2/0~4/0, 웜은 3~4인치의 볼륨이 큰 가재 모양의 호그 웜이 좋다.

7~13cm의 미노우도 효과적이다. 영역 텃세가 강한 쥐노래미는 의외로 대형 미노우를 공격하는 일이 많다.

▶**루어낚시 포인트** - 루어낚시의 특성상 쥐노래미의 포인트는 캐스팅 거리 내의 장소를 관찰하면서 파악한다. 암초와 같은 수중 장애물에 군림하는 쥐노래미의 습성을 이해한다면 간단하게 좋은 포인트를 찾아낼 수 있다. 제방이나 방파제의 기초석, 틈새, 테트라포드, 울퉁불퉁한 수중 암초가 유력한 포인트이다. 크고 작은 돌이 섞여 있는 돌밭도 만점짜리 포인트이다. 더불어 암초와 같은 수중 장애물의 근처의 모래와 펄이 섞인 장소에서도 쥐노래미가 먹이를 찾는다.

Info

노랗게 화장하는 수컷 쥐노래미

쥐노래미의 산란은 가을에서 겨울에 걸쳐 이루어진다. 그래서 11월 1일부터 12월 31일까지는 체포금지기간으로 지정돼 있다. 자원보호와 증식을 위한 목적이다.

쥐노래미의 수컷은 암초 틈에 암컷을 끌어들여 산란을 시키는데 한 마리만이 아니라 차례로 여러 마리의 암컷을 유혹해 산란시킨다. 암컷의 산란이 다 끝나도 수컷은 알 옆에 남아 적으로부터 알을 지킨다.

이때 수컷은 몸통이 노랗게 변한다. 만일 샛노란 쥐노래미를 낚았다면 알을 지키는 수컷이니 그 자리에서 바로 놓아주는 아량이 필요하다.

▼ 산란기를 맞아 체색이 노랗게 변한 쥐노래미 수컷.

■ 노래미 루어낚시 이렇게!

①원하는 지점에 루어를 캐스팅한 후 완전히 가라앉힌다. 쥐노래미는 장애물에 은신하므로 루어를 바닥에 바짝 붙여 사용하는 것이 기본이다.

②지그헤드 리그나 텍사스 리그는 장애물 근처에서 '스위밍', 바닥을 오르내려 주는 '리프트&폴', 암초 틈에서 흔들어 주는 '쉐이킹' 등의 액션이 효과적이다.

③미노우를 사용하는 경우에는 주로 얕은 갯바위 인근의 수중여, 암초 주위를 통과시킨다.

④쥐노래미의 입질은 서식처에서 튀어나와 공격하는 경우가 많아 순간적으로 아주 강하게 느껴진다.

⑤입질과 동시에 확실하게 챔질을 한다. 챔질이 늦으면 암초에 처박힐 수 있으니 챔질 타이밍이 중요하다.

⑥챔질 후에는 낚싯대의 탄성을 이용해 버티며 천천히 릴링하여 끌어온다. 늦춰주면 안 된다.

⑦수심이 얕은 장소까지 끌어왔다면 두 손을 높이 들어 가능한 한 낚싯

Taste

이렇게 먹어요!

그 맛에 놀래(라)서일까, 노래미를 놀래미라 부르는 이들이 많다. 양식산 광어가 판을 치자 노래미 인기가 한층 높아졌다.

정확히 불러 쥐노래미는 지방이 많은 흰 살 생선으로 늦가을에서 겨울철 산란기에는 살이 좀 무른 편이다. 때문에 제철을 여름으로 보기도 하고 겨울로 보기도 한다.

의외로 선도가 떨어지기 쉬워 회로 먹기 위해서는 낚자마자 피를 빼는 등 손질을 확실하게 해 둘 필요가 있다. 또 여름철에는 회를 얇게 뜨는 것이 맛의 비결이다.

그밖에 간장과 잘 어울리므로 조림이나 간장소스 구이를 하면 맛있게 먹을 수 있다. 튀김을 해도 좋다.

대를 높이 들되 곧추 세우지 말고 45도 각도를 유지해 준다. 이 동작으로 주변의 암초 틈에 처박는 것을 어느 정도 예방할 수 있다.

⑧작은 씨알은 그냥 들어 올리고 큰 씨알은 뜰채를 사용한다.

■ 노래미 루어낚시, 핵심 체크 포인트

▶챔질 타이밍이 중요하다. 챔질이 늦으면 전형적인 록피시인 쥐노래미가 암초 사이를 파고들어가 버린다.

▶쥐노래미는 순간적인 초기 저항이 록피시 중 으뜸이라 해도 과언이 아니다. 대형이 걸린 경우 시종일관 낚싯대를 눕히지 말고 45~60도 각도를 유지해 낚싯대의 반발력을 충분히 발휘시켜 제압해야 한다. 늦춰주면 암초로 돌진해 버린다. 일단 암초로 들어간 쥐노래미는 지느러미를 암초에 붙이고 버티므로 끌어내기가 어렵다.

▶포인트가 요철이 심하여 밑걸림이 많은 만큼 넉넉히 루어를 준비해야 한다.

▶어족 보호를 위해 20cm 이하 쥐노래미는 법적으로 채포금지다.

▶내항과 같은 발판이 좋은 장소에서는 일반 운동화도 괜찮지만 갯바위에 오르는 경우라면 필히 갯바위 신발을 착용해야 한다.

노래미 매운탕

노래미 회

Photo Fishing

불새

사진 - 이기선

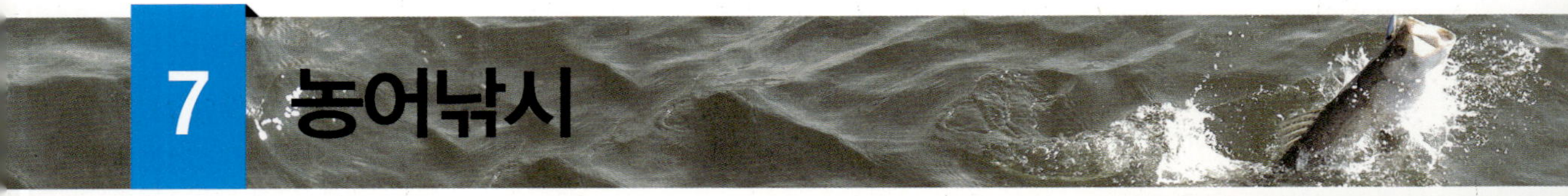

7 농어낚시

바늘털이의 명수, 루어낚시의 백미

한여름 밤바다를 수놓는 전지찌의 불빛이 아름다운 시절이 있었다. 농어 밤낚시 풍경의 단면이다. 수면에서 물보라를 일으키는 몸부림, 바늘털이를 해대는 농어의 커다란 입에서 미끼와 바늘이 한꺼번에 털리는 광경에 이르면 그만 가슴이 철렁 내려앉는다.

바닷고기 가운데 어떤 어종도 농어의 역동성을 따라가지 못한다. 이런 측면에서 농어는 스포츠피싱으로서의 루어낚시 대상어로 각광받을 만하고, 실제로 바다 루어낚시 최고의 대상어로 인식되고 있다. 횟감으로도 그만인 농어는 여름에 맛있다.

표준명 농어

학 명 *Lateolabrax japonicus*

영 명 Sea bass

일 명 스즈키(スズキ)

속 명 농에, 깔따구(충청 · 전라), 까지매기(경상)

생 태 대표적인 육식성 어종으로 작은 어류를 잡아먹고 갑각류와 갯지렁이류도 먹는다. 우리나라 연안과 일본, 대만 등 동아시아 지역에만 분포할 정도로 서식지역이 국한되어 있다. 우리나라에서는 제주도, 서해와 남해 전역, 동해남부에 서식한다.

산란은 가을에서 겨울에 걸쳐 항구나 기수역이 인접한 외해의 암초 주위에서 행한다. 부화된 치어들은 봄철에 연안으로 접근하고 여름이 되면 내항이나 강을 거슬러 오르기도 한다. 겨울철에는 한바다의 수심 깊은 장소에서 월동한다. 성어가 되면 대규모 회유는 하지 않아도 서식하는 지역에 따라 군집을 하는 것으로 알려져 있다. 크기는 다 자라면 1m가 넘는다.

우리나라 농어는 세 종류이다. 농어 · 점농어 · 넙치농어 가운데 일반 농어는 크기 20cm 정도의 새끼일 때는 몸통 위쪽으로 작고 검은 점이 흩어져 있는 경우가 많은데 성어가 되면 없어진다. 이에 비해 점농어는 치어 시기의 점이 보다 크고 성어가 되어도 그냥 남아 있다. 또한 위턱 끝부분이 조금 뭉툭한 것도 특징이다. 분포를 보면 서해안과 전라남도에 많다.

넙치농어는 다른 두 종에 비해 체고가 높아 더 커 보인다. 꼬리지느러미의 중간이 일반 농어보다 깊지 않은 편이다. 한때 일본의 고유종으로 알려졌지만 제주도 근해에서 많이 발견되고 남해안으로까지 확산되고 있다.

낚시 지역 ①서해 ②동해 남부, 남해 동부 ③제주도

낚시 시기 서해는 초여름~가을 / 동해남부와 남해동부는 늦봄~겨울 / 제주도는 겨울~봄

■ 찌낚시에서 루어낚시로 전환

과거의 농어낚시는 찌낚시나 배낚시였다. 갯바위나 방파제에서 청갯지렁이를 주먹만큼 꿰어 전지찌를 원투해 입질을 받아내는가 하면, 포인트 부근에서 배를 고정시키고 새우나 갯지렁이 미끼를 흘리는 낚시 패턴이었다.

그렇다고 루어낚시 형태를 시도하지 않았던 것은 아니다. 감성돔 위주의 갯바위낚시에서 낌새가 느껴지면 플러그를 던지기도 했으며, 전통적으로 어부들이 닭털을 단 외바늘 채비로 농어를 낚아내는 방법도 있었다.

어떤 형태건 바늘에 걸려 든 농어는 수면을 펄펄 날며 꾼들을 흥분의 도가니로 몰아넣었기에, 바다 루어낚시의 대중화 시대에 농어는 제1급 대상

어가 될 수밖에 없었다. 그 시발점은 원도 갯바위였지만 본격적인 붐은 서해에서 꽃을 피워 동해남부와 남해 전역으로 퍼졌고, 지역마다 조금씩 다른 채비와 루어가 사용되기도 한다.

배낚시는 여건상 곤란하지만 예부터 갯바위 꾼들 사이에 '농어낚시는 조류와 파도를 노리는 낚시'로 일컬어진다. 물살이 없고 너무 잔잔한 바다보다는 파도가 치고 조류가 세차게 흐르는 곳에 농어가 설친다는 뜻이다.

Figure 농어의 난형난제(難兄難弟)들

표준명 점농어
학 명 *Lateolabrax maculatus*
일 명 다이리쿠스즈키(タイリクスズキ)

표준명 넙치농어
학 명 *Lateolabrax latus*
일 명 히라스즈키(ヒラスズキ)

농어속(屬) 어류의 분포는 동아시아에 국한되어 있다. 세계적으로 '농어(영어로 Bass)'라는 이름을 가진 물고기 종류가 많지만, 실제로 농어와는 유전자가 전혀 다른 상관없는 물고기들이다. 즉, 농어는 우리나라와 일본, 중국 및 대만이 지구상 유일한 서식지이며, 앞쪽 지면에서도 언급했듯이 우리나라의 농어는 그냥 농어와 점농어, 넙치농어 세 종류로 분류된다.
또한 일본에는 예상치 못한 교잡에 의해 생겨난 '아리아케 농어'라는 종류도 있다. 이는 큐슈지방 서쪽 바다인 아리아케해(有名海)에 서식하는 개체군을 가리키는데, DNA 분석 결과를 보면 농어와 점농어의 교잡종으로 밝혀진 특이한 집단이다.

선상 농어 루어낚시 ‖ 기동성이 조과 좌우

갯바위 · 방파제 중심에서 선상 농어 루어낚시가 가장 먼저 대중화 된 것은 군산 · 격포를 비롯한 서해 지역이고, 여전히 그 중심은 서해 일원이다. 농어의 서식 여건과 낚시터 여건이 맞아떨어지는 데다 경험 많은 선장도 많은 때문으로 풀이되는데, 타 지역에서도 특정 낚시점을 중심으로 한 전문꾼들이 증가해 나가는 추세다.

선상낚시의 장점은 갯바위 · 방파제낚시에 비해 자유로운 포인트 이동과 포인트 접근이 용이하다는 점에서 기동성이 뛰어나고, 그래서 조과 면에서 유리하다는 점이 부각된다.

■ 선상 캐스팅 장비와 채비

▶낚싯대 - 농어 전용 대를 사용한다. 배낚시는 길이에 크게 구애받지 않지만 너무 길면 좁은 배 안에서 다루기가 불편하므로 충분한 손맛을 즐길 수 있는 길이로 선택한다. 7~8피트가 적당하며, 소형 보트를 이용하거나 원투에 자신이 있는 경우는 6.5피트 전후의 배스 전용 대도 무난한 편이다. 사용하는 루어도 고려해야겠지만 전체적으로 유연한 편이 농어의 거친 저항에도 바늘털이를 당하지 않아서 좋다.

▶릴 - 농어 전용 낚싯대와 균형이 잘 맞는 중소형 스피닝 릴을 사용한다. 드랙 성능이 좋고 내구성도 좋은 중급품 이상을 사용하는 것이 바람직하다. 원줄을 PE 라인을 사용하는 경우가 많으므로 구식이거나 저가품은 트러블의 소지가 있으므로 주의해야 한다.

▶낚싯줄 - 나일론 3~5호를 원줄로 사용하는 경우가 많았지만, 이제는 PE 0.8~1.5호를 사용하는 것이 대세이다. PE 라인은 원투 성능과 감도가 좋지만 줄엉킴이 발생하기도 쉬워 익숙하지 않다면 신중할 필요는 있다. 그러나 아무리 초보자라도 피하는 것보다는 적극적으로 사용해 익숙해지도록 하자.

쇼크리더는 플로로카본 3~5호를 라인 시스템을 이용해 연결한다. 쇼크리더의 길이는 1.5~2m, 길게 사용하더라도 캐스팅에 방해가 되지 않는 길이 즉, 사용하는 낚싯대 길이의 2배 이내라면 다루기 쉽다.

▶**루어** - 배낚시에서는 바이브레이션 플러그나 스핀테일 지그가 최우선이다. 원투가 잘 되고 빨리 가라앉으므로 다양한 수심을 빠르게 탐색할 수 있는 장점이 있다. 또한 얕은 수심으로 루어를 던져 깊은 쪽으로 끌어들이게 되므로 공략 수심에 따른 밑걸림 걱정도 적다.

무게는 15~40g. 민물 배스낚시에 사용하는 바이브레이션과 형태는 동일하지만 조금 더 크고 무겁다. 농어가 깊은 수심에 있는 경우, 활성이 낮은 경우, 빠르고 폭넓게 포인트를 뒤져볼 필요가 있는 경우 등에 좋다.

스핀테일 지그는 뒤쪽의 바늘 대신 한 장의 윌로우리프 형 블레이드가 결합되어 있는 형태로, 회전하는 블레이드의 부력으로 인하여 가라앉는 속도가 느려지므로 원하는 수심에서 보다 느리게 릴링할 수 있는 이점이 크다. 그밖에도 지그헤드 리그(1/4~3/4oz 지그헤드 + 3~5인치 그럽), 싱킹 미노우(7~13cm)도 사용한다.

〈농어 선상 루어낚시 채비〉

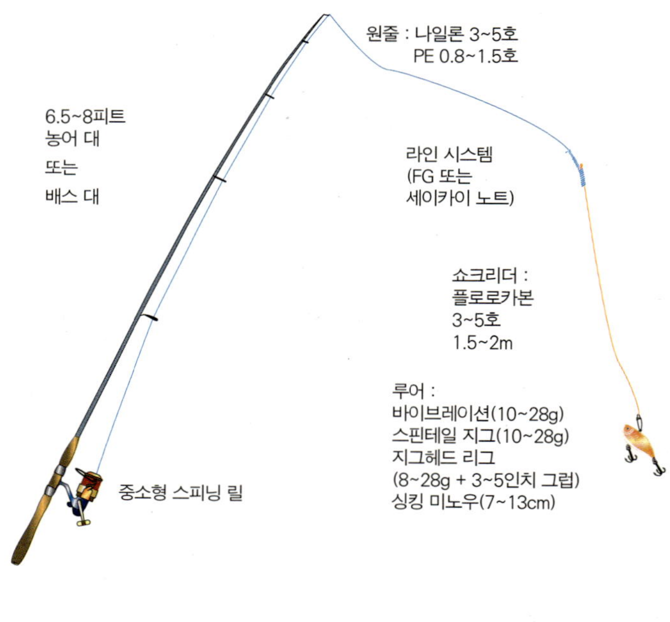

갯바위 · 방파제 농어 루어낚시

우리나라 바다 루어낚시의 시작이 바로 갯바위 농어 루어낚시이다. 과거 추자도나 가거도로 원정을 나선 꾼들이 갯바위 낚싯대에 그대로 스푼이나 미노우 플러그를 달아 캐스팅하여 농어를 낚던 것에서부터 바다 루어낚시는 시작되었다고 해도 과언이 아니다.

갯바위 농어 루어낚시는 파도가 부서지는 갯바위 인근 자갈밭과 작은 여 주변 등, 조류 소통이 원활하고 암초가 발달한 장소에서 파도를 무릅쓰며 루어를 캐스팅하는 호쾌함이 있다. 또한 바늘에 걸리면 수면을 펄펄 나르며 낚시인을 흥분의 도가니로 몰아넣는 매력도 있다. 물론 안전한 방파제에서도 충분히 즐길 수 있다.

■ 루어낚시 장비와 채비

▶낚싯대 - 일반적으로 길이 8.6~9.6피트짜리 농어 루어낚시 전용 대를 사용한다. 주로 2절 꽂기식으로 되어 있거나 휴대가 더 간단한 텔레스코픽 형태의 제품도 있다. 단, 초리는 유연해도 허리힘이 강한 낚싯대를 골라야 한다. 전체적으로 너무 빳빳한 낚싯대는 농어의 바늘털이에 당하기 쉽고, 허리까지 휘어드는 연질 대는 대물을 걸었을 때 끌어오기 벅차다. 넙치농어를 노린다면 길이 10~13피트짜리 넙치농어 전용 대가 적합하다.

▶릴 - 중소형~중형 스피닝 릴이 기본이다. 농어 루어 낚싯대와 균형이 맞도록 선택하는 것이 중요하다. 드랙 성능이 좋고 견고해야 하며 PE 라인을 사용함에 있어서 트러블이 적은 중상급 모델 이상의 제품을 고른다. 전문가들은 농어낚시 전용으로 튜닝된 최상급 기종을 사용하기도 한다.

▶낚싯줄 - 원줄로 나일론 3~4호를 사용하기도 하지만, 이미 대세는 PE 라인으로 기울었다. 원줄은 PE 1~2호를 기본으로 하고 쇼크리더는 16~20파운드 플로로카본, 길이는 2m 정도로 연결한다. 포인트가 얕고 암초가 복잡한 장소, 그리고 넙치농어를 노리는 경우에는 쇼크리더를 30파운드 정도로

굵게 사용한다.

원줄과 쇼크리더를 연결할 때는 FG노트 또는 비미니트위스트 방식으로 더블라인을 만들어 연결하는 등 라인 시스템에 각별히 신경을 기울여야 한다. 초보자라면 익숙해지도록 미리 연습을 충분히 해 두도록 하자.

▶**루어** - 갯바위 · 방파제를 막론하고 가장 많이 사용하는 루어는 미노우 플러그이다. 농어의 식성에 맞아 떨어지는 멸치와 같은 소형 어류를 모방하고 있기 때문이다. 수심이 매우 얕은 장소나 농어의 유영층이 수면에 가까운 경우에는 플로팅, 깊은 장소라면 원하는 수심까지 가라앉힐 수 있는 싱킹 타입이 유리하다. 크기는 7~13cm가 기본. 민물낚시에 사용하는 것은 같은 크기라도 너무 가벼우므로 사용하기 어렵다. 바다낚시용, 특히 농어용으로 개발된 제품을 선택하는 것이 좋다. 색상은 실제 멸치를 모방한 은색 몸체에 파란색 등을 기준으로 하여, 물색이 흐리거나 광량이 적은 어두운 시간대에 사용하기 좋은 금색 계열과 레드헤드 등을 기본적으로 갖춘다.

미노우와 비슷하나 립이 없는 '싱킹 펜슬'도 활용도가 높다. 미노우로 도

〈농어 갯바위 루어낚시 채비〉

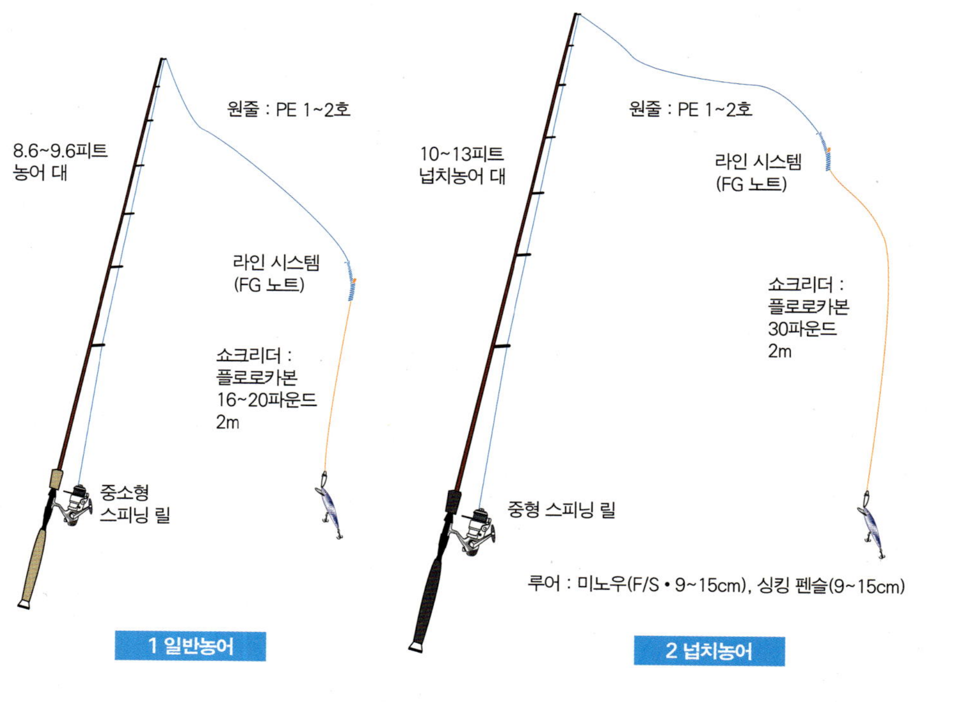

달하지 못하는 원거리 투척이 가능하고 수면 바로 아래에서부터 깊은 수심층까지 자유롭게 탐색할 수 있는 기능을 갖고 있다.

■ 농어 루어낚시 포인트

조류 소통이 원활하고 빠른 장소가 최고의 포인트이다. 여기에 몸을 숨길 수 있는 스트럭처(암초, 인공 구조물 등)가 구비되어 있어야 한다. 이러한 장소는 먹이가 되는 멸치와 같은 작은 물고기가 자주 회유하므로 이들을 노리는 농어가 잠복할 가능성이 많다.

갯바위에서는 가까운 간출암 또는 수중암초 주변, 특히 그 주변에 포말이 생기는 곳이 1급 포인트가 된다. 방파제라면 맨 끝 부분이 조류 소통이 좋고 수심도 깊어 농어가 붙을 확률이 높다. 테트라포드와 가까운 거리에도 먹잇감을 사냥하는 농어가 즐겨 붙는다.

봄철 시즌 초기와 같이 수온이 낮은 시기에는 조금이라도 수온이 올라가기 쉬운 장소를 찾는다. 조류가 강하지 않고 특별한 장애물이 없는 얕은 자갈밭이 포인트가 되는 경우도 많다.

■ 농어 루어낚시 이렇게!

①원하는 지점으로 루어를 캐스팅했다면 루어의 종류에 따라 릴링을 달리 해야 한다. 플로팅 미노우는 착수와 동시에 릴링을 개시하고, 싱킹 미노우나 바이브레이션과 같이 가라앉는 루어는 원하는 수심까지 가라앉기를 기다렸다가 릴링을 시작한다.

②미노우 플러그는 일정한 속도로 릴링만 해도 자동적으로 움직인다. 농어가 미노우를 따라오는 것이 확인되지만 입질로 이어지지 않는다면 릴링을 멈췄다가 다시 감는, 이른바 '스톱&고' 액션을 가해 본다. 또한 중간 중간에 낚싯대를 흔들어주는 '트위칭', 잡아당겨 주는 '저킹'을 구사해 미노우의 움직임에 변화를 주는 방법도 구사해 본다.

③바이브레이션과 스핀테일 지그는 일정한 수심층을 유지해 일정한 속도로 릴링하는 것으로 충분하다.

④농어의 입질은 큰 입을 벌려 빨아들이듯 루어를 문다. '덜컹!' 하는 충격이 오면 약간의 여유를 주고서 낚싯대를 세워 챔질을 한다.

⑤바늘에 걸린 농어는 벗어나기 위해 심한 저항을 반복한다. 특히 수면 위를 박차고 뛰어올라 바늘털이를 시도하기도 한다. 화려한 모습이지만 계속 내버려 두면 바늘이 빠져버릴 수 있다.

⑥파이팅 과정에서 낚싯대를 너무 세우면 농어의 바늘털이를 부채질하게 되므로 가능한 한 낚싯대를 옆으로 낮추고 릴링하는 것이 좋다. 바늘털이를 한다면 낚싯대를 더욱 낮춰준다. 약간의 여유가 바늘이 빠지는 것을 막아준다.

⑦힘이 빠져 가까이 끌려나온 농어는 신속하게 뜰채나 랜딩그립으로 끌어낸다. 이때 사람을 본 농어가 최후의 저항을 하기도 하므로 주의해야 한다.

■농어 루어낚시, 핵심 체크 포인트

▶농어낚시에서는 사리가 가장 좋은 물때로 알려져 있다. 조류가 흐르는 시간이 길기 때문에 이 시간에 활발히 먹이 사냥을 하는 농어를 낚을 시간도 길다. 그러나 지역에 따라 포인트에 따라 또한 시기에 따라 차이가 있을 수는 있다.

〈농어 루어낚시 개관〉

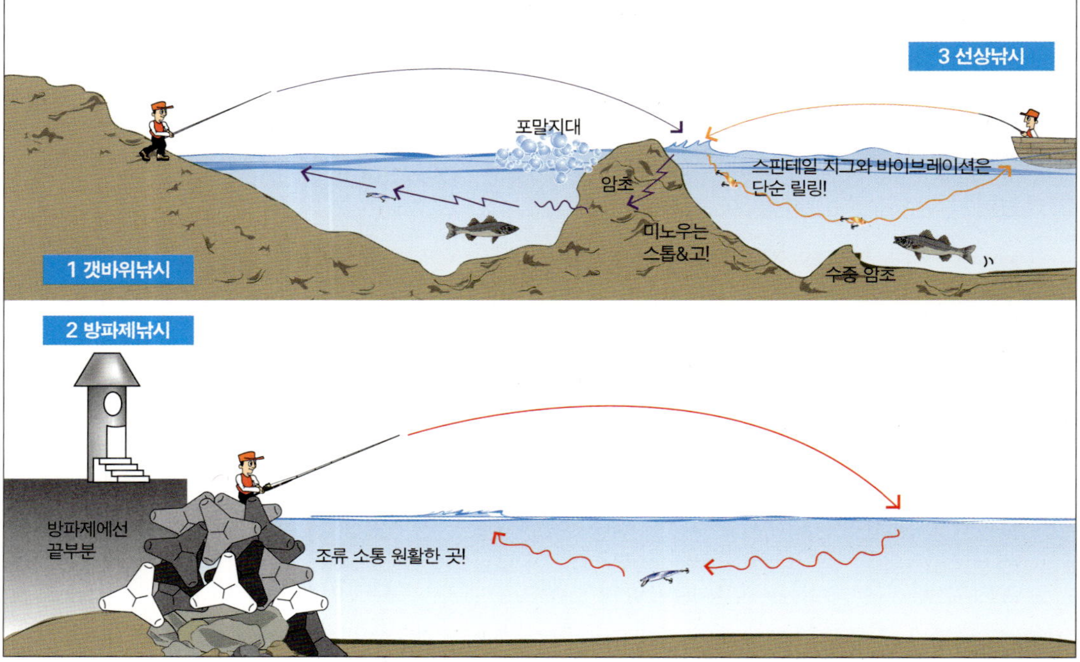

▶농어는 조류를 타고 움직이므로 하루 중에도 물때를 놓치면 조과를 기대하기 어렵다. 들고 나는 밀 · 썰물 시각을 미리 예상하고 포인트에 먼저 진입해 있어야 한다. 갯바위에서 그렇지 못할 경우는 다음 밀물 또는 썰물 시각을 기다려야 한다. 배낚시라면 현지에 정통한 선장의 안내가 있으므로 그리 큰 신경을 쓸 필요는 없을 것이다.

▶배낚시가 활발한 서해, 갯바위나 방파제낚시가 활발한 남해안이나 동해 남부는 포인트 여건이 다르다. 남해안에는 밀물에 좋은 장소가 많지만 서해안의 포인트들은 만조 이후 썰물에 좋은 곳들이 많다.

▶농어가 낚이기 시작했다면 신속하게 대응한다. 농어는 조류와 물때에 따라 짧은 시간에 입질이 집중되므로 가능한 한 신속히 낚아 올리는 것이 관건이다. 대물이 아닌 이상 뜰채 사용을 하지 말고 그냥 낚싯대의 탄력을 이용해 들어 올리는 방법도 좋다.

▶수면을 박차고 오르는 농어의 역동성이야말로 농어 루어낚시의 매력이다. 그러나 이러한 바늘털이가 계속되면 바늘이 빠져 놓치거나 주변이 소란스러워져 남아있는 농어 떼가 놀라 달아나버릴 수 있다. 가능한 한 농어를 달래가며 끌어들이는 것도 요령이다.

▶농어는 눈이 크고 잘 발달되어 있다. 사람의 그림자를 보면 농어는 멀리 달아나 버린다. 또한 청각과 옆줄(측선)에 의한 진동 감지도 매우 발달되어

Tip

농어 루어 액션, 현란할 필요 없다

농어를 낚기 위해 루어에 액션을 가하는 것이 좋을까, 아니면 단순하게 가만히 릴링하는 것이 좋을까? 해답을 찾기 위해서는 농어의 시각을 알아볼 필요가 있다.

농어는 시야가 좁고 동체시력(움직이는 물체를 보는 순발력. 일반 시력과는 의미가 다름)이 방어와 같은 회유어에 비해 상대적으로 나쁘다. 농어는 전방의 위쪽을 주시하는데다 시야가 좁기 때문에 빠르게 움직이는 물체에 대한 판단이 정확치가 않다. 농어는 시야에 들어온 먹이를 일단 공격한다.

그런데 루어가 빠르게 휙 지나가 버리면 시야가 좁은 농어는 미처 루어를 발견하지 못한다. 그러므로 농어에게 루어를 물 시간을 주는 것이 농어 루어낚시 루어 조작의 열쇠이다. 루어를 농어가 충분히 바라보고 공격하도록 너무 빠르지 않은 속도로 일정하게 릴링하거나, 루어를 공격할 시간적 여유를 릴링 도중에 잠깐씩 주는 것이다. 스톱&고(stop & go), 저킹(jerking) 등이 적합한 루어 액션 방법이다.

있으므로 포인트 가까이에서 소란을 떨거나 배 위에서 필요 없는 소음은 농어를 쫓아버리는 결과를 부른다.

▶어자원 보호를 위해 30cm 이하는 채포금지 대상으로 지정돼 있다.

Tip

깔따구 · 까지매기 · 따오기…

농어 15cm

농어 35cm

농어 70cm

점농어 50cm

농어는 크기에 따라 불리는 토속적인 이름이 따로 있다. 30cm 이하의 작은 농어를 일반적으로 '깔따구'라고 부르고 그보다 커야 농어라고 취급한다. 지역에 따라서도 다른데 주로 충청도 · 전라도 지역에서 깔따구라 부르고, 경상도 지역에서는 작은 농어를 '까지매기'라고 부른다.

서해안에서는 언제부터인지 80cm 이상 미터급 농어를 '따오기'라고 부르는데, 이는 전통적인 방언이나 지역명이 아닌 현대에 들어 만들어진 속어로 여겨진다.

이웃 나라 일본에서도 농어를 출세어(出世魚)라고 해서 성장 과정에 따라 명칭을 달리 부른다. 일본 관동지방에서는 2년생(20~30cm급)을 '세이고', 3년생(40~60cm급)을 '훅코', 4~5년생 성어가 되어야 비로소 '스즈키'라 한다. 농어를 부르는 말이 우리나라처럼 일본에서도 크기에 따라 다르게 부르고 있다는 사실은 이채롭다.

농어 찌낚시 ‖ 농어낚시의 고전

농어는 원래 수면 가까이를 유영하는 어종으로 찌낚시야말로 농어낚시의 원류라 할 수 있다. 전지찌를 이용한 농어 찌낚시는 80년대까지만 해도 활발히 이루어졌으나 루어낚시의 대중화로 점차 쇠퇴해 가는 분위기다.

농어는 맑은 날보다는 흐린 날, 더욱이 야간에 더 잘 낚이기 때문에 보통 농어 찌낚시는 초저녁부터 시작해 한밤중에 걸쳐 이루어지는 경우가 많다. 다른 어종의 찌낚시 장비에 비해 튼튼한 장비를 사용하는데, 은은하게 빛나는 전지찌나 케미컬라이트의 불빛과 커다란 바늘에 대여섯 마리의 갯지렁이를 어린아이 주먹만하게 꿰는 재미가 나름대로의 운치를 더한다.

■ 장비와 채비, 미끼 및 포인트

▶낚싯대 - 길이 5.3m의 갯바위 3호 대가 적합하다. 낚싯대를 3호 정도로 강하게 사용하는 이유는 미터급의 대형 농어를 상대할 수도 있다는 이유도 있지만, 그보다는 원투를 하기 위해 무거운 찌를 사용하기 때문이다.

▶릴 - 중~대형 스피닝 릴이 농어 찌낚시에 잘 맞는다. 채비를 원투하고 조류에 실어 멀리 흘려보내기도 하므로 낚싯줄이 감기는 양이 넉넉한 크기를 고르는 편이 바람직하다. 원줄로 나일론 줄을 사용한다면 스풀이 큰 대형 스피닝 릴이 좋고, 가느다란 PE 줄을 사용한다면 중형 스피닝 릴로도 충분하다.

▶낚싯줄 - 원줄은 나일론 줄의 경우 5~6호, PE 줄이라면 2.5~3호가 적합하다. 원투가 중요한 농어 찌낚시에 있어서 굵은 줄을 사용하면 채비를 던질 때 비거리가 떨어질 수밖에 없다. 그러므로 나일론 줄을 사용하기 보다는 가늘지만 훨씬 강력한 PE 줄을 사용하는 편이 효과적이다.

목줄은 플로로카본 5~6호를 1.5m 정도의 길이로 해서 도래를 사용해 원줄과 연결한다.

▶찌 - 농어 찌낚시에서 중요한 것은 찌 무게를 이용해 채비를 멀리 던지는

일이다. 그러므로 찌는 호수에 관계없이 어느 정도 무거워야 된다. 구멍찌나 고리찌 어느 것이라도 좋지만, 같은 부력이라면 무거운 찌가 사용하기에 수월하다. 포인트가 가깝다면 1~3호, 먼 포인트를 노린다면 5~6호까지도 사용한다. 농어는 대낮보다 어두운 시간에 잘 낚이므로 리튬전지가 들어가는 전지찌나 케미컬라이트를 부착할 수 있는 찌가 필요하다.

▶봉돌과 낚싯바늘 - 봉돌은 찌의 부력에 맞춰 구멍봉돌 1~4호를 선택한다. 원줄과 목줄을 연결하는 도래 대신에 아예 도래봉돌을 사용해도 좋다. 그 외에 목줄에도 좁쌀봉돌을 하나 물려준다.

바늘은 허리가 긴 농어바늘을 사용하는데, 농어의 씨알에 맞춰 18~23호 정도를 사용한다.

▶미끼 -농어 찌낚시에 가장 적합한 미끼는 단연코 청갯지렁이다. 밤낚시에서는 더욱 좋은 효과를 발휘하는데, 청갯지렁이에는 인 성분이 있어서 어둠속에서 희미하게 인광을 발하기 때문이다.

청갯지렁이는 바늘에 한 마리만 꿰는 것이 아니라 적게는 다섯 마리, 가

〈농어 찌낚시 채비〉

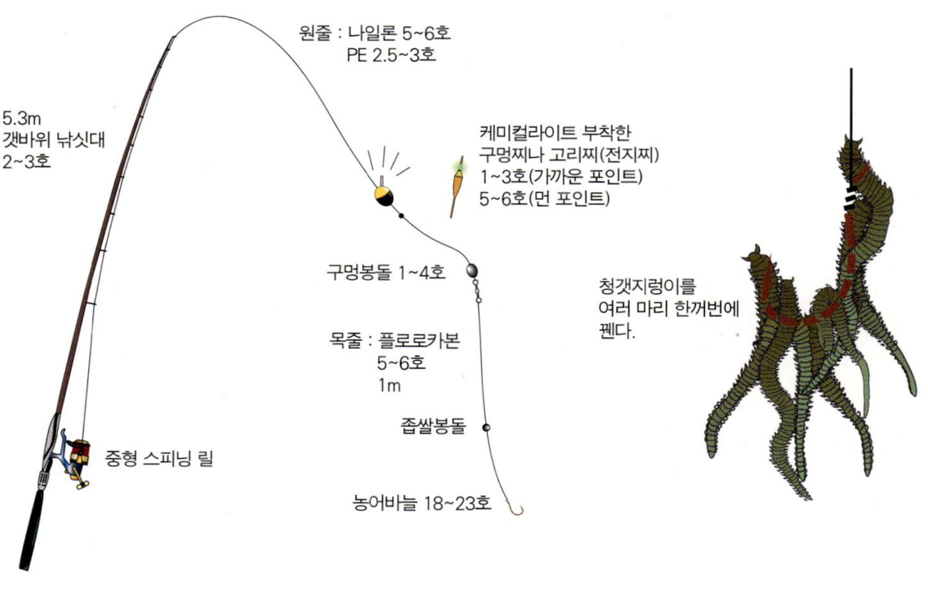

늘고 작은 청갯지렁이라면 열 마리 정도 한꺼번에 꿴다.

청갯지렁이를 꿸 때는 머리 부분을 이용해야 잘 떨어지지 않는다. 청갯지렁이 이외에도 고가의 참갯지렁이에 입질이 더 좋은 경우도 있으니 출발 전에 현지에 확인을 해 보는 것도 바람직한 일이다.

▶찌낚시 포인트 - 루어낚시 포인트와 특별한 차이는 없다. 갯바위에서 가까운 암초 주변, 조류가 빠르게 흐르는 장소가 명당이다. 방파제라면 맨 끝 부분이 조류 소통이 좋고 수심도 깊어 가장 주목되는 포인트가 된다.

■농어 찌낚시 이렇게!

①포인트를 선정할 때부터 채비를 40~50m 정도 멀리 던진다는 생각으로 낚시에 임한다.

②낚시터 상황에 맞도록 찌 밑 수심을 조정하고 채비를 던지고서 찌가 조류를 타고 흘러나가도록 한다.

③찌가 흘러가는 코스를 보고서 조류가 흐르는 방향과 속도를 가늠해 본

〈농어 찌낚시 개관〉

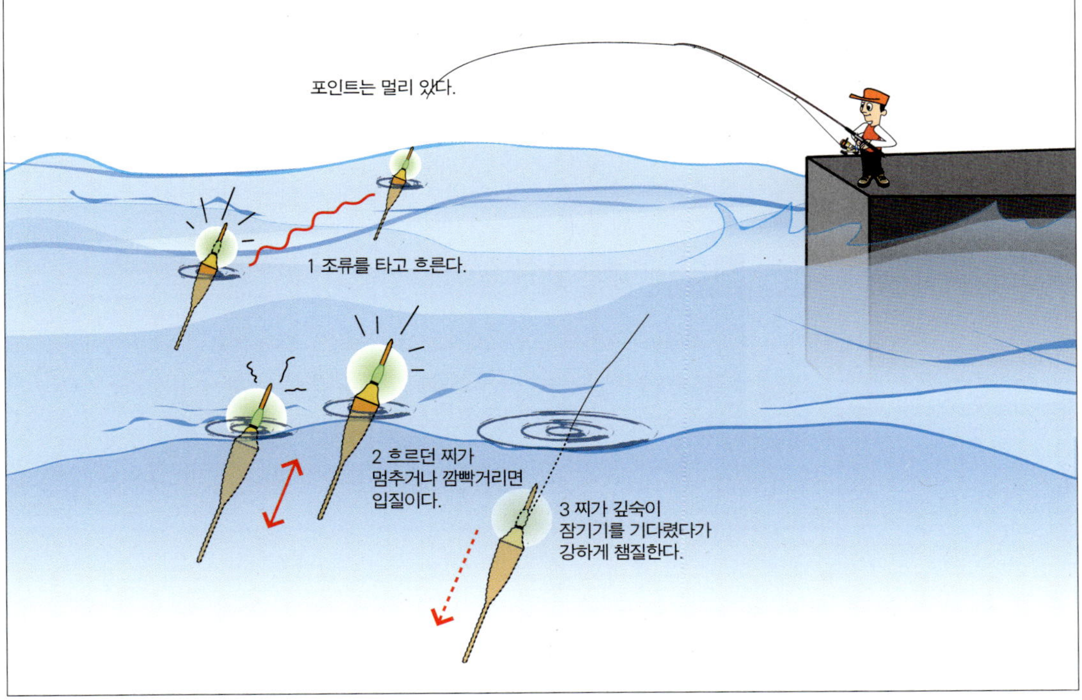

다. 일정 거리이상 찌가 흘러가도 입질이 없다면 채비를 거두어들이고 다시 던진다.

④농어의 입질은 일정하게 흘러가던 찌가 정지하거나, 코스를 벗어나거나, 살짝 물속에 잠기는 모습으로 나타난다. 이때는 농어가 미끼를 건드리는 경우이므로 찌에 시선을 고정하고서 계속 본신이 나타나기를 기다린다. 농어가 완전히 미끼를 물고 돌아서면 찌가 물속으로 순식간에 빨려 들어가 잠겨 버린다.

⑤찌가 완전히 물속으로 잠기면 낚싯대를 힘차게 들어 챔질을 한다.

⑥챔질이 완전하다면 머뭇거리지 말고 재빠르게 릴링을 개시한다. 낚싯대를 적당히 세우고 빠르게 감아 들이는 것이 요령이다. 끌려오는 농어와의 거리가 가까워지면 거기에 맞춰 조금씩 낚싯대를 낮춰 준다. 그러나 낚싯대의 탄성을 유지하는 것이 매우 중요하다.

⑦농어는 여유가 있으면 릴링 속도보다도 빠르게 다가오기도 하고, 조금이라도 늦춰주면 입을 벌리고 거칠게 점프해 바늘을 뱉어버리기도 하므로 속전속결이 유리하다.

⑧농어를 끌어낼 때는 작은 크기라면 낚싯대의 탄력을 이용해 바로 들어 올리는 것이 좋고, 들어올리기에 벅찬 씨알이라면 대형 뜰채를 사용하여 건져 올린다. 감성돔이나 벵에돔과는 달리 혼자 하기는 어려우므로 두 사람이 서로 협력하는 것이 바람직하다.

Info

농어는 강에서도 낚인다

바다에 사는 농어는 강으로까지 거슬러 오른다. 강이 짧고 기수역이 발달한 일본에서는 농어 강낚시가 보편화 되어 있을 정도다.
우리나라 농어 역시 민물을 거슬러 오른다. 서울 한복판 한강대교 밑에서 농어가 낚이기도 한다. 그만큼 농어는 민물을 좋아한다. 부산의 수영강, 전라남도의 섬진강 하류에서는 의외로 농어가 잘 낚인다. 과거에는 섬진강 구례 지역에서도 농어가 많이 잡혔다.
농어와 점농어가 민물에 호감을 갖고 있는 것으로 알려져 있는데, 특히 서해에 많이 서식하는 점농어가 민물을 더 좋아하는 것 같다. 대만에서는 점농어를 아예 민물에서 양식하고 있고, 민물에서 번식도 가능한 것으로 알려져 있다.

■ 농어 찌낚시, 핵심 체크 포인트

▶파도가 적당하게 이는 날은 농어의 유영층이 얕으므로 찌 밑 수심을 얕게 조절하고, 수면이 잔잔한 날에는 가급적 수심을 깊게 조절한다.

▶농어의 유영층은 아침저녁에는 3~5m로 조금 깊고, 완전히 어두워진 밤에는 1~2m까지 얕아지는 경향을 보인다. 그러나 달이 밝은 날이거나 주위에 인공 불빛이 있다면 수면 가까이까지 올라오지 않는 경우도 있다.

▶보름이나 그믐을 전후한 사리 물때가 농어낚시의 적기이지만, 주로 밤낚시를 하는 농어 찌낚시는 달이 없는 그믐을 달이 밝은 보름보다 더 좋은 시기로 꼽는다.

농어 외줄낚시 ‖ 재래식 배 흘림낚시

어부들의 줄낚시 채비를 응용한 낚시 방법이다. 경상도에서는 '설래끼(설낵이)', 충남에서는 '외수질'이라 부르는데, 조류에 따라 낚싯배를 흘리며 깊은 곳에 머물고 있는 대형 농어를 살아 있는 새우 미끼로 깊은 수심층을 직공하는 낚시 방법이다. 수온이 낮은 계절, 본격 농어 시즌이 시작되기 전이나 막바지 때 효과를 발휘한다.

루어낚시가 성행하고 있지만 아직도 시도되고 있는 전통 농어낚시 방법 중의 하나이다.

■ 장비와 채비, 미끼 및 포인트

▶**낚싯대** – 루어낚시에 사용하는 농어 대를 그대로 사용해도 된다. 또는 추부하 30호 이하의 연질 외줄 낚싯대나 유연한 라이트 지깅 대도 관계 없다.

▶**릴** – 낚싯대와 마찬가지로 루어낚시에서 사용하는 중소형 스피닝 릴이면

〈농어 외줄낚시 채비〉

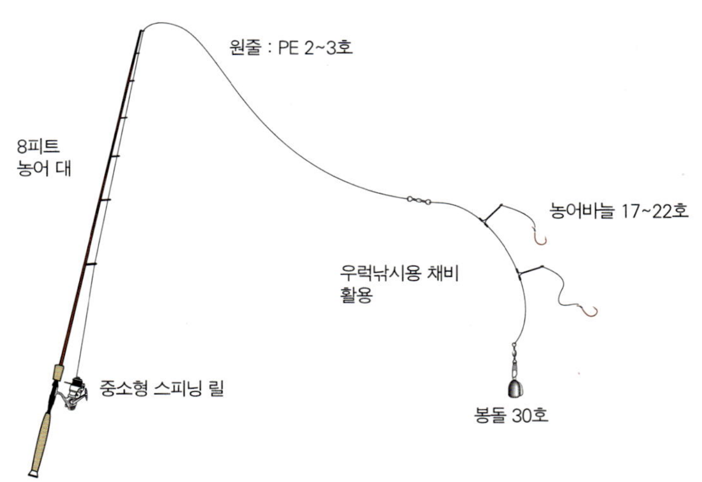

〈농어 외줄낚시 개관〉

된다.

▶**낚싯줄** - 원줄은 PE 2~3호가 좋다. 더 굵으면 조류 저항이 강해져 무거운 봉돌을 달아야 하는 역효과가 생긴다. 보다 가늘게 써도 문제는 없지만 옆 사람과 채비가 자주 엉키는 폐단도 고려해야 한다.

기둥줄은 나일론 10호, 목줄은 4~5호. 하지만 이들을 일일이 연결하는 것보다는 우럭 외줄낚시에 사용하는 시판용 채비를 원줄에 도래로 연결해 사용하는 것이 편하다.

▶**봉돌과 낚싯바늘** - 어부들이 손으로 줄낚시를 할 때는 80호가 넘는 큰 봉돌을 사용하지만 낚싯대를 사용하는 낚시에서는 보다 가벼운 30호 내외의 봉돌로 충분하다. 바늘은 농어바늘 14~17호나 우럭바늘 20~24호.

▶**미끼** - 어부들은 현장에서 채집한 자연산 꽃새우를 물칸에 살려 미끼로 사용하지만, 사정이 여의치 않을 때는 양식산 대하(또는 흰다리새우)도 좋다. 농어의 활성이 좋아 입질이 잦은 상태에서는 냉동 대하에도 입질을 잘 하지만 아무래도 살아있는 새우만큼은 못하다.

▶**외줄낚시 포인트** - 조류 소통이 좋은 대형 수중 암초의 경사면, 주변의 불규칙한 암초 지대가 주요 포인트이다. 장애물 주변에는 농어의 먹이가 되는 작은 물고기들이 붙어 있을 확률이 많기 때문이다. 눈에 보이지 않는 이

들 수중 암초 지대는 현지 선장들의 경험에 의존할 수밖에 없으므로 훌륭한 선장을 만나는 것이 우선일 수도 있다.

Taste

이렇게 먹어요!

농어의 제철은 여름. 맛도 여름이 최고로 농어의 참맛은 여름에 맛볼 수 있다. 싱싱한 농어라면 역시 회가 최고이다. 그밖에 탕 · 구이 어떤 요리를 해도 잘 어울려 맛있다. 서양식으로 버터구이를 하거나 각종 소스를 곁들인 요리에도 잘 어울린다. 튀김을 해도 별미이다.

■ 농어 외줄낚시 이렇게!

①포인트에 도착하면 선장의 지시에 따라 살아있는 새우를 바늘에 코꿰기를 하여 투입한다.

②봉돌이 바닥에 닿는 느낌이 오면 신속하게 채비를 2~3m 가량 띄워준다. 낚싯배가 경사면을 따라 점차 얕은 곳으로 흘러가므로 다시 봉돌이 바닥에 닿는 느낌이 오면 띄워주기를 반복한다. 이와 같이 깊은 곳에서 얕은 곳으로 바닥을 더듬어 가는 낚시이다.

③봉돌이 바닥을 찍으면 바로 밑걸림이 발생할 수도 있는데, 봉돌을 가볍게 사용하면 낚싯줄을 살짝 잡아주는 것만으로도 채비가 잘 떠오른다.

④입질은 확실하게 순식간에 잡아채듯 들어오므로 쉽게 느낄 수 있다. 챔질 타이밍을 맞추지 않으면 미끼만 잃게 되므로 주의한다.

⑤챔질이 잘 되었다면 박진감 넘치는 손맛을 보되 도중에 늦춰주지 말고 꾸준히 감아 들인다. 수면에서 떠오른 이후의 바늘털이에도 잘 대처해야 한다.

⑥가까이 끌려온 농어는 뜰채 사용이 필수이다.

■ 농어 외줄낚시, 핵심 체크 포인트

▶서해의 농어 외줄낚시는 루어 시즌이 끝난 가을철(9월 중순 이후)부터 초겨울(12월 초순)에 걸쳐 이루어진다.

▶농어낚시의 원칙 그대로 사리 물때가 최고다. 물살이 느린 시기에는 크기와 마릿수에서 현저하게 조과의 차이가 난다.

▶포인트 선정은 전문가인 선장에게 일임한다. 대부분 수중 암초의 경사면이다.

▶살아있는 새우는 겨울철로 들어서면 구하기 어려워지므로 현지 낚싯배에 미리 확인하고 준비해야 한다.

▶여럿이 함께 낚시하는 경우는 원줄의 굵기와 봉돌의 무게를 통일하는 것이 채비 엉킴과 같은 트러블을 방지한다.

8 다랑어낚시 – 가다랑어 · 점다랑어 · 줄삼치

라이트 트롤링과 쇼어 지깅의 대표 어종

다랑어라는 말은 어색해도 '참치'라는 이름은 누구에게나 친숙하다. 대양을 누비는 원양어선과 참치는 저 멀리 남태평양과 관계가 깊은 듯 느낌을 주지만 사실은 우리나라 근해에도 얼마든지 있다. 가다랑어 · 점다랑어 · 줄삼치 3형제가 바로 그 장본인으로, 크기나 마릿수 조황 모두 다른 낚시 대상어에 결코 뒤지지 않는다.

낚시 방법에 따라선 초보자도 누구나 쉽게 즐길 수 있다. 초가을, 제주도 여행길에 2~3시간만 배를 타고 달리면 다랑어 형제들을 아이스박스 하나 가득 채우는 기쁨을 만끽할 수 있다.

표준명 가다랑어

학 명 *Katsuwonus pelamis*

영 명 Skipjack tuna, Bonito

일 명 가쓰오(カツオ)

속 명 가다리, 여다랭이, 강고등어(경남), 소용치, 다랭이(포항)

생 태 고등어과의 어류 가운데 소형 종에 속한다. 몸은 굵고 통통한 방추형이며 등은 청흑색, 배는 광택을 띤 은백색이고 그 위에 4~10줄의 검은 세로띠가 있는 것이 특징이다. 그런데 살아 있을 때는 이 검은 띠가 잘 보이지 않는다. 난류를 따라 회유하며 우리나라 남해, 제주도 연안에서 남태평양까지를 널리 서식한다. 1m까지 자란다.

가다랑어를 포함한 다랑어 종류는 고정된 서식권 없이 해류를 따라 수천 km의 대회유(大回遊)를 하는 어종이다. 우리나라 제주 근해에 여름철과 가을철에 치어들이 회유해 들어오는데 다랑어의 특성상 치어일 때는 그 모습이 유사하고 서로 섞여 다니기 때문에 종류를 정확히 구분하기 어렵다. 다랑어의 종류는 무척 다양한데, 이 가운데 참다랑어(Bluefin tuna) · 황다랑어(Yellowfin tuna) · 눈다랑어(Bigeye tuna) · 날개다랑어(Albacore) 등 '참치'라고 불리는 것들은 대형 종에 속하며, 가다랑어 · 점다랑어 · 줄삼치 · 물치다래 · 몽치다래와 같은 것들은 소형 종에 속한다.

우리나라 제주도 근해에서 낚시에 주로 잡히는 것들은 소형 종이거나 대형 종의 치어로, 가다랑어를 비롯한 점다랑어 · 줄삼치 등이 끌낚시(라이트 트롤링)와 쇼어지깅에 섞여 낚인다. 그런데 이들은 흰살 생선을 선호하는 우리 입맛에 맞지 않아 식용으로는 그다지 인기가 없는 편이다.

낚시 지역 ①제주도 ②남해 일부 지역

낚시 시기 늦여름~초겨울

■ 선상 끌낚시로부터 쇼어 지깅 분야로 발전

오래 전부터 제주도에서는 비닐 베이트를 줄줄이 달아 배로 끌고 다니며 가다랑어 종류를 낚는 끌낚시가 행해져 왔다. 짧은 시간에 손쉽게 낚을 수 있기 때문에 갯바위낚시를 오가는 도중 잠시 덤으로 즐기는가 하면, 제주도 관광객들에게는 일종의 '체험낚시'로 각광받아 왔다.

1990년대 중반부터는 비닐 베이트 대신 미노우 플러그를 이용한 라이트 트롤링이 시도되는가 하면, 이후 지깅 낚시가 도입되면서 부시리 · 방어와 함께 다랑어류가 재조명되기 시작했고, 2000년대 들어서는 쇼어 지깅 낚시의 주요 어종으로 부상하였다.

따뜻한 물을 좋아하는 다랑어 종류는 수온이 높아지는 여름철부터 가까이 회유해 오므로 이후 늦가을까지 시즌이 형성되고 주요 낚시터는 관광지로 유명한 제주도가 손꼽히는 지역이다.

Figure 구분하기 어려운 다랑어 종류

우리의 낚시에 잡히는 다랑어는 대략 3가지 종류이다. 가다랑어를 비롯한 점다랑어와 줄삼치. 이밖에 최근 제주도 근해에서 발견되는 참다랑어는 대만 동쪽에서 산란하여 조류를 따라 흘러드는 치어 무리의 일부이며, 어느 정도 자라면 태평양을 횡단하여 북미대륙에까지 도달 후 다시 서태평양으로 돌아와 산란을 하는 것으로 알려진다. 최대 3m, 무게 400kg까지 성장하는 참다랑어야말로 원양어선의 주요 타깃이 되는데, 일본 요리의 최고급 횟감으로 꼽히는 그 주인공이 바로 참다랑어이다.
그러나 웬만한 전문가들조차 이들 다랑어 종류를 잘 구분하지 못한다. 국내 또는 외국 낚시 잡지에 등장하는 다랑어 종류 5가지(앞쪽 지면의 가다랑어 포함)를 구분해 본다.

표준명 점다랑어
학 명 *Euthynnus affinis*
영 명 Kawakawa
일 명 스마가쓰오(スマカツオ)
속 명 점다랭이

생 태 제주도에서 낚시 대상어가 되며 남해 일부 지역에서도 발견된다. 가다랑어와 유사한 체형이지만 등에 푸른빛을 띤 줄무늬 모양이 다르고 가슴지느러미 아래에 검은 반점이 몇개 있다. 다랑어 중에서는 소형 종으로 1m까지 자란다.

표준명 줄삼치
학 명 *Sarda orientalis*
영 명 Striped bonito
일 명 하가쓰오(ハカツオ)
속 명 이빨다랑어

생 태 이름과는 달리 삼치 종류가 아닌 다랑어 종류다. 그런데도 다랑어 종류 중에서는 유독 날카로운 이빨을 지닌 것이 특징이다. 가다랑어 · 점다랑어와 함께 끌낚시 및 쇼어 지깅 대상어가 된다.

표준명 참다랑어
학 명 *Thunnus thynnus*
영 명 Bluefin tuna
일 명 구로마구로(クロマグロ)
속 명 참치

생 태 몸은 방추형이며 등은 청흑새, 배는 광택을 가진 회백색이다. 참치류 중에서는 가장 낮은 수온대까지 서식하는 종으로 우리나라 제주도와 동해에도 출현한다. 3m까지 자라는 최고급 참치 종류.

표준명 황다랑어
학 명 *Thunnus albacares*
영 명 Yellowfin tuna
일 명 기하다(キハダ)
속 명 참치

생 태 체형이 참다랑어와 비슷하고, 또 참다랑어 다음 가는 크기로 자란다. 최대 2m 정도. 영어 이름 그대로 성어가 되면 등지느러미와 배지느러미가 길게 자라면서 노란색을 띠는 것이 특징이다.

▼ 가다랑어에게 쫓긴 멸치 떼가 수면에서 들끓는 모습. 이 같은 보일(boil) 현상이 목격되면 인근에 육식성 회유어 무리가 나타난 것으로 판단하고 서둘러 채비를 꾸려야 한다.

다랑어류 라이트 트롤링 ‖ 재래식 끌낚시에서 발전

낚싯배를 몰고 다니며 루어를 끄는 라이트 트롤링은 전통 방식의 끌낚시를 현대식 낚시 장비로 바꾸어 보다 스포티하게 즐기는 방법이다. 좋은 포인트, 즉 다랑어 종류가 회유하는 장소에 들어가면 단시간에 풍성한 조과를 얻을 수 있는 것은 물론, 어떤 낚시에서도 경험하지 못할 당찬 손맛을 느낄 수 있는 활동적인 낚시이다.

■ 장비와 채비, 루어 및 포인트

▶**낚싯대** - 추부하 30~50호 외줄 낚싯대 또는 지깅 낚싯대를 사용하면 된다. 길이는 1.8~2.4m 정도. 루어를 상당히 빠른 속도로 끌고 다니므로 물의 저항에 견딜 수 있는 허리힘이 좋은 제품이어야 사용하기 편하다.

〈다랑어 라이트 트롤링 채비〉

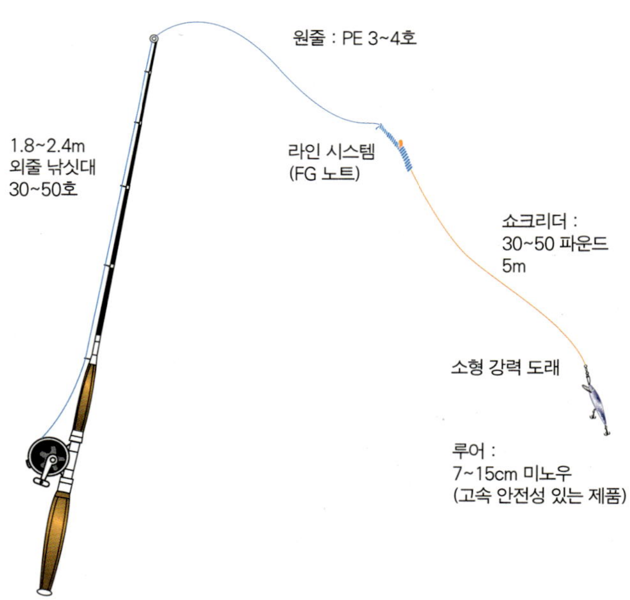

▶릴 - 중대형 스피닝 릴도 좋고 양축 릴도 좋다. 스풀 크기는 5~6호 줄이 200m 이상 감기는 것이 바람직하다. 드랙을 풀거나 조이는 경우가 많으므로 드랙 성능이 좋은 제품, 전체적으로 견고한 내구성이 우수한 제품을 선택한다.

▶낚싯줄 - PE 3~4호를 200~300m 정도 되게 스풀에 넉넉하게 감는다. 쇼크리더는 나일론 30~50파운드로 5m 정도 연결한다. 대상어가 대부분 표층을 회유하므로 암초 등에 의한 마찰이나 끊김이 적어 특별히 굵은 낚싯줄을 사용할 필요가 없다. 다만 줄삼치는 이빨이 날카로우므로 줄삼치가 낚였다면 쇼크리더 점검을 게을리해선 안 된다.

▶루어 - 플로팅이나 싱킹 미노우 플러그를 주로 사용한다. 특히 라이트 트롤링에 사용하는 미노우는 보트의 빠른 스피드에도 뒤집어지거나 균형을 잃지 않고 동작하는 균형이 잘 잡힌 것이 아니면 사용할 수 없다. 따라서 루어를 선택 할 때는 꼭 트롤링에 사용할 수 있는지를 확인해야 한다.

루어의 크기는 먹잇감을 고려해 7~15cm 정도가 적합한데, 무게는 중요하지 않다. 부착되어 있는 바늘은 그대로 사용해도 무방하지만 좀 더 강한(굵은) 바늘이나 큰 바늘로 교체할 경우는 루어의 크기를 고려해 루어 액션에 문제가 생기지 않는지 확인해야 한다.

▶라이트 트롤링 포인트 - 배를 이동시키며 하는 낚시이므로 다랑어 떼가 자주 움직이는 장소를 찾는 것이 중요하다. 가장 좋은 조건은 조류와 조류

Tip 스스로 숨을 못 쉬는 고기

다랑어가 회유하는 모습엔 별다른 특징이 있다. 입을 반쯤 벌리고 달리는 것이다. 자발적으로 아가미를 움직여 호흡을 하지 못하기 때문에 앞으로 달려 아가미로 물이 들어가게 하려는 것이다.
붉은 색 근육을 갖고 있는 다랑어는 다른 어종에 비해 힘이 강하지만 그만큼 많은 산소량을 필요로 한다. 힘차게 전진을 하지 않으면 숨을 쉬지 못하며, 부레도 없어 멈추면 가라앉는다. 이는 다랑어에 있어서 약점이 되기도 한다.
그래서 파이팅 도중에 드랙을 조여 붙들어 두면 숨이 막혀 좀 더 숨쉬기 쉬운 방향(좌우 방향)으로 진로를 자꾸 바꾸거나 엉뚱하게 낚시인 쪽으로 마구 달려오기도 한다. 결국은 산소 부족으로 지쳐 수면으로 끌려 올라온다.

가 경계를 이루는 조목(潮目)이다. 그 외에 조류 소통이 좋은 섬의 곶부리 앞 해상, 암초 주변 등으로 이런 장소를 따라 배를 진행시킨다.

수면에 나타난 작은 물고기 떼의 진행을 예상해 낚싯배를 몰기도 한다. 배가 달릴 때 발생하는 스크루의 거품은 다랑어의 관심을 이끄는 효과가 있어 이를 따라 오는 경향을 보이기도 한다.

■ 다랑어류 라이트 트롤링 이렇게!

①루어 선택의 기준은 다랑어의 유영층이다. 수면 가까이라면 플로팅을, 3~5m 수심이라면 싱킹 타입을 선택한다.

②달리는 배에서 루어를 던지고 줄을 풀어준다. 루어가 스크루 거품이 잦아드는 정도의 거리에 위치하게 되면 풀려 나가던 줄을 멈추게(스피닝 릴은 베일을 닫고 양축 릴의 경우는 클러치를 넣는다) 한다.

③릴의 드랙을 적당히 풀어 두되, 루어에 걸리는 물의 저항으로 드랙이 풀릴 듯 말 듯할 정도로 맞춘다. 루어에 무엇인가가 걸리면 드랙이 풀어지는 소리가 들리도록 해 두는 것이다.

④입질이 오면 갑자기 드랙이 울리면서 줄이 풀려나가기 시작한다. 이때

〈다랑어 라이트 트롤링 개관〉

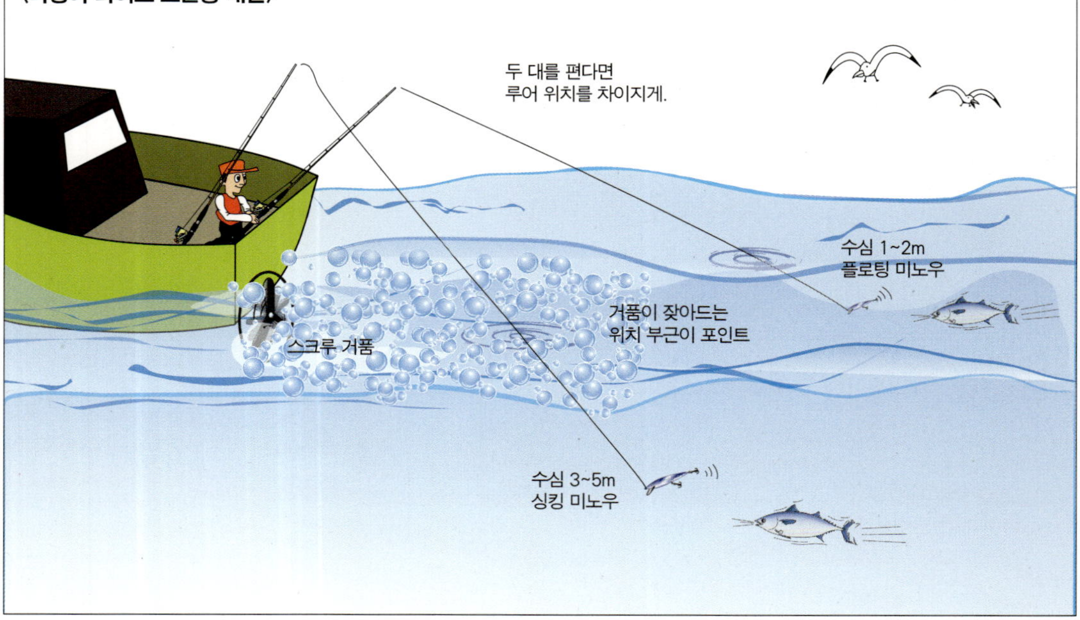

서두르지 말고 낚싯대를 잡고 드랙을 조인 후 릴링을 시작한다. 낚싯배도 다랑어도 고속으로 움직이므로 챔질은 자동으로 된다. 릴링을 시작하면 배는 속도를 낮추되 멈추지는 않는다.

⑤대물이 아닌 이상 거의 강제 집행으로 감아들인다. 다랑어의 저항과 배의 속도가 더해지기 때문에 힘이 들 경우도 많다.

⑥가까이 끌려 왔다면 단숨에 들어 올리거나 뜰채를 사용한다. 다랑어는 요동이 심하고 피도 많이 나오므로 서둘러 뒤처리를 해 두어야 한다.

■ 다랑어류 라이트 트롤링, 핵심 체크 포인트

▶낚싯배의 속도는 릴링 속도보다 빠르다. 빠른 속도로 움직여도 확실하게 액션을 취하는 미노우가 필요하다.

▶낚싯대를 두 대 이상 펴는 경우에는 루어의 위치가 스크루 거품이 잦아드는 장소에 모두 두지 말고 서로의 거리가 차이 나도록 하는 것이 좋다.

▶한 마리가 루어를 공격하여 릴링을 하다 보면 다른 낚싯대에도 입질이 오는 경우가 많다. 두 사람이 동시에 파이팅을 할 경우, 서로의 낚싯줄이 교차될지언정 엉키지 않도록 주의하여야 한다.

▼ 제주도와 남해 지역에서 곧잘 낚이는 점다랑어. 대표적인 라이트 트롤링 대상어이자 지깅 대상어이기도 하다.

다랑어류 쇼어 지깅 ‖ 스피드와 파워 게임

금속 재료로 만들어진 지그(jig)를 사용하는 루어낚시 분야를 별도로 지깅(jigging)이라 부르는데, 낚싯배를 타고 지그를 수직으로 내리는 방식을 버티컬 지깅(vertical jigging · 수직 지깅)이라 하고, 갯바위 또는 방파제에서 지그를 멀리 캐스팅하는 방식을 쇼어 지깅(shore jigging · 해안 지깅 또는 연안 지깅)이라 한다. 연안 방파제 또는 갯바위에서 땀 흘리며 캐스팅을 하고, 강력한 입질과 파이팅으로 또다시 땀을 흘리는 스릴 만점의 화끈한 낚시가 쇼어 지깅이다.

가다랑어를 포함한 몇몇 다랑어 종류는 많지 않은 우리나라 쇼어 지깅 대상어 가운데 중요한 비중을 차지한다. 이들 어종을 낚기 위해 필요한 것은 무엇보다도 스피드와 힘이다. 한 번 맛을 들이면 중독성이 꽤 강한 낚시 분야이기도 하다.

〈다랑어 쇼어 지깅 채비〉

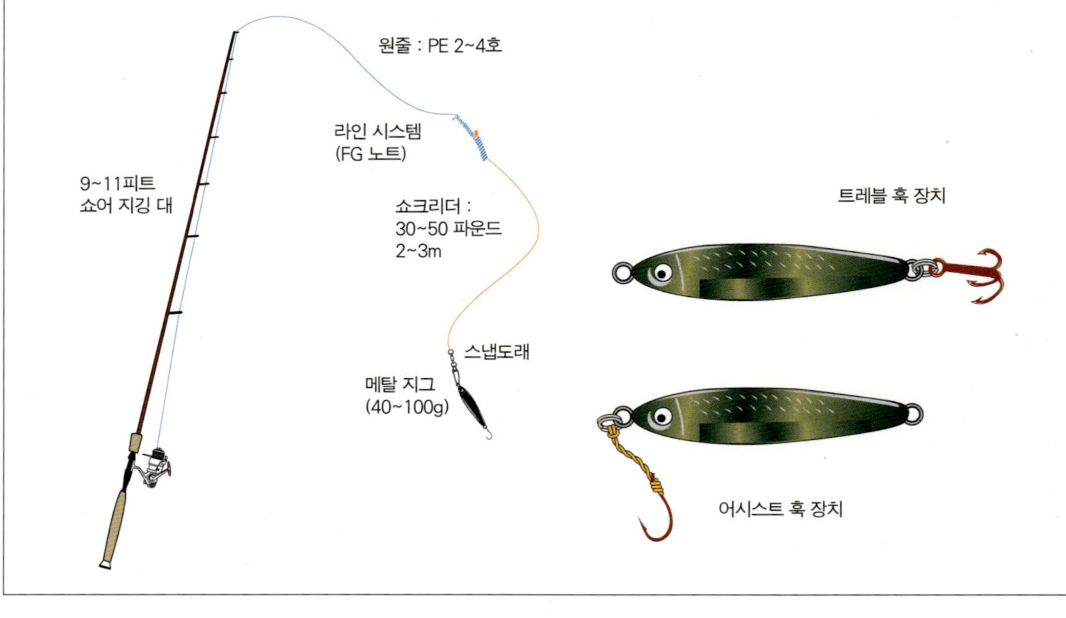

■ 장비와 채비, 루어 및 포인트

▶**낚싯대** - 과거에는 농어 낚싯대 중 가장 빳빳한 것을 사용하곤 했지만 근년에는 쇼어 지깅 전용 대가 따로 시판되고 있으므로 이를 사용하는 것이 좋다. 길이 9~11피트에 루어 무게 100g 정도를 원투할 수 있는 허리힘이 강한 스피닝 대이다.

▶**릴** - 4~5호 줄이 200m 정도 감기는 고성능 중형 스피닝 릴을 사용한다. 대상어가 힘이 강하므로 드랙 성능이 좋고 내구성이 좋은 고급 기종이 적합하다.

▶**낚싯줄** - 원줄로는 단연코 PE 라인이다. 그 외의 소재를 사용한다는 것은 시대착오적인 발상으로 원투가 불가하며 메탈 지그에 액션을 주기도 힘들다. PE 2~4호가 적합하다. 쇼크리더는 나일론이나 플로로카본 30~50파운드, 포인트에 거친 여가 산재한다면 더 굵게 사용하기도 한다. 쇼크리더의 길이는 낚시에 불편하지 않을 정도의 길이로 하되 낚싯대 길이의 두 배에 약간의 여유를 더한 길이가 적당하다.

▶**루어** - 쇼어 지깅이란 말은 지그를 사용하는 것을 전제로 하므로 메탈 지그가 주요 루어이다. 크기에 비해 무거우므로 플러그와 같은 다른 루어가

▼가을철 남해동부~동해남부 지역에선 줄삼치가 방파제 부근까지 접근할 때가 있어 쇼어 지깅도 가능해진다.

Tip 쇼어 지깅용 메탈 지그의 바늘

메탈 지그의 바늘은 스푼과 같이 루어의 뒤쪽에 장치하거나 앞쪽에 어시스트 훅으로 장치하는 두 가지 방법이 있는데, 서로 일장일단이 있다.

뒤쪽에 싱글 훅(외바늘)이나 트레블 훅(세발바늘)을 장치하는 경우는 일단 사용에 편리하다. 또한 물고기의 활성이 낮아 입질이 간사한 경우에 효과적이다. 그러나 지그가 바닥에 가라앉은 경우에는 밑걸림이 많이 발생한다는 점을 잊어서는 안 된다.
앞쪽에 어시스트 훅을 부착하는 경우는, 활성이 좋은 회유어라면 루어의 머리 부분을 공격하는 경우가 많으므로 챔질이 잘 된다는 것이 장점이다. 또한 바늘에 걸린 후 잘 떨어지지 않는다는 것도 장점이다.

참고로 입질이 깨무는 형태가 아닌 흡입하는 부시리나 방어, 그리고 민물의 배스에게는 입질 형태에도 적합하기 때문에 어시스트 훅이 보다 효과적이다. 그러나 유영하는 속도를 이용해 낚아채는 입질을 하는 회유어를 상대로 할 경우는 챔질이 잘 안되고, 특히 이빨이 날카로운 어종(삼치나 줄삼치)이 걸리면 파이팅 도중에 목줄이 이들의 이빨에 쓸려 끊어지는 경우를 감안해야 한다. 그러므로 바늘의 장치는 상황에 따라 스스로의 경험이 반영되어야 한다.

도달하지 못하는 거리까지 쉽게 던질 수 있는 것이 최대의 장점이고, 또한 고속으로 움직이기에도 메탈 지그보다 유리한 루어는 없다. 주로 사용하는 무게는 40~100g, 해당 포인트의 먹잇감을 확인하고 그와 비슷한 크기와 색상을 고르는 것이 기본이다.

▶쇼어 지깅 포인트 - 회유어의 포인트는 인공적으로 만들어지는 것이 아니라 캐스팅 거리 내에 회유어가 들어와야만 형성된다. 멸치나 샛줄멸과 같은 작은 물고기 떼를 사냥하기 위해 나타나므로 이를 기다려야 한다.

갯바위에서는 조목(潮目), 방파제에서는 끝 부분이나 수중에 골이 형성되어 물길이 만들어진 장소 등, 조류의 흐름이 좋은 곳에 어군이 나타난다.

■ 다랑어 쇼어 지깅 이렇게!

①캐스팅을 할 때 포물선을 그리는 낚싯줄이 바람에 날려 너무 늘어지지 않도록 적당히 방출을 제어해 준다(section1 '릴' 항목의 페더링 참고).

②메탈 지그가 수면에 착수하면 원하는 수심층까지 가라앉기를 기다린다. 일반적으로는 지그가 바닥에 닿은 것을 확인하고 액션을 개시한다.

③메탈 지그는 강하게 액션을 주지 않으면 움직이지 않는다. 주요 액션은 낚싯대를 길게 당기는 '롱 저킹'과 낚싯대를 흔들며 릴링하는 '저크&저크'로 가능한 한 루어를 초고속으로 움직여 줄수록 입질 확률이 높다.

④입질은 '덜컹!' 하는 충격이 강하게 전해온다. 낚싯대가 휘청하면 챔질을 힘차게 몇 번 반복해 준다.

⑤유영 속도가 매우 빠른 다랑어는 초반에 기선제압만 잘 하면 큰 어려움 없이 끌어올 수 있다.

Taste

다랑어 손질 이렇게!

다랑어 종류 모두는 낚시 후 되살려 주는 릴리스(release)가 거의 불가능한 어종이다. 또한 죽으면 쉽게 상하므로 낚는 즉시 처리해 손질해 두는 것이 좋다. 다랑어를 낚아 올리면 계속 전진하고자 하는 특성으로 물 밖으로 나온 이후에도 전신을 심하게 떤다. 바늘이 박혔던 상처에서 피가 많이 나오기 마련인데, 피가 사방으로 튀어 주변이 지저분해지기 쉽다.
다랑어는 낚아 올리자마자 머리를 망치로 강하게 때린 후 아가미에 식칼을 넣어 즉결처분을 한다. 다음에 양동이에 바닷물을 반쯤 담고 꼬리자루에 칼집을 넣은 다랑어를 거꾸로 세워 두면 피가 잘 빠져 나온다.

〈다랑어 쇼어 지깅 개관〉

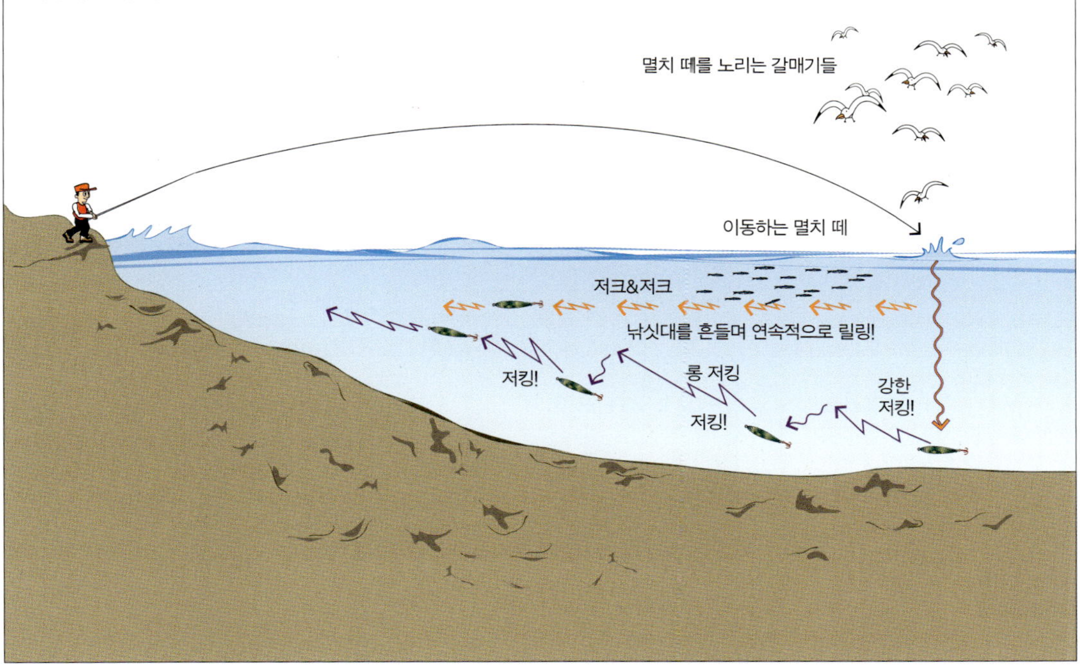

■ 쇼어 지깅 핵심 체크 포인트

▶캐스팅 거리에 먹잇감이 되는 멸치 등 작은 고기 떼가 회유하고 있어야 포인트가 형성된다. 작은 물고기 떼가 수면으로 튀어 오르는 보일(boil) 현상이나 갈매기가 나르는 모습을 주시하도록 한다. 이것이 포인트 선정의 필수조건이다.

▶무작정 지그를 던지면 오히려 어군을 쫓아버리는 결과를 초래할 수도 있다. 조용히 기다리다가 때때로 마주치는 수면의 보일 현상을 확인하고 캐스팅하는 것이 바람직하다.

▶다랑어와 같은 회유어는 금속의 착수음을 매우 싫어하므로 캐스팅 시에 낚싯줄의 풀림을 제어하여 가능한 한 조용히 착수하도록 유의한다.

▶무리를 짓는 물고기의 특성상 낚는 도중에 놓치게 되면 한 무리가 동시에 도망가 버린다.

Info

뜨거운 피가 흐르는 가다랑어

가다랑어는 흔히 가다랭이, 가쓰오로 불리는 종류로서 일본에서는 최고의 감칠맛을 자랑하는 고급 식재료로 인기가 높다. 하지만 우리나라에서는 별반 인기가 없다. 가다랑어가 죽으면 쉽게 상한다는 점이 그 이유 중의 하나일 것이다.

실제로 가다랑어는 죽는 것과 동시에 부패가 시작된다고 해도 과언이 아니다. 연안에서부터 외양까지를 초고속 회유하는 가다랑어는 특별한 혈관구조를 갖고 있어 체온이 해수온보다 3~10℃나 높다. 더욱이 다른 다랑어보다도 더 붉은 근육을 갖고 있어서 근육 속에 산소포화도도 높아 죽으면 바로 부패하기 쉬운 상태가 되는 것이다.

점다랑어 회

참치(다랑어) 초밥

가다랑어 머리 구이

Taste

이렇게 먹어요!

다랑어는 회를 일품 요리로 꼽는 사람이 있는가 하면, 쉽게 상하는 점을 들어 날로 먹으면 안 되는 것으로 여기는 사람도 있다. 따라서 다랑어는 회가 아니더라도 살을 갈아 경단을 만들어 튀기거나 소스를 곁들인 요리를 하면 맛있다. 머리나 뼈에 붙은 살은 소금구이가 먹을 만하다. 탕으로 요리하기에는 어울리지 않는다.

Photo Fishing

'뭉치면 산다!'

사진 - 이기선

9 대구낚시

손맛 입맛 동시 충족시키는 고급 어종

대구는 '새천년 낚시 어종'이라 할 만하다. 2000년 들어 우리나라 낚시계에 생소하던 지깅 낚시 붐을 불러일으킨 대표 어종이기 때문이다.

겨울철 삼척 지역에서 시작된 대구 낚시는 강원도 동해안 전역과 서해로까지 확산되면서 4계절 낚시 대상어로 위치를 굳히는가 하면, 지깅은 물론 외줄낚시 방식으로 보다 손쉽게 올리게 되었다. 예부터 '동지 대구'란 말도 있듯, 특히 겨울에 제 맛이 나는 대구는 입맛과 손맛을 동시에 안겨주는 일급 낚시 어종으로 찬사를 보낼 만하다.

표준명 대구

학 명 *Gadus macrocephalus*

영 명 Pacific cod

일 명 마다라(マダラ)

속 명 대구어(大口魚), 대두어, 대기

생 태 대구목 대구과로 분류되는 대구는 북반구의 한랭 지역에 분포하는 육식성 · 저서성 어종으로 우리나라 주요한 수산자원 중의 하나이다. 등지느러미가 3개, 뒷지느러미가 2개인 것이 대구의 최대 특징이며, 또 바닷고기 중에서는 드물게 아래턱에 한 개의 수염이 돋아 있다. 크기는 최대 1m가 훌쩍 넘고 중량도 20kg을 넘는다. 육식성으로 어패류 · 두족류 · 갑각류 · 다모류 등 무엇이든 닥치는 대로 잡아먹는 대식가이다.

우리나라의 서해와 동해, 일본의 동북지방 이북의 태평양 연안, 베링해, 미국 캘리포니아 연안 등 북태평양에 널리 분포한다.

여름에는 수심이 깊은 곳으로 이동해 수심 800m 정도의 심해에서도 생활하지만, 겨울에는 얕은 곳으로 이동한다. 산란은 겨울에서 봄에 걸쳐 이루어지는데, 남해동부 지역 중에서도 통영 · 거제 · 가덕도 근해가 대표적인 산란처로 꼽힌다. 대구의 산란 개수는 다른 어류에 비해 특히 많은 편으로, 암컷 한 마리가 수만~수십만 개의 알을 낳는 다산 어류이다. 그러나 무사히 성어로 성장하는 생존율은 아주 낮은 것으로 알려져 있다.

치어는 1년에 20cm 정도로 자라는데, 연안의 얕은 곳에서 생활하며 몸집이 커짐에 따라 점차 깊은 곳으로 이동한다. 동해 연안에서는 100m 이내의 수심에서 낚이는 소형 대구를 '쪽대구'라고 부른다. 그러나 자원보호를 위해 30cm 이하는 채포금지체장으로 지정돼 있다.

낚시 지역 ①동해 거진~울진 ②서해 먼 바다 ③남해동부 일부 지역

낚시 시기 동 · 서해 1년 내내(동해는 시기에 따라 씨알 차이 있음)

■ 지깅에서 외줄낚시로 확대

대구는 과거에는 낚시로 잡지 못하는 귀한 어종이었다. 워낙 깊은 수심에 서식하여 일반적인 낚시장비로는 낚아내기가 수월치 않았기 때문이다. 어업 형태도 정치망 등 바늘을 사용하는 낚시와는 거리가 있었다. 그러나 PE 라인의 등장과 전동 릴의 보급, 새로운 낚시 기법이 유기적으로 결합되면서 우수한 낚시 대상어로 급부상하게 되었다. 또한 연안 개체수를 늘리기 위한 정부의 지속적인 방류사업도 한몫을 해냈다.

주요 낚시터는 동해안의 경우, 강원도 거진으로부터 경북 울진에 이르기

까지 전문 낚싯배들이 속속 생겨났다. 그 중에서도 장호항과 임원항 · 후포항 등이 대표적이다.

동해 지역에서는 지깅을 우선한 외줄낚시가 병행되는 데 비해 서해의 경우는 먼 바다 우럭낚시가 행해지는 침선 포인트에서 외줄낚시로 우럭과 대구를 겸하는 양상이다. 주요 출항지는 안흥항과 신진도항 등 충남 지역 위주인데, 포인트까지의 거리가 멀게는 4시간 정도 걸리는 원거리 출조이다.

Tip 대구는 위궤양 환자?

대구는 한자로 '大口'라고 표기한다. 입이 크다는 것은 대식가라는 뜻으로 통한다. 특히 일본에서는 과식으로 배부른 형태에 곧잘 비유되곤 하는데, 배가 너무 불러 빵빵하게 부풀어 오른 것을 '다라후쿠(鱈腹 · 대구의 배)'라는 말로 표현하기도 한다.

그런데 실제로 대구를 해부해 보면 위궤양을 앓고 있는 개체가 흔히 발견된다고 한다. 그 원인이 과식에 의한 것이라는 설이 있는데, 일본의 저명한 어류학자인 스에히로 야스오(末広恭雄)가 자신의 에세이집에 이 사실을 기술하면서 세상에 알려지게 되었다.

대구 외줄낚시 ‖ 우럭 침선 낚시 장비 그대로

전형적인 한바다 외줄낚시 형태로 전동 릴을 사용하는 미끼 낚시 방식이다. 주로 서해에서 우럭낚시를 겸한 침선 포인트에서 이루어지는 교과서적인 배낚시로, 지깅이 주류를 이루던 동해에서도 외줄낚시가 병행되고 있다.

지깅 방식에 비해 조과 차이가 크게 없을 뿐만 아니라 루어에 익숙하지 못한 이들도 손쉽게 즐길 수 있고, 다른 어종을 겸할 수 있다는 장점도 있다.

■ 장비와 채비, 미끼 및 포인트

▶낚싯대 - 서해안의 항구를 떠나 멀게는 공해상까지 나가 침선 포인트를 돌며 개우럭을 노리는 외줄낚시용 낚싯대를 그대로 사용한다. 길이는 2.1~3m로 사용하는 채비에 따라 가감하면 된다. 채비에 다는 가지바늘이

〈대구 외줄낚시 채비〉

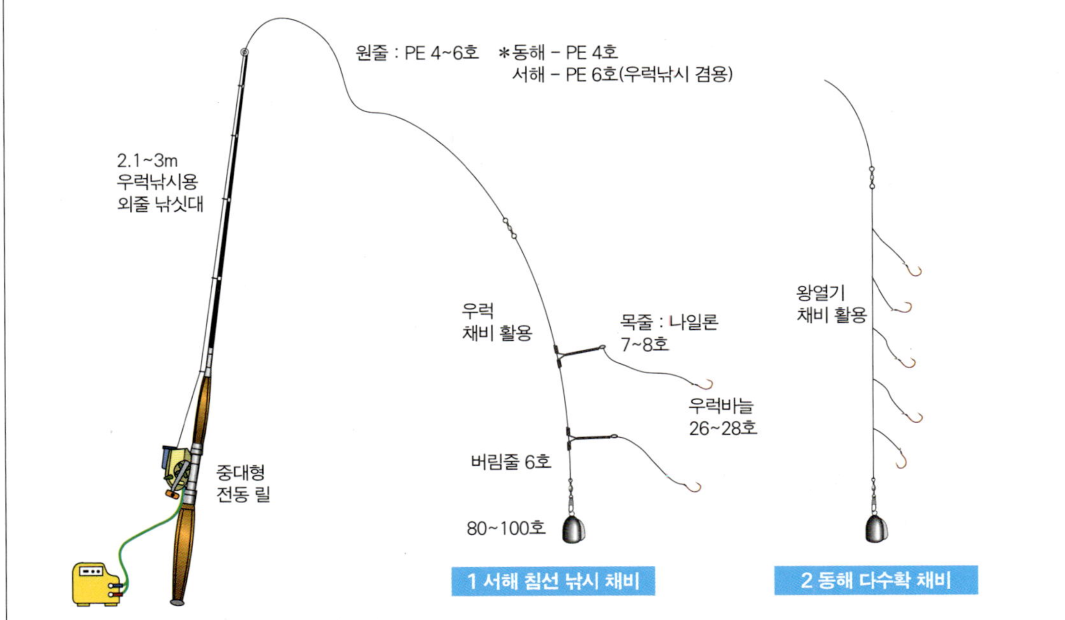

적다면 짧은 낚싯대가 무게로 보나 다루기에 간편하며, 가지바늘을 5개 정도로 많이 매다는 다수확 채비를 사용할 경우는 낚싯대의 길이가 다소 긴 쪽이 유리하다.

▶릴 - 대구의 서식처가 보통 서해의 경우는 70~80m권, 동해라면 100m를 훌쩍 넘는 경우가 허다하다. 아무리 최신형 고가품이라 하더라도 사용하는 낚시인이 지치면 낚시가 잘 되질 않는다. 100m쯤 풀려나간 낚싯줄을, 그것도 무거운 하중이 걸려 있는 릴의 핸들을 돌린다고 생각해보라. 아마도 두 번만 반복한다면 입에서 단내가 날 것이다.

외줄낚시에서 전동 릴의 존재는 이미 당연한 선택으로 받아들여지고 있다. 대구낚시에 사용하는 전동 릴은 무게 500~700g 정도의 중형~대형 크기에 권사량은 PE 6호가 250~350m 정도 감기면 알맞다.

▶낚싯줄 - 수심이 깊은 곳에서 이루어지는 낚시인 만큼 원줄의 소재는 PE 이외의 다른 선택이 없다. 서해에서 우럭낚시와 겸해서 사용한다면 6호가 가장 적합하고, 동해에서는 수심이 더 깊고 강한 조류를 만나기도 하므로 조금 가늘게 4호를 사용하는 것이 여러모로 편하다. 릴에 감아두는 원줄의 양은 최소한 200m, 동해의 경우는 300m 정도가 바람직하다.

주의할 점은 원줄을 릴에 처음 감을 때 헐겁지 않게 단단하게 감아야 하는 점이다. 또한 낚싯줄을 구입할 때 처음부터 200m나 300m짜리를 구입해야 한다. 100m짜리 짧은 줄을 중간에 이어서 사용하는 것은 매우 좋지 않다. 신축성이 없는 합사 구조의 PE 줄은 중간에 매듭으로 연결할 경우 끊어지기 쉬운 때문이다.

목줄은 나일론 7~8호가 적당하다. 봉돌에 연결하는 버림줄은 이보다 조금 더 가는 6호를 사용한다.

▶봉돌 및 바늘 - 봉돌은 수심과 물살에 따라 달라진다. 출조 전에 선장이나 현지 낚시점에 문의하여 준비하되 보통 80~100호를 많이 사용한다. 바늘은 우럭바늘 26~28호가 주류를 이룬다.

▶미끼 - 무엇이든 가리지 않는 식성의 대구는 현지 낚시점에서 구입할 수 있는 미끼라면 무엇이든 가능하다. 그 중에서도 청갯지렁이가 만능이며 어디에서나 간단하게 구할 수 있는 미끼이다. 그밖에 오징어 살, 오징어 내장, 꼴뚜기, 미꾸라지가 주요 미끼이다.

▶외줄낚시 포인트 - 서해의 우럭 외줄낚시와 공통적으로 침선 주변이 좋은 포인트이다. 그러나 우럭낚시와 달리 채비가 떠서 침선을 넘는 것이 아니라 채비가 바닥에 가급적 닿아 있어야 하는 점이 낚시방법의 차이점이다. 대구는 펄 바닥과 침선의 경계에서 입질을 받으므로 조류를 타고 배가 흘러가는 코스를 정교하게 조종하는 선장의 실력이 중요한 요소로 작용한다.

■ 대구 외줄낚시 이렇게!

①포인트에 도착하기 전에 채비와 미끼의 부착을 끝내두어야 한다. 미끼를 단 채비를 가지런히 해두어 투입 시에 엉키지 않도록 준비하는 것이 낚시의 시작이다.

②포인트 도착 후, 필히 선장의 채비 투입 개시 신호에 맞추어 채비를 내린다. 동승한 낚시인들 끼리 동시에 행하지 않으면 트러블의 원인이 될 수 있다. 배가 조류를 타고 흘러 포인트를 벗어나 선장의 채비 회수 신호가 내려지면 역시 곧바로 거두어들인다.

③대구가 모여 있는 장소는 암초이거나 침선, 어초 등 장애물이 있는 장

〈대구 외줄낚시 개관〉

소이다. 배가 흘러 이런 지형 위를 지나날 때 채비가 바닥에 닿아 있는 상태라면 십중팔구 걸려버린다. 장애물의 높이를 감안하여 처음 채비 투입 후 바닥에 닿았다면 바로 릴의 핸들을 돌려 적당한 높이까지 채비를 올려두어야 한다. 물론 너무 올려두면 입질을 받기가 어렵다.

④대구의 입질은 투둑거리는 느낌으로 알 수 있는데, 그렇게 강렬한 것은 아니다. 입질을 느꼈다면 잠시 뜸을 들이고 챔질을 한다. 다만, 입질이 너무 약하다면 미끼를 삼키지 않았을 수도 있으므로 잠시 기다려보고 그래도 소식이 없으면 낚싯대를 슬며시 치켜들어 확인 해보는 것이 좋다.

⑤챔질은 가볍게 낚싯대를 드는 정도로 충분하다. 강한 챔질은 입이 약한 대구에게 있어서 역효과가 난다.

⑥챔질 이후에는 천천히 일정한 속도로 릴을 감는다. 손으로 릴을 감는 정도의 속도가 나오도록 전동 릴의 감는 속도를 느리게 하는 것이 좋다. 릴링을 하는 도중에는 낚싯대의 각도도 일정하게 유지하는 것이 좋다.

⑦대구의 저항은 처음에는 강하지만 이내 힘을 더 이상 쓰지 못하고 끌려 나온다. 입이 약하다는 사실을 잊지 말고 살살 다루어야 떨어져 나가지 않는다. 수면에 올라온 대구는 뜰채로 떠내는 것이 안전하다.

Info

대구 싱싱 보관법

대구는 살이 연하기 때문에 오래 방치하면 맛이 떨어진다. 막 낚아 올린 대구는 다른 어종과 달리 낚싯배 물칸에 살려두기보다는 그냥 아이스박스에 넣어두는 편이 좋다. 심해에서 올라온 대구는 수압 변화가 심한 결과, 입으로 부레가 팽창하는 등 쉽게 죽어버리기 때문이다. 곧장 아이스박스에 담아 자주 열어보지 않는 편이 신선도를 오래 유지하는 방법이다.

■ 대구 외줄낚시, 핵심 체크 포인트

▶낚시 도중 밑걸림이 일어난 경우는 신속하게 낚싯대를 수면으로 기울이는 동시에 릴의 스풀을 눌러 줄이 풀려나가지 않도록 하는 한편, 주저하지 말고 강하게 당겨 채비가 끊어지도록 해야 한다. 억지고 빼내려고 애쓰다 보면 동료 낚시인의 채비와 엉키는 등 사태가 더 심각해진다. 채비 끊기에 자신이 없다면 바로 선장이나 동료에게 도움을 청하는 것이 좋다.

▶목줄과는 별개로 봉돌을 매다는 줄(버림줄)을 따로 가늘게 사용하는 것은 이렇게 채비가 장애물에 걸렸을 때를 대비하는 목적이다. 봉돌을 단 버림줄이 먼저 끊어짐으로써 장비 보호는 물론 채비도 구할 수 있기 때문이다.

▶한바다의 물속은 그 누구보다도 선장이 정통하므로 포인트의 선택과 안내에 의구심을 가지지 말자.

대구 지깅 ‖ 우리나라 지깅 정착의 모태

서두에서 '대구는 새천년 낚시 어종'이라고 표현했듯이 2000년대 들어 우리나라에 지깅 붐을 일으킨 대표 어종이 바로 대구이다. 그 이전까지는 낚시 대상어 범주에 속하지 않았던 대구가 지깅(jigging)이라는 새로운 낚시 기법에 의해 일약 스타덤에 오른 것이다.

이후 스포츠 피싱 대상어들이 증가하는 추세에서도 가장 간단하고도 안정적인 조과를 누릴 수 있는 대상어로는 단연 동해의 대구낚시가 안성맞춤이다. 채비에 약간의 변화를 주면 1투 다수확까지 기대할 수 있는가 하면, PE 라인 1호에 불과한 가는 원줄을 활용한 라이트 장비를 투입해 한 마리를 걸어도 스릴 넘치는 손맛을 만끽할 수 있기 때문이다.

■ 장비와 채비, 루어 및 포인트

▶낚싯대 - 수직 지깅(vertical jigging) 기법을 구사하므로 지깅 전용 낚싯대가 적합하다. 그러나 대구 지깅은 부시리와 같은 스피드와 파괴력을 가진 어종을 상대하는 것이 아니기 때문에 서해 외줄낚시용 낚싯대를 사용해도 좋다. 전동 릴을 사용한다면 오히려 이런 낚싯대가 필요하다.

길이 1.8~2.1m, 지깅 낚싯대라면 최대 지그 무게가 200g 정도의 강도를 갖고 있으면 충분하다. 수심과 조류 속도에 따라 지그를 300~500g 정도로 무겁게 사용하기도 하지만 이에 맞춘 고강도의 낚싯대는 필요 없다. 대구 지깅은 격렬한 루어 액션이 불필요하고 저항도 거센 어종이 아니므로 중량급(中量級)의 지깅 대가 사용하기에 훨씬 수월하다.

▶릴 - 중대형 스피닝 릴이나 양축 릴을 선택하면 된다. 그러나 100m가 넘는 깊은 수심에서 낚시를 하게 되므로 히트된 대구를 끌어 올리는 일이 여간 고역이 아닐 수 없다. 그러므로 대구 지깅에서는 단연코 전동 릴이 사용하기에 편리하다. 전동 릴이라도 대형의 고강력 제품이 아니어도 된다. 오히려 중형 또는 소형 제품이 적합하다.

▶**낚싯줄** - 원줄은 PE 3~4호를 사용한다. 수심이 매우 깊은 곳에서 낚시가 이뤄지므로 여유분을 생각해 릴에 300m는 감아 두어야 한다. 그보다 짧은 경우에는 밑걸림 등으로 원줄이 끊어졌을 때 릴에 원줄이 모자라는 등 곤란한 경우가 생긴다.

쇼크리더는 나일론이나 플로로카본 어느 것을 사용해도 좋다. 40~70파운드를 5m 정도 길게 연결한다.

▶**루어** - 300~500g의 메탈 지그를 사용하되 수류 저항이 적어 빠르게 하강하는 저중심(低重心) 형태의 지그가 적당하다. 색상은 분홍색을 기본으로 하여 검정, 야광 등을 준비한다. 바늘은 어시스트 훅 형식으로 2개를 달되 서로의 길이가 다르게 조절한다. 크기는 농어바늘 32~40호가 적당하다.

그밖에 한 번에 다수확을 노리는 채비를 사용하기도 하는데, 이때는 시판되는 대구 지깅 가지바늘 채비를 원줄에 연결하고, 여기에 봉돌 대신 메탈 지그를 덧달아 준다. 그리고 가지바늘에는 3~5인치 정도의 그럽 웜이나 꼴뚜기 비닐 베이트를 단다. 그럽 웜의 색상은 금색, 빨간색 계열이 효과적이다.

〈대구 지깅 채비〉

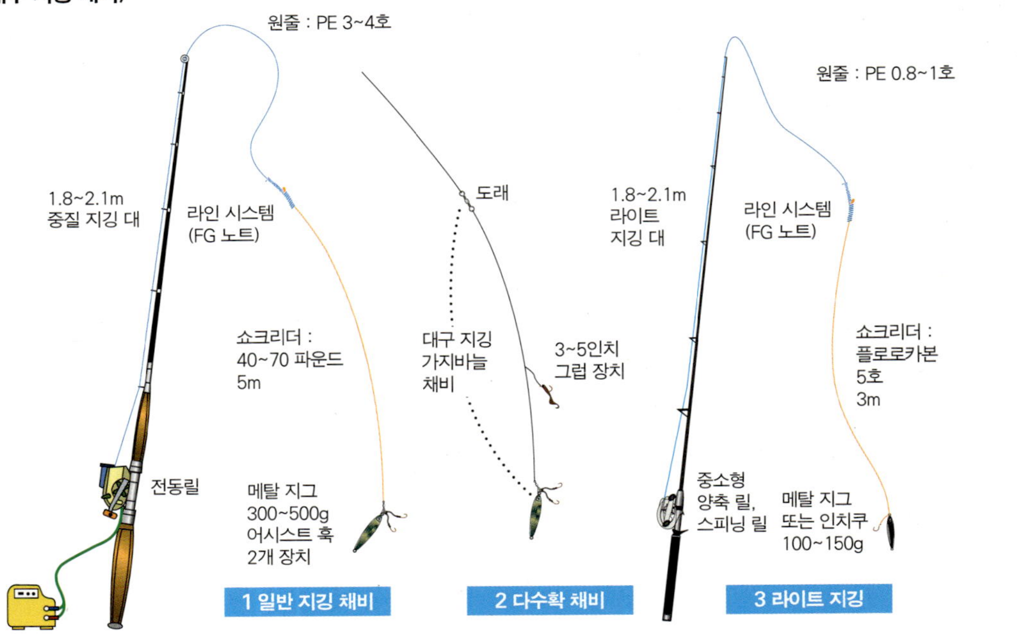

Tip 색다른 대구 라이트 지깅

대구를 낚는 방법 중에는 보다 유연한 지깅 분야가 있다. 라이트 지깅(light jigging) 또는 베이 지깅(bay jigging)이라 불리는 경량급 장비를 활용하는 지깅으로, 일반 지깅으로 대구를 노리는 것과는 전혀 다른 색다른 재미를 느낄 수 있다. 수심 100m 이내의 포인트에서 적합한데, 이보다 깊은 장소에서는 릴의 권사량도 문제가 되거니와 소형 릴을 사용하므로 릴링하기가 너무 힘들어진다.

100g 정도의 지그를 사용하는데 원줄이 워낙 가늘어 무리 없이 바닥을 찍을 수 있다. 조과 면으로 본다면 불리한 것이 사실이지만 어디까지나 양보다는 낚는 재미에 주안점을 둔 것이다.

▶**낚싯대** - 참돔 지깅이나 라이트 지깅용으로 최대 허용 지그 무게가 120~150g인 낚싯대를 사용한다. 길이는 1.8~1.95m. 유연한 팁과 튼튼한 버트가 갖추어진 라이트 지깅 전용 대가 이상적이다. 유연하지만 저항이 심하지 않은 대구는 미터급이 걸려도 충분히 제압할 수 있다.

▶**릴** - 스피닝 릴이든 양축 릴이든 중형 이하의 크기를 사용한다. 특히 민물 배스 루어낚시에 사용하는 정도의 베이트캐스팅 릴로도 충분하다. 아무래도 사용하기 편리한 것은 스피닝 릴보다는 양축 릴로, 라이트 지깅용에 적합하게 설계된 제품도 있다.

▶**낚싯줄** - 대구 라이트 지깅의 키포인트는 바로 원줄의 사용에 있다. PE 0.8~1호를 사용하는 것이다. 너무 가늘어 끊어질 우려가 있어 보이지만 인장강도는 충분하므로 직접 어딘가에 낚싯줄이 닿는 것에만 주의하면 된다. 원줄이 가늘어야 물살에 대한 저항이 적어 가벼운 지그를 사용할 수 있다. 목줄(쇼크리더)은 플로로카본 5호 정도를 3m쯤 연결해 사용한다.

▶**루어** - 무게 100~150g 정도의 메탈 지그나 인치쿠가 주무기다. 메탈 지그는 길쭉한 형태를 선택하는 것이 바닥까지 내려가는 속도가 빠르므로 편리하다. 색상은 분홍색 계열이 기본이고 야광 페인트가 칠해진 것도 좋다.
바늘은 어시스트 훅 형식으로 장치한다. 인치쿠에 부착되어 있는 꼴뚜기처럼 생긴 비닐 베이트를 메탈 지그에 활용해도 효과적이다.

▶**지깅 낚시 포인트** - 해저의 요철이 큰 암반지대나 암초가 발달한 곳, 돌밭 등이 주요 포인트이다. 대구는 군집성이 있으므로 이러한 장소에 모여 있게 마련이다. 그러므로 어군탐지기로 이와 같은 장소를 찾아내고 모여 있는 어군을 확인하고서 낚시를 시작한다. 그러나 전제 조건은 경험이 풍부한 선장의 판단이다. 노련한 선장은 이런 장소의 데이터를 확보하고 있으므로 포인트 선정은 선장에게 일임하도록 한다.

■ 대구 지깅 낚시 이렇게!

①대구 지깅에 있어서 지그의 액션은 그렇게 어렵지 않다. 격렬하게 움직여 줄 필요 없이 고패질 하는 정도로도 충분하다. 지그가 바닥에 닿으면 1m 정도만 감아올린 후 50cm 정도의 폭으로 낚싯대를 상하로 움직이면서 입질을 기다린다.

②입질이 없다면 가끔 지그가 해저에서 마치 높이뛰기를 하듯 움직이는 폭을 크게 해본다. 해저에서 10m까지 당겨보고는 다시 지그를 조류에 실어 바닥까지 가라앉혀 본다. 이와 같은 방법을 2~3회 반복해도 입질이 없다면

〈대구 지깅 개관〉

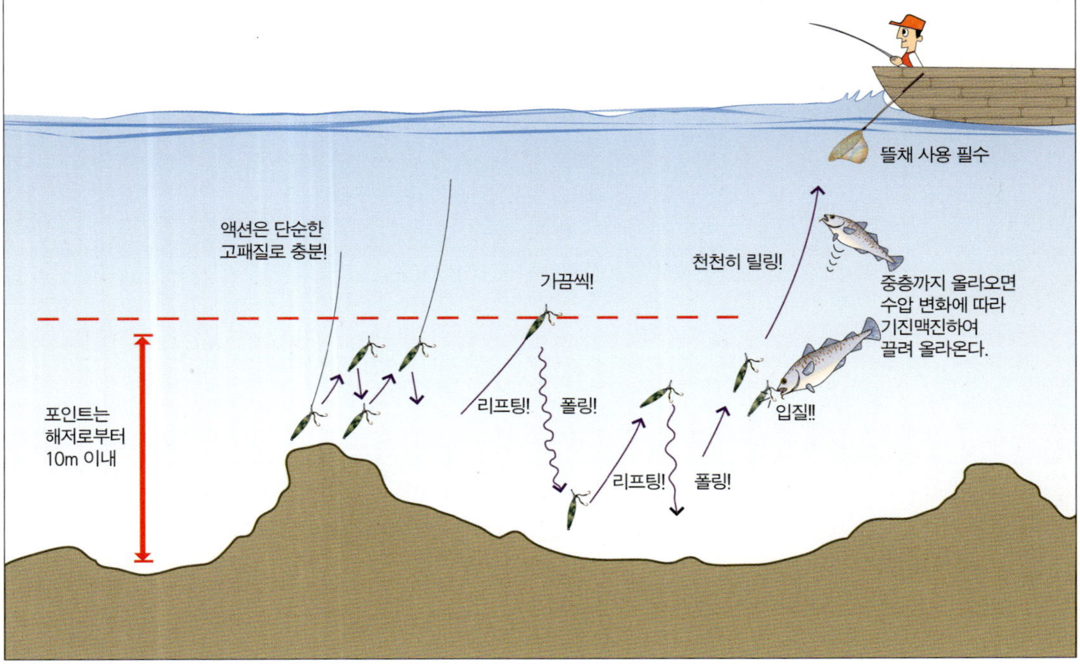

지그를 회수하고 다시 투입한다.

③입질이 느껴지면 신속히 챔질을 한다. 그러나 강하게 올려치듯 할 필요는 없고 낚싯대를 슬쩍 들어주는 정도로 충분하다.

④가능하다면 일정하게 큰 움직임 없이 릴의 힘으로만 끌어올린다. 릴을 감는 속도는 일정해야 한다.

⑤하지만 전동 릴이 아닌 일반 릴의 경우는 릴링하기가 벅차다. 펌핑으로 끌어올리고 릴을 감는 동작을 반복해야 한다. 다만, 낚싯대에 일정한 장력이 계속 걸려 있도록 주의해야 한다. 중간 중간 늦춰주면 대구가 바늘에서 빠져버리기 쉽다.

Taste

암컷보다는 수컷!

'동지 대구는 사돈댁에도 안 보낸다'는 옛말이 있을 정도로, 특히 겨울철에 맛있는 대구는 어느 부위 하나 버릴 것 없는 고급 생선이다. 생대구의 살코기는 무 넣고 그냥 끓이기만 해도 담백한 맛이 일품이고, 내장은 젓갈로 담그면 창난젓 곁방 가라요, 푸짐한 알은 명란젓 상전이요, 마지막으로 남는 아가미 또한 젓을 담그면 그 이름도 유명한 장자젓이다.
특히 살코기와 더불어 고니(수컷의 정소)를 넣고 끓이는 맑은탕(지리)은 겨울철 별미 중의 별미. 그래서 대구는 다른 어류와 달리 암컷보다 수컷이 인기다.

■ 대구 지깅 낚시, 핵심 체크 포인트

▶기온이 낮은 겨울철에는 방한용 의복이 필수다. 특히 방수 장갑, 고무장화를 착용하고 있어야 쾌적한 낚시를 즐길 수 있다.

▶지그를 이용해 바닥층을 더듬어 가듯 액션을 가하는 것이 기본이지만, 조류에 떠밀려 낚싯줄을 너무 많이 풀어주면 밑걸림 확률이 높아진다. 낚싯줄이 풀려나가는 각도를 고려해 너무 기울어졌다면 귀찮더라도 지그를 회수해 다시 투입하는 것이 좋다.

▶여럿이 어울려 지깅을 한다면 동일한 굵기의 낚싯줄, 동일한 무게의 지그를 사용하는 것이 서로 간에 줄엉킴을 예방하는 방법이다.

▶자원보호를 위해 35cm 크기 이하의 대구는 잡지 못하게 규정돼 있다. 1월 16일부터 2월 15일 까지는 금어기간이다.

대구 맑은탕(지리)

대구 회

10 돌돔낚시

난바다 갯바위의 헤비급 매치

돌돔은 바닷고기 중 최고의 낚시 대상어로 꼽힌다. 남성적 외형에 박력 있는 입질과 동급 최강의 파워를 지녀 '갯바위의 황제'라 불린다. 일반에는 다금바리와 쌍벽을 이루는 최고급 횟감으로 높은 인기를 누리고 있다.

돌돔은 서식 지역이 제주도를 비롯한 남해 먼 바다와 서해 일부로 좁고, 5월부터 10월까지의 하절기에만 주로 낚이는 계절적 제한이 있어서 쉽게 낚을 수 있는 물고기는 아니다. 또한 철저히 바닥에 붙어사는 습성 때문에 찌낚시가 잘 통하지 않고 낚시 장비와 미끼, 출조 비용이 모두 고액이라는 것도 단점이다. 그러나 바로 그런 특수성과 난이도가 꾼의 도전욕구를 자극하는 돌돔낚시의 매력이기도 하다.

표준명 돌돔

학명 *Oplegnathus fasciatus*

영명 Striped beakperch, Barred knifejaw

일명 이시다이(イシダイ)

속명 아홉동가리, 일곱동가리, 뺀찌, 시마다이, 갯돔

생태 농어목 돌돔과에 속하는 돌돔은 얼룩말처럼 선명한 흑백의 줄무늬를 가지고 있어 한눈에 식별할 수 있다. 힘이 세고 기질이 괄괄하여 화끈한 입질과 거친 파이팅을 원하는 낚시인들을 매료시킨다.

어릴 때는 체색이 옅은 노랑색을 띠며 7개의 검은색 가로띠가 아주 뚜렷하여 '일곱동가리'라 불리기도 한다. 성장함에 따라 체색이 회색을 띠며 노성어가 되면 검은색 가로띠가 희미해지는 반면에 주둥이 부분이 새까맣게 변한다. 그러나 노성어의 암컷은 검은색 가로띠가 오래도록 유지되는 편이다.

돌돔은 이빨이 새 부리 모양으로 단단하게 유합되어 있어 소라 · 성게 등을 부숴 먹을 수 있다. 따뜻한 바다의 암초지대를 좋아하며 최대 70cm까지 자란다. 30cm 미만의 작은 돌돔은 무리지어 떠다니기 때문에 찌낚시에도 종종 낚이지만 40cm가 넘는 성어는 철저히 바닥에 깔린 미끼만 먹는 습성을 보인다(알자리를 찾아 얕은 암초대로 접근하는 산란기에는 간혹 중층에 떠서 낚이기도 한다).

또 식성도 변하여 어릴 때는 크릴 같은 부드러운 미끼도 곧잘 먹지만 성어가 되면 암초에 붙어사는 딱딱한 패류나 갑각류를 즐겨 먹기 때문에 성게 · 소라 · 전복 등을 미끼로 사용한다. 이러한 돌돔의 습성 때문에 돌돔낚시는 바다낚시 중에서도 가장 독특한 형태를 띤다.

낚시 지역 ①제주도 ②남해 근해와 원도 ③서해 원도

낚시 시기 제주도 5~12월, 남해 원도 6~11월, 남해 근해 7~10월, 서해 원도 7~9월

■ 화끈한 '입질맛'과 황홀한 '손맛' '입맛'

돌돔낚시의 매력은 첫째가 '손맛'이다. 돌돔의 파워 자체도 강력하지만 돌돔낚시가 릴 드랙에 의한 원줄 방출 없이 힘으로 맞당기는 패턴이기 때문에 손맛이 대단하다. '낚싯대가 투박해서 손맛이 없겠다'고 생각할 수 있는데, 작은 돌돔이라면 그럴지 모르나 45cm 이상 50~60cm 대형 돌돔이라면 연질의 찌낚싯대보다 경질의 돌돔 대로 걸어야 제대로 손맛을 느낄 수 있다. 챔질과 동시에 두세 발짝 끌려갈 정도의 괴력을 경험하면 돌돔이란 녀석에 빠져들고 만다.

둘째는 '입맛'이다. 돌돔은 회 · 구이 · 탕, 어떤 요리를 해도 맛있는 최고급 생선이다. 산란 직전인 5~6월과 산후 회복을 완전히 끝낸 9~10월에 가

장 맛있는데, 계절에 상관없이 체형이 통통하고 알을 배고 있는 돌돔이라면 다 맛있다(겨울에도 종종 알 밴 돌돔이 낚인다). 큰 씨알보다 40cm 전후의 작은 돌돔이 맛있고, 암컷보다 수컷이 맛있다. 돌돔은 살이 단단해서 죽어도 쉬이 물러지지 않으며 오히려 활어회보다 얼음에 12~24시간 숙성시킨 선어회가 더 맛있다.

그리고 빼놓을 수 없는 맛이 '입질맛'이다. 낚싯대가 부러지지 않을까 싶을 정도로 무자비하게 내리꽂는 돌돔 특유의 어신은 찌가 잠기는 순간의 흥분과는 비교할 수 없을 만큼 강렬하고 적나라하다. 그 엄청난 입질에 반해 돌돔낚시를 즐기는 매니아들이 많다.

▼제주 소관탈도 똥여 전경. 조류가 세찬 곳으로 여름철이면 돌돔·참돔·벤자리가 각축전을 벌여 단골 낚시인들끼리도 포인트 경쟁이 벌어지기도 한다.

■ 돌돔이 잘 낚이는 조건

▶**시즌** - 지역별로 차이는 있지만, 돌돔 시즌은 6월 중순부터 10월 말까지라 할 수 있다. 그중 민장대낚시는 돌돔의 산란기인 7월에, 원투낚시는 9~10월에 잘 된다.

돌돔은 산란기에 가장 왕성한 입질을 보이고 산란이 끝나면 약 한 달간

휴식기를 가지면서 입질 소강 상태를 보이는데 산란기와 휴식기는 지역별 차이가 있다.

▶**포인트** - 돌돔은 이름 그대로 돌에 사는 고기라서 암초대가 있어야 낚을 수 있다. 자갈바닥에선 간혹 낚이지만 모래나 펄바닥에서는 안 낚인다. 특히 대형급은 큰 수중 암초 밑이나 갈라진 암반 틈새, 굴 안에 서식하고 있다. 수심은 너무 얕아도 너무 깊어도 좋지 않고 10~15m 수심대에서 많이 낚인다.

산란기에는 10m 안팎, 산란 후 가을에는 15m 안팎의 수심에서 잘 낚인다. 따라서 주변 수심이 깊은 곳에서는 얕은 수중턱을 노리고, 수심이 얕은 여밭에서는 깊은 골자리를 찾아야 한다.

▶**물색** - '돌돔은 물이 맑고 바다가 잔잔해야 잘 낚인다'고 알려져 있지만, 꼭 그렇지는 않다. 오히려 돌돔도 물이 적당히 흐린 날에 잘 낚인다(물론 감성돔이 낚일 만한 탁수대라면 곤란하다). 잔잔한 날이 좋다는 것도 수심이 깊고 조류가 빠른 포인트에 국한된 얘기이며 10m 이내로 얕은 여밭 포인트라면 적당히 파도가 일어주는 날에 돌돔이 잘 낚인다.

▶**조류** - '돌돔은 센 조류에서 잘 낚인다'고 알려져 있지만 너무 센 조류의 정점에선 입질이 뜸하고, 오히려 약한 조류가 살아날 때와 센 조류가 죽어들 때 입질한다. 특히 들물과 썰물이 교차하는 '물돌이 시간'에 입질이 잦다. 참갯지렁이를 미끼로 쓸 경우엔 조류가 약하면 잡어 성화가 심해져 센 조류가 좋은 측면이 있지만, 성게를 미끼로 쓸 경우엔 조류가 약해도 상관없다.

▶**물때** - 돌돔은 약한 조류에서는 먹이활동이 소극적이므로 조금 물때는 피하는 게 좋다. 또 탁한 물색도 싫어하므로 사리 물때도 좋지 않다. 가장 좋은 물때는 3~5물, 11~13물이다.

▶**시간대** - 돌돔은 주행성 어종으로 아침~오전에 잘 낚인다. 날이 밝은 후 두 시간 동안이 피크타임이다. 밤에는 돌돔이 떠서 유영하기 때문에 민장대 낚시나 찌낚시로 낚는데, 밤낚시는 잘 안 되는 편이다.

돌돔 원투낚시 ‖ 돌돔낚시의 정석

돌돔낚시는 채비를 멀리 던져 바닥에 가라앉히는 원투낚시가 정석이다. 돌돔이 서식하는 10~20m 수심의 해저까지 성게 따위의 미끼를 가라앉히기 위해서는 40~50호의 무거운 봉돌을 쓸 수밖에 없기 때문이다. 더구나 돌돔은 '조류로 샤워를 한다'고 할 만큼 물흐름이 센 곳을 선호하는데, 유속이 센 곳에서는 60호나 70호 봉돌도 사용한다.

이렇게 무거운 봉돌을 50m 이상 때로는 70~90m 거리의 돌돔 포인트까지 던져야 하기 때문에 대단히 강한 낚싯대를 쓴다. 혹자는 "힘 좋은 돌돔을 암초에서 빨리 끄집어내기 위해 강한 낚싯대를 쓴다"고 하지만 그런 측면보다 원투의 목적이 더 크다.

물론 꼭 육중한 돌돔 전용 장비가 있어야만 돌돔을 낚을 수 있는 것은 아니다. 돌돔이 얕은 곳으로 떠오르는 산란기 6~7월에는 찌낚시에 손님고기로 40~60cm 돌돔을 낚을 수도 있다. 하지만 어디까지나 예외적 상황으로 그것을 돌돔낚시라 보기는 어렵다. 다만 부산-통영-사천-여수로 이어지는 남해동부 해역에선 산란기 돌돔을 9~11m 민장대로 낚는 돌돔 민장대낚시가 큰 인기를 누리고 있다. 그러나 민장대낚시도 계절적 제한이 따르기 때문에 사철 돌돔을 낚으려면 원투낚시를 할 수밖에 없다.

■ 장비 1) - 돌돔 전용 원투 낚싯대

돌돔낚시 전용 릴대는 일본 제품은 물론 국산품도 고가에 해당하지만 돌돔낚시를 제대로 즐기려면 어느 정도의 부담은 감수해야 한다. 길이는 5m, 5.2m, 5.4m 세 종류가 주로 쓰이는데 5.2m가 표준이며 5.4m는 원투용이다. 액션은 M, MH, H로 나뉘는데 MH 액션이 원투력과 입질 유도력에서 가장 낫다.

돌돔 대는 뽑기식(안테나식)보다 3~4토막 꽂기식이 주종을 이룬다. 뽑기식은 힘이 약하고 원투력이 떨어지며 빨리 펼칠 수 있다는 것 외엔 장점이 없다. 꽂기식 돌돔 대의 절수는 3절 또는 4절로 되어 있는데, 휨새는 3절짜리가 좋지만 접은 길이가 1.8m에 달해 휴대하기 불편하므로 주로 4절짜리를 사용한다.

돌돔낚시 입문자들은 대개 같은 모델의 낚싯대를 두 대 구입하는 경우가 많은데 그보다 성질이 다른 두 대를 각각 따로 구입하는 것이 낫다. 원투에 적합한 돌돔 대가 따로 있고 근거리 공략에 유리한 돌돔 대가 따로 있기 때문이다. 그런 이유로 일본에서는 돌돔 릴낚싯대를 원투(遠投)용과 근투(近投)용 두 가지로 제조한다.

원투용 낚싯대는 50호 이상의 무거운 봉돌을 100m 가까이 날려 보내기 위해 고탄성의 카본 원단을 두껍게 말아서 전체적으로 빳빳하고 강하다. 길이는 5.2~5.4m이고 더러 5.5~5.7m짜리도 있다. 제품 카탈로그에 '据置(거치)' 또는 '遠投(원투)'라 적혀 있다.

무게는 650~750g이 많다. 일본에서는 원투낚시가 성행하는 관동지방에서 많이 쓰이고 있다. 이런 낚싯대는 전천후로 쓸 수 있지만 너무 빳빳한 휨새 탓에 돌돔의 입질이 약할 때는 돌돔이 이물감을 느껴 낚싯대를 완전히

▼국내에서 시판되고 있는 돌돔 전용 원투 낚싯대들. 3~4토막 꽂기식이 주류를 이루는 가운데 간혹 뽑기식(안테나식)도 출시된다.

〈돌돔낚시용 각종 릴대〉

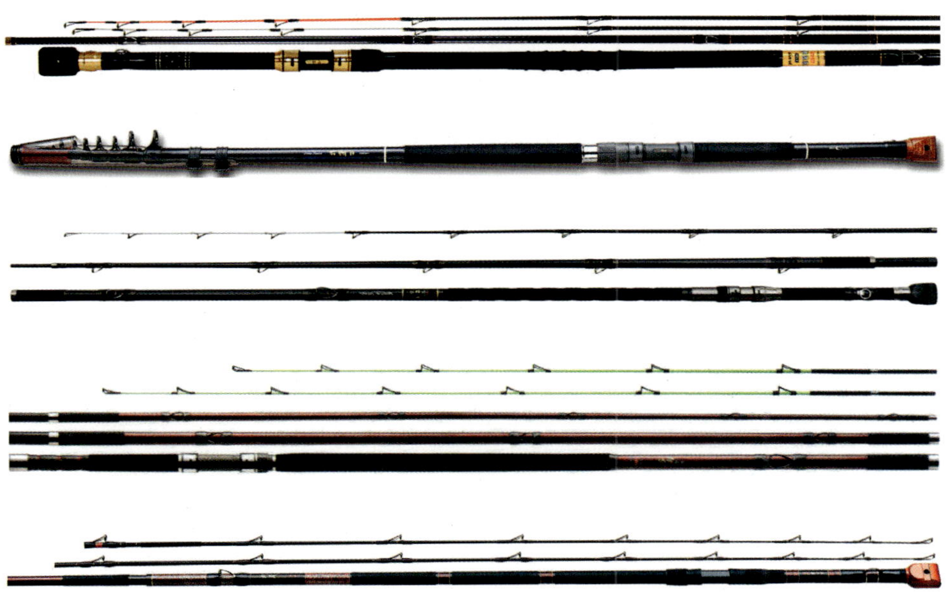

끌고 들어가지 않는 폐단이 자주 발생하고, 낚싯줄에 지나친 부담을 주어서 60cm 이상의 대물 돌돔이 걸리면 목줄이 쉽게 터질 수 있다.

한편 근투용 낚싯대는 25~30호의 가벼운 봉돌로 20m 이내 근거리를 노리기 위해 저탄성 카본을 첨가하여 낭창낭창하게 만든다. 손에 들고 낚시할 수 있도록 가볍게 만드는 것이다. 제품 카탈로그에 '手持(테모치)'라 표기돼 있거나 'M'으로 표기된 낚싯대들이다. 길이는 4.8~5m이며 500~650g의 무게로 출시된다. 일본에선 이런 스타일의 낚시를 남녀군도 등에서 70cm급 대물 강담돔 '구치지로(口白)'을 낚을 때 구사하므로 '난포츠리(南方釣)'라 부른다.

근투용 낚싯대는 초릿대가 낭창거려서 돌돔이 예신 단계에서 이물감을 느끼지 못하므로 강한 본신으로 이어지는 자동챔질 성공률이 대단히 높고, 대어가 걸려도 낚싯대의 탄력이 목줄을 보호해주므로 와일드하게 마음껏 당길 수 있다.

두 종류의 낚싯대 가운데 우리나라에서는 원투용 초경질 낚싯대가 인기를 끌고 있지만 냉정히 판단하면 우리나라에선 원투 포인트보다 근투 포인트가 더 많기 때문에 연질 근투용 낚싯대가 유리한 측면이 많다. 즉 서해 어청도와 왕등도, 남해동부의 국도 · 좌사리도 · 갈도, 남해서부 근해의 덕우도 · 황제도 · 청산도, 남해서부 원도의 태도 · 홍도 · 만재도 · 가거도 등지는 돌돔이 60m 이내, 주로 20~40m 거리에서 낚이므로 원투력보다 훅킹 성공률이 높은 연질 대가 더 유리한 것이다.

'원투도 잘 되고 훅킹 성공률도 높은 궁극의 낚싯대'는 존재하기 어렵기 때문에 각각의 특성에 충실한 낚싯대를 한 대씩 구입하는 것이 현명한 선택이다.

■ 장비 2) – 릴은 '양축 릴' 우선

돌돔낚시에는 양축 릴을 쓴다. 스피닝 릴은 파워가 약하고, 돌돔 대 릴 시트의 위치가 양축 릴에 맞게끔 손잡이 뒤쪽에 설계돼 있기 때문에 스피닝 릴을 부착해서는 멀리 던지기 어렵다. 또 스피닝 릴은 밑걸림 시 낚싯줄을 당기면 드랙이 풀려서 줄을 끊어내기도 불편하다. 이것은 밑걸림이 잦은 돌돔낚시에서는 큰 결함이다.

하지만 양축 릴은 특유의 '백래시' 현상이 있어서 캐스팅에 숙달되는 데 시간이 좀 걸린다. 돌돔낚시용 양축 릴은 줄을 스풀에 고르게 감아주는 레벨와인더가 없는 것이 특징인데, 그 이유는 레벨와인더가 있으면 원투하기 어렵기 때문이다. 따라서 릴을 감을 때 낚싯대를 쥔 왼쪽 엄지손가락을 좌우로 움직이며 스풀에 줄을 고르게 감아주어야 한다. 어려울 듯 보이지만 실제로 해보면 어렵지 않다.

돌돔낚시용 릴은 거의 일본 제품으로 가격은 다양한 편이다. 돌돔 릴의 성능 중 원투력은 비싼 제품이나 값싼 제품이나 아무 차이 없다. 차이는 감는 속도와 힘에서 나타난다. 감는 속도는 기어비가 결정하는데 5:1보다 6:1의 기어비를 가진 릴이 고속으로 감겨서 원투한 후 채비를 회수하기 용이하다. 반면 힘은 6:1보다 5:1의 기어비가 좋다. 그러나 요즘 출시되는 돌돔 릴은 기어비가 높아도 힘이 좋고, 5:1이라 해도 옛날 양축 릴에 비하면 고속이므로, 결국 기어비는 큰 선택의 문제가 되지 않는다. 그러나 계기판만큼은 장착된 제품이 좋다. 계기판의 숫자를 보고 채비가 몇 미터 날아갔는지 알 수 있기 때문에 정확한 지점을 반복 공략하기에 편리하기 때문이다.

▼돌돔 원투낚시에 사용되는 릴은 스피닝 릴보다 파워풀하고 원투가 용이한 양축 릴이 주류를 이룬다. 기어비(比)가 높으면서도 힘이 좋은 제품이 좋다.

■ 돌돔 원투낚시에 필요한 기타 소품

▶받침대와 망치 - 과거엔 쌍받침대를 즐겨 썼지만 지금은 외받침대를 선호하는 추세다. 돌돔낚시는 일단 한 대 펴기가 기본인 데다, 두 대를 펴더라도 외받침대를 두 개 꽂는 것이 방향을 달리해 공략하기 편하기 때문이다. 스테인리스 재질과 티탄합금 재질이 있으며 가벼운 티탄합금 재질이 좋기는 한데 너무 비싸 부담스러울 수도 있다.

망치는 일반 망치를 사용해도 되지만 연한 황동으로 된 돌돔낚시 전용 망치를 사용하면 받침대 봉 끝이 뭉그러지지 않아서 좋다.

▶원줄과 목줄 - 굵은 줄을 사용하는 돌돔낚시에서는 낚싯줄의 유연성이 중요한데, 특히 원투를 원한다면 부드러운 고급 원줄을 써야 한다. 원줄의 유연성에 따라 원투 거리가 10m 이상 차이날 수도 있다. 원줄은 18호가 표준이며 조류가 센 곳에서는 16호나 14호를 사용한다. 목줄은 12호나 14호를 쓰며 대물 포인트에서는 와이어(37번이나 38번)를 목줄 대신 사용한다.

▶꿰미 - 돌돔은 살림망에 담는 것보다 돌돔 전용 꿰미에 꿰어두면 오래 살

Tip 양축 릴의 '백래시' 방지 요령

초보자들이 양축 릴을 사용하면서 가장 많이 겪는 고충이 백래시(back rash)다. 백래시란, 캐스팅 직후 양축 릴 스풀의 회전 속도보다 원줄이 풀리는 속도가 빠르기 때문에 줄이 엉키지 않지만, 봉돌이 최고점을 지날 때부터 낙하하는 순간까지는 원줄이 풀리는 속도보다 스풀의 회전 속도가 더 빠르기 때문에 풀리는 줄을 물고 되감아버리는 현상을 말한다. 이 백래시를 정복해야만 돌돔낚시를 할 수 있으므로 부단한 캐스팅 연습이 필요하다.

①릴 옆의 메카니컬 브레이크 다이얼을 다소 빡빡하게 조여주면 릴 스풀이 빡빡하게 돌면서 백래시 확률이 줄어든다. 그러나 이 상태로 던지면 비거리가 줄어들기 때문에 숙달된 후엔 브레이크를 풀어놓고 사용한다.
②투척 후 왼손 엄지로 회전하는 스풀을 지그시 눌러주는, 이른바 써밍(thumbing)을 한다. 캐스팅 후 봉돌이 최고점에 이르렀을 때 엄지로 스풀을 누르기 시작해 점점 누르는 힘을 더해서 스풀에 제동을 걸어주는 것이다.
③캐스팅 직후엔 시선을 낚싯대 끝에서 바로 릴로 옮겨주면 회전하는 스풀을 눈으로 보고 써밍할 수 있어서 더 수월하다.

▲돌돔 원투낚시에 사용되는 각종 소품들. 다른 갯바위 대상어에 비해 돌돔용 소품들은 보다 전문성과 내구성을 필요로 한다.

릴 수 있다. 꿰미에 부착하는 로프도 별도 구입해야 하는데 20m 길이가 적당하다.

▶**아이스박스** - 성게는 스티로폼 박스에 담아서 팔기 때문에 별도의 아이스박스가 필요 없지만 참갯지렁이는 얼음과 함께 보관해야 하므로 아이스박스가 필수품이다. 또 음료수와 음식, 낚은 돌돔을 담기 위해서도 아이스박스는 꼭 필요하다. 30리터 용량이 알맞다.

▶**파라솔** - 한여름에 주로 즐기는 돌돔낚시는 그늘을 만들어줄 수 있는 파라솔이 필수품이다.

▶**기타** - 스냅도래(4~6호), 스크루 도래(2호나 3호), 완충 고무, 구슬, 성게 꽂이 등이 필요하다.

■ 돌돔 원투낚시 채비 - 구멍봉돌과 버림봉돌 채비

▶**구멍봉돌 채비** - 오래도록 사용돼 왔고 현재도 가장 많이 쓰이는 채비다. 구멍이 뚫린 봉돌을 넣고 그 밑에 완충 고무와 구슬, 도래를 연결한 다음 목줄을 50~80cm 길이로 묶고 목줄 끝에 스크루 도래를 묶는다. 스크루 도래

〈돌돔 원투낚시 채비〉

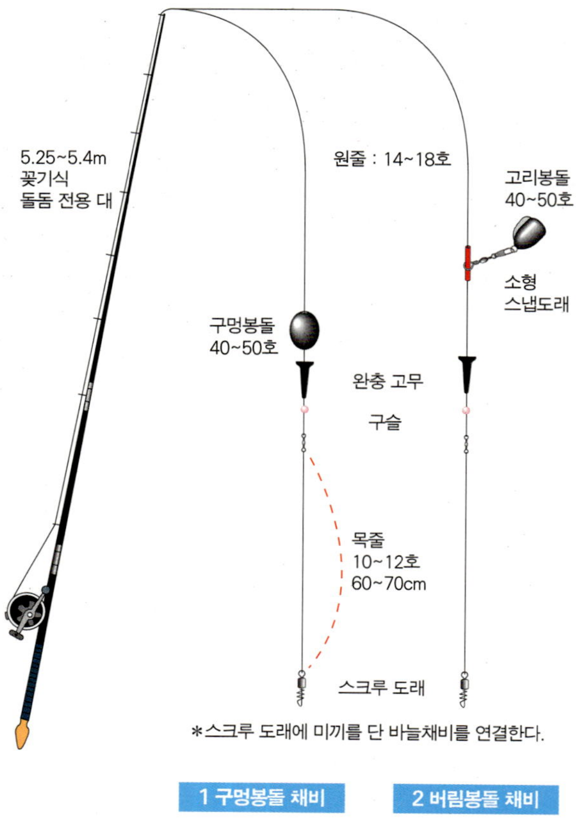

는 케블라 합사로 묶은 바늘채비를 교환할 수 있도록 하기 위한 소품이다.

구멍봉돌 채비는 낚싯줄이 봉돌 구멍을 자유로이 통과하기 때문에 어신이 선명하고 봉돌이 바위틈에 박혔다가도 생각보다 잘 빠져 나오기 때문에 봉돌 유실로 인한 환경오염을 줄일 수 있다.

▶전유동식 버림봉돌 채비 - 원줄에 구멍봉돌 대신 스냅도래를 넣고 그 스냅도래에 고리봉돌을 묶는 채비다. 구멍봉돌에 버금갈 만큼 입질도 시원하고, 밑걸림이 발생하면 당겼을 때 스냅도래가 벌어지면서 봉돌은 떨어져나가고 채비만 회수되는 장점이 있으나, 봉돌이 너무 쉽게 유실된다는 측면에서 사용을 자제하고 있는 채비다.

■ 돌돔 원투낚시 캐스팅 이렇게

돌돔 원투낚시에서 가장 중요한 테크닉은 캐스팅 능력이다. 돌돔은 한번 입질한 자리에서 계속 낚이는 경우가 많기 때문에 자신이 낚은 지점에 정확히 반복적으로 던져 넣을 수 있는 정투(正投) 능력만 있으면 마릿수 조과를 거둘 수 있다. 그런데 근거리 정투는 쉽게 익힐 수 있으나 원거리 정투는 힘이 많이 들어가기 때문에 정확도가 떨어진다. 따라서 일단 정투보다 원투 능력을 기르는 것이 급선무다. 원투가 되면 정투는 저절로 된다.

돌돔 대의 캐스팅 요령은 어깨로 던지는 것이 아니라 '양팔로 도리깨질 하듯 내리쳐서 봉돌을 날리는 것'이다. 즉 '오른팔로 던지는 게 아니라 왼팔로 빠르고 부드럽게 잡아채는 것'이다. 이때 체중이 앞으로 쏠리면 안 되며 어깨가 흔들리지 않아야 안정된 원투가 가능하다. 돌돔 대는 힘이 세다고 해서 멀리 던질 수 있는 것이 아니며 정확한 자세와 요령만 숙달하면 160cm의 단신이라도 100m까지 날려 보낼 수 있다(그런데 미끼에 따라 투척 거리가 달라진다. 봉돌만 달아 던졌을 때 100m 날아가는 힘으로 참갯지렁이나 소라를 달아 던지면 90m, 성게를 달아 던지면 80m 정도 날아간다. 미끼가 크고 무거울수록 날아갈 때 공기저항을 많이 받기 때문이다).

돌돔낚시 입문자라면 갯바위에 가기 전에 미리 강변 둔치 등에서 캐스팅 연습을 해두어야 한다. 또 갯바위에서도 입질이 있든 없든 '10분마다 새로' 미끼를 갈아주며 캐스팅을 몸에 익혀야 한다. 그래봤자 하루 7시간 낚시한다면 40회 캐스팅하는 셈이다.

다시 강조하지만 돌돔낚시는 첫째도 캐스팅, 둘째도 캐스팅, 셋째도 캐스팅이다. 아무리 물때와 포인트를 잘 안다고 해도 그 포인트에 정확히 미끼를 던지지 못하면 소용없다. 반대로 캐스팅만 능숙해지면 초보자도 낚을 수 있는 것이 돌돔이다. 찌낚시는 캐스팅 후 여러 복잡한 뒷줄 조작이 필요하지만 돌돔낚시는 캐스팅 후엔 아무 조작이 없어, 초보자와 고수 간에 조과 차이가 크지 않은 낚시 장르라 할 수 있다.

〈돌돔낚시 캐스팅 요령〉

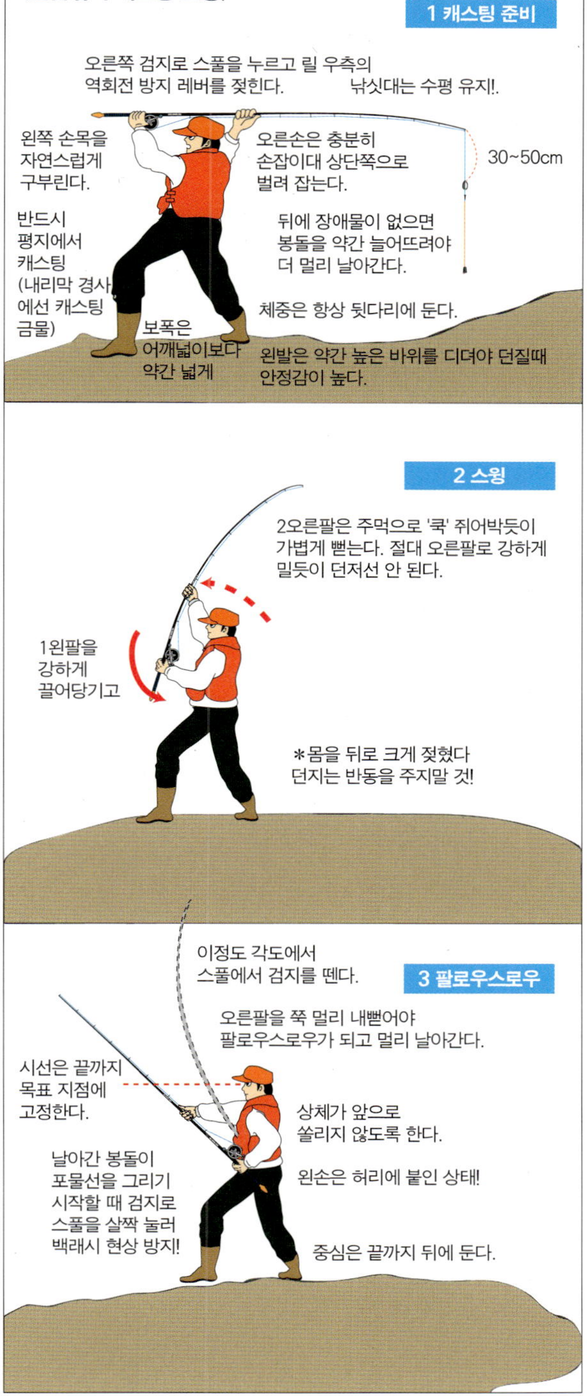

〈돌돔 원투낚시 포인트 사례〉

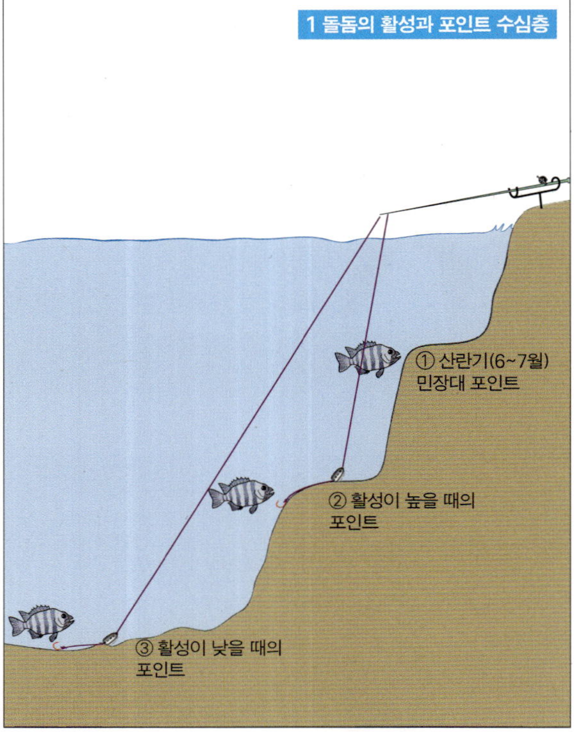

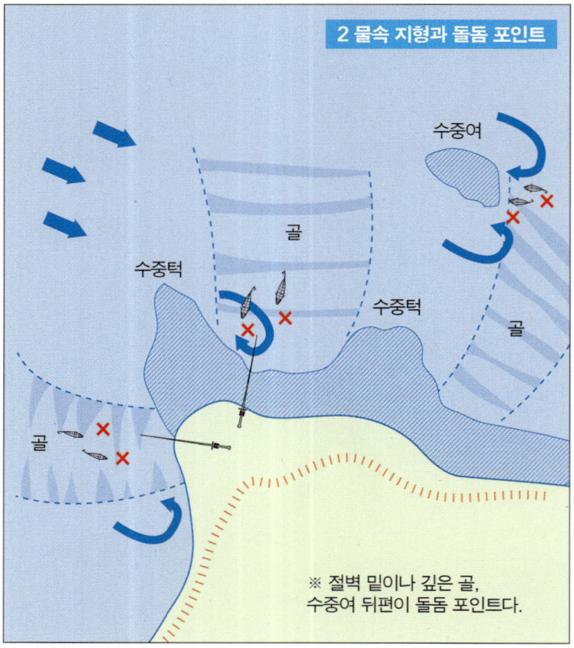

■ 돌돔 원투낚시의 포인트 선정

돌돔낚시 포인트는 ①조류가 빠르고 ② 수중여가 발달하고 ③수심이 깊은 곳에 주로 형성된다. 특히 돌돔 포인트는 조류가 정면으로 받혀 들어오는 방향에 많이 형성된다. 돌돔 포인트들은 각 섬마다 대부분 소상하게 파악되어 있으므로 전문 가이드의 안내를 받아서 내리면 된다.

갯바위에 내리면 고참꾼이나 가이드가 원투 방향과 거리를 가르쳐줄 것이다. 그때 미끼를 떨어뜨리라고 주문하는 곳은 대개 그 주변에서 수심이 가장 깊은 골이다. 그러나 돌돔이 항상 골에서만 입질하는 건 아니다. 돌돔의 산란기인 6~7월엔 9~11m 수심의 수중턱에 붙어서 입질하는 경우도 많고, 7~8m 수심의 얕은 여밭에서 입질할 경우도 많다. 〈그림 사례 1 , 2 〉 참고.

보통 15m를 기준으로 깊고 얕은 포인트를 구분하는데, 돌돔이 왕성한 입질을 보일 때는 계절에 상관없이 10~12m 수심에서 많이 낚인다. 한편 수온이 낮고 돌돔의 활성도가 낮을 땐 깊은 수심대가 유리하다. 15~20m면 깊은 수심에 든다. 한겨울에는 간혹 25~30m 수심에서 돌돔이 낚이기도 한다. 대개 섬의 동쪽과 남쪽 포인트가 서쪽 북쪽 포인트보다 깊다.

무턱대고 멀리 던지는 것만이 능사가 아니다. 투척 거리는 첫째 조류, 둘째 지형에 따라 달라져야 한다.

첫째, 조류를 기준으로 할 때는 근처에서

가장 세다 싶은 조류(눈에 보이는 본류의 띠) 바로 아래를 노린다는 생각으로 던진다. 발 앞은 유속이 약하고 본류가 멀리 흐를 때는 멀리 던지고, 강한 본류가 갯바위 가까이 붙어서 흐를 땐 가까이 던져야 좋다. 만약 본류가 강할 때 멀리 던지면 급류에 원줄이 떠밀려서 밑걸림만 양산한다. 〈그림 사례 4 〉 참고.

특히 조류가 정면으로 받히는 포인트에서는 유속에 상관없이 근거리에서 입질이 잦다. 이런 곳에서는 원투 능력이 약한 초보자도 쉽게 돌돔을 낚을 수 있다. 이때 조류가 정면으로 받혀서 양쪽으로 갈라지는 정중앙에 포인트를 잡고 낚싯대를 던져야 밑걸림 없이 속전속결의 낚시를 할 수 있다. 만약 옆으로 갈라지는 조류에 채비를 던지면 원줄이 휘어지면서 밑걸림이 야기된다. 〈그림 사례 3 〉 참고.

둘째, 지형을 기준으로 할 때는 발밑이 깊은 포인트라면 유속에 상관없이 근거리 골을 노리는 게 유리한 경우가 많다. 그러나 얕은 수심이 밋밋하게 이어진 포인트라면 원투가 유리하다.

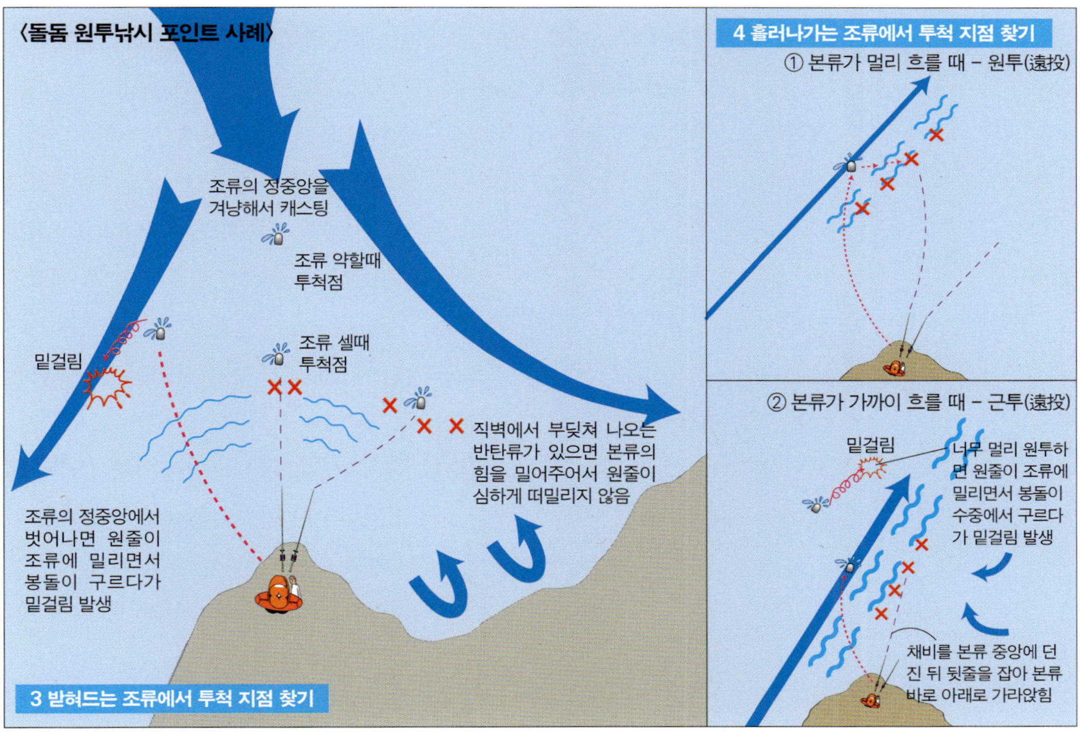

■ 돌돔 원투낚시의 어신 파악과 챔질

초보자들이 가장 많이 범하는 실수가 성급한 챔질이다. 돌돔은 예신도 크고 선명하기 때문에 그것이 본신인 줄 알고 챘다가 실패하는 것이다. 초보자들은 입질이 오면 일단 낚싯대에 손을 갖다 대는데, 그러면 자신도 모르는 사이에 급한 챔질로 이어지기 쉽다. 그래서 오히려 낚싯대에서 3m 이상 멀찌감치 떨어져 있는 게 낫다.

돌돔은 입 안이 딱딱한 석회질로 되어 있어 바늘을 물고 있을 때는 아무리 세게 채도 바늘이 박히지 않는다. 오직 바늘을 문 돌돔이 돌아서는 순간 입 언저리의 말랑말랑한 살에 바늘이 박히는 것이다. 즉 돌돔낚시에는 챔질이란 게 없으며, 챔질이 성공했다면 그 전에 이미 바늘이 입 언저리의 살 속에 박혀 있었기 때문이다.

돌돔은 미끼를 입에 대면 포기하는 경우가 극히 적다. 예신이 암만 길어도 십중팔구 낚싯대 허리까지 휘어지는 본신으로 이어진다. '삼단 입질' 따위는 잊어버리고 그냥 내버려두면 저절로 '휘청'하고 내리박으면서 '자동걸림'이 된다. 그때 낚싯대를 들어 올리면 된다. 챔질이 늦어서 미끼만 따먹고 가거나 수중암초 속에 박히는 경우는 거의 없다. 단번에 낚싯대가 허리까지 처박히는 강력한 입질이 와도 바로 채면 헛챔질이 되는 경우가 많기 때문에 '하나 둘' 하고 1초 정도 기다렸다가 채야 안전하다. 그러나 간혹 초릿대가 약하게 흔들리더라도 '타닥-타닥-타닥' 하고 반복적으로 흔들리는 경우가 있는데, 이는 이미 돌돔이 미끼를 물고 있는 상황이므로 곧바로 챔질을 해야 한다.

돌돔을 많이 낚고 싶다면 챔질 타이밍에 골몰할 것이 아니라 좋은 낚싯대를 구입해야 한다. 활성도가 좋을 때는 까다로운 예신 없이 대를 가져가지만 입질이 약할 때는 초리가 부드러운 낚싯대라야 끌고 갈 때 이물감이 없어서 확실하게 물고 돌아선다. 그래서 여유 줄도 너무 팽팽하게 감아놓지 말고 느슨하게 해놓아야 돌돔이 입질할 때 이물감을 줄여줄 수 있다.

Tip 돌돔 바늘채비 만들기 - 혈바늘 채비 묶음법

별도의 합사나 접착제가 필요 없고 대단히 빠르고 간편하게 묶을 수 있는 방법이다. 원래 일본에서는 외바늘 묶음법으로 개발했으나 제주도 낚시인들이 쌍바늘 묶음으로 개량하면서 두 개의 낚싯바늘을 코바늘처럼 사용하여 빠르게 엮는 이 방법을 고안해냈다. 이 묶음법에서 코바늘은 자투리 합사를 깔끔하게 집어넣는 마무리작업에만 쓰인다.

1단계 - 두 바늘에 케블라 합사 넣어 교직으로 엮기

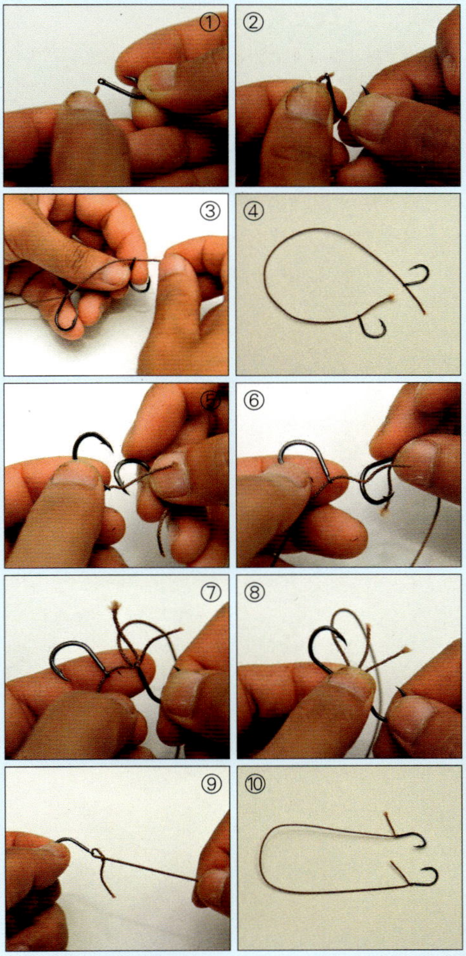

①②혈바늘 구멍에 케블라 합사를 넣는다. 바늘구멍이 작은 11~12호 바늘에는 케블라 합사 12호가 적합하고, 바늘구멍이 큰 13~14호 바늘에 케블라 합사 15호가 적합하다. 그러나 합사가 가늘다고 해서 강도가 떨어지지는 않는다.

③④합사에 바늘 두 개를 모두 관통한다.

⑤바늘구멍 끝에서 1.5cm 위치의 자투리 합사에 나머지 한 바늘을 찔러 넣는다. 이때 합사의 정중앙을 관통하도록 주의해야 하는데, 너무 한 쪽으로 치우치게 꽂으면 얇은 쪽의 합사가 찢어져 버릴 수 있다.

⑥⑦⑧합사를 관통하여 바늘을 빼낸다. 바늘이 합사를 빠져나올 땐 엄지와 검지로 합사를 살살 문질러주면 쉽게 빠진다.

⑨합사를 관통시킨 바늘을 끝까지 당겨주면 <사진>처럼 합사가 교직된 부분이 바늘 끝에 가서 밀착한다.

⑩같은 방식으로 반대쪽 바늘의 합사도 교직시킨 모습. 지금 이 상태에서도 바늘은 합사에서 절대 빠지지 않는다. 즉 코바늘이 없는 낚시 현장에서 급하면 이 상태로도 미끼를 꿰어 낚시를 할 수 있는 것이다.

2단계 - 코바늘 사용하여 자투리 합사 집어넣기

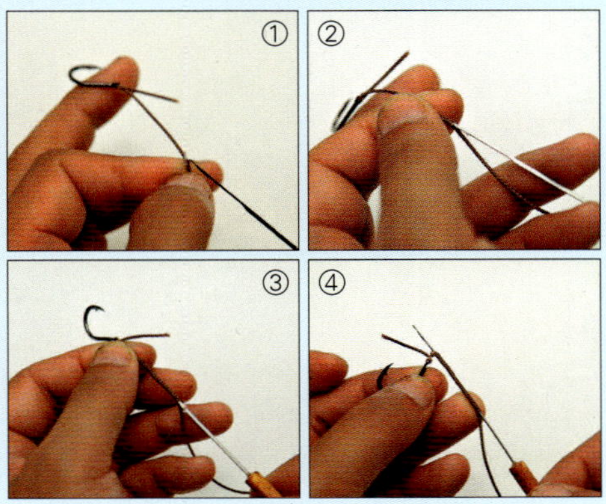

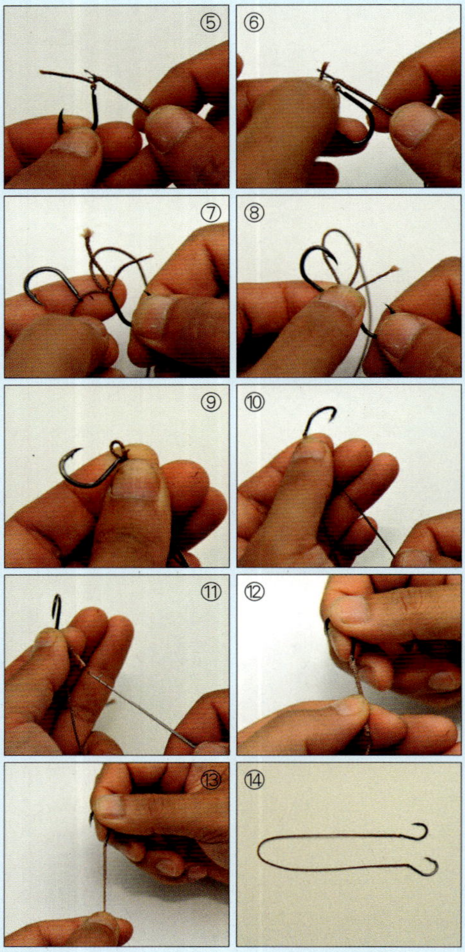

①코바늘을 합사에 찔러 넣는 위치는 자투리 합사 길이의 2배쯤 되는 거리가 좋다. 즉 자투리 합사가 1.5cm이므로 바늘에서 약 3cm 거리에 코바늘을 찔러 넣는다. 그 이유는 코바늘이 들어가는 합사 부위가 길수록 나중에 합사를 도톰하게 모아줬을 때 그 속의 공간이 넓어져서 자투리 합사가 쉽게 빠져나오기 때문이다.
②코바늘 끝을 합사에 대고 살짝 찌른다.
③코바늘을 합사 속에 넣고 천천히 밀어 올린다(이렇게 코바늘이 관통할 공간이 필요하기 때문에 미리 케블라 합사 속에 속심을 넣은 상태로 출시된다). 중(中)바늘보다 소(小), 소소(小小)의 가느다란 코바늘이 합사 속 좁은 공간을 쉽게 통과하므로 편리하다.
④코바늘이 바늘에 거의 닿았을 때 밖으로 빼낸다.
⑤그 상태로 코바늘을 감싼 합사를 살짝 밀어 올리면 밑으로 젖혀져 있던 코바늘의 미늘이 합사에 밀려서 위로 젖혀진다. 미늘과 바늘 코 사이에 자투리합사 끝을 집어넣기 위한 준비단계다.
⑥미늘과 바늘 코 사이에 자투리 합사 끝을 집어넣는다. 자투리 합사 끝에서 4~5mm 부분이 코바늘에 걸쳐지는 게 좋다.
⑦코바늘의 미늘을 완전히 덮어서 닫는다.
⑧⑨코바늘 당겨 내리기. 코바늘을 밑으로 당겨서 자투리 합사를 코바늘을 감싸고 있는 합사 속으로 집어넣는 과정이다.
⑩이때 코바늘을 감싸고 있는 합사를 위로 밀어서 도톰하게 모아주고, 모아진 합사 부위를 엄지와 검지로 살살 돌리면서 문질러주면 코바늘에 걸린 자투리 합사가 코바늘을 감싸고 있는 합사 속으로 부드럽게 빠져나온다.
⑪자투리 합사가 코바늘을 감싸고 있던 합사 속을 관통하여 빠져나온 상태. 당기면 코바늘은 자연스럽게 빠진다.
⑫⑬도톰하게 뭉쳐진 합사를 손으로 훑어 내리면 가늘게 펴지면서 자투리 합사는 완전히 합사 속으로 파묻혀 보이지 않게 된다.
⑭완성된 상태.

3단계 - 고리 만들기

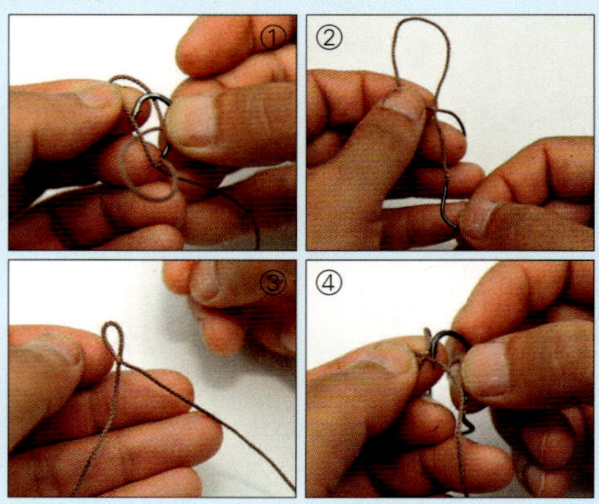

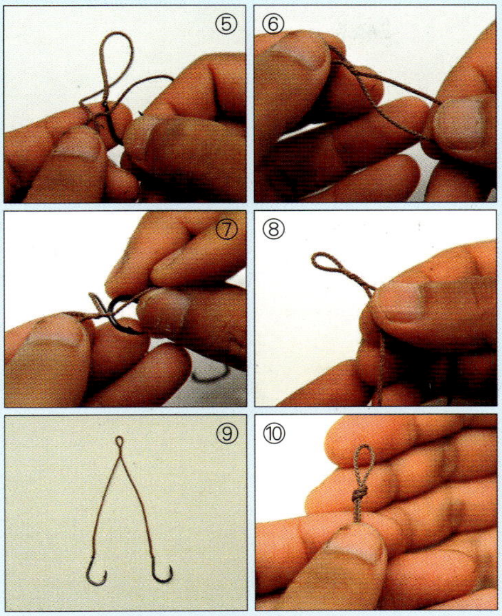

마지막으로 스크루 도래에 걸기 위한 고리를 만든다. 이 단계 역시 코바늘 없이 낚싯바늘만 가지고도 할 수 있다.

①②③바늘채비를 반으로 접은 뒤 한쪽 바늘을 고리의 묶음이 될 부분에 꽂아 넣은 다음 뽑아내어 1회 교직시킨다.

④⑤⑥다음에는 반대쪽 바늘을 1회 교직된 부분 바로 밑에 꽂아 넣은 다음 뽑아내어 2회 교직시킨다.

⑦⑧같은 요령으로 또 한 번 교직시켜 총 3회 교직시키면 고리가 완성된다. 2회만 교직하면 낚시 현장에서 바늘채비가 강하게 당겨졌을 때 교직 부분이 밀려 올라가 고리가 작아져버리기 때문에 꼭 3회 이상 교직시켜야 한다.

⑨완성된 모습.

⑩그러나 〈사진〉처럼 간단하게 묶어버려도 된다. 이 경우 매듭 부위가 굵기 때문에 성게꽂이로 바늘채비를 걸어 성게에 관통시킬 때 성게 구멍을 약간 부수고 나온다는 단점이 있기는 하나 무시해도 될 정도이며, 참갯지렁이를 쓸 때는 아무 상관없다

▼ 67cm에 달하는 돌돔의 위용. 노성어가 되어 줄무늬가 모두 없어지고, 주둥이 색깔이 새까맣게 변했다.

돌돔 민장대낚시 ‖ 여름철, 성게 미끼로 공략!

돌돔 민장대낚시는 10~11m 길이의 민대로 갯바위 벽면에 미끼를 붙여서 돌돔을 노리는 방법이다. 산란에 임박한 돌돔이 갯바위 가장자리를 타고 다닐 때 그 진가를 발휘한다. 따라서 시즌이 6월 말부터 9월 초까지로 짧은 것이 흠이지만, 산란기엔 원투낚시의 조과를 능가하는 수가 많고, 돌돔낚시의 경험이 없는 초보자들도 쉽게 즐길 수 있고 원투낚시보다 더 짜릿한 손맛을 즐길 수 있다는 것이 장점이다.

민장대로 돌돔을 낚을 수 있는 시기는 돌돔 산란기인 6월 말~7월 말에 해당하며 돌돔이 성게를 깨기 시작할 때와 맞물린다. 즉, '돌돔이 성게를 깨기 시작했다'고 하면 그곳에서는 민장대로 돌돔을 낚는 것이 가능하다. 참갯지렁이 미끼로 민장대낚시를 할 수도 있지만 민장대낚시로 노리는 갯바위 벽면엔 용치놀래기, 노래미 등의 잡어가 많아 참갯지렁이로는 녀석들의

▼여름철 돌돔낚시 포인트로 손꼽히는 통영 국도 남동쪽 갯바위에서 민장대로 돌돔을 노리는 낚시인들.

성화를 견디기 어렵다.

■ 허리힘 좋은 '돌돔 전용 민장대' 구입하기

일본에서는 민장대낚시를 하지 않기 때문에 돌돔낚시용 민장대는 모두 국산품이다. 돌돔용 민장대에서 가장 중요한 것은 허리힘이다. 허리의 탄성(복원력)이 좋아야 쉽게 돌돔을 제압할 수 있다. 그러나 탄성이 좋은 낚싯대는 고탄성 카본을 소재로 만들어 가볍고 빳빳한 것이 장점이지만 갑작스런 부하가 걸리면 잘 부러지는 단점이 있다. 그래서 대물용으로는 저탄성 카본믹스 제품이 더 좋다고도 한다. 낚싯대를 구입하기 전에 주변 낚시인들에게 제품의 특징을 잘 알아보고 구입하는 것이 좋다.

한편 초릿대는 예민한 것보다 빳빳한 것이 좋다. 초리가 부드러우면 봉돌을 많이 달았을 때 너무 많이 휘어져 미세한 조작이 어려울 뿐만 아니라, 예민한 입질을 잡아내야 할 초리가 봉돌 무게만으로 미리 휘어져 있으면 오히려 입질을 놓치는 경우가 생길 수 있다.

돌돔 민장대의 길이는 1m 단위로 8~14m가 있는데, 10m 대와 11m 대 두 대를 구입하면 충분하다. 그러나 현장에서는 수심에 맞춰 둘 중 한 대만 사용한다. 돌돔 장대는 대형 돌돔의 공격에 언제든 부러질 수 있으므로 여벌의 낚싯대가 있어야 한다.

Tip 돌돔 민장대 보강 튜닝

돌돔 낚싯대를 구입하면 2번 대와 3번 대 끝을 가는 합사로 감아서 보강해주는 것이 좋다.
굵은 줄을 사용하는 돌돔낚시에서는 밑걸림 발생 시 줄을 당겨 끊어낼 때 초릿다가 빠지는 경우가 종종 있는데, 그것은 2번 대의 끝 부분이 하중을 못 이겨서 갈라지기 때문에 그렇다. 그래서 2번 대의 끝 부분을 합사로 보강해주는데, 3번 대 끝 부분까지 보강해주면 더 좋고, 초리 끈도 더 튼튼한 것으로 교체해서 역시 합사를 감아서 튼튼하게 보강해주면 한결 든든하다.
합사를 감은 부분에 형광 도료를 칠해주면 2번 대와 3번 대 끝이 선명하게 보이므로 초릿대가 물속에 잠겼을 때도 어신을 파악하는 데 편리하다.

■ 돌돔 민장대낚시 채비

▶**원줄** - 플로로카본 10호나 12호를 사용한다. 원줄의 길이는 낚싯대 길이보다 1~2m 짧은 것이 적당한데, 낚싯대가 많이 휘기 때문에 원줄이 길면 고기를 수면으로 띄우기 어렵기 때문이다.

민장대로는 돌돔을 '들어뽕' 하기 어려우므로 45cm 이하는 원줄을 잡고 두레박질로 올리고, 더 큰 씨알은 뜰채로 떠올려야 한다.

▶**목줄** - 원줄보다 두 호수 낮은 것을 쓴다. 원줄을 10호로 선택했다면 목줄은 8호, 원줄이 12호라면 목줄은 10호를 쓴다. 길이는 50cm~1m가 적당하다. 민장대는 긴 대의 탄력이 낚싯줄을 보호해주기 때문에 8호 목줄로도 60cm가 넘는 돌돔을 낚아 올릴 수 있다.

▶**받침대** - 민장대용 받침대는 원투낚시용과 다르게 받침대 걸이가 둥근 것을 사용한다. 봉의 길이도 긴 것보다 짧은 것이 더 편하다.

〈돌돔 민장대낚시 채비〉

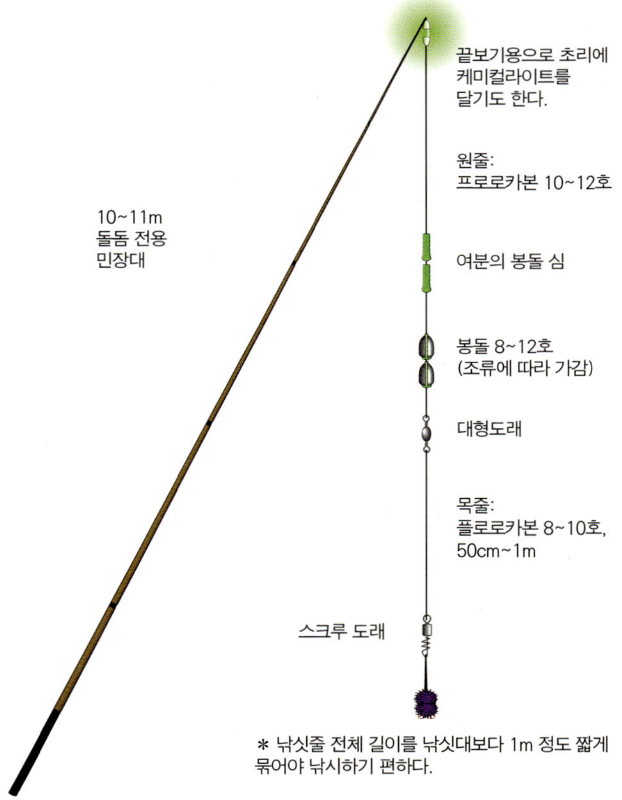

* 낚싯줄 전체 길이를 낚싯대보다 1m 정도 짧게 묶어야 낚시하기 편하다.

▶**봉돌** - 구멍에 심이 들어 있는 교체형 구멍봉돌로 10호를 가장 많이 쓰며 8호, 12호도 준비하면 좋다. 원줄에 봉돌의 심만 서너 개 달아 두고 조류의 세기에 맞게 봉돌을 덧달아준다. 조류가 아주 강한 곳은 12호 봉돌을 4~5개 달기도 한다.

■ 민장대낚시의 포인트 선정

돌돔 민장대낚시 포인트는 조류가 정면으로 받히는 곳을 고른다. 정면이 아니더라도 포인트 쪽으로 조류가 흘러들어오는 곳이라야 한다. 그리고 미끼는 반드시 벽이나 바닥에 닿아야 한다.

조류가 받히는 곳이 좋은 까닭

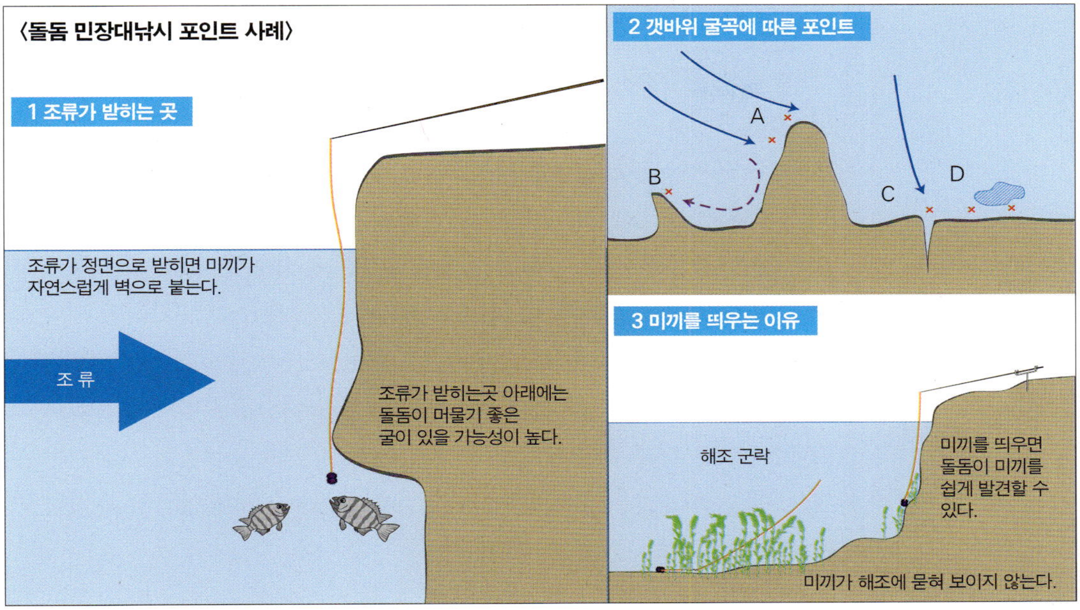

〈돌돔 민장대낚시 포인트 사례〉

은 그런 곳이라야 많은 양의 돌돔이 드나들며, 조류가 받히는 곳 아래에는 돌돔 포인트가 되는 굴이 있을 가능성이 높고, 또 받히는 조류 덕분에 미끼를 벽에 붙이기도 수월하다(〈그림 사례 1 〉 참고). 바닥에 굴이 없다면 그와 비슷한 갈라진 골이나 작은 크랙 혹은 큰 여를 찾아서 낚시를 해야 한다.

〈그림 사례 2 〉는 현장에서 만날 수 있는 돌돔 민장대 포인트의 형태를 설명한 것이다. 먼저 A는 콧부리로 조류가 받히는 곳이 포인트가 된다. 조류가 받히지 않는 반대쪽은 돌돔이 없을 가능성이 높다. 주목할 것은 B도

Tip 바늘채비가 엉키지 않게 하려면?

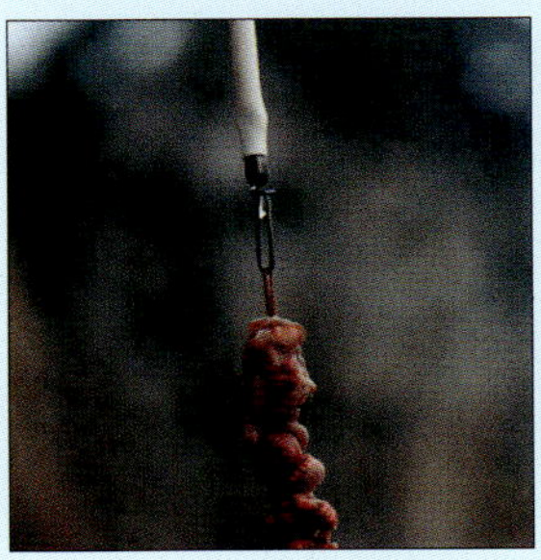

목줄을 묶은 도래나 스크루 도래 위에 빨대나 링거줄을 씌우면 바늘채비의 엉킴을 줄일 수 있다.
돌돔 민장대낚시 포인트들은 대개 조류가 받히는 곳으로, 그 아래의 바닥은 물이 소용돌이치는 곳이 많아 목줄이나 바늘채비가 쉽게 엉키기 때문에 이를 방지하기 위해 도래나 스크루 도래에 빨대나 링거줄, 작은 튜브를 씌워 채비가 엉키는 것을 방지하는 것이다.

포인트가 된다는 것이다. A에서 받혀 돌아나간 조류가 B에도 받히게 되는데, 물밑 지형이 A보다 B가 좋다면 조류는 약해도 B가 더 좋은 포인트가 될 수 있다.

〈그림 사례 2 〉의 C는 갯바위를 따라 갈라진 골이 물속으로 이어진 자리다. 이런 곳으로 조류가 강하게 흘러든다면 십중팔구 돌돔이 모여 있을 가능성이 높다. 조류 방향은 정면이면 좋겠지만 횡(橫)으로 흘러도 크게 상관이 없다. 봉돌을 무겁게 달아 채비를 잡아주고 크랙 주변을 노리면 된다. D는 발 앞에 큰 여가 있는 곳으로 이런 자리는 조류가 횡으로 흘러도 낚시가 가능하다. 조류가 흘러오는 쪽으로 채비를 내려 채비를 수중여로 붙이면 입질을 받을 수 있다. D와 같은 포인트는 돌돔이 많이 모여들기는 하지만 주변에 또 다른 수중여가 많다면 돌돔이 여기저기 흩어져 있을 확률이 높기 때문에 민장대보다는 원투 포인트로 더 적합하다.

초여름에 아직 해조류가 녹지 않았을 땐 해조에 미끼가 묻히지 않는 민장대낚시가 유리하다. 〈그림 사례 3 〉 참고.

■ 돌돔 민장대낚시의 어신 파악과 챔질

돌돔이 활성이 좋을 때와 참갯지렁이를 미끼로 사용했을 땐 예신 없이 한방에 미끼를 물고 가는 경우도 있지만 성게 미끼를 사용했을 땐 두어 번 '퉁퉁' 치는 예신이 먼저 오는데 이때 '초리가 내려간 만큼 낚싯대를 계속 숙여주는 것'이 중요하다. 그러다보면 낚싯대를 허리까지 끌고 들어가는 본신이 온다. 절대 성급하게 채버리면 안 된다. 돌돔이 완전히 낚싯대를 끌고 들어갈 때 '채지 말고 낚싯대만 붙잡고 버텨준다'는 기분으로 서서히 들어올려주면 되는 것이다.

▼돌돔 민장대낚시는 밑밥이 필수다. 성게나 홍합을 부수어 찔끔찔끔 뿌리지 말고 한꺼번에 쏟아 붓는 것이 효과적이다.

그밖의 어신 판별과 챔질 요령은 앞서 소개한 '돌돔 원투낚시' 사례를 참고 바란다.

■ 민장대낚시, 밑밥을 활용하자

돌돔 민장대낚시의 가장 큰 장점은 밑밥을 사용할 수 있다는 것이다. 원투낚시는 미끼가 떨어지는 지점이 멀어서 밑밥을 사용할 수 없지만 민장대낚시는 발밑을 노리므로 성게를 넉넉하게 준비해서 밑밥으로 뿌려주며 돌돔 어군을 불러 모을 수 있다.

돌돔낚시용 밑밥은 찔끔찔끔 붓지 말고 낚시를 처음 시작할 때와 입질이 들어오는 타이밍에 한꺼번에 쏟아 부어야 효과가 있다. 그리고 밑밥은 초릿대 주변에 뿌려야 한다. 너무 가까이 뿌리면 갯바위 턱에 밑밥이 얹혀 바닥까지 내려가지 않을 수 있고, 상대적으로 너무 멀리 뿌리면 조류에 떠내려 가버린다.

Taste

이렇게 먹어요!

돌돔은 낚시 대상어뿐만 아니라 요릿감으로도 최고급이다. 값비싼 다금바리와 견줄 만하다. 게다가 버릴 게 하나도 없다. 회로 먹을 땐 입 위쪽의 볼살을 제일 먼저 집어야 하며, 포를 뜨고 남은 껍질은 끓는 물에 살짝 데쳐 회와 함께 먹으면 그 맛 또한 별미다.

머리와 뼈는 매운탕을 해도 좋지만 무와 마늘을 넣고 담백하게 끓인 맑은탕이 오히려 깊은 맛을 자아낸다. 민물의 쏘가리처럼 돌돔의 쓸개도 약효가 있다고 하여 이를 꼭 챙기는 꾼들도 있다.

군침을 돌게 하는 돌돔 살점 회와 껍질 숙회

11 망둥어낚시

소슬바람 불면… '내 머리에도 깨가 서 말'

'숭어가 뛰니 망둥이도 뛴다'는 속담이 있다. 처지가 변변치 않은 존재의 주제 넘는 행동을 빗대어 말하는 것이다. 솔직히 망둥어는 크기도 생김새도 그리 잘났다고는 볼 수 없다. 감성돔이나 농어 등 다른 물고기와 견주어 보면 실로 하찮게 보여 이런 속담의 유래가 짐작된다. 하지만 남녀노소를 가리지 않고 누구나 손쉽게 낚을 수 있는 어종이 이보다 더 마땅한 게 있을까. 게다가 망둥어 종류 가운데는 깨소금 맛을 안겨주는 '꼬시래기(문절망둑)'라는 종류도 있다. 결코 하찮은 고기가 아닌 것이다.

표준명 풀망둑
학명 *Acanthogobius hasta*
영명 Javelin goby
일명 하제쿠치(ハゼクチ)
속명 망둥이, 망둥어

표준명 문절망둑
학명 *Acanthogobius flavimanus*
영명 Goby, Yellowfin goby
일명 마하제(マハゼ)
속명 꼬시래기, 문절이, 운저리, 망딩이

생태 망둥어의 표준명은 망둑어로, 망둑어 아목(亞目)으로 분류되는 물고기의 대표 명칭이다. 망둑어 종류는 지구상에서 가장 많은 것으로 알려져 있는데 무려 2,100여 종 이상이 얕은 해수역과 기수역, 담수역 등 여러 가지 환경에서 살아가고 있다. 망둑어는 물고기 중에서 가장 번영하고 있는 종류라고 해도 틀림없고 도시 주변의 해안, 기수역, 하천에도 살고 있어서 사람들에게도 매우 친숙하다.

우리나라에는 약 50종의 망둑어가 알려져 있다. 그중 흔한 것은 전국 어느 연안에서도 볼 수 있는 문절망둑과 서해에 많은 풀망둑이다. 크기는 문절망둑이 최대 20cm 정도, 풀망둑은 몸통이 길쭉하고 크게 자라 40cm를 넘는 경우도 있다. 식성은 육식성이 강하기는 하지만 무엇이든지 먹는 잡식성이다. 각종 플랑크톤 · 갯지렁이 · 갑각류는 물론 해조를 먹기도 한다. 또한 먹이에 대한 집착도 강하다.

망둑어는 산란 후 생을 마치는 한해살이로 보통 산란은 1월에서 5월에 걸쳐 한다. 때로는 해를 넘겨 2년 만에 성숙하여 산란하는 경우도 있다. 산란 행동을 보면 수컷이 펄에 Y자형 구멍을 파고 암컷을 불러들여 산란하는데, 수컷이 남아 부화할 때까지 알을 지키는 것으로 알려져 있다.

낚시 지역 ①풀망둑, 문절망둑 – 서해 ②문절망둑 – 남해 **낚시 시기** 여름~늦가을

■ 망둥이 제 동무 잡아먹는다

남녀노소를 가리지 않고 누구나 간편하고 손쉽게 낚을 수 있는 것이 망둥어다. 먹이에 대한 집착이 강하고 경계심도 없어서 입질이 금방 오는 점, 서식지가 얕은 연안으로 낚시하기 편한 점 등이 장점이다. 제방 주위, 항구 등 더욱이 낚시터로의 진입이 편리한 것도 큰 장점이다. 수도권을 예로 들면, 인천 · 경기도 지역의 연안 포구와 섬 지역 방파제는 물론 방조제가 모두 낚시터가 된다.

낚시 방법은 연안에서 던질낚시나 배낚시를 하는데 특별한 기술이나 채

비가 필요치 않아 초보자나 어린이가 낚시의 재미를 빠르게 느낄 수 있다. 미끼는 청갯지렁이면 고급이고, 망둥이 제 동무 잡아먹는다는 말처럼 낚은 망둥어의 살을 저며 제살 미끼로 사용해도 된다.

망둥어도 역시 제철이 있기 마련이어서 가을철에 굵게 낚이고 수적으로도 많이 낚인다. 맛도 역시 가을이 제철이다.

민장대낚시, 던질낚시, 배낚시

대낚시의 경우는 남해안과 서해안 방식이 조금 다르다. 갯벌이 발달한 서해안에선 민낚싯대 또는 짧은 대나무 낚싯대를 들고 밀물과 썰물에 맞춰 물속으로 들어가 물골을 따라 이동하면서 낚시를 한다. 이에 비해 남해안에선 주로 방파제 위에서 만조 시각에 맞춰 민낚싯대 채비를 드리우는 방식이다.

방파제 또는 방조제 위에서 던질낚시를 하는 것은 서해와 남해 지역이 서로 다를 바 없으며, 갯골을 찾아 다수확을 노리는 배낚시는 주로 서해에서 이뤄지는 방식이다.

■ 장비와 채비, 미끼 및 포인트

▶낚싯대 - 저렴하고 간단한 텔레스코픽 다용도 릴낚싯대를 사용하면 된다. 길이는 2~3m 전후로 너무 길지 않은 것이 사용하기에 편리하다. 제방이나 방파제에서 던질낚시를 하거나 배를 타고 선상낚시를 할 때도 두루 사용할 수 있다.

전통적으로 망둥어 낚싯대는 대나무를 잘라 만든다. 망둥어낚시로 유명한 인천이나 서해안의 각 항 · 포구 부근의 낚시점에서는 대나무를 잘라 만든 간단한 낚싯대를 판매하기도 한다. 물골을 따라 개펄에 들어가 낚시를 한다면 간편하고 부담도 없다.

▶릴 - 릴낚싯대를 사용한다면 여기에 맞는 소형~중형 스피닝 릴이 필요하다. 고성능을 요하는 낚시가 아니므로 아무것이나 사용해도 문제가 될 것

〈망둥어낚시 채비〉

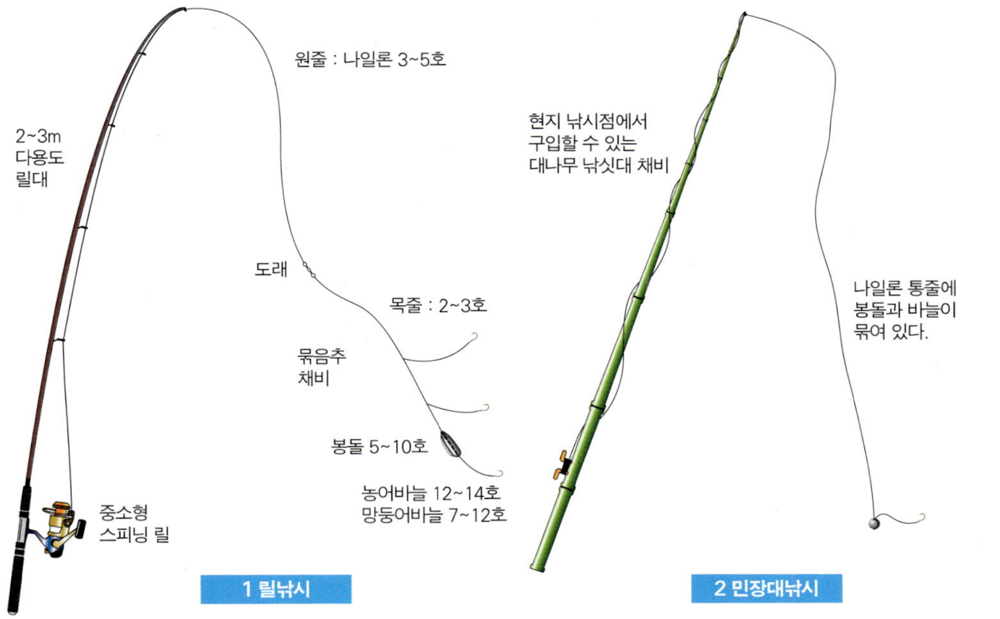

은 없다.

▶낚싯줄 - 망둥어는 경계심이 거의 없으므로 낚싯줄의 선택에 있어 어려움이 없다. 오히려 낚시인이 사용하기에 편리한가 아닌가가 요점이다. 원줄은 나일론 3~5호, 목줄은 1~3호면 된다. 가늘게 사용하는 것보다 오히려 약간 굵게 사용하는 것이 편리하다.

▶봉돌과 바늘 - 던질낚시의 봉돌은 5~10호 정도를 사용하되 낚싯대의 유연한 정도와 수심에 따라 달리 사용한다. 바늘은 농어바늘 12~14호, 망둥어바늘 7~12호를 사용한다.

낚시점에서 판매하는 묶음추 완성채비를 구입하여 원줄에 연결해 사용하는 것이 가장 간편한 방법이다.

▶미끼 - 구하기 쉬운 청갯지렁이면 된다. 그밖에도 작은 꼴뚜기나 조갯살 · 게고둥 · 새우에도 잘 낚인다. 낚시 도중에 준비한 미끼가 다 떨어졌다면 낚은 망둥어를 칼로 썰어 활용해도 좋다. 바늘에 꿸 때는 낚이는 망둥어의 씨알을 고려해 크기를 조절한다. 입이 커서 큰 먹이도 한 입에 삼키기는 하지만 작은 망둥어가 큰 미끼를 물면 챔질이 안 되고 미끼만 따먹히는 일

〈망둥어낚시 개관〉

이 생기기도 한다.

▶**망둥어 포인트** - 아무나 낚고 어디에서든 낚인다는 이미지가 강하지만, 그래도 포인트는 있다. 망둥어는 밀물과 썰물을 따라 이동하는데, 이와 같이 망둥어의 습성을 알고 있으면 보다 좋은 조과를 얻을 수 있다. 밀물이 들어오고 썰물이 빠져나가는 주요 물줄기인 개펄의 물골, 즉 '갯골'이 좋은 포인트이다. 민물이 유입되는 기수역 부근도 포인트 범주에 포함된다.

■ 망둥어낚시 이렇게!

①밀물이 시작되면 갯골을 따라 망둥어가 들어와 잘 낚이지만 만조 이후 썰물이 시작되면 망둥어가 흩어져 거짓말처럼 입질이 둔해진다.

②물에 들어가 낚시를 하는 경우에는 밀물의 진입 속도에 맞춰 얕은 곳으로 물러나면서 낚시를 한다. 이때 허벅지 이상의 수심은 위험하다.

③물에서 민장대낚시를 하거나 배낚시를 할 때는 낚싯대 끝에서 채비를 그냥 수직으로 내리면 되고, 릴 던질낚시를 할 때도 지나치게 원투할 필요 없이 그냥 슬쩍 던져 넣으면 된다.

④보통 바로 입질이 들어오지만, 입질이 없다면 채비를 조금씩 끌어주거나 고패질을 해 준다.

⑤낚싯줄을 팽팽히 해두면 입질은 '투둑' 하는 느낌으로 알 수 있다. 낚싯대를 세워 두었다면 초리가 툭툭거리며 흔들린다.

⑥입질이 감지되면 바로 챔질을 한다. 낚싯대를 재빨리 들어 올리면 된다.

⑦챔질이 되었다면 나머지는 그다지 어려움이 없다. 그냥 감아올리거나 끌어내면 된다.

Taste

이렇게 먹어요!

생김새와 달리 망둥어는 맛도 좋다. 회 · 탕 · 튀김 · 조림 등 여러 가지 요리법이 있다. 특히 가을철 문절망둑은 비늘과 내장을 제거한 뒤 몸통 전체를 칼로 다져 썰어먹는 회 맛이 일품이다. 결코 전어에 뒤지지 않는다. 망둥어낚시를 좋아하는 사람들은 가을철에 대량으로 낚아 배를 따고 건조해 겨울철 내내 밑반찬으로 삼는다. 건조시킨 망둥어는 찜을 해도 좋고 쌀뜨물에 담가 찌개를 끓여도 좋다.

말린 망둥어 구이

포를 떠 요리한 망둥어 회

12 망상어낚시

바다낚시 입문 과정으로 최적

민물의 붕어낚시가 그러하듯 '바다의 붕어'로 불리는 망상어는 바다낚시 입문자들이 꼭 경험해야 할 대상어이다. 찌낚시는 물론 맥낚시 기법과 묘미를 함께 체득할 수 있을 뿐만 아니라 간편한 민낚싯대로도 손쉽게 즐길 수 있기 때문이다. 작은 체구와는 달리 망치로 두드리는 듯한 확실한 입질에 당길 힘 또한 같은 크기의 감성돔 못지않다.

이에 전문 꾼들도 낚시 대상어가 줄어드는 겨울~초봄 시즌 동안은 평소 잡어 취급하던 망상어를 노려 손맛을 달랜다. 연안 갯바위는 물론 가까운 방파제에서 부담 없이 즐길 수 있다는 점도 한몫 거든다.

표준명 망상어

학 명 *Ditrema temmincki*

영 명 Ocean perch

일 명 우미타나고(ウミタナゴ)

속 명 망사, 망싱이, 맹이, 망치어, 망성어

생 태 망상어과에 속하는 어류이며 연안 접근성이 강한 어종이다. 2007년도에 새로운 아종이 확인되는 등 외관이 유사한 몇몇 종류가 동일한 장소에 서식한다. 몸은 계란형이고 돔 종류와 비슷한 실루엣을 갖고 있다. 민물의 붕어를 연상케 할 만큼 입이 작은 것이 특징이며 수컷의 경우 뒷지느러미가 길게 발달하여 암수 구별이 쉽다.

알을 낳지 않고 새끼를 낳는다는 점이 망상어의 독특하고도 흥미있는 생활사이다. 게다가 알을 뱃속에 품고 있다가 부화되면 새끼를 낳는 난태생(卵胎生 · 볼락 등)과는 또 달리 뱃속에서 새끼를 5~6개월이나 성장시켜 낳는, 완전한 태생어(胎生魚)라는 점이다. 같은 망상어과에 속하는 인상어도 태생어인데, 서로 모양이 비슷하여 일반인들은 두 가지 종류의 차이를 잘 구분하지 못한다.

우리나라 동해와 남해에 흔하며 대부분 방파제와 갯바위 부근 암초대와 해조 군락지에 서식한다. 동물성 플랑크톤을 주식으로 하며 새우 · 갯지렁이도 먹는다. 11~12월에 짝짓기를 하고 5~6월에 새끼를 낳는데 한 번에 10~20마리 정도를 낳는다. 크기는 보통 20cm 전후가 많지만 35cm급이 낚인 기록이 있다.

사람처럼 새끼를 낳되 사람과는 달리 꼬리부터 먼저 나오는 역산(逆産)을 함으로써 남해안 일부 지역에서는 임산부는 먹지 않는 생선으로 여긴다.

낚시 지역 낚시 지역 : ①남해 ②동해

낚시 시기 낚시 시기 : 남해 – 3월~7월, 10월~2월 / 동해 – 4월~6월, 10월~2월

■ 찌낚시와 맥낚시 묘미, 두루 함축

'바다의 붕어'라 불리는 망상어는 그 생김새에서 비롯된 표현이지만, 낚시 측면에서 생각하면 또 다른 의미를 갖는다. 민물낚시의 기초가 붕어낚시로 시작되듯 바다낚시의 기초는 망상어낚시에 함축돼 있기 때문이다. 연안 갯바위와 방파제 등지에서 부담 없이 즐길 수 있을 뿐만 아니라, 간단한 민낚싯대만으로도 찌낚시와 맥낚시의 원리와 묘미를 두루 깨우칠 수 있어 바다낚시에 필요한 기초 지식을 쌓는 데 최적의 대상어라는 얘기다.

방파제와 갯바위 인근에서 한여름을 제외하고 거의 연중 낚이는 어종으로, 어느 시기에는 귀찮은 잡어 취급을 받기도 하지만 낚시 대상어들이 줄

어드는 특정 시기에는 짭짤한 손맛을 안겨주는 고마운 대상어이기도 하다.

주요 낚시터는 남해안과 동해안 대부분의 방파제와 갯바위로, 낚시 방법은 찌낚시와 맥낚시로 대별되는데, 어느 쪽이든 복잡한 도구를 필요로 하지 않는다는 점이 장점이다. 물때에 크게 구애받지 않고 낚시 기법 또한 그다지 까다롭지도 않다.

Figure 망상어와 인상 비슷한 인상어

망상어는 몇몇 친척이 있다. 붉은 빛을 띠는 홍망상어(*Ditrema jordani*), 푸른빛이 도는 청록망상어(*Ditrema viride*)가 있고, 2007년에 아종(亞種)인 참망상어(*Ditrema temmincki pacificum*)가 분리되었다. 그밖에도 망상어에 비해 체고가 낮은 인상어(*Neoditrema ransonneti*)가 있다. 이들 가운데 낚시인들이 흔히 만나는 것은 망상어와 인상어이다.

▶표준명 : 인상어
▶학 명 : *Neoditrema ransonneti*
▶영 명 : Ransonneti's surfperch
▶속 명 : 망상어, 망시

▶특 성 : 망상어에 비해 체고가 낮고 체형이 다소 홀쭉하고 긴 느낌이다. 주둥이도 약간 긴 편이다. 망상어만큼 크게 자라지 않고 10~15cm가 흔한데, 그래도 새끼는 잘 낳는다.

망상어(아래)와 인상어(위) 비교.

망상어 찌낚시 ‖ 시작은 민낚싯대로

망상어를 낚는 가장 기초적인 방법이 찌낚시이다. 고정시킨 찌에 나타나는 어신 감지가 쉽기 때문에 처음 바다낚시를 하는 사람도 어려움 없이 망상어를 낚아낼 수 있다. 갯바위 또는 방파제 찌낚시의 기초를 마스터하는 첫걸음을 망상어낚시로 시작해보는 것이 좋겠다. 민낚싯대 또는 릴낚싯대 어느 것을 사용해도 좋은데, 역시 입문자라면 부담 없는 민낚싯대로 시작해 보는 게 좋다.

■ 장비와 채비, 미끼 및 포인트

▶**낚싯대** – 길이 5.4~6.3m의 민낚싯대나 릴낚싯대(찌낚시용) 어느 것을 사용해도 좋다. 민낚싯대는 바다용으로 중질이 사용하기에 편하고, 릴낚싯

〈망상어 찌낚시 채비〉

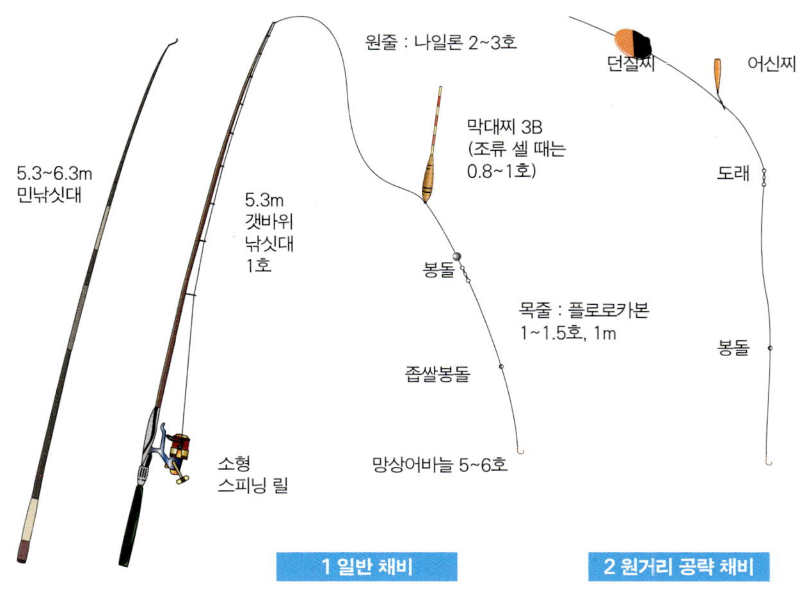

대는 망상어의 크기가 크기이니만큼 1호대 이하로 충분하다.

▶릴 - 민낚싯대를 사용하는 경우라면 릴 자체가 필요 없다. 릴대를 사용하는 경우는 감성돔낚시에 사용하는 그대로면 된다. 특별히 고성능 릴이 필요한 것도 아니다.

▶낚싯줄 - 원줄은 나일론 2~3호로 한다. 목줄은 플로로카본 1~1.5호를 1m 정도 소형 도래를 이용해 연결한다.

▶찌와 바늘 - 찌는 주로 3B 전후의 저부력 막대찌를 사용하거나 조류가 강할 때는 0.8호~1호까지 다소 고부력을 선택하기도 한다. 조류가 약할 때는 벵에돔낚시에서 사용하는 예민한 목줄찌도 좋다.

릴대를 사용하여 원거리 포인트를 노린다면 던질찌 기능을 하는 구멍찌를 원줄에 고정하고, 50cm 아래에 어신찌를 달아 사용해도 좋다. 바늘은 공히 망상어바늘 5~6호를 사용한다.

▶미끼, 밑밥 - 만능 미끼인 크릴을 비롯해 홍갯지렁이 · 청갯지렁이 · 참갯지렁이 등 갯지렁이가 많이 쓰인다. 갯지렁이는 머리를 잘라내고 바늘을 살짝 덮을 정도만 끼워 사용한다. 갯지렁이에 입질이 좋지 않은 경우에는 곤쟁이, 조갯살도 효과적이다.

밑밥도 필요하다. 망상어를 낚는 데 밑밥까지 사용해야 하나 반문할 수도 있지만 망상어는 군집성이 좋아 밑밥 효과가 확실히 나타난다. 크릴에 집어제를 고루 섞어 사용하되 너무 가라앉지 않고 확산성이 좋도록 배합하는 것이 효과적이다.

▶찌낚시 포인트 - 망상어는 조류의 흐름이 거의 없는 내항에서도 낚이지만, 그보다는 조류의 흐름이 완만하고 파도가 적은 장소의 암초 주변, 간출암 주변이 좋은 포인트이다. 수중에 해조가 자라고 있다면 더할 나위 없이 좋은 조건이다. 방파제에서는 외측이나 끝부분에서 수심 변화가 있는 지형을 노린다.

■ 망상어 찌낚시 이렇게!

①먼저 포인트에 밑밥을 품질하여 망상어를 불러 모으고 밑밥 띠 속으로 미끼가 흘러가도록 한다.

②갯바위낚시의 경우, 직벽으로 이루어진 포인트라면 발 밑 가까운 곳에

〈망상어 찌낚시 개관〉

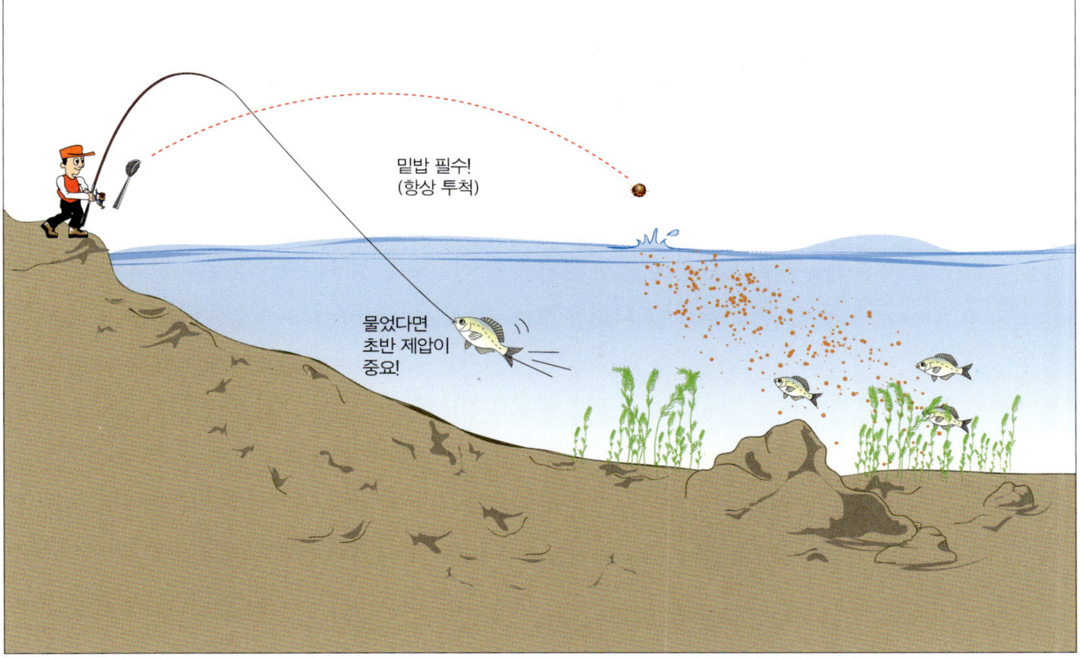

채비를 붙여 내린다. 완만하게 경사를 이룬 포인트에서는 채비를 던져 다소 먼 곳을 공략한다.

③방파제낚시의 경우, 석축이라면 다소 먼 곳을 노리고 테트라포드라면 수중에 얼기설기 보이는 테트라포드 근처를 집중 탐색한다.

④입질은 찌로 파악한다. 활성이 좋은 망상어의 입질은 망치로 때리듯 확실하게 나타나므로 쉽게 감지할 수 있다.

⑤입질이 약해 찌가 살짝 잠기는 정도로 미약한 어신에서는 챔질을 하지 말고 먹이를 충분히 삼키도록 한 박자 기다리는 것도 요령이다. 탐식성이 강한 망상어는 먹이에 집착을 보이기 때문에 야금거리다가도 결국 미끼를 삼키기 때문이다.

⑥찌에 확실한 어신이 나타났다면 낚싯대를 재빨리 들어 챔질을 한다.

⑦망상어는 초반 제압이 중요하다. 당길 힘이 강한 망상어는 느슨하게 대처하면 순식간에 장애물 사이로 처박혀 낭패를 보는 일이 많으므로 일단 팽팽한 줄다리기를 한다.

⑧망상어는 처음엔 폭발적인 힘을 내다가 쉽게 포기하고 순순히 끌려나

온다. 이후는 어렵지 않게 들어 올릴 수 있다.

■ 망상어 찌낚시, 핵심 체크 포인트

▶군집성이 강한 망상어를 낚는 데는 밑밥 투입이 필수조건이다. 소량씩 꾸준히 투여한다.

▶망상어는 입이 작고 시력이 좋다. 되도록 작은 바늘과 가는 목줄을 사용한다면 조과가 향상될 것이다.

▶입질이 좋지 않을 때는 공격성이 강한 망상어의 습성을 이용한다. 채비를 살짝 끌어당겼다 놓아주는 방식으로 미끼를 활발하게 움직여 주면 망상어의 공격본능을 자극하게 된다.

Tip 망상어와 임산부

바닷고기 중에는 새끼를 낳는 어종이 더러 있다. 가오리나 상어류, 볼락과 쏨뱅이 등이 대표적이다. 이들은 알을 뱃속에서 품어 부화가 되면 밖으로 내보내는, 이른바 난태생(卵胎生) 어류이다.

그런데 망상어는 완전한 태생어(胎生魚)로, 부화된 새끼가 어느 정도 커질 때까지 영양을 계속 공급한다. 임신 기간 6개월가량이 되면 5~6.5cm 크기의 새끼를 내보낸다. 한 배에 10여 마리가 나오는데, 어미 뱃속에서 나올 때 꼬리부터 먼저 나오는 모습을 보인다.

일본의 산인(山陰)지방에서는 이러한 역산(逆産)의 모습을 보고 망상어를 절대로 임산부에게 먹이지 않는 풍습이 생겼다. 일본뿐만 아니라 우리나라 거제도를 비롯한 일부 남해안 지역에도 똑 같은 풍습이 있었다. 그런데 같은 일본이라도 도호쿠(東北) 지방에서는 다산을 하는 망상어를 임산부에게 적극적으로 권하는 풍습도 있다.

망상어 맥낚시 ‖ 쉽고도 짜릿한 손맛

망상어낚시 방법 중에서 가장 간편한 것이 바로 맥낚시이다. 민물과는 달리 바다낚시의 고유 영역인 맥낚시는 감성돔과 돌돔 등과 같은 주요 어종의 낚시 방법에도 적용되어 전문가적인 영역으로 취급되기도 하지만, 망상어의 경우는 다르다. 생각보다 쉬워 입질이 좋다면 근거리에서 속전속결로 뽑아내는 가장 효과적인 방법이기도 하다.

■ 맥낚시 장비와 채비, 포인트

▶낚싯대 - 바다에서 사용하는 민낚싯대를 흔히 '바다 장대'라고 부르는데, 망상어에 적합한 것은 뻣뻣하지 않은 연질~중질이 사용하기 편리하다. 길이는 6.3m를 기준으로, 초보자의 경우는 이보다 조금 짧아도 상관없지만 공략 범위를 생각하면 6.3m가 무난하다.

▶낚싯줄 - 원줄과 목줄의 구성은 찌낚시의 경우와 똑같다. 원줄은 나일론이나 플로로카본 2~3호, 목줄은 플로로카본 1~1.5호를 1m 정도로 한다. 원줄과 목줄은 소형 도래를 이용해 연결한다.

▶봉돌과 바늘 - 조개봉돌을 원줄에 달아주는데 3B가 적당하다. 목줄에도 깨알봉돌을 하나 채운다. 바늘은 찌낚시와 동일하게 망상어바늘 5~6호를 사용한다.

〈망상어 맥낚시 채비〉

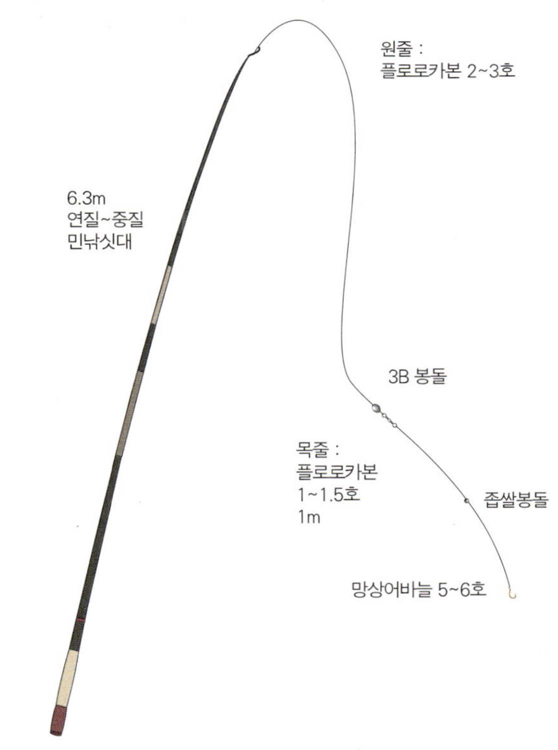

▶**맥낚시 포인트** - 맥낚시는 사정거리가 짧다는 특성상 포인트의 제약이 있다. 가까이에 망상어가 모일 수 있는 조건이 필요하다. 즉, 낚시인이 서 있는 장소의 발 앞 수심이 깊어야 한다. 갯바위에서는 절벽 지형이 적합하고 방파제라면 외해를 접한 장소나 끝부분이 포인트가 된다.

■ 망상어 맥낚시 이렇게!

①맥낚시 포인트 여건은 절벽으로 깎아지른 지형이 전제 조건이다. 이런 장소에 채비를 내린다. 방파제에서는 수중의 테트라포드 가까이에 채비를 바짝 붙인다.

②먼저 밑밥을 준비하여 조금씩 발 밑(갯바위나 테트라포드)에 바로 붙여 투입한다.

〈망상어 맥낚시 개관〉

③수면과 바닥을 수시로 오르내리는 망상어를 낚기 위해서는 채비를 상층부로 서서히 올렸다가 다시 바닥까지 내려 보내는 방식으로 더듬는다.

④맥낚시의 입질은 초릿대 끝의 투둑거리는 움직임과 손에 전해오는 촉감으로 판단한다.

⑤망상어의 활성이 좋을 때는 입질과 동시에 단번에 채비를 끌고 가기도 하지만, 입질이 약을 때는 한 없이 약아지기도 한다. 첫 어신이 '톡톡' 하는 느낌으로 약하게 전달되면 바로 챔질을 하지 말고 채비를 살살 끌어주다가 낚싯대 끝이 어느 정도 휘어질 때 챔질하는 것이 좋다.

⑥낚싯대의 탄력을 이용해 망상어의 초반 저항을 제압하면 그

이후에는 다루기가 쉽다.

■ 망상어 맥낚시, 핵심 체크 포인트

▶망상어는 연안 접근성이 아주 강하여 발 밑 가까이에서 활동하는 어종이므로 때에 따라서는 찌낚시보다는 맥낚시가 효과적일 수 있다.

▶좋은 물때는 사리 전후로 조류의 흐름이 원활할 때 조과가 집중된다.

▶방파제에서의 포인트 선정은 사리 때는 방파제 어디서나 고른 조황을 보이지만, 조금 물때라면 비교적 조류의 흐름이 강한 방파제 중간 이상으로 나가는 것이 유리하다.

▶맥낚시는 찌낚시보다 망상어를 더 띄워서 낚는다는 개념으로 임한다. 밑밥에 섞는 집어제는 필히 비중이 낮은 것을 선택한다. 무거운 집어제는 바닥으로 빨리 내려앉아 바닥층에 집어가 됨으로써 방파제의 경우 구조물에 목줄이 터질 확률이 높아져 좋지 않다.

Taste

이렇게 먹어요!

망상어는 부드러운 육질에 단백질이 풍부하지만 쉽게 상해 일반적으로는 내장을 제거하고 살짝 말려 찜을 하거나 칼집을 넣어 소금구이를 한다. 회로 즐기는 시기는 기온이 낮은 겨울과 초봄이 좋은데 뼈째 저미듯이 썰어내면 고소한 맛을 느낄 수 있다. 낚시터 현장에서만 맛볼 수 있는 별미다.

13 민어낚시

언감생심, 낚시꾼 아니면 누가 이 고기를 넘보랴?

민어낚시는 서해가 주 무대다. 70년대까지만 해도 인천 앞바다에서까지 민어 잔치가 이루어졌다. 이후 개체수가 줄어든 민어는 전남 지방 어부들의 독차지가 되어 그 몸값이 더욱 높아졌다. 그러나 산란을 위해 계절회유를 하는 민어의 이동 길목만 제대로 파악하면 우럭만큼이나 손쉽게 낚을 수 있고 아이스박스 '만땅' 조황을 누릴 수도 있다.

여름철에 시즌을 형성하는 민어는 삼복더위를 이겨내는 보양식으로 인기다. 조선시대 평민은 삼계탕을 먹고 사대부들은 민어탕을 먹었다고 한다. 지금도 서민들로선 섣불리 맛보기가 어려운 값비싼 생선 중의 하나다.

표준명 민어

학 명 *Nibea mitsukurii*

영 명 Nibe croaker

일 명 니베(ニベ)

속 명 불둥거리(완도), 홍치(법성포), 보굴치, 가리, 어스래기(서울, 경기)

생 태 무려 270종에 달하는 민어과의 대표 어종이 바로 민어이다. 조기 · 부세 · 수조기 · 보구치 등과 한 가족을 이루는 민어는 그 중에서도 큰형님에 해당하는 당당한 몸집을 가지고 있다. 다 자라면 크기가 1m가 넘는 대형 종으로, 몸통은 전체적으로 어두운 흑갈색이고 배 쪽은 밝은 회백색을 하고 있다. 가슴지느러미와 꼬리지느러미는 검고, 배지느러미와 뒷지느러미는 연한 황색을 띤다. 식성은 육식성으로 어패류 · 다모류 · 갑각류를 주로 잡아먹는다.

동중국해로 부터 일본에 걸쳐 분포하는데 우리나라는 서해와 남해에 서식한다. 주로 수심이 40~120m의 뻘바닥에서 생활하며, 낮에는 바닥에 머물다가 밤이 되면 어느 정도 떠올라 먹이를 찾는다. 계절회유를 하는데, 가을에는 제주 근해에서 월동을 하고 봄이 되면 북쪽으로 이동하며 산란기를 맞으면 얕은 연안으로 접근한다. 그 시기가 6~9월로 남해동부에서 서해남부를 거쳐 인천 앞바다까지 모두 민어가 접근한다. 거의 비슷한 장소와 시기에 수조기나 보구치도 산란기를 맞아 연안으로 들어오는데, 민어는 수조기에 비해 좀 더 외해를 접한 모래둔덕이 많은 장소를 좋아하는 것으로 알려져 있다. 1년생이 30cm, 3년생이 50cm를 넘고 이때부터 산란에 참여한다.

민어는 일제강점기부터 전남 신안군 재원도와 임자도 근해가 최대 산지로 주목받았고, 현재도 바로 인접한 증도면 지도읍 수협어판장의 민어 유통량이 최고이다.

낚시 지역 ①서해남부 해남군(삼마도 · 어불도 인근) ②서해중부 영광군 및 부안군(격포 · 고군산군도)

낚시 시기 서해남부 7~8월, 서해중부 9월~10월

■ 최고급 낚시 대상어, 선상 던질낚시가 제격

민어는 낚시 대상어이기에 앞서 귀한 식재료로서의 가치가 더 큰 어종이다. 그래서 목포와 해남을 중심으로 여름~초가을에 걸쳐 이 진미를 찾아 민어낚시에 몰두하는 단골 꾼들이 많다. 낚시 방법은 남도의 양식장이 많은 내만의 낚시가 그러하듯 선상 던질낚시 위주이다. 지역에 따라 외줄낚시로 민어를 노리기도 하지만 간단한 채비의 선상 던질낚시가 가장 효율이 높은 낚시 방법이다.

민어는 야행성이라 당연히 밤낚시가 효율적이다. 오후 느지막이 배를 몰고 나가 다음날 아침까지 낚시를 하는 것이다.

민어낚시를 즐기기 위한 출조는 목포와 해남이 중심지이고, 영광과 격포권에서도 우럭낚시를 겸해 출조하는 낚싯배를 탈 수 있다. 그러나 민어 낚시터는 서해안 전역이 후보지가 될 수 있다. 군산, 오천은 물론 인천 앞바다의 덕적도 인근도 관심을 가져야 할 곳들이다. 민어의 최대 산지인 전남 신안군의 재원도 · 임자도 해상에서는 오히려 낚시가 이루어지지 않고 있는데, 직업 어부들이 어장을 점령하는 때문으로 풀이된다.

민어 선상 던질낚시 ‖ 해질녘부터 피크타임

▼ 민어 낚시터로 손꼽히는 해남반도와 진도 사이에 위치한 상마도 근해에서 4kg급 값비싼 민어를 낚아 든 낚시인. 남해서부 지역은 7~8월, 격포 · 군산 등 서해남부 지역은 이보다 조금 늦은 8~9월이 시즌이다.

민어는 배를 타고 던질낚시를 한다. 수심이 얕은 양식장 부근에 배를 고정시키고 채비를 멀리 던져 입질을 기다리는 방법은 감성돔 배낚시와 다를 것이 없다. 다른 요소를 들자면 덩치가 훨씬 큰 민어를 끌어올리기 위해 든든한 장비가 필요하다는 점, 그리고 낚시 시간이 낮보다는 밤에 집중된다는

사실이다. 물때를 잘 만난다면 귀하디귀한 민어를 마릿수로 낚아 올릴 수도 있다. 또 운이 좋다면 1m가 넘는 특대형 민어와 조우하는 것도 정녕 꿈은 아니다.

■ 장비와 채비, 미끼 사용법

▶**낚싯대** - 길이 3.3m 이상의 다용도 릴낚싯대나 4.5m의 3호 갯바위 낚싯대가 적합하다. 사용하는 봉돌이 무겁고 물살이 빠른 사리 때에 주로 낚시를 한다는 점을 염두에 두고 낚싯대를 선택해야 한다. 더욱이 입질이 까다로운 데다가 육중한 몸집도 고려해, 유연하지만 허리힘이 튼튼한 낚싯대가 요구된다. 이런 낚싯대는 고탄성의 고급 제품보다는 오히려 중저가의 다목적 릴대가 유리할 수 있다.

▶**릴** - 중형~중대형 스피닝 릴이면 어느 것을 사용해도 좋다. 민어는 격렬한 저항을 하거나 갑자기 차고 나가는 어종이 아니므로 고성능 드랙이 장치되어 있지 않아도 문제될 것이 없다.

▶**낚싯줄** - 원줄은 나일론 6호면 무난하다. PE를 사용해도 좋지만 구멍봉

〈민어 선상 던질낚시 채비〉

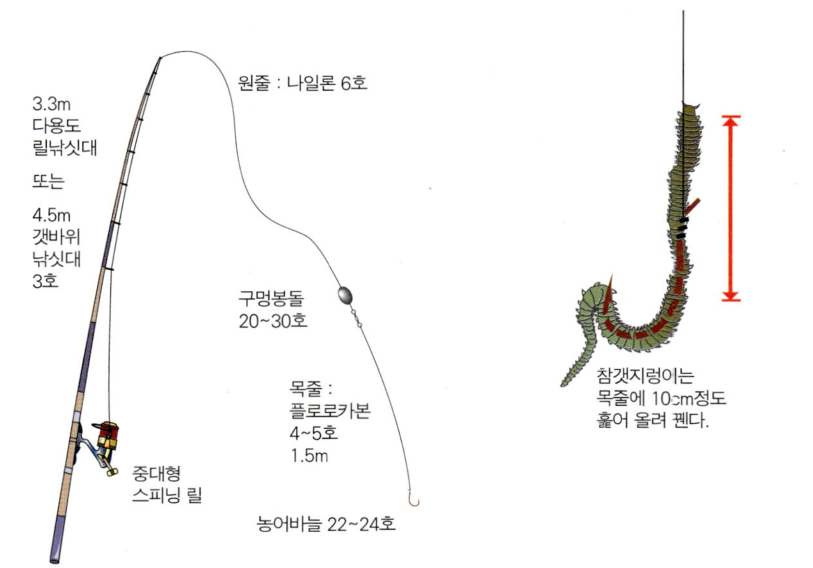

돌과의 마찰로 인해 자칫 끊어질 수도 있다는 점을 고려해야 한다. 목줄은 플로로카본 4~5호를 사용한다. 언제 입질할지 모르는 대형 민어의 덩치와 조류의 세기를 고려한다면 5호가 무난하다. 길이는 조금 길게 1.5m 이상이 적합하다.

▶봉돌 및 바늘 - 구멍봉돌 20~30호를 조류의 세기에 따라 바꿔가며 사용한다. 출조하기 전에 현지에 문의하여 해당하는 물때에 적합한 무게를 미리 알아보는 것이 좋다.

바늘은 농어바늘 22~24호를 주로 사용하되, 활성이 높을 때는 28호까지 크게 사용하기도 한다. 민어는 미끼를 물고 입안에서 씹다가 이물감을 느끼면 뱉어버리는데 이때 '자동 걸림'이 되도록 바늘을 크게 사용하는 것도 하나의 비결이다.

▶미끼 - 참갯지렁이(바위털갯지렁이)가 최우선이다. 바늘에 꿸 때는 한 마리를 통째로 목줄 위 10cm 정도까지 훑어 올려 꿴다. 바늘 끝을 노출시키지 말고 늘어뜨리는 정도는 2~3cm가 적당하다. 참갯지렁이에 입질이 뜸할 때는 집갯지렁이를 사용하기도 한다. 외줄낚시 방법으로 민어를 낚는 영광과 부안 지역에서는 새우(중하)를 최고의 미끼로 꼽는다.

■ 민어 선상 던질낚시 포인트

수심 10~20m 정도인 내만의 김양식장 주변이 주요 포인트이다. 그중에서 가장 좋은 조건은 수중 지형이 융기되어 언덕진 장소다. 민어의 먹잇감이 많은 곳이기 때문이다. 이런 장소가 사리 물때를 만나 뻘물이 생길 때가 가장 좋은 타이밍이다.

그밖에도 민어는 예민한 성격을 가지고 있어서 소음이나 진동에 특히 민감한데 인기척이나 돌발적인 소음이 나면 입질이 끊기므로 낚시하는 도중에는 정숙을 유지해야 한다. 그렇기 때문에 포인트에서 멀리 떨어져서 채비를 가능한 한 멀리 던지는 것이 유리하다. 또한 잔잔한 날씨보다는 자잘한 파도가 이는 날에 입질이 좋다는 이유도 여기에 있다.

Info

민어 부레풀 어교(魚膠)

천연 접착제의 대명사가 아교(阿膠)이다. 이 아교에는 두 가지가 있는데, 동물의 가죽이나 뼈를 원료로 한 것과 물고기의 부레를 원료로 한 것을 부레풀이라고 한다. 민어의 부레를 이용해 만든 어교(魚膠)는 접착력이 매우 뛰어나 나전칠기 및 고급 장롱 등을 만드는 데 쓰였고, 각궁(角弓)을 만드는 데도 사용되었다.

'이 풀 저 풀 다 둘러도 민애 풀 따로 없네.'

전라도 지방에서 불려온 「강강술래」의 매김 소리 한 구절이다. 끈끈한 젤라틴 성분이 많아 우리 선조들은 민어의 부레를 말려 끓인 풀을 만들어 고급 장롱을 비롯해 문갑 등가구를 만들거나 합죽선의 부챗살과 갓 대를 붙일 때 이용했다.

우리나라뿐만이 아니라 일본에서도 민어 부레풀은 '니카와(膠)'라 불리는 접착제의 대명사로 꼽혔다. 활 애호가 중에는 아직도 민어 부레풀이 사용된 활만을 고집하는 사람이 있다.

민어의 부레는 또 고급 생선요리 재료로 손꼽힌다.

Tip 외줄낚시 방식도 좋아요!

민어 낚시터로서 인기가 높은 해남군 일대는 김양식장이 발달한 곳으로, 내만에 산재한 김양식장 주변의 수심 10~20m 지역에서 민어낚시가 이뤄진다. 따라서 선상 던질낚시가 주효할 수밖에 없다.

그러나 서해 중남부의 영광과 부안권의 민어 포인트는 20m 이상 수심을 형성하므로 낚시 방법 또한 우럭낚시 형태의 외줄낚시가 대세를 이룬다. 채비도 우럭 외줄낚시와 대동소이하고 채비 운용 방식 또한 고패질 위주이다. 다만, 낚싯대는 너무 연질은 곤란하고 투박한 외줄 전용 대도 부적합하다. 농어 루어 대나 참돔 지깅 대 정도가 적당하다.

민어 외줄낚시 포인트 또한 모래뻘과 자갈이 섞인 '짝밭'이 포인트이다. 그러나 그냥 밋밋한 짝밭보다는 수중여가 듬성듬성 박힌 곳에서 씨알 굵은 놈들이 낚인다. 수중여가 박힌 바닥은 고패질을 하다보면 봉돌이 '드르륵' 하는 느낌으로 알 수 있다.

〈민어 외줄낚시 채비〉

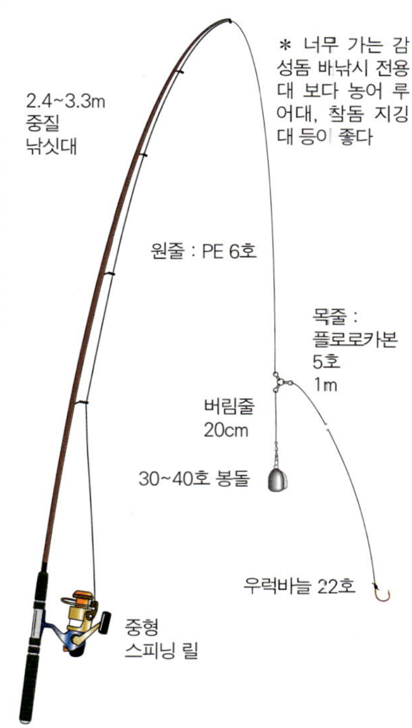

■ 민어 선상 던질낚시 이렇게!

①포인트에 도착했다면 조류의 방향을 확인하고 채비를 던진다. 릴의 드랙을 적당히 풀어놓는 것과 채비가 조류에 떠밀리지 않도록 봉돌의 무게를 조절하는 것이 필수이다.

②여럿이 같이 낚시를 한다면 먼저 한 사람이 채비를 투척하고 다음 사람이 그 위치를 보고 옆으로 적당히 거리를 두고 던진다.

③민어의 입질은 처음에는 마치 잡어의 입질같이 초리가 살짝살짝 흔들리는 예신으로 나타난다. 그러다가 낚싯대가 '주~욱' 휘어들며 끌려가는 본신이 온다.

④입질이 왔다고 생각되면 손을 낚싯대에 얹고 본신을 기다리며 챔질을

〈민어 선상 던질낚시 개관〉

준비한다. 초릿대가 휘어지는 본신에 맞춰 낚싯대를 들며 가볍게 챔질을 한다.

⑤챔질이 잘 되었다면 천천히 침착하게 릴링을 한다. 드랙이 조금씩 풀리더라도 처음에는 급히 조이지 말고 그대로 파이팅 하다가 민어가 힘이 빠져 끌려나오기 시작했다면 조금씩 드랙을 조여 준다.

⑥민어가 수면에 떠오르면 씨알이 잘더라도 뜰채를 이용해 떠내도록 한다. 민어는 입 주변이 연약하여 찢어지기 쉽기 때문이다.

> **Taste**
>
> **암수 어느 것이 맛있을까?**
>
> 소나 돼지 같은 육고기처럼 생선도 암수의 맛을 구분하는 미식가들이 있다.
> 민어의 맛에 대해서도 암수를 구별하는 식도락가들이 있다. 산란 전인 6월 중순부터 7월 말까지는 암컷이 맛있고, 산란이 임박한 8월부터는 알에 영양분이 집중되어 암컷은 살이 퍽퍽해지기 때문에 이때부터는 수컷을 찾는다고 한다.

■ 민어 선상 던질낚시, 핵심 체크 포인트

▶사리(음력 15일과 30일)를 전후한 2~3일 동안이 민어가 가장 잘 낚이는 물때이다. 조금을 전후해 조류가 거의 없는 시기에도 민어가 낚이지 않는 것은 아니지만 복섬(졸복) 등 잡어의 성화를 피하자면 사리의 전후의 물때가 낚시의 적기이다.

▶민어는 생김새와 달리 신경질적인 면을 가지고 있어서 소음과 불빛에 민감하다. 밤낚시를 할 때 선상에서 쿵쿵거리는 발소리를 내거나 봉돌을 떨어

뜨리는 소리에 입질이 끊어질 수도 있다는 점 염두에 두어야 한다.

▶민어의 입질은 낮과 밤이 조금 다르게 나타난다. 낮에는 갑자기 낚싯대가 고꾸라질 듯 입질이 오기도 하지만, 밤에는 낮에 비해 입질이 약하게 나타난다. 초리가 두세 번 휘었다면 이미 바늘에 걸려 있는 경우도 많다.

▶중량급 민어는 무게에 더해 거센 조류의 저항까지 겹쳐 너무 서둘다가는 목줄이 끊어지는 경우가 생긴다. 그러므로 항상 여유를 가지고 천천히 릴링한다는 자세로 임해야 한다. 무작정 감아 들이다가는 낭패를 본다. 드랙도 처음에는 헐겁게 하고 릴링을 하면서 조금씩 조여 간다. 시종일관 천천히 달래가며 릴을 감는 것이 정답이다.

Taste

민어회, 차게 숙성시켜 드세요!

서울이나 대도시에는 민어 전문점이 많다. 두툼한 민어회는 물론 천하일미라는 민어 부레 요리, 원기회복에 특효라는 민어탕은 해마다 여름철 삼복이면 그 인기가 최고조에 이른다. 식도락을 즐기는 사람들은 목포와 같은 현지로 맛을 찾아 떠나기도 할 정도로 민어 요리는 정평이 나 있다.

민어는 크면 클수록 찰지고 맛있다. 보다 맛있게 먹기 위해서는 큰 비닐 봉투로 개별 포장을 하고 잘게 부순 얼음 속에 넣어 하루 정도 숙성을 시키는 것이 정석이다. 민어 조업을 하는 어선에서도 이와 같은 방법으로 민어를 처리하고 있다.

낚시터 현장에서 곧장 잡아 먹는 민어회는 소문만큼 맛이 나지 않는다. 귀가 후 냉장고에 넣어 숙성시켜 먹으면 그 맛이 확실히 달라진다. 숙성에 대해서는 각각의 기호가 있어서 사흘 정도 숙성해야 제 맛이 든다고 하는 사람도 있을 정도다.

민어 머리 구이

민어 탕

매운탕 재료로 사용되는 민어 내장과 간

저온 숙성 후에 요리한 민어 회

14 방어 · 부시리낚시

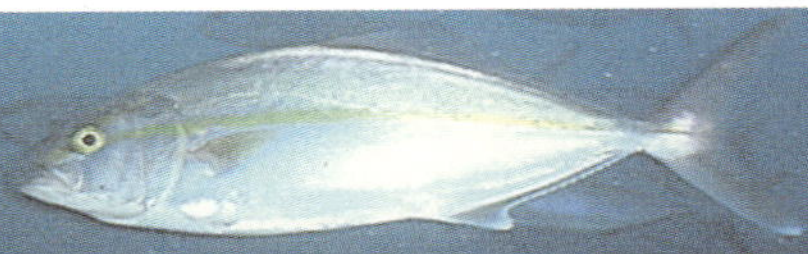

스피드, 파워 겸비한 최강의 마라토너

활같이 휘어진 낚싯대, '웽' 하는 마찰음과 함께 역전하는 릴 스풀…. 지칠 줄 모르고 질주하는 바다의 스프린터이자 마라토너인 부시리다. 우리나라 낚시 대상어 중에서 방어 · 부시리만큼 강력한 힘을 자랑하는 어종이 또 있으랴? 힘과 힘의 맞대결, 바다낚시의 호연지기를 펼치는 데 최적의 대상어로 손꼽을 만하다.

미끼를 사용하는 갯바위와 선상 찌낚시는 물론, 수직지깅과 쇼어지깅을 포함한 루어낚시 등, 방어 · 부시리낚시의 매력은 장소와 방법을 가리지 않는다.

표준명 방어
학 명 *Seriola quinqueradiata*
영 명 Yellowtail, Amber fish
일 명 부리(ブリ)
속 명 사배기, 야도, 마르미

표준명 부시리
학 명 *Seriola lalandi aureovittata*
영 명 Yellowtail, Yellowtail kingfish
일 명 히라마사(ヒラマサ)
속 명 히라스

생 태 방어와 부시리는 전갱이과의 어류로 외모가 흡사하여 전문가가 아니면 구분하기 힘든 어종이다. 방어의 적수온은 15~18℃로 부시리보다 좀 낮은 수온을 좋아하고, 부시리는 18~22℃가 적수온으로 보다 따듯한 수온을 좋아한다. 또한 방어는 큰 무리를 지어 회유하며 조금 탁한 물에서도 활발히 먹이활동을 하는 데 반해, 부시리는 무리를 지어도 방어처럼 큰 무리를 만들지는 않는 것으로 알려진다. 하지만 방어와 부시리는 같은 시기, 같은 장소에서 함께 낚이는 경우도 많다.

낚시 대상으로서는 방어보다 부시리의 인기가 한 단계 더 높다. 이는 유영속도가 더 빠르고 힘도 훨씬 세며, 경계심도 강해 낚는 재미가 배가되기 때문이다. 맛이 좋아 값도 더 비싼 것이 부시리이다. 두 종류 모두 1m 이상으로 자라는데, 부시리는 중량 20kg 이상(최대 50kg급)으로 성장하는 것으로 알려져 있다. 식성은 모두 육식성으로 소형 어류와 오징어, 새우 등을 포식한다.

낚시 지역 ①제주도 ②남해 ③서해 원도 ④울릉도

낚시 시기 제주도 9월~5월, 남해 10월~5월

■ 찌낚시, 루어낚시 최강의 손맛

방어와 부시리는 낚시 장소가 다양하고 방법도 다양하다. 갯바위와 낚싯배 위에서 찌낚시를 하거나 루어낚시를 한다. 루어낚시 또한 일반적인 캐스팅 형태를 취하거나 지깅 방식을 취하기도 한다.

찌낚시를 하건 루어낚시를 하건 가장 진한 손맛을 느낄 수 있기는 마찬가지다. 우리 바다에 길이 1m 이상, 무게 10kg 이상의 낚시 대상어가 흔치 않은 가운데 방어와 부시리는 이런 대물의 꿈에 가장 가깝다. 감성돔을 필두로 한 돔낚시 일변도의 바다낚시가 유행하던 시절에는 어쩌다 운 좋게 맞이하는 손님고기로 취급했지만, 각종 낚시장비와 기법이 보급되면서 일

급 낚시 대상어로 탈바꿈했으며, 난대성 회유어의 특성상 어자원 또한 날로 증대되는 추세이다. 제주도와 남해, 동해남부 지역에서의 낚시가 서해중부권으로까지 확산되고 있는 현상이 바로 그 같은 추세를 반영하는 것이다.

Figure 방어 · 부시리 구별하기

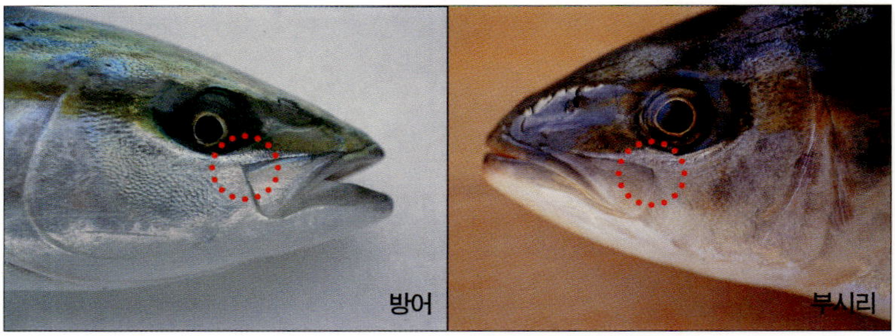

방어와 부시리를 서로 나란히 눕혀 놓고 보면 전체적인 몸통 윤곽이나 색깔이 조금 달라 서로 다른 종류라는 것을 눈치 챌 수 있지만, 따로따로 보면 아주 비슷해서 어느 것이 방어이고 부시리인지 간단하게 구별하기가 어렵다.

서로를 구분하는 방법 중 가장 간편한 방법은 위턱의 끝부분을 보고 판단하는 것이다. 끝부분이 둥글면 부시리, 각이 져 있으면 방어이다. 그런데 개체에 따라서는 이 위턱 끝부분이 명확치가 않고 최근에는 방어와 부시리의 혼혈종이 출현하고 있다는 주장도 제기된다. 가장 정확한 구별 방법은 가슴지느러미와 배지느러미의 길이(위치)를 비교하는 것이다. 방어는 두 지느러미의 끝단이 거의 나란한데 비해 부시리는 배지느러미의 끝단이 가슴지느러미의 끝단보다 뒤쪽에 위치한다.

〈부시리 · 방어 구별법〉

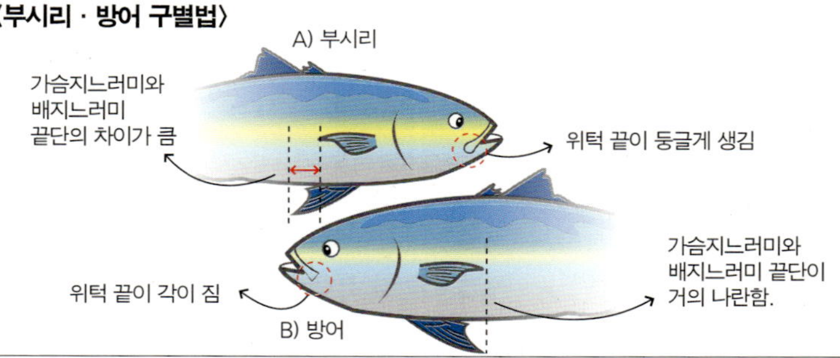

방어 · 부시리 갯바위 찌낚시

갯바위 찌낚시라면 감성돔 · 참돔 · 벵에돔 등 돔 종류를 떠올리는 나머지 회유어인 부시리나 방어는 손님고기로 치부하는 경우가 많다. 하지만 돔낚시에서는 느껴볼 수 없는 순간적이고도 지속적인 용틀임은 갯바위낚시의 일급 대상어로 모자람이 없다. 벵에돔이나 참돔을 낚다가 포인트 부근에 부시리가 나타났다면 바로 장비와 채비를 바꿔 호기를 놓치지 말아야 할 것이다. 그러기 위해선 사전 지식을 익혀 두어야 한다.

■ 장비와 채비, 미끼 및 포인트

▶**낚싯대** – 찌낚시 중에서 가장 강력한 도구를 사용한다고 생각하면 된다. 3~5kg 정도의 씨알이라면 3~4호대로도 무난히 낚을 수 있다. 그러나 그 이상의 씨알이라면 5호대로도 벅차다.

〈방어 · 부시리 갯바위 찌낚시 채비〉

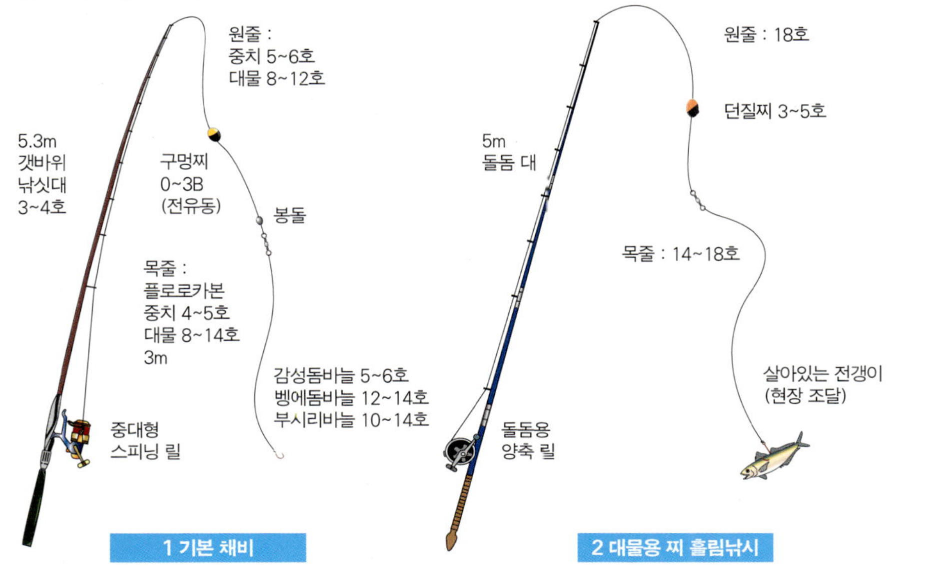

▶**릴** - 권사량이 많고 드랙 기능이 좋은 중형~대형 스피닝 릴을 사용한다. 찌낚시에서 속전속결은 무의미하므로 지구전을 대비해 고성능 릴을 준비한다.

▶**낚싯줄** - 70cm 이하, 5kg급 이하로 만족할 수 있다면 원줄 5~6호에 목줄 4~5호면 된다. 실제로 그 이상의 대물은 갯바위 찌낚시로는 버거운 상대이다. 대물에 대한 욕심을 버릴 수 없다면 원줄 8~12호, 목줄 8~14호가 필요하다.

▶**찌와 바늘** - 구멍찌 0~3B를 사용한다. 부시리와 방어는 회유어로 갯바위에 접근하는 경우 주로 중층에서 수면에까지 몰려다닌다. 유영층에 따라 고부력 찌를 사용하는 반유동 채비 또는 저부력 찌를 사용하는 전유동 채비를 염두에 둔다.

바늘은 감성돔바늘 5~6호, 벵에돔바늘 12~14호, 부시리바늘 10~14호를 사용한다.

▶**미끼** - 크릴을 밑밥, 미끼용으로 두루 사용한다. 부시리나 방어에 초점을 맞추어 출조하는 경우는 드물기 때문에 현장에서 사용 중인 크릴을 그대로 사용하는 것이다. 여건이 된다면 현장에서 낚은 작은 전갱이나 고등어를 활어 상태로 사용해 볼 만한데, 이 또한 너무 큰 씨알이 물면 감당할 수 없는 지경에 이를 수 있다. 크릴 밑밥에는 집어제를 따로 넣을 필요가 없다.

▶**갯바위 찌낚시 포인트** - 부시리와 방어는 조류를 타고 다니므로 주변에 강한 본류대가 흐르고 있어야 좋은 포인트가 형성된다. 멸치와 같은 작은 먹잇감들을 따라 움직이기도 하고 밑밥에 현혹되어 갯바위나 방파제 가까이 접근해 들어온다. 기본적으로는 밑밥을 이용해 부시리와 방어를 불러 모아 인위적으로 포인트를 만든다.

■ 방어 · 부시리 갯바위 찌낚시 이렇게!

①먼저 밑밥을 이용해 집어를 한다. 조류 속도와 관계없이 갯바위 가까운 곳에 뿌리되 크릴만을 품질한다. 밑밥이 자연스럽게 흘러가며 가라앉도록 한다. 멀리 있는 부시리나 방어가 점차 밑밥을 따라 들어오면 유영층을 표층으로 끌어 올리는 것이다.

사정거리 안으로 들어오기 전에는 자주 뿌리고, 근접한 다음에는 가끔씩 뿌려주는 것이 요령이다.

②부시리와 방어는 밑밥에 반응이 좋아 집어가 쉽고 잘 떠오른다. 채비를 투입했다면 미끼와 밑밥을 동조시키는 데 주의한다. 입질은 쉽게 들어온다.

③회유어들은 미끼를 물면 단숨에 달려 나가기 때문에 챔질을 하지 않아도 거의 자동챔질이 된다. 낚싯대가 '휘청' 하는 순간부터 파이팅이 전개되는 것이다.

④챔질 이후 어떻게 제압하느냐에 따라 성패가 좌우된다. 소형이라도 부시리의 힘은 상상 이상이다. 서둘지 말고 침착하게 파이팅 해야 한다.

⑤걸린 물고기의 크기에 따라 다르지만 일반적으로는 다소 약하게 조여둔 드랙을 이용해 차고 나가게 내버려 둔다.

⑥달리다가 멈추면 릴을 감고 다시 차고 나가면 내버려두기를 반복하다보면 점점 끌어들이는 양이 많아질 것이다. 물고기의 힘을 조금씩이라도 빼는 데에 집중한다.

⑦차고 나갔다가 끌려오기를 반복하는 가운데 물고기의 힘이 약해졌다 싶으면 조금씩 릴의 드랙을 조여 준다.

⑧수면에 떠올라 갯바위 가까이로 끌려나왔다면 뜰채로 단숨에 들어낸

〈방어 · 부시리 갯바위 찌낚시 개관〉

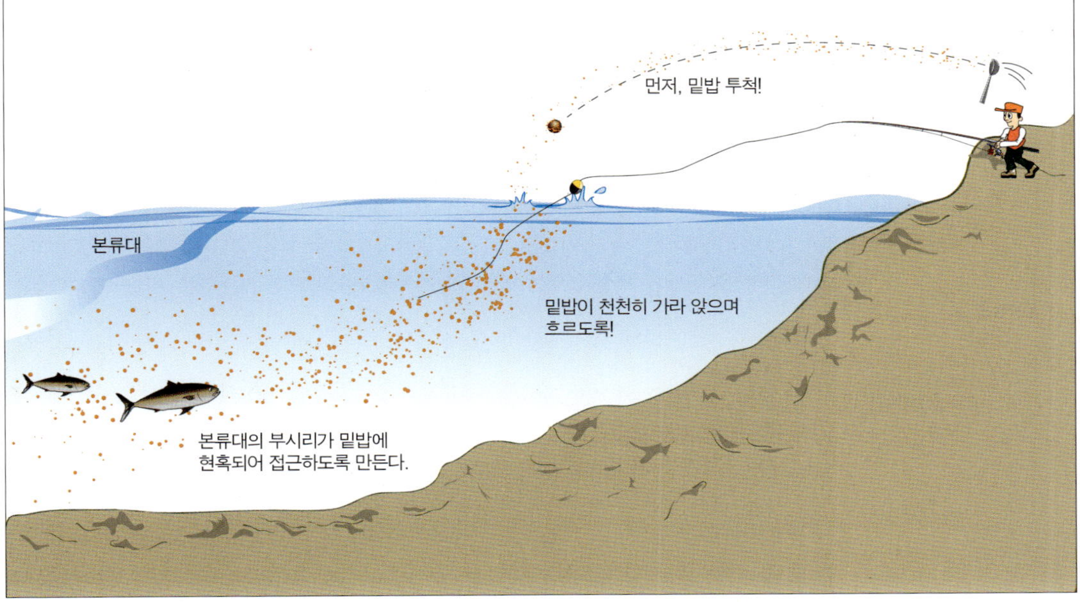

다. 뜰채에 들어가지 않는다면 파도에 태워 얕은 곳으로 유도하고 동료의 도움을 받는 수밖에 없다.

■ 갯바위 찌낚시 핵심 체크 포인트

▶부시리나 방어는 바닥층에 머무는 일이 거의 없고 중층~표층에서 유영한다. 낚시를 하다보면 발밑까지 몰려온 부시리 떼가 목격될 때도 있다.

▶뒷줄 견제로 밑밥과 미끼가 항상 동조되도록 하는 것이 최우선 과제다. 동조가 안 되면 집어가 되어도 입질을 받기 어렵다.

▶밑밥 띠가 천천히 가라앉으면서 자연스럽게 흐르도록 하는 것이 집어 요령이다.

▶밑밥용 크릴에는 집어제를 섞지 않는다. 집어제를 섞으면 밑밥이 빨리 가라앉고, 부시리 · 방어가 깊은 곳에 모이게 되므로 불리한 상황이 된다.

▶조류가 그리 빠르지 않다면 목줄에는 봉돌을 부착하지 않는 것이 미끼가 더 자연스럽게 흘러가도록 하는 방법이다.

▶일반 구멍찌 대신에 기울찌를 사용하기도 한다. 이때는 입질을 찌로 파악하지 않고 원줄을 통해 전해지는 미세한 느낌을 손으로 감지한다. 예신이

▼ 밀고 당기기를 거듭한 끝에 드디어 수면에 떠올라 옆으로 드러누운 부시리. 그러나 방심하지 말고 단번에 뜰채에 담아야 한다. 뜰채 테두리에 걸리면 마지막 거센 몸부림으로 바늘을 털어내고 만다.

들어온 경우 채비를 살짝 끌어주면 확실한 입질을 유도할 수 있다는 장점도 있다.

Figure 방어와 부시리 닮은 잿방어

일본에서 간파치(カンパチ)라 부르며 낚시 대상어로 인기가 높은 잿방어는 방어와 부시리의 사촌지간이다. 그러나 방어와 부시리가 서로 비슷한 모양인 데 비해 잿방어는 몸통이 두툼하여 쉽게 구분이 된다. 더욱이 어린 개체는 두 눈을 가로지르는 줄무늬가 보다 선명해 쉽게 구별할 수 있다.

잿방어는 부시리보다 더 따뜻한 수온을 좋아하는 남방 계열의 물고기로서 우리나라 근해에는 작은 개체들만이 회유하는 것으로 알려져 있었다. 그러나 근년의 해수온 상승 영향인지 제주도 근해에서 10kg급의 성어가 자주 낚이기도 한다. 잿방어는 방어 종류 중에서는 가장 크게 성장하는데 최대 2m 이상에 달하는 것으로 알려져 있다. 호기심이 무척 강해서 루어에 쉽게 반응하고 잘 낚인다. 제주도의 방파제에서는 여름철부터 잿방어 치어들이 떼를 지어 몰려다니는 광경을 쉽게 목격할 수 있다.

Tip 산 전갱이 미끼 흘림낚시

〈전갱이 활어 미끼 꿰기〉

5kg 이상의 씨알을 갯바위에서 낚고자 한다면, 미끼로 크릴을 사용할 것이 아니라 살아있는 작은 물고기를 꿰어 흘리는 것이 확률이 높다. 장비는 돌돔 대에 돌돔용 양축릴, 3~5호의 대형 던질찌, 여기에 목줄 14~18호의 채비가 필요하다. 미끼는 현장 조달이 원칙이다.

전갱이나 고등어를 낚아 산 채로 코꿰기나 등꿰기를 하여 흘려준다. 릴은 '프리' 상태로 하고 라체트 스위치(라인 방출 알람 레버)를 넣어 둔다. 그러면 살아있는 미끼가 다가온 부시리에 놀라 도망가려 버둥거릴 때, 그리고 입질을 할 때에 소리가 난다. 릴에서 '끼리릭' 하는 소리가 울리기 시작했다면 전투개시 신호이다.

방어 · 부시리 선상 찌낚시

메가톤급 파워 피싱으로 명명된 낚시가 '부시리 선상 찌낚시'이다. 낚싯배를 타고 4~5호 갯바위 낚싯대를 사용하는 찌 흘림낚시로, 파괴적인 손맛에 이를 즐기는 전문 꾼들이 많다. 포인트 여건에 따라서는 입질을 받고도 끌어내지 못하는 경우가 허다할 정도다.

갯바위낚시에 비해 대형급들을 만날 수 있을 뿐만 조황도 훨씬 유리한 편인데, 회유 시기와 장소 선정이 선결 과제이다.

■ 장비와 채비, 미끼 및 포인트

▶**낚싯대** - 부시리의 크기를 기준으로 3~5호대가 선택된다. 주로 4호대를 기준으로 하는데, 연질의 돌돔 대를 사용하기도 한다. 길이는 5m가 최적으

〈방어 · 부시리 선상 찌낚시 채비〉

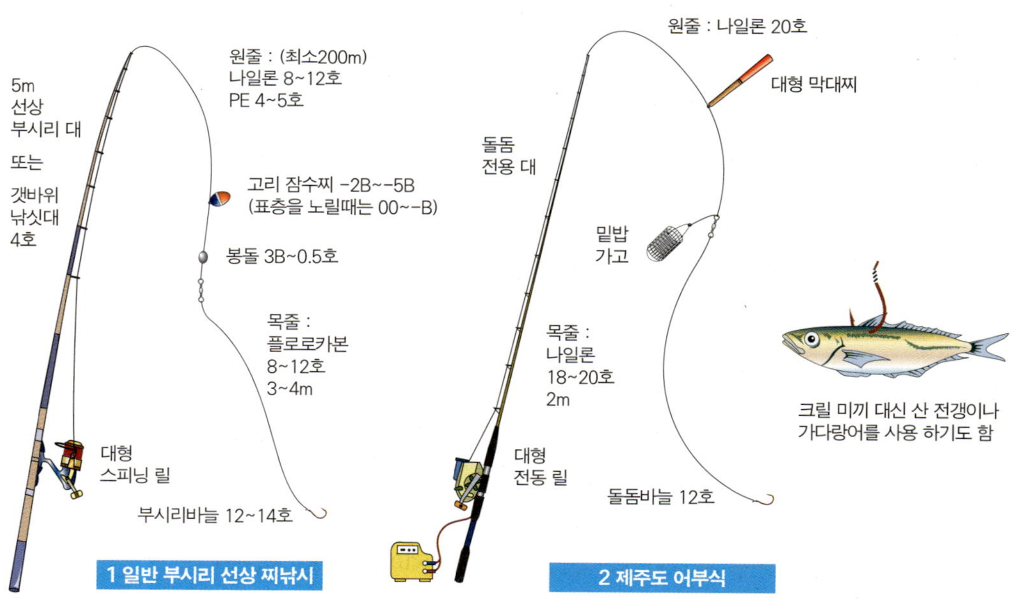

로 이보다 짧거나 길면 불리하다.

▶**릴** - 대형 스피닝 릴이 우선이다. 낚이는 사이즈가 중치급 위주라면 중대형 릴도 문제없으나 대부시리를 목표로 한다면 굵은 줄이 넉넉히 감기는 권사량이 많은 릴이 필요하다. 결국 원줄 10~12호가 150m 이상 감기는 대형 릴이 필요하다.

▶**낚싯줄** - 원줄로는 나일론 8~12호 또는 PE 4~5호를 사용한다. 일반적으로 나일론 원줄의 선택이 많다. 중형 부시리를 낚는다면 8호 원줄도 좋지만, 대부시리에는 10호가 기준이다. 더 굵게 12~14호까지도 사용하지만 릴의 권사량 문제가 따르고, 조류의 저항을 많이 받게 되는 등 불리한 측면이 작용한다.

릴에는 원줄을 최소한 200m는 감아야 한다. 목줄은 플로로카본 8~12호를 포인트 여건에 맞춰 사용한다. 여 쓸림이 적다면 8호가 이상적이다. 너무 굵게 사용하면 눈이 밝은 회유어의 경계심을 사게 돼 입질에 불리하다.

목줄의 길이는 3~4m로 한다.

▶**찌와 봉돌, 바늘** - 일반적으로는 잠수찌를 사용한다. 부력은 -2B~-5B로 조류의 세기와 대상어의 유영층을 감안하여 선택한다. 표층에서 입질을 한다면 00~-B의 천천히 가라앉는 잠수찌를 사용하기도 한다. 상황에 따라 즉각적인 교환을 위해 고리 형식의 잠수찌가 유리하다.

봉돌은 3B에서 0.5호로 무겁게 사용한다. 대부분의 포인트가 수심이 깊은 본류대이기 때문이다. 바늘은 부시리바늘 12~14호나 참돔바늘 12~14호를 사용한다.

◀ 물속에서 크릴 미끼가 자연스럽게 움직이도록 한, 한 마리 꿰기와 두 마리 꿰기의 표본(왼쪽). 크릴 밑밥이 조류를 타고 지속적으로 자연스레 빠져나가도록 그물망에 넣은 모습(오른쪽).

▶미끼 – 미끼 · 밑밥 모두 크릴을 사용한다. 미끼용은 가능하면 큰 크릴을 골라 바늘에 두 마리씩 꿰어 사용한다. 밑밥용 크릴은 조류에 실려 조금씩 떠내려가도록 망에 넣어 설치하거나 수시로 조금씩 뿌려주어야 한다. 밑밥으로 인해 부시리가 모여들고 포인트가 형성되는 것이다. 밑밥의 필요한 양은 낚싯배 한 척에 크릴 1~2박스 정도.

▶선상 찌낚시 포인트 – 조류가 강하게 흐르는 곳, 해저에 들쭉날쭉한 암초가 이어지는 곳, 조류의 주요 통로인 물골 지형 등이 좋은 포인트이다. 이런 장소에 크릴 밑밥을 꾸준히 흘려 무리가 흩어지지 않도록 붙잡아 두는 것도 중요한 요소이다.

그밖에 선상 찌낚시에서 조과의 성패는 낚싯배가 정박한 위치에 크게 좌우된다. 무엇보다도 선장의 경험과 실적이 있는 장소에 대한 판단, 그리고 선장의 포인트 선정에 대한 낚시인의 신뢰가 중요하다.

■ 방어 · 부시리 선상 찌낚시 이렇게!

①포인트 선정은 선장에게 일임하거나 경험이 풍부한 사람이 정하고 닻

〈방어 · 부시리 선상 찌낚시 개관〉

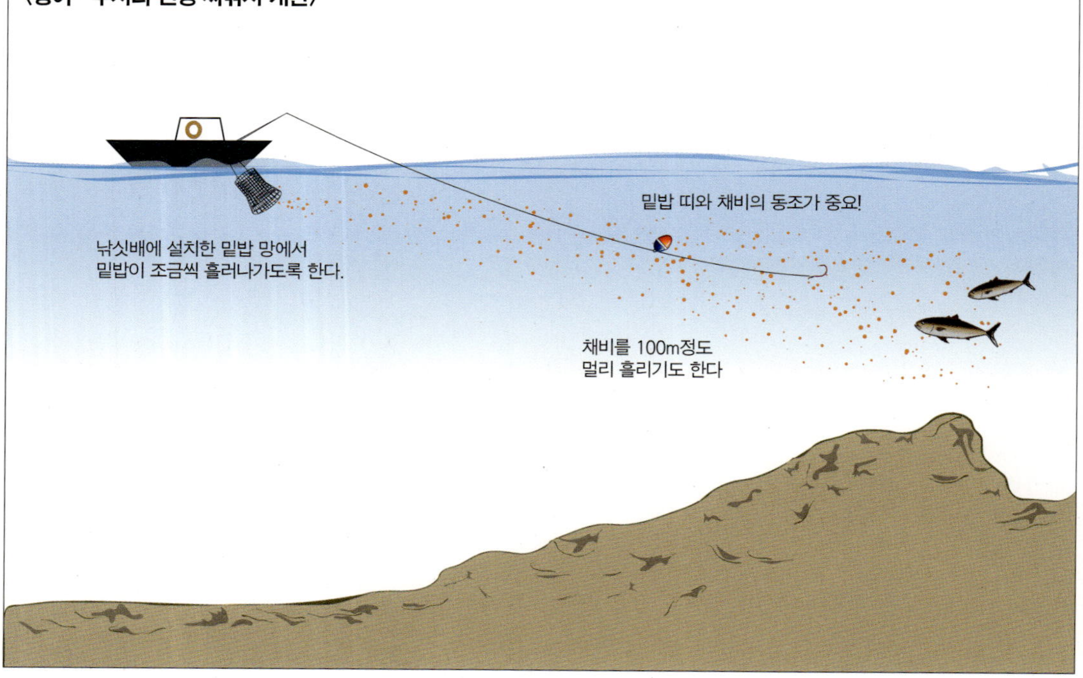

을 내려 낚싯배를 고정시킨다.

②채비를 수면에 내리고 릴의 베일을 열어 채비가 조류를 타고 자연스럽게 흘러나가도록 한다.

③첫 흘림에서는 어디쯤에 집어가 되었고 어디에서 입질을 할지 예상할 수 없으므로 찌가 보이지 않아도 원줄이 거의 풀릴 때까지 채비를 흘려본다. 입질이 들어오는 위치가 파악되면 이후에는 그 정도까지 채비가 흘러가도록 하면 된다.

④입질이 오면 원줄의 풀림 속도가 달라지는 것으로 알 수 있다.

⑤입질이 확인되면 베일을 닫고서 릴링과 동시에 낚싯대를 강하게 들어 챔질을 한다. 원줄이 흘러가고 있었기 때문에 많이 늘어져 있는 관계로 약한 챔질은 효과가 없으니 주의한다.

⑥챔질이 되면 낚싯대가 활처럼 휘어드는 강력한 저항을 느낄 수 있다. 낚싯대의 탄력과 드랙 조정으로 물고기의 힘을 빼면서 끌어들인다.

⑦초반에 제압하지 못하면 대부분 수중여에 목줄이 쓸려 끊어질 수도 있으므로 처음부터 드랙을 조여 바늘에 걸린 방어나 부시리가 바닥으로 처박지 못하게 해야 한다.

⑧수면에 떠오른 방어와 부시리는 대형 뜰채로 떠 올린다.

■선상 찌낚시 핵심 체크 포인트

▶이 낚시의 특성상 한 척의 낚싯배에 올라 함께 낚시를 할 수 있는 인원에 제한이 따른다. 배의 크기에 따르지만 4~6명이 한계이다.

Tip 제주도의 어부식 선상 찌낚시

제주도의 선상 찌낚시는 남해에서 행해지는 것과는 조금 다른 양상이다. 장비는 대형 전동 릴을 돌돔 대에 장치하는 등 강력하게 준비한다. 채비도 목줄을 18~20호로 굵게, 또한 잠수찌가 아니라 길이가 1m에 달하는 특대형 막대찌가 동원된다. 밑밥은 따로 투여하지 않고 채비에 '가고(철망)'를 달아 여기에 넣어 사용한다.
미끼는 크릴을 사용하기도 하지만, 대형급을 골라 낚기 위해 살아있는 전갱이나 소형 가다랑어를 '등꿰기'로 하여 흘리는 방법도 사용한다.

▶같은 배에 승선한 낚시인은 채비가 동일해야 한다. 같은 굵기의 원줄과 목줄, 같은 부력의 찌여야 채비의 엉킴이 적다.

▶입질 타이밍은 만조 직후 또는 간조 직후이다. 거세게 흐르던 조류가 살짝 죽어드는 시점이다.

▶여유롭게 파이팅을 하다간 십중팔구 놓치고 만다. 방어 또는 부시리가 걸려들었다면 속전속결, 강제 집행이 기본이다.

Tip 일본식 외줄 '가고낚시'

〈부시리 선상 찌낚시 개관〉

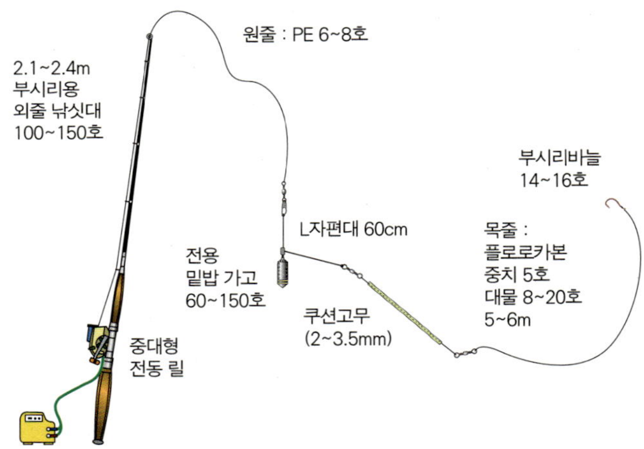

일본에서는 외줄낚시로 방어와 부시리를 낚는다. 이 낚시의 특징은 밑밥을 멀리까지 흘리는 것이 아니라 채비에 '비시가고(봉돌 달린 망)'를 부착해 여기에 밑밥을 넣어 조금씩 빠져나가게 하는 것이다. 여럿이 이렇게 하면 어군이 낚싯배 가까이에 형성되므로 낚시의 효율이 좋을 수밖에 없다.

추부하 50호 정도의 외줄 낚싯대와 중형~대형의 전동 릴을 사용하고, '가고'가 부착된 L자편대가 채비에서 중요한 부분이다.

채비를 적당한 수심층에 드리운 다음, 일정한 간격을 두고 낚싯대를 치켜들어 '가고' 안에 들어있는 밑밥이 빠져나가게 하여 어군을 모으는 것이 기본적인 테크닉이다.

방어 · 부시리 루어낚시(1) ‖ 선상 캐스팅

방어나 부시리를 타깃으로 하는 보트 캐스팅은 21세기에 들어서 발전되기 시작한 최신 장르의 낚시이다. 덕분에 해외 열대 해역에서 즐기는 낚시 장르라 여기던 바다의 톱 워터(top water) 게임을 우리나라 연안에서도 맘껏 즐길 수 있게 되었다.

톱 워터 피싱의 매력은 대상어가 입질하는 순간을 눈으로 볼 수 있다는 점이다. 더욱이 수면에서 폭발하는 입질 장면에 한 번 매료되면 그 중독성을 좀체 떨치지 못한다. 낚싯배 위에서 루어를 던져 방어 · 부시리를 겨냥하는 낚시가 그 중의 하나다.

■ 장비와 채비, 루어 및 포인트

▶낚싯대 - 길이 7.2~8.6피트의 보트 캐스팅 전용 대를 사용한다. 부시리 캐스팅용으로 특별히 만들어진 일본 제품이 많다. 그동안 보트 캐스팅 낚싯대라고 하면 만세기용이거나 해외 어종인 GT용이 대부분이었지만 부시리 보트 캐스팅이 정착되면서 부시리 전용 대가 등장한 것이다. 사용 루어 무게가 최대 100g 전후라면 알맞다. 20kg가 넘는 특대형이 기대되는 장소라면 연질의 GT용 낚싯대를 사용하기도 한다.

일본의 부시리낚시 승합선을 예로 들면, 동시에 많은 낚시인을 태우는 선박의 경우, 언더 캐스팅이 레귤레이션으로 정해져 있기도 하다. 이 경우에는 7.2~7.4피트의 짧은 길이의 낚싯대가 필요하다. 오버헤드 캐스팅이 가능한 낚싯배라면 길이의 제약은 없다.

▶릴 - 캐스팅에 적합한 스피닝 릴이 우선이다. 크기는 중대형. 드랙 성능이 좋고 부품과 몸체가 견고한 고급 제품을 필요로 한다.

▶낚싯줄 - 3~5kg 정도의 소형만이 기대되는 경우가 아닌 이상, 원줄로는 PE 6호가 적합하다. 수직지깅에 사용하는 3~4호라도 인장강도라는 측면에서는 특별한 하자가 없지만, 캐스팅 낚시에서는 원줄이 가이드와 세게 부딪

치는 일이 많으므로 더 굵게 사용하는 편이 바람직하다.

쇼크리더는 나일론 80파운드를 기준으로 하여 수심이 얕은 장소나 30kg급이 출몰하는 포인트에서는 100파운드까지도 준비해 둔다. 길이는 낚싯대 길이의 두 배보다 약간 더 길게 연결한다.

▶**루어** – 무게 40~100g의 각종 톱워터 플러그가 사용되지만, 가장 확실한 효과를 보이는 것은 펜슬 베이트이다. 실제 멸치 · 정어리 · 꽁치 등과 매우 흡사하게 만들어진 일본제 부시리 캐스팅용 펜슬 베이트가 우후죽순처럼 개발되고 있다.

▶**선상 캐스팅 포인트** – 수직지깅 낚시와 포인트 조건은 대동소이하다. 다른 점이라면 수직지깅보다는 얕은 수심에서 낚시를 할 수 있다는 점이다. 대형 간출여 주변, 해저에 불규칙한 암초가 넓게 깔려 있는 장소 등이 1급 포인트이다. 이런 장소에 조류가 빠르게 흐르고 있어야 하고 작은 물고기들이 들어와 있어야 한다. 그밖에 수면에서 먹이를 쫓고 있는 모습이 보인다거나 갈매기가 모여 날고 있는 장소가 공략 포인트이다.

〈방어 · 부시리 선상 캐스팅 채비〉

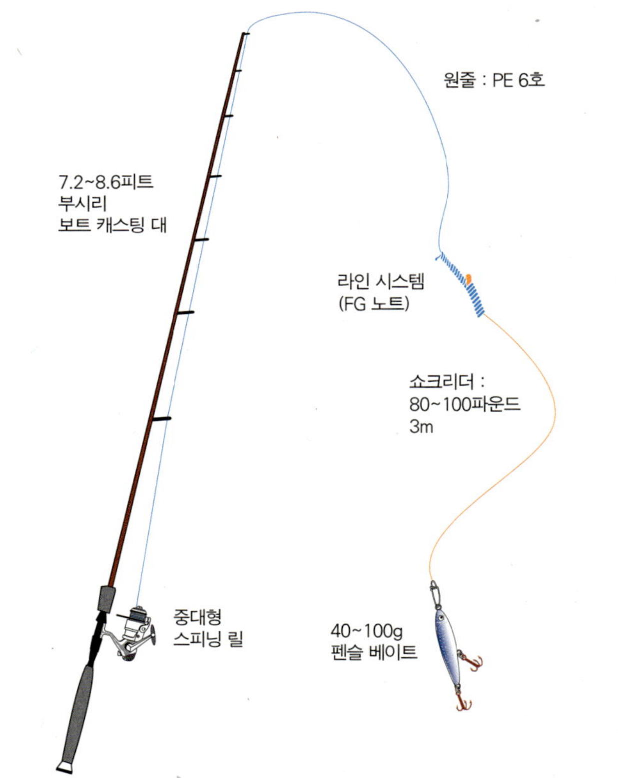

■ 방어 · 부시리, 선상 캐스팅 이렇게!

①선택한 루어를 원하는 장소에 던진 후 액션을 주며 릴링을 한다. 펜슬 베이트의 액션 방법은 저킹(jerking)이다. 낚싯대의 팁을 이용해 빗자루로 마당을 쓸 듯 당겨주면 된다. 펜슬 베이트가 수면을 파고들어 움직이다가 다시 수면에 떠오르는 동작을 반복시킨다. 당기는 폭과 강도를 조절하여 펜슬 베이트의 움직임에 변화를 준다.

②수면에 작은 물고기 떼가 보인다

면 그곳을 향해 캐스팅 하되, 한가운데로 던지기보다는 양쪽 가장자리로 던져 무리에서 이탈하는 먹잇감으로 보이도록 연출하는 것도 효과적이다.

③방어나 부시리의 활성이 좋다면 입질은 수면에서 움직이는 루어를 덮치듯이 나타난다. 입질이 약한 경우는 루어를 따라오다가 건드리는 듯한 행동만 하는 경우도 있다.

④입질이 있다면 서두르지 말아야 한다. 대상어가 루어를 입 안에 넣고 뒤돌아 가는 순간을 기다려 챔질을 한다. 여유를 갖고 반 박자 기다린 후 챔질하는 것이다. 챔질은 단발이 아니라 서너 번 강력하게 해 준다.

⑤바늘이 입에 박힌 방어와 부시리는 암초 속으로 되돌아가려고 처박듯 내달린다. 부시리가 더욱 그러한데, 낚싯대의 탄력과 완력으로 버텨 초반 제압에 성공해야 한다.

⑥어느 정도 버티던 물고기가 진행 방향을 바꾸면 처박히던 낚싯대에 느낌이 오는데, 이때 여유를 주지 말고 펌핑으로 끌어올린다. 펌핑 동작에서는 낚싯대의 탄력을 유지해 낚싯줄의 장력에 변화가 없도록 주의한다.

⑦수면에 올라온 방어나 부시리는 최후의 발악을 한다. 이에 주의하면서

〈부시리 선상 캐스팅 개관〉

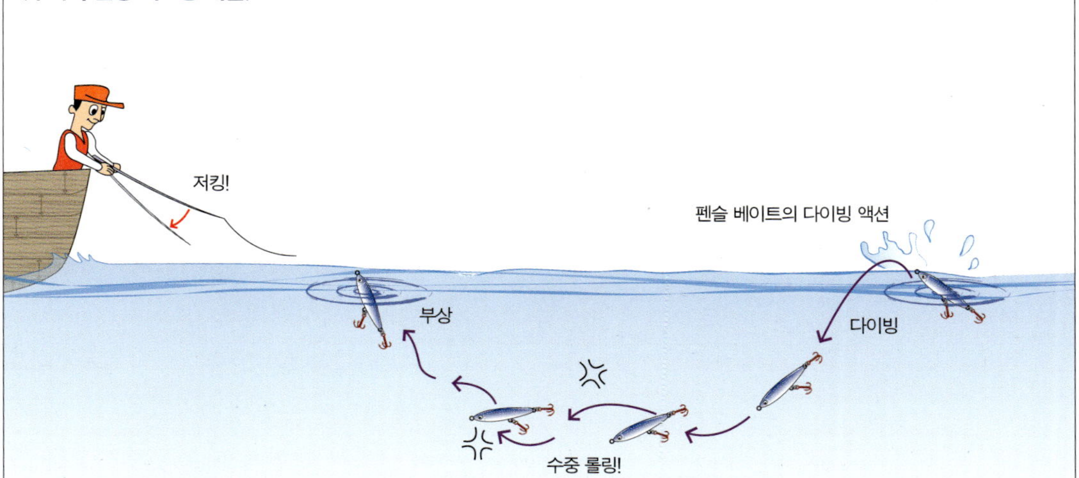

뜰채를 사용해 건저 올린다.

■ 선상 캐스팅, 핵심 체크 포인트

▶루어를 캐스팅하는 낚시는 수직지깅에 비해 공간의 제약이 많다. 동시에 낚시할 수 인원도 지깅의 절반 정도임을 감안하고 낚시에 임해야 한다.

▶대형 트레블 훅이 두 개씩 달린 플러그가 공중을 날아다니므로 캐스팅할 때는 던지는 사람이나 주위에 있는 사람 모두 안전사고를 예방할 수 있도록 충분히 주의해야 한다.

▶수면에 부시리의 공격이 보이고 낚싯대가 '휘청' 하더라도 섣부른 챔질은 금물이다. 방어와 부시리의 입질은 루어를 깨무는 것이 아니고 흡입하기 때문에 섣부른 챔질은 훅킹 미스로 이어진다. 방어와 부시리는 루어에 대한 공격이 서툴다고 생각하는 것이 좋다.

▶보트 캐스팅 역시 혼자 하는 낚시가 아니다. 누군가 한 사람이 히트하면 다른 사람들은 채비를 거둬들여야 한다. 완전히 낚아 올릴 때까지 서로를 위한 배려가 필요한 것이다.

▼'보리 누름'의 봄철 농어에 이어 7월부터 부시리가 나타나 9월까지 시즌을 이어가는 서해 어청도 해상. 선상 루어낚시의 명당이다.

방어 · 부시리 루어낚시(2) ‖ 수직 지깅

쇠붙이로 된 메탈 지그를 사용하는 루어낚시 분야를 특별히 지깅(jigging)이라 부른다. 그 중에서도 수직 지깅은 이름 그대로 낚싯배 위에서 메탈 지그를 수직으로 깊은 해저에 가라앉힌 후 여러 가지 액션을 가하는 낚시 방법이다. 육식성 어류의 본능을 이용한 역동적이고 열정적인 낚시라고 표현할 수 있다.

지깅 대상어 가운데 방어와 부시리는 자타가 공인하는 최고의 사냥감으로 한 번 그 폭발적인 손맛을 보게 되면 꼭 또다시 찾게 된다. 국내 루어낚시 대상어 가운데 파워 측면에 있어 이들을 필적할 만한 어종은 없다.

■ 장비와 채비, 루어 및 포인트

▶**낚싯대** - 지깅 전용 대가 있어야 한다. 지깅용이 아니라면 내구성이 떨어져 사용 중 파손의 위험이 따른다. 길이는 5~6.2피트(약1.5~1.9m), 대상어의 크기와 사용할 지그의 무게를 감안하여 선택한다. 예를 들어 낚이는 사이즈가 평균 3~5kg 정도라면 사용 지그 무게가 최대 150g 정도인 경량급 지깅 대, 5~10kg 정도라면 사용 지그 무게가 최대 250g 정도인 중량급 지깅 대를 선택한다.

▶**릴** - 지깅에 사용하는 릴은 스피닝 릴과 양축 릴로 크게 양분된다. 그러나 무엇보다도 우선시되어야 할 점은 견고함과 드랙 성능이다. 지깅에는 원줄로 PE 낚싯줄을 사용하기 때문에 신축성이 전혀 없어 충격흡수가 되지 않고 릴에 상당한 무리가 따른다. 이를 충분히 견디도록 모든 부품이 튼튼해야 한다. 그러나 무겁고 둔해서는 안 되고 필요할 때 부가 기능이 발휘되는 고급, 고성능 릴이 필요하다. 대상어가 5kg급 정도라면 중형, 10kg 이상이 기대된다면 중대형 릴이 좋다.

▶**낚싯줄** - 원줄은 PE를 사용한다. 그 외에는 생각할 필요가 없다. 작은 씨알 위주의 낚시에는 PE 2~3호, 중치급 이상에는 PE 4호를 사용한다. 수직

〈방어 · 부시리 수직 지깅 채비〉

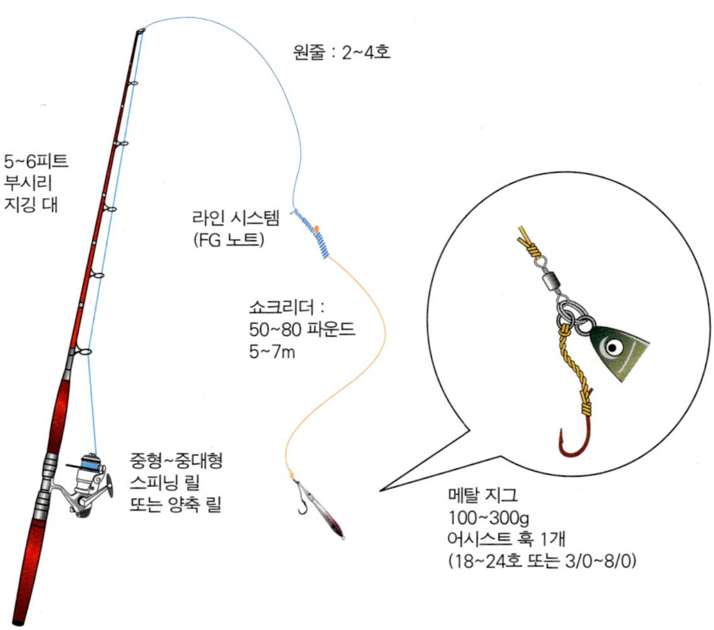

지깅은 수심 파악이 중요하므로 10m 또는 20m마다 다른 색상으로 염색된 낚싯줄이 필수이다.

쇼크리더는 나일론이나 플로로 카본을 사용하되 대상어의 크기와 바닥 지형을 참고로 50~80파운드를 사용한다. 바닥이 험한 암초지대나 20kg 이상급이 기대되는 포인트에서는 100파운드를 사용하기도 한다. 쇼크리더의 길이는 5~7m 정도로 길게 연결한다.

▶루어 - 무게 100~300g의 메탈 지그를 수심과 조류에 따라 사용한다. 메탈 지그에는 다양한 형태가 있지만, 어떤 것이 잘 낚인다는 정답은 없다. 해당 포인트의 조류와 날씨, 수심 또는 먹이 종류 등이 모두 변수로 작용한다. 그러므로 낚시를 떠나기 전에 현지에서 잘 먹히는 지그의 형태와 색상 등이 어떠한지를 미리 확인하는 것이 좋다. 특히 부시리는 길쭉하게 생긴 롱 지그의 액션에 흥미를 보이는 것으로 알려져 있어 부시리 지깅 출조 시에 롱 지그는 기본으로 챙기는 것이 좋다.

지그에 장치하는 바늘은 어시스트 훅의 형태로 위쪽에 부착한다. 바늘을 하나만 부착하기도 하고 두 개를 부착하기도 한다. 어시스트 바늘은 지그의

1/3 위치에 오도록 부착하는 것이 좋다. 바늘 사이즈는 지그의 크기에 맞춰 지깅 어시스트 전용 바늘 18~24호(또는 3/0~8/0)를 사용한다.

▶**수직 지깅 포인트** – 주요 포인트는 조목(潮目) 주변, 또는 커다란 수중암초 주변이나 수중 절벽이 형성된 곳 등, 조류가 강하게 흐르고 있는 경우이다. 그리고 이런 장소에 먹이가 되는 작은 물고기 떼가 확인되어야 포인트 조건이 갖추어 진다.

결국 이런 장소를 찾아내기 위해서는 선장의 노련한 안목과 어군 탐지기가 동원되어야 한다. 그럴듯한 수중 지형에 먹잇감이 풍부하지 어군탐지기에 나타나는데도 입질이 없다면 물때 · 조류 · 수온 · 물색 등과 같은 변수 중에 무엇인가 맞지 않아 방어나 부시리가 사냥을 개시하지 않는 것으로 판단해야 한다.

■ 방어 · 부시리 수직 지깅 이렇게!

①포인트에 도착했다면 선장으로부터 수심을 확인 받고서 지그를 내린다. 어군탐지기에 찍히는 베이트 피시의 유무를 보고 입질 예상 수심을 짐작해 둔다.

②조류에 떠밀리면서 내려가는 지그가 해저에 닿는 느낌이 전해지면 액션을 가하기 시작한다. 풀려 나가던 원줄이 멈칫하는 순간이 바로 지그가

Tip 수직 지깅에 적합한 릴의 기어비(比)

고급 스피닝 릴은 기어비가 높은 것(하이 기어)과 낮은 것(파워 기어)으로 나누기도 한다. 실제 루어를 재빠르게 움직이거나 늘어진 낚싯줄을 빨리 감아 들인다는 관점에서는 릴의 핸들 1회전에 대한 기어 회전비가 높은 것이 유리하다. 그러나 자동차의 변속 기어와 마찬가지로 기어비가 높으면 빠르기는 하되 힘(토크)이 없다. 고속 기어비의 릴과 저속 기어비의 릴은 핸들을 돌려보면 핸들 회전이 감촉에서부터 차이가 난다. 고속 기어는 핸들이 무겁고 저속 기어는 가볍게 돌아간다.

수직 지깅은 커다란 지그를 깊은 수심에서 사용하기 때문에 수압에 의한 저항이 크다. 이와 같이 저항이 큰 지그를 최소한의 힘으로 가뿐하게 움직일 수 있어야 한다. 더욱이 지깅은 기다리는 낚시가 아니라 계속해서 릴을 감으며 지그를 움직여 주는 낚시다. 사용하는 사람이 피로를 느끼지 않고 하루 종일 낚시를 하려면 어떤 것이 필요할 것인가는 생각할 필요도 없다. 물론 완력에 자신이 있다면 하이 기어 릴도 상관없다.

〈방어 · 부시리 수직 지깅 개관〉

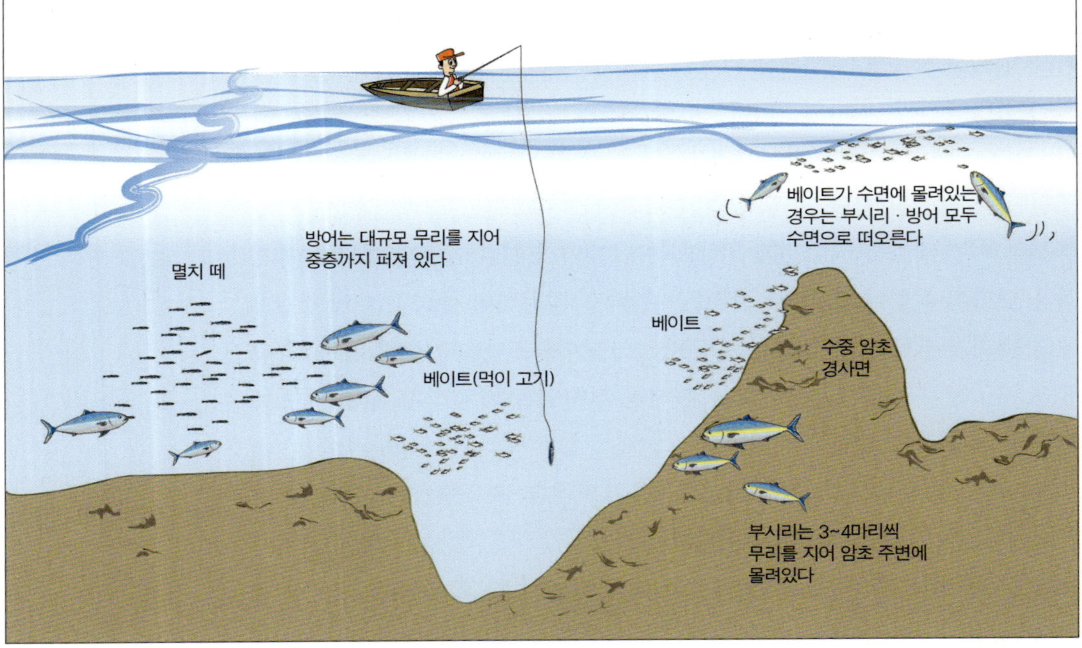

바닥에 닿는 순간이므로 곧바로 릴의 베일을 닫는다. 이때 풀려 나간 원줄의 색상을 보고 나름대로 수심을 추정해 두면 다음 동작에 도움이 된다.

③지그에 액션을 주며 감아올린다. 수면까지 감아올릴 필요 없이 입질 예상 수심보다 더 올라왔다면 릴의 베일을 열어 지그를 다시 가라앉힌다.

④주요 3대 지그 액션 방법을 기초로, 이들 방식을 적절히 혼용하면서 그날에 잘 맞는 액션을 찾아낸다. 기초 동작을 응용한 혼합 액션을 콤비네이션 저크(combination jerk)라고 부른다.

⑤3회 정도 거듭 지그를 가라앉혔는데도 입질이 없다면 지그가 여에 걸리기 쉬워지므로 일단 지그를 완전히 수면 밖으로 회수했다가 다시 투입한다.

⑥입질은 둔탁하게 낚싯대가 휘청하며 들어온다. 이때 당황하지 말고 침착하게 대처한다. 방어와 부시리는 입을 벌려 지그를 흡입하므로 물고 반전하기를 기다리는, 찰나의 시간이 필요하다.

⑦완전하게 바늘이 입 안에 들어갔다고 판단되면 강하게 낚싯대를 들면서 챔질을 하되, 2~3번 반복하여 강한 챔질을 해준다.

⑧방어와 부시리는 입질 후 초기 제압이 중요하다. 낚싯대의 강한 반발력

을 이용해 암초 틈새로 돌진하려는 대상어를 암초에서 떨어지도록 하고, 머리를 들어 올린다는 기분으로 버틴다. 특히 부시리가 방어보다 여로 처박히는 경향이 강하다. 주의하지 않으면 아무리 쇼크리더가 굵어도 암초에 쓸려 끊어진다.

⑨낚싯대를 끌어올렸다가 내리면서 릴을 감는, 이른바 펌핑으로 서서히 수면으로 끌어올린다. 펌핑 동작 과정에서는 낚싯대의 탄력을 유지해 낚싯줄의 장력에 변화가 없도록 주의한다.

⑩수면으로 올라오더라도 대물은 갑작스레 반전을 하는 등 격렬한 저항을 한다. 주의하면서 뜰채로 들어낸다.

■ 수직 지깅 핵심 체크 포인트

▶기본적으로는 깊은 수심에서 얕은 수심 쪽으로 즉, 여가 솟아있는 방향으로 배를 흘려가면서 낚시를 하므로 선장에게 수시로 수심 변화를 들으면서 낚시를 한다.

▶밑걸림은 다반사이다. 지그의 착지를 확인하기 어려운 초보자일수록 밑걸림을 많이 당한다. 밑걸림이 발생하면 굵은 목줄(쇼크리더)과 강력한 원줄로 인해 당겨 끊는 것도 쉽지 않다. 자신이 없다면 선장에게 부탁하자.

▶조류가 강해 지그가 너무 떠내려가 바닥을 찍지 못한다면 지그 무게를 늘리는 것보다는 원줄을 가늘게 쓰는 것이 더 효과적이다.

▶여럿이 낚시하는 경우에 누군가 한 사람이 히트하면 다른 사람들은 채비를 빨리 거둬들여 트러블을 사전에 예방해야 한다. 완전히 낚아 올릴 때까지 서로를 위한 배려가 필요하다.

▶방어 · 부시리 지깅은 운동량이 매우 많은 낚시 장르이다. 더욱이 히트 이후의 공방전에서도 순발력과 지구력이 필요하므로 낚시인 스스로 기초 체력을 길러두어야 즐거운 낚시가 성립된다.

▶안전을 위한 장비는 필수이다. 특히 승선 시에 구명동의를 잊지 말 것.

Tip 3대 지그 액션 방법을 익히자

■ 하이 피치 쇼트 저크(high pitch short jerk)

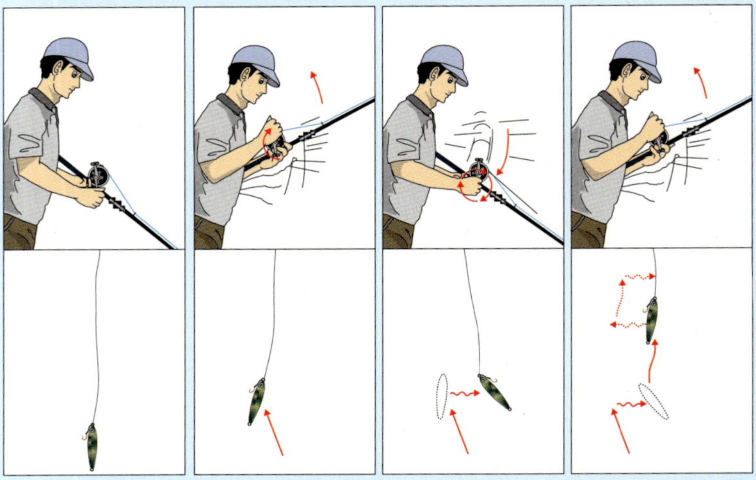

가장 기초적인 지그 액션 방법으로, 낚싯대를 한 번 채듯 당겨 올렸다(저크) 낮추면서 릴의 핸들을 감는 동작을 재빠르게 진행하는 것이다. 낚싯대 1회 저크 당 릴의 핸들을 감는 회수는 마음대로이지만 일반적으로 1~3회를 행한다. 중요한 것은 전 과정을 리듬을 타듯 매끄럽게 진행하는 것이다. 보통 지그가 회오리 형태의 궤적으로 그리며 올라오므로 '스파이럴 저크(spiral jerk)'라고도 부른다.

■ 페달 저크(pedal jerk)

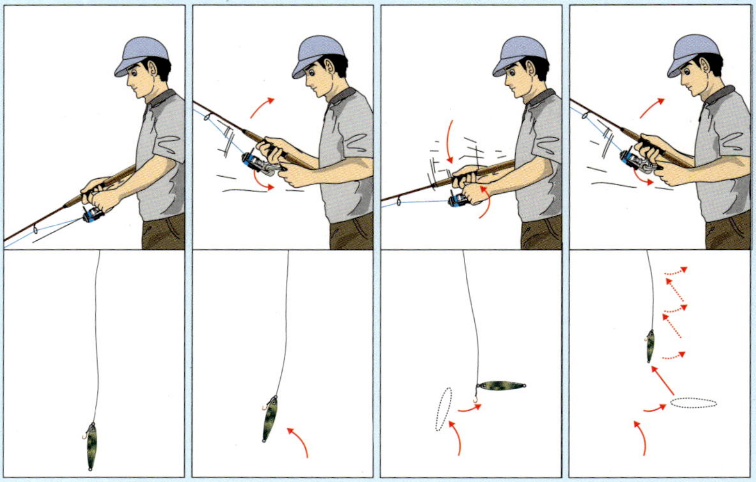

낚싯대를 채는 동작과 릴을 감는 동작이 쉴 틈 없이 연속으로 이어지게 하는 방법이다. 마치 두 손으로 자전거 페달을 돌리는 형태와 같다 하여 이름 지어진 저크 방식이다.

낚싯대가 위로 올라갈 때는 릴의 핸들을 아래로 돌리고, 낚싯대가 아래로 내려갈 때는 릴의 핸들을 위로 돌린다. 즉 양손이 교대로 격하게 위아래로 오르내리는 동작을 반복한다. 지그의 형태에 따라서는 단조로운 움직임이 되기 쉬우므로 액션 도중에 순간 멈춤 동작을 가하는 것도 좋다.

■ 원 피치 원 저크(one pitch one jerk)

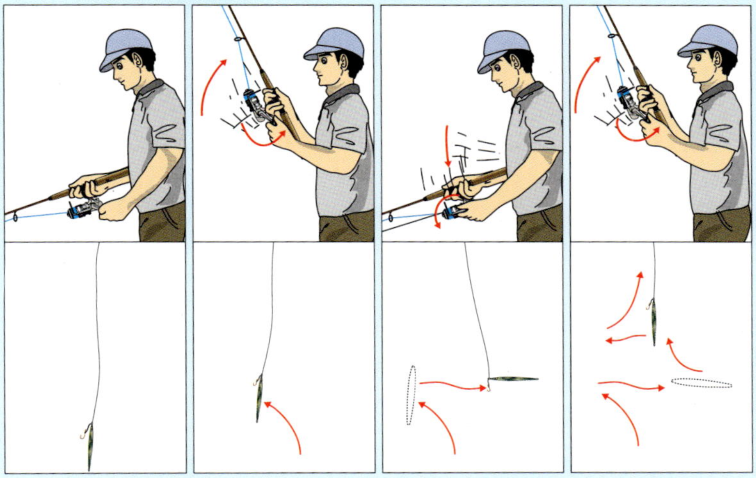

낚싯대를 한 번 챔질하는 데에 따라 릴도 한 번 감는 동작을 되풀이하는 방식이다. 낚싯대를 위로 챌 때 릴의 핸들을 한 바퀴 돌린다. 페달 저크가 양손으로 페달을 돌리는 듯한 형태인 것과 달리, 양손이 동시에 같이 오르내리는 동작이다.

롱 지그의 등장과 함께 지그의 폴링과 슬라이드 동작을 의식하여 개발된 방법으로서 저크의 폭, 저크 도중 낚싯줄의 늘어짐에 의해 다양한 변화를 줄 수 있다. 다른 액션 방법과는 달리 천천히 하는 느린 동작이 많다.

방어 · 부시리 루어낚시(3) ‖ 쇼어 지깅

메탈 지그를 낚싯배 위에서 수직으로 내려 액션을 가하는 방법이 '수직 지깅'인 데 비해 '쇼어 지깅'은 연안 방파제나 갯바위에서 지그를 멀리 캐스팅 하는 것이다. 선상 캐스팅이나 선상 수직 지깅과 마찬가지로 방어 · 부시리를 노리는 낚시 기법 중의 하나로 비용 부담이 덜한 것이 장점이다.

대상어의 크기가 중치급 이하라면 본격적인 장비를 갖추지 않아도 된다. 에깅용이나 농어낚시용 장비만으로도 상상을 초월하는 진한 손맛을 느낄 수 있다.

■ 쇼어 지깅 장비와 채비, 포인트

▶낚싯대 – 본격적으로 부시리를 노린다면 길이 9~11피트에 루어 무게

〈방어 · 부시리 쇼어 지깅 채비〉

100g까지를 원투할 수 있는, 허리힘이 강한 쇼어 지깅 전용 대가 필요하다. 그밖에 30~50cm 정도의 작은 사이즈를 대상으로 한다면 에깅 대나 농어 대를 사용해도 무방하다.

▶릴 - 릴의 선택도 낚싯대와 마찬가지이다. 낚이는 평균 사이즈로 결정한다. 본격적인 쇼어 지깅이라면 중대형 스피닝 릴을, 작은 사이즈를 상대할 경우는 소형~중형 스피닝 릴이면 된다. 어느 경우라도 지그를 고속으로 움직여 주어야 하므로 기어비가 높은 하이기어 릴이 필요하다.

▶낚싯줄 - 원줄로는 PE 3~4호를 사용한다. 그 이상의 굵기는 원투에 불리하다. 쇼크리더는 나일론이나 플로로카본을 사용하되 낚시터 지형과 수심을 고려하여 50~100파운드를 사용한다. 길이는 낚싯대 길이의 2배 이내로 해야 낚시에 불편이 따르지 않는다.

3kg 이하의 소형을 상대로 한다면 원줄은 PE 2호 이하로도 충분하다.

▶루어 - 지그는 무게 20~100g까지 다양하게 준비한다. 낚시터 부근에 들어와 있는 멸치와 같은 작은 먹잇감의 크기를 참고로 하여 그때그때 선택한다. 바늘은 트레블 훅을 뒤에 설치해도 좋고 어시스트 훅을 지그 앞에 달아 사용해도 좋다.

소형 부시리나 잿방어를 노린다면 20g 이하의 작은 메탈 지그가 필요하다.

▶쇼어 지깅 포인트 - 조류 흐름이 좋은 장소를 우선 선택한다. 이런 장소라야 멸치와 같은 작은 물고기 떼가 회유하기 때문에 이를 따라 들어오는 대형 회유어가 있기 마련이다. 쇼어 지깅 포인트의 조건은, 낚시하고 있는 갯바위나 방파제 주변으로 먹이를 따라 회유해 들어오는 것이 확인되어야 한다. 물론 낚시인의 캐스팅 거리 내에 포인트가 형성되어야 한다. 멸치 떼와 같은 먹잇감을 확인하는 방법은 작은 물고기 떼가 수면으로 튀어 오르는 현상이나 갈매기 떼가 나는 모습으로 알 수 있다.

Info

방어는 출세어(出世魚)의 원조

방어는 우리나라에서는 그냥 방어라고 부르지만 일본에서는 크기에 따라 부르는 이름이 많다. 치어부터 성어에 이르기까지 크기별로 부르는 명칭이 아주 다양한, 이른바 '출세어' 중의 출세어가 방어이다. 당연히 지방마다 또 차이가 난다.

도쿄(東京)를 중심으로 하는 동부지방, 즉 관동(関東)에서는 30cm급을 '와카시', 40~50cm급을 '이나다', 60~70cm급을 '와라사'라 부른다. 오사카(大阪)를 중심으로 하는 서부지방, 즉 관서(関西)에서는 40cm 이하면 '쓰바스' 혹은 '야즈', 40~50cm급을 '하마치', 60~70cm급을 '메지로'라고 부른다. 하지만 어디든 80cm가 넘으면 비로소 '부리'라는 정식 명칭으로 불리며 출세한 물고기로 귀한 대접을 받는다.

남의 나라 방어 이름을 알아 뭐하겠냐마는, 일식 레스토랑에 가서 주문을 할 때, 메뉴판에 적혀 있는 이름을 보고 다른 어종으로 오해하지 않을 수 있다.

■ 방어 · 부시리 쇼어 지깅 이렇게!

①가다랑어나 점다랑어와 같은 다랑어류를 낚는 쇼어 지깅과 낚시 방법은 대동소이하다.

②일반적으로는 메탈 지그를 가능한 한 멀리 캐스팅하고 바닥에 가라앉은 것을 감지한 후 액션을 가하기 시작한다.

③수면에 보일(boil) 현상이 나타난 그곳으로 캐스팅 했다면 메탈 지그가 착수하자마자 액션을 가하기 시작한다.

④지그 액션은 낚싯대를 길게 당기는 '롱 저킹'과 낚싯대를 흔들며 릴링하는 '저크&저크'가 기본이다. 루어를 빠르게 움직여 주어야 입질이 온다.

⑤입질은 둔탁하게 느껴지는데 너무 서둘지 말고 침착하게 챔질을 한다.

⑥낚싯대를 세워 탄력을 충분히 이용하면서 초반 질주를 이겨낸다.

⑦수심이 얕은 장소에서는 여유를 주면 곧바로 암초 틈으로 돌진하기 쉬우므로 암초 위치에서 떨어지도록 유도한다.

⑧수심이 깊은 장소라면 초반 질주를 억지로 강제하지 말고 드랙을 이용해 어느 정도는 차고 나가도록 해 힘을 빼는 것도 한 가지 요령이다. 억지로

붙잡으면 수직 아래 방향으로 처박을 수 있고, 너무 헐겁게 놔두어도 역시 바닥의 암초 속으로 파고들어가 버린다.

⑨물고기가 방향을 바꿀 때마다 낚싯대를 같은 방향으로 기울이며 파이팅하면 점차 거리를 좁힐 수 있다.

⑩힘이 빠졌다고 생각되면 재빨리 릴링하여 끌어와 뜰채나 가프, 랜딩그립으로 들어올린다.

■ 쇼어 지깅 핵심 체크 포인트

▶회유어의 특성상 자신이 낚시하는 갯바위나 방파제 주변으로 먹이를 따라 회유해 들어오는 대상어를 확인했을 때 좋은 조과를 얻을 수 있다. 사전 정보를 입수하는 것이 헛수고를 더는 방법이기도 하다.

▶낚시터에 도착해 무작정 캐스팅하지 말고 멸치 떼와 같은 물고기가 가까이에 있는지를 확인하는 것이 선결 과제다. 수면에 작은 물고기가 뛰어 오르는 보일 현상이나 갈매기 떼로 판단한다.

▶보일 현상이 보이지 않는다면 기다리거나 포인트를 이동한다.

Taste

이렇게 먹어요!

부시리와 방어는 지방이 축적되는 시기인 겨울철을 중심으로 고소한 맛이 일품이다. 뱃살만을 따로 도려내어 회로 즐기고 나머지 살은 얇게 저며 일본식 샤부샤부 요리로 즐기면 그 또한 진미이다. 그밖에 전을 붙여도 좋다. 머리나 뼈에 남아 있는 살은 소금구이가 아주 어울린다. 두 종류 가운데 부시리 맛을 한 수 위로 꼽고 값도 부시리가 비싼 편이다.

부시리 등살 회

방어 회

부시리 뱃살 회. 맛이 방어보다 한 등급 위다.

부시리 머리 구이

부시리 회 포 뜨기

부시리 소금 절임

15 벤자리낚시

여름 밤바다의 남방계 전령

벤자리는 따뜻한 물을 좋아하는 남방계 회유어로 우리나라에는 여름 한철에만 남부지방에 나타났다가 곧 사라진다. 그래서 낚시터도 매우 한정적이다. 제주도를 비롯한 추자도와 남해서부의 여서도, 남해동부의 홍도 근해 등 몇몇 곳으로 국한되어 이 고기의 이름조차 모르는 이들이 많다.

그러나 벤자리 단골 꾼들은 초여름이 되면 벤자리 소식을 기다린다. 예쁘장한 외모에 찌낚시의 대표적인 대상어로 감성돔 못잖은 손맛을 안겨줄 뿐만 아니라 운 좋게 떼를 만나면 아이스박스를 그들먹하게 채우기 때문이다. 밤낚시 대상어이지만 낮에도 곧잘 낚인다.

표준명 벤자리

학명 *Parapristipoma trilineatum*

영명 Chicken grunt

일명 이사키(イサキ)

속명 아롱이(30cm 이하), 돗벤자리(40cm 이상)

생 태 농어목 하스돔과에 속하는 벤자리는 난류성 물고기로 해조가 많은 암초지대에 무리를 지어 서식한다. 염분 농도가 적은 내만이나 얕은 연안에는 잘 나타나지 않는 외양성이 강하다. 몸은 길쭉한 타원형으로 등이 회색을 띤 갈색이고 배는 연한데, 어릴 때는 3줄의 뚜렷한 황갈색 세로 줄무늬가 머리에서 꼬리까지 있지만 성장함에 따라 점차 흐려지고 성어가 되면 보통 없어진다. 육식성으로 새우와 같은 작은 갑각류나 갯지렁이, 그밖에 작은 물고기 등 소형 수생동물을 잡아먹는다. 크기는 30cm 전후가 흔하지만 다 자라면 50cm에 달한다.

남지나해로부터 오키나와를 제외한 일본의 중부 이남에 걸쳐 분포하는데, 우리나라에서는 제주도와 남해의 원도 지역 중 난류의 영향을 강하게 받는 추자도, 경남 홍도, 여서도 등지에 여름철에만 나타난다. 또한 낮에는 수심이 깊은 장소에 머물다가 밤이 되면 수면 가까이로 올라오는 것으로 알려져 있다.

산란기는 6월부터 9월까지의 여름철이며 분리부성란을 산란한다. 알은 물속을 떠다니다가 하루 정도에 부화하고 치어는 프랑크톤을 먹으며 성장한다. 치어는 해안 가까이에서 무리를 짓다가 성장함에 따라 깊은 곳으로 이동한다. 수컷은 약 2년이면 성숙하지만 암컷은 4년째에 이르러 성숙하는 것으로 알려져 있다.

낚시 지역 ①제주도 ②남해 원도 일부(전남 여서도, 경남 홍도)

낚시 시기 6월 말 ~ 9월

■ 여름 한철 나타났다 사라지는 외양성 회유어

벤자리는 계절을 타는 어종이자 낚이는 장소도 매우 한정적이다. 그만큼 낚시 대상어로 희소성을 띠는 셈이다. 벤자리낚시가 가장 일반화 되어 있는 장소는 제주도가 손꼽힌다. 그밖에 추자도, 사수도, 전남 여서도, 경남 홍도 근해가 여름철 벤자리 낚시터로 꼽힌다.

회유성 어종인 벤자리는 찌낚시의 묘미를 한껏 안겨준다. 갯바위 찌낚시가 제격이지만 선상 찌낚시도 시도된다. 선상 찌낚시는 벤자리만을 목적으로 낚시하기보다는 벵에돔낚시를 겸하는 것이 효율적이다.

벤자리낚시는 어종 자체의 희소성뿐만 아니라 감성돔 · 벵에돔 못지않은 강력한 손맛과 마릿수 재미를 동시에 안겨 주기 때문에 한 번 그 묘미를 느낀 꾼들은 두고두고 열성 팬이 되고 만다. 한창 시즌인 여름철에도 밤이 되어야 수면 가까이로 떠오르는 습성 때문에 주로 밤낚시를 하지만 낮에도 깊은 수심을 노려 밑밥으로 집어를 하면 얼마든지 벤자리를 만날 수 있다.

벤자리 찌낚시 ‖ 벵에돔낚시와 대동소이

벤자리는 갯바위 찌낚시나 선상 찌낚시로 낚는다. 벤자리낚시는 한 마디로 벵에돔낚시나 감성돔낚시에서 파생된 것으로 보아도 무방하다. 장비와 채비가 그렇고 기법 또한 유사하다. 떼로 몰려다니는 벤자리는 나타났다가 사라지기를 반복하는데 얼마만큼 집어 상태를 유지하느냐와 포인트에 들어온 벤자리를 얼마나 신속하게 낚아내느냐가 조과를 좌우한다.

■ 장비와 채비, 미끼 및 포인트

▶낚싯대와 릴 - 벵에돔낚시 장비를 기준으로 준비한다. 길이 5.3m의 갯바위 1.5호 대가 무난하다. 선상 찌낚시를 하면서 참돔도 같이 노리거나 다수확을 위한 속전속결이 목적인 경우에는 2~3호 대를 사용하기도 한다. 릴 역시 벵에돔낚시나 참돔낚시에 사용하는 소형~중소형 스피닝 릴을 사용한다.

▶낚싯줄 - 원줄은 나일론 2~3호가 기준이다. 목줄은 1.5~2호를 3~3.5m 정도 연결한다. 밤낚시를 하거나 대형급을 노릴 경우, 또는 조류가 빠른 장소에서는 원줄 4~5호, 목줄 3~4호로 한 단계씩 굵게 사용한다. 같은 포인트에서 참돔이나 대형 벵에돔이 잘 낚일 경우도 마찬가지다.

▶찌와 바늘- 포인트의 여건에 따라 전유동 채비와 반유동 채비를 바꿔가며 사용하는데, 보통 전유동 채비에는 B~3B의 구멍찌, 반유동 채비는 0.5~1호의 구멍찌가 사용된다. 조류의 세기, 포인트의 수심에 따라 0(제로)찌를 사용하거나 3~4호의 고부력 찌를 사용하는 경우도 있으니 낚시터의 여건을 미리 살펴두어야 한다.

밤낚시를 자주 하므로 찌에는 케미컬라이트를 장치할 수 있어야 한다. 그밖에 선상 찌낚시를 하는 경우에는 잠수찌 채비를 하기도 한다. 바늘은 감성돔바늘 2~3호, 벵에돔바늘 12~13호가 적당하다.

▶미끼와 밑밥 - 미끼는 크릴이 가장 무난하다. 갯지렁이나 다른 미끼로 낚을 수 없는 것은 아니지만, 이미 대중화된 크릴 이외의 미끼와 밑밥은 번거로울 뿐이다. 밑밥으로 사용하는 크릴은 잘게 부수지 말고 그대로 사용하는 것이 효과적이다. 첨가제를 사용한다면 벵에돔용의 가벼운 집어제를 조금 섞는다.

▶찌낚시 포인트 - 벤자리는 무리를 지어 회유하는 어종으로 조류 소통이 좋지 않은 곳에선 만나기가 어렵다. 일반적으로 가까운 곳보다는 본류대를 직접 노리는 것이 효과적이다. 조류의 영향을 직접 받는 수심 깊은 절벽이나 조류가 외해로 빠져나가는 큰 홈통, 본류대를 노리기 쉬운 콧부리가 일급 포인트이다. 이러한 장소에서 밑밥을 사용해 벤자리를 불러들여 포인트를 만들어야 한다.

벤자리는 밤이 되면 유영층이 높아진다. 따라서 낮에는 깊은 수심을 노리고 밤이 되면 찌 밑 수심을 얕게 한다. 시기적으로는 사리 전후의 조류가 빠른 물때가 좋고, 시간적으로는 만조 전후 그리고 낮보다는 밤에 잘 낚인다.

〈벤자리 찌낚시 채비〉

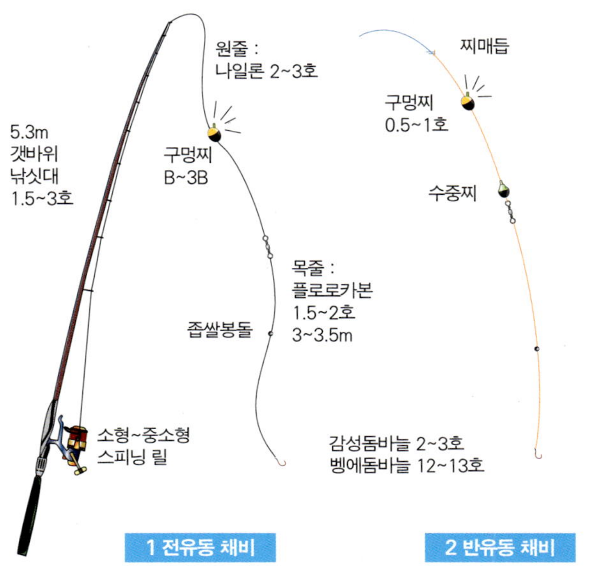

Tip 벤자리 외줄낚시, 알아두세요!

〈벤자리 외줄낚시 채비〉

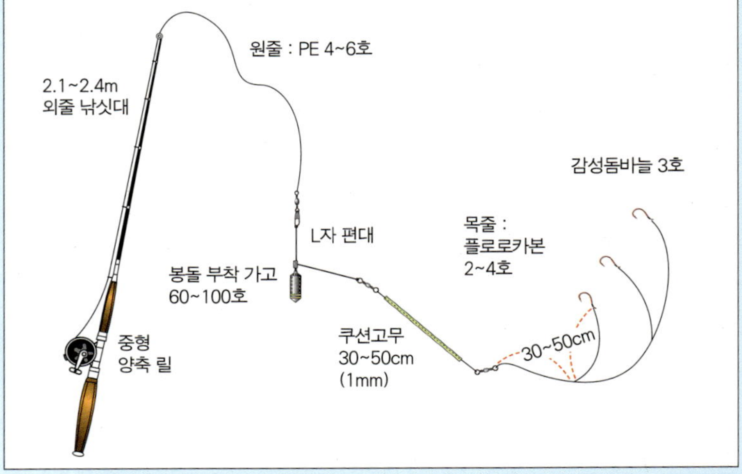

벤자리 선상낚시를 할 경우, 찌낚시보다 더 효율적인 '다수확'이 가능한 방법이 바로 일본식 외줄낚시이다.

채비에 대형 L자 편대와 밑밥을 넣은 '가고(밑밥망)'를 설치하여 벤자리의 유영 층에 직접 밑밥을 흘린다. 또한 가지바늘로 다수확을 겸한다. 벤자리가 깊은 수심 층에 머무는 한낮에 아주 적합한 낚시 방법이다.

■ 벤자리 찌낚시 이렇게!

①포인트를 확인하고 먼저 밑밥을 투척해 벤자리를 집어 시킨다.

②조류를 타고 확산되는 밑밥에 미끼를 동조시키며 입질을 기다린다. 벤자리의 입질은 대부분 명확하여 찌가 순간적으로 잠긴다.

③찌가 완전히 물속으로 잠기면 낚싯대를 살짝 들어 챔질을 한다. 동시에 밑밥을 조금 뿌려 벤자리 떼를 포인트에 계속 묶어둬야 한다.

④수면에 떠오른 벤자리는 필히 뜰채를 이용해 떠내는 것이 안전하다.

■ 벤자리 찌낚시, 핵심 체크 포인트

▶벤자리가 야행성이긴 하지만 달이 밝은 보름 사리에는 잘 떠오르지 않아 입질이 좋지 않다. 그믐 사리가 보다 좋은 물때이다.

▶보통 대형 벤자리일수록 얕은 수심에, 중소형은 그보다 깊은 수심에 있

〈벤자리 찌낚시 개관〉

다. 집어가 되었다면 무턱대고 깊은 곳만 노릴 필요는 없다.

▶무리지어 이동이 잦은 벤자리는 밑밥에 집어가 되었다가도 바로 사라지기도 하는 신출귀몰한 성질을 가지고 있어서 입질이 들어올 때 한 단계 튼튼한 채비를 활용해 속전속결하는 것이 조과를 배가시키는 방법이다.

▶벤자리는 입언저리가 매우 약하다. 강한 챔질에 찢어질 수 있으니 주의해야 한다. 강하게 챔질하지 않아도 입질이 분명하여 바늘에 잘 걸리는 편이다.

▶입질이 좋지 않다면 공략 수심 층을 계속 바꿔보는 것이 좋다.

Taste

이렇게 먹어요!

벤자리는 흰 살 생선으로 참돔보다는 육질이 연하지만 지방은 더 많이 함유되어 있다. 맛이 고소하여 구이 · 조림 어떤 요리를 해도 좋다. 하지만 횟감으로는 낚은 현장이 아니라면 무리다. 성질이 급해 낚여 올라온 후 곧바로 죽고, 죽으면 또 오래지 않아 비린내가 나고 맛이 바뀌기 때문이다.

일반적으로 생선은 눈이 허옇게 된 정도를 보고 선도를 가늠하는데, 벤자리는 조금 예외다. 그것은 죽자마자 눈이 허옇게 변해버리기 때문이다.

벤자리 소금구이

벤자리 회

벤자리 양념구이

맑은탕(지리)

바다낚시 용어 찾아보기

〈ㄱ〉

〈ㄴ〉

⟨ㄷ⟩

⟨ㄹ⟩

〈ㅁ〉

〈ㅂ〉

〈ㅅ〉

〈ㅇ〉

〈ㅈ〉

〈ㅊ〉

〈ㅋ, ㅌ〉

〈ㅍ〉

〈ㅎ〉

낚시 첫걸음 6

바다낚시 첫걸음(上)

1판 8쇄 인쇄 2022년 1월 19일
1판 8쇄 발행 2022년 1월 26일

지은이 예조원 편집부

발행인 김국률
발행처 예조원

출판등록 제301-2010-184호

주소 서울특별시 중구 퇴계로 180-3
전화 (02)2272-7272 팩스 (02)2272-7275

값은 표지에 있습니다.
ISBN 978-89-94129-32-7
ISBN 978-89-94129-23-5(세트)

이 도서의 국립중앙도서관 출판시도서목록(CIP)은
e-CIP홈페이지(http://www.nl.go.kr/ecip)와
국가자료공동목록시스템(http://www.nl.go.kr/kolisnet)에서 이용하실 수 있습니다.
(CIP제어번호: CIP2011004852)